U0637475

晋语与官话方言研究

侯精一◎著

中国社会科学出版社

图书在版编目(CIP)数据

晋语与官话方言研究/侯精一著.—北京：中国社会科学出版社，2015.7
(中国社会科学院学部委员专题文集)
ISBN 978-7-5161-6044-2

Ⅰ.①晋… Ⅱ.①侯… Ⅲ.①西北方言—方言研究—文集
②官话—方言研究—文集 Ⅳ.①H172-53

中国版本图书馆 CIP 数据核字(2015)第 079331 号

出 版 人　赵剑英
责任编辑　任　明
责任校对　安　然
责任印制　何　艳

出　　版　中国社会科学出版社
社　　址　北京鼓楼西大街甲 158 号
邮　　编　100720
网　　址　http://www.csspw.cn
发 行 部　010-84083685
门 市 部　010-84029450
经　　销　新华书店及其他书店

印刷装订　北京七彩京通数码快印有限公司
版　　次　2015 年 7 月第 1 版
印　　次　2015 年 7 月第 1 次印刷

开　　本　710×1000　1/16
印　　张　30.25
插　　页　2
字　　数　508 千字
定　　价　99.00 元

凡购买中国社会科学出版社图书,如有质量问题请与本社联系调换
电话:010-84083683

《中国社会科学院学部委员专题文集》编辑委员会

前 言

哲学社会科学是人们认识世界、改造世界的重要工具，是推动历史发展和社会进步的重要力量。哲学社会科学的研究能力和成果是综合国力的重要组成部分。在全面建设小康社会、开创中国特色社会主义事业新局面、实现中华民族伟大复兴的历史进程中，哲学社会科学具有不可替代的作用。繁荣发展哲学社会科学事关党和国家事业发展的全局，对建设和形成有中国特色、中国风格、中国气派的哲学社会科学事业，具有重大的现实意义和深远的历史意义。

中国社会科学院在贯彻落实党中央《关于进一步繁荣发展哲学社会科学的意见》的进程中，根据党中央关于把中国社会科学院建设成为马克思主义的坚强阵地、中国哲学社会科学最高殿堂、党中央和国务院重要的思想库和智囊团的职能定位，努力推进学术研究制度、科研管理体制的改革和创新，2006 年建立的中国社会科学院学部即是践行“三个定位”、改革创新的产物。

中国社会科学院学部是一项学术制度，是在中国社会科学院党组领导下依据《中国社会科学院学部章程》运行的高端学术组织，常设领导机构为学部主席团，设立文哲、历史、经济、国际研究、社会政法、马克思主义研究学部。学部委员是中国社会科学院的最高学术称号，为终生荣誉。2010 年中国社会科学院学部主席团主持进行了学部委员增选、荣誉学部委员增补，现有学部委员 57 名（含已故）、荣誉学部委员 133 名（含已故），均为中国社会科学院学养深厚、贡献突出、成就卓著的学者。编辑出版《中国社会科学院学部委员专题文集》，即是从一个侧面展示这些学者治学之道的重要举措。

《中国社会科学院学部委员专题文集》（下称《专题文集》），是中国社会科学院学部主席团主持编辑的学术论著汇集，作者均为中国社会科学院学部委员、荣誉学部委员，内容集中反映学部委员、荣誉学部委员在相关学科、专业方向中的专题性研究成果。《专题文集》体现了著作者在科学研究实践中长期关注的某一专业方向或研究主题，历时动态地展现了著作者在这一专题中不断深化的研究路径和学术心得，从中不难体味治学道路之铢积寸累、循序渐进、与时俱进、未有穷期的孜孜以求，感知学问有道之修养理论、注重实证、坚持真理、服务社会的学者责任。

2011 年，中国社会科学院启动了哲学社会科学创新工程，中国社会科学院学部作为实施创新工程的重要学术平台，需要在聚集高端人才、发挥精英才智、推出优质成果、引领学术风尚等方面起到强化创新意识、激发创新动力、推进创新实践的作用。因此，中国社会科学院学部主席团编辑出版这套《专题文集》，不仅在于展示“过去”，更重要的是面对现实和展望未来。

这套《专题文集》列为中国社会科学院创新工程学术出版资助项目，体现了中国社会科学院对学部工作的高度重视和对这套《专题文集》给予的学术评价。在这套《专题文集》付梓之际，我们感谢各位学部委员、荣誉学部委员对《专题文集》征集给予的支持，感谢学部工作局及相关同志为此所做的组织协调工作，特别要感谢中国社会科学出版社为这套《专题文集》的面世做出的努力。

《中国社会科学院学部委员专题文集》编辑委员会

2012 年 8 月

目　　录

晋语研究

山西方言研究

平遥方言研究

官话方言研究

纪念专文

序 文

晋语研究

晋语入声的区别性特征与晋语区的分立*

一 通摄一等与通摄三等入声精组字今韵母读音多有分别，一等今多读合口呼，三等今多读撮口呼。①

1.1 “族速”与“足俗肃”读音比较表（表1）。② 例外读音外加圆括号，下同。“——”表示缺少资料，下同。

表1

	族通一入屋从	速通一入屋心	足通三入烛精	俗通三入烛邪	肃通三入屋心
太原山西中部	tsʻuəʔ	suəʔ	tɕyəʔ	ɕyəʔ	ɕyəʔ
长治山西东南	tsuəʔ	suəʔ	tɕyəʔ	ɕyəʔ	ɕyəʔ
临县山西西部	tsuəʔ	—	tɕyəʔ	ɕyəʔ	ɕyəʔ
大同山西北部	tʂʻuəʔ	ʂuəʔ	tɕyəʔ	ɕyəʔ	ɕyəʔ
盂县山西东部	tsʻuɤʔ	(ɕyɤʔ)	tɕyɤʔ	ɕyɤʔ	ɕyɤʔ
张家口河北	tsuɐʔ	—	(tsyɐʔ)	ɕyɐʔ	ɕyɐʔ
邯郸河北	tsuəʔ	suəʔ	tɕyəʔ	ɕyəʔ	ɕyəʔ
吴堡陕西	tsʻuəʔ	(ɕyəʔ)	tɕyəʔ	ɕyəʔ	ɕyəʔ
绥德陕西	tsʻuəʔ	(ɕyəʔ)	tɕyəʔ	ɕyəʔ	ɕyəʔ

* 本文要点曾在首届汉语言学国际研讨会（1998.12上海）宣读。

① “等”依韵不依声。“足、俗、肃”等均作三等，从中国社会科学院语言研究所《方言调查字表》。

② 参看本书《论晋语的归属》一文。

林县河南	tsuʔ	—	tɕyʔ	—	—

续表

	族通一入屋从	速通一入屋心	足通三入烛精	俗通三入烛邪	肃通三入屋心
获嘉河南	tsuʔ	suʔ	tɕyʔ	ɕyʔ	ɕyəʔ
呼和浩特内蒙	tsuəʔ	suəʔ	tɕyəʔ	ɕyəʔ	ɕyəʔ
临河内蒙	tsʻuɛʔ	suɛʔ	tɕyɛʔ	ɕyɛʔ	ɕyɛʔ

表1总共列出晋语区13个市、县的资料。引自贺巍（1989）、温端政（1982—1984）、温端政与笔者（1993）、陈章太、李行健（1996）和刘育林（1990）的文章。这13个市县的地理分布，从晋语的中心地区——山西中部的太原盆地到山西西部的吕梁山区、东部的太行山区、东南部的上党盆地。山西省境外的晋语区，从陕北、豫北到河北西部、内蒙古黄河以东中西部地区。可以说举例覆盖整个晋语区，例外较少。通摄一等与三等精组字今入声韵母读音有分别在晋语区具有相当一致性。

1.2 通摄一等与通摄三等精组、泥组（来母）舒声字在晋语区的一些地区今读音也有分别。一等今多读合口呼，三等今多读撮口呼。（主要集中在山西东南部及相邻的豫北、陕北）这是很好的旁证材料。如长治“笼聋”一等读［luəŋ］，“龙陇垅”三等读［lyəŋ］，“鬆宋送”一等读［suəŋ］，“松诵讼”三等读［ɕyəŋ］。（侯精一1985）

1.3 与冀鲁官话的比较。官话区的济南、西安，通摄一等与三等入声精组字今韵母读音也有分别。一等读舒声合口呼，三等读舒声齐齿呼。如，属冀鲁官话的济南“族”［tsu］与“足”［tɕy］不同音。属中原官话的西安“族”［tsu］与“足”［tɕy］今韵母也有洪细的不同。一等读舒声合口呼，三等读舒声齐齿呼。但冀鲁官话、中原官话均无入声韵，而晋语有入声韵，晋语与北方官话、中原官话有明显分别。

1.4 与江淮官话的比较。“族”、“足”两组例字，江淮官话虽然为入声韵，但一等与三等精组今入声韵母的读音没有区别，而晋语则有区别，据此可以把晋语区与江淮官话区别开来。参看下表2：（根据 江苏省和上海市方言调查指导小组1960，刘丹青1998，李金陵1998）

表2

	南京	扬州	高邮	淮阴	泰兴	如皋	合肥
族一等	tsʻuʔ	tsʻɔʔ	tsʻɔʔ	tsʻɔʔ	tsʻɔʔ	tsɔʔ	tsʻuəʔ
足三等	tsuʔ	tsɔʔ	tsɔʔ	tsɔʔ	tsɔʔ	tsɔʔ	tsuəʔ

二 曾摄开口一等、梗摄开口二等帮组入声字今韵母多读齐齿呼。

曾开一、梗开二帮组今入声韵母带有［i］介音的现象在晋语区很普遍。例如：山西文水话“北墨默”曾开一入德读［－iəʔ］、“伯拍白陌”梗开二入陌读［－ia］、“掰麦”梗开二入麦读［－iaʔ］。

2.1 “北曾开一入德帮墨曾开一入德明”、“伯梗开二入陌帮迫梗开二入陌帮”、“掰梗开二入麦帮麦梗开二入麦明”读音比较表（表3）。

表3

	北	墨	伯	迫	掰	麦
太原山西中部	pieʔ	mieʔ	pieʔ	pʻieʔ	pieʔ	mieʔ
长治山西东南	(pə)	miəʔ	piəʔ	pʻiəʔ	piəʔ	miəʔ
临县山西西部	piəʔ	miəʔ	piaʔ	pʻiɑʔ	—	miɑʔ
大同山西北部	piəʔ	miaʔ	(paʔ)	pʻiaʔ	(paʔ)	miaʔ
盂县山西东部	piɤʔ	miɤʔ	piʌʔ	pʻiʌʔ	—	miʌʔ
张家口河北	piɐʔ	miɐʔ	(pɐʔ)	pʻiɐʔ	piɐʔ	miɐʔ
邯郸河北	pieʔ	mieʔ	piʌʔ	pʻiʌʔ	—	miʌʔ
吴堡陕西	piəʔ	—	piəʔ	pʻiəʔ	piəʔ	miəʔ
绥德陕西	pie	—	pie	pʻie	pieʔ	mieʔ
林县河南	(pɐʔ)	(mei)	(pɐʔ)	(pʻɐʔ)	(pɐʔ)	(mɐʔ)
获嘉河南	piɐʔ	(mɐʔ)	(pɐʔ)	(pʻɐʔ)	(pɐʔ)	(mɐʔ)
呼和浩特内蒙	piəʔ	miəʔ	piaʔ	pʻiaʔ	piaʔ	miaʔ
临河内蒙	miɛʔ	—	piɛʔ	pʻiɛʔ	piɛʔ	miɛʔ

为了尽可能比较客观地考察晋语入声韵母的特点，表3列出的13处

地点方言与表 1 所列的 13 点完全相同。表 3 说明，曾开一、梗开二帮组入声字今韵母带有［i］介音的现象在晋语区相当普遍。这种现象大致分布在山西境内（南部中原官话区除外）及山西境外的内蒙古、冀北、陕北的部分地区（如：吴堡）。陕北的部分地区（如：绥德）曾开一、梗开二帮组入声今韵母虽然带有［i］介音，这部分入声字已经读成舒声与阳平合流了。[①]（刘育林 1990）。山西东南部邻近山西中部的沁县“北”字读齐齿呼以及襄垣方言“北、墨、伯、迫、掰、麦”均读齐齿呼。陵川方言“墨、伯、迫、麦”、屯留方言“墨、迫”也读齐齿呼。可以说，晋东南地区“北、墨、伯、迫、掰、麦”等字今有读齐齿呼也有读开口呼。与豫北临近的县市，如晋城、阳城、长治、平顺、长子等地读开口呼，其他地区多读齐齿呼。豫北晋语“北、墨、伯、迫、掰、麦”等字今不读齐齿呼，读开口呼，与中原官话的读音同。如，获嘉：北 pɐʔ 墨 mɐʔ 伯 pɐʔ 迫 pʻɐʔ，掰 pɐʔ 麦 mɐʔ（贺魏 1989）。豫北晋语的曾开一、梗开二帮组今入声韵母已读洪音，不再带有［i］介音了。对比表 1 与表 3，可以看出，“足族”不同音现象（表 1）比起“比墨”、“伯迫、掰麦”今读齐齿呼现象（表 3）的分布面要大一些。

桥本万太郎教授很早就注意这个现象，他指出：“我们发现一个更为有趣的事实，这就是－i－介音只莫名其妙地出现在晋语的一等和二等的入声字音中”。“在现代北方话诸方言里，只在那些晋语中带有非腭音声母的入声字包含着－i－介音。应该特别注意的是晋语中的舒声字没有－i－介音这个事实。[②] 那些古代－c 尾音变成了－i 音的秦方言的入声字里，也找不到有－i－介音的痕迹，当然更不用说舒声了。”（桥本万太郎 1982）

2.2　曾摄开口一等与梗摄开口二等帮组今入声韵母读音不同。表 3 列出 13 点中，有临县、大同、盂县、邯郸、呼和浩特等 5 点有这种情况。

---

①　参看刘育林（1990）绥德同音字表 76 页：［ie］（阳平）拍便～宜［ie］（去声）棉棉麦陌。

②　晋语中非腭音声母的舒声字也并非没有［i］介音。例如：平遥“棚子”的“棚”梗开二平耕帮白读［piɛ³¹］，“迸开”的“迸”梗开二去诤帮白读［piɛ³⁵］。桥本先生可惜没有看到这些材料。

入声韵母不同表现为主要元音的不同。梗摄开口二等帮组今入声韵母的主要元音的开口度均比曾摄开口一等的要大。下面再举几个例子，列表 4 一并讨论。

表 4

	北曾开一	墨曾开一	伯梗开二	迫梗开二	掰梗开二	麦梗开二
清徐	piəʔ	miəʔ	pia 白	pʻia	pia	mia①
和顺	piəʔ	miəʔ	piɛʔ	pʻiɛʔ	piɛʔ	miɛʔ
太谷	piəʔ	miəʔ	piaʔ	pʻiaʔ	piaʔ	miaʔ
祁县	piəʔ	miəʔ	piaʔ	pʻiaʔ	piaʔ	miaʔ
寿阳	piəʔ	miəʔ	piaʔ	pʻiaʔ	piaʔ	miaʔ
文水	piəʔ	miəʔ	piaʔ	pʻiaʔ	piaʔ	miaʔ
娄烦	piəʔ	miəʔ	piaʔ	pʻiaʔ	piaʔ	miaʔ
怀仁	piəʔ	miəʔ	piaʔ	pʻiaʔ 文	piaʔ	miaʔ
忻州	piəʔ	miəʔ	piɛʔ	pʻiɛʔ	piɛʔ	miɛʔ
山阴	piəʔ	miəʔ	piAʔ	pʻiAʔ	piAʔ	(mɛe)
天镇	piəʔ	miəʔ	piaʔ	pʻiaʔ	piaʔ	miaʔ

表 4 所列 11 点，曾摄开口一等帮组入声韵母的主要元音均为央元音［ə］，而梗摄开口二等帮组入声韵母的主要元音为［a］（或发音相近的［ɛ A a］）。

从地域分布上看，表 4 所列 11 点均在山西省。1—7 各点在山西中部。8—11 在山西北部，其中和顺、天镇两点均与邻省接壤。和顺与河北省邢台相邻。天镇位于山西省的东南角，北与内蒙古的兴和县为界，东南相邻

① 清徐“麦”无喉塞尾，但入声韵母自成一类与舒声不混。《清徐方言志》称作“平入”。

河北省的怀安县和阳原县。

表 4 缺山西西部与东南部的材料。山西西部各县的方言志出版的很少，一些公开发表的论著，这方面的材料也比较零散。从《山西方言调查研究报告》第十章山西方言 42 点字音对照（“北”字的读音）。42 点词汇对照（“伯父”条的读音）来看，山西西部总共收录的 7 点中，有离石、临县（表 3 已列出）、汾阳（限文读）、岚县、隰县、石楼等 6 点“北”读齐齿呼。只有汾西一点读开口呼。其中，临县、汾阳（限文读）、石楼等 3 点“北”与“伯”的主要元音不同。“北”的主要元音是 [ə]，“伯”的主要元音是 [a]（临县）、[ɒ]（汾阳）、[ε]（石楼）。

2.3 与江淮官话比较。江淮官话“北墨”、“伯迫、麦”读音表（表 5）。

表 5

	北曾开一入德帮	**墨**曾开一入德明	**伯**梗开二入陌帮	**迫**梗开二入陌帮	**麦**梗开二入麦明
南京	pəʔ	məʔ	pəʔ	p‘əʔ	məʔ
扬州	pɔʔ	mɔʔ	pɔʔ	p‘ɔʔ	mɔʔ
淮阴	poʔ	moʔ	poʔ	p‘oʔ	moʔ
合肥	pɐʔ	mɐʔ	pɐʔ	p‘ɐʔ	mɐʔ

比较表 4 与表 5 可以看出，曾开一帮组入声字与梗开二帮组入声字江淮官话与晋语虽均为入声，但韵母读音不同。晋语有 [i] 介音，江淮官话无 [i] 介音。此外，晋语区曾开一帮组入声字与梗开二帮组入声字今韵母多有区别，而江淮官话没有区别。

2.4 “北墨”、“伯迫、麦”今读齐齿呼可以看作晋语区与其他大方言区的区别性特征。请看表 6，该表所列 20 点汉语方言“北墨”、“伯迫、麦”几个字读齐齿呼的只有晋语区的太原一点。（《汉语方音字汇》，第 2 版 1989）

表 6

	北曾开一	**墨**曾开一	**伯**梗开二	**迫**梗开二	**麦**梗开二
北京	pei	mo	po文 / pai白	p‘o文 / pai白	mai

济南	pei	mei	pei	pʻei	mei
西安	pei	mei	pei	pʻei	mei
太原	peiʔ	mieʔ	peiʔ/pai	pʻeiʔ	mieʔ
武汉	pɤ	mɤ	pɤ	pʻɤ	mɤ
成都	pe	me	pe	pʻe	me
合肥	pɐʔ	mɐʔ	pɐʔ	pʻɐʔ	mɐʔ
扬州	pɔʔ	mɔʔ	pɔʔ	pʻɔʔ	mɔʔ
苏州	poʔ	mɤʔ	pɒʔ	pɤʔ pʻɤ$_{新}$	mɒʔ
温州	pai	mai	pa	pa pʻa$_{新}$	ma
长沙	pɤ	mɤ	pɤ	pʻɤ	mɤ
双峰	pe$_{文}$/(pai)$_{白}$	me$_{文}$/mæ$_{白}$	pe$_{文}$/po$_{白}$	pe$_{文}$/(pai)$_{白}$	me$_{文}$/mo$_{白}$
南昌	pɛt	mɛt	pɛt 文/pak$_{白}$	pʻɛt	mɛt$_{文}$/mak$_{白}$
梅县	pɛt	mɛt	pak	(pit)	mak
广州	pɐk	mɐk	pak	pak/(pɪk)	mɐk
阳江	pɐk	mɐk	pak	(pɪk)	mɐk
厦门	pɔk$_{文}$/pak$_{白}$	bik$_{文}$/bak$_{白}$	(pɪk)$_{文}$/peʔ$_{白}$	(pɪk)$_{文}$/peʔ$_{白}$	bɪk$_{文}$/beʔ
潮州	pak	bak	peʔ	pʻek	beʔ
福州	pœyʔ	møyʔ	paiʔ$_{文}$/paʔ$_{白}$	paiʔ/pʻœy$_{白}$	meiʔ$_{文}$/maʔ$_{白}$
建瓯	pɛ	mɛ	pa	pʻɛ	ma

从上表可以看出，“北墨”、“伯迫、麦”等今读齐齿呼，在现代汉语方言中是很少见的。晋语区曾开一帮组入声字（北墨）与梗开二帮组入声字（伯迫、麦）今韵母有［i］介音，我们可以此来识别晋语，把晋语区与其他方言区区别开来。例外现象也存在，但是不多。湘语双峰话“北墨；伯迫麦”5个字中“北、迫”白读［pia］；客家的梅县话“迫”读［pit］；粤语区的广州、阳江“迫”有读［pɪk］；[①] 闽语区的厦门与广州、阳江的读音一致也有读［pɪk］，厦门“麦”文读［bɪk］，均为例外。如果我们对例

① 赵元任先生（1948）指出：“这个（指‘迫’字——引用者）读［pik］的时候多，可认为‘训读’为‘逼’（跟广州一样）。”

外作一些具体分析，不用“迫”换一个同等音韵地位的“拍”字，情形就不太一样了。“拍”双峰音［po］，梅县音［p‘ɔk］，广州、阳江音［p‘ak］，韵母都没有［i］介音。不构成例外。只有厦门“拍”文读［p‘ɪk］。（《汉语方音字汇》，第2版1989）由此看来，曾开一帮组入声字（北墨）与梗开二帮组入声字（伯迫、麦）今韵母有［i］介音，在现代汉语方言中的确是少有的特点，具有区别性特征，对从现代汉语诸方言中分出晋语具有比较明显的作用。至于江淮方言，从表5可以知道，曾开一帮组字入声韵母与梗开二帮组字入声韵母均无［i］介音，与晋语明显不同。

参考文献

侯精一主编、温端政 1993 《山西方言调查研究报告》，山西高校联合出版社。

温端政 1997 《试论晋语的特点与归属》，《语文研究》第2期（总第63期）。

—— 1982—1984 《山西省方言志丛书》：平遥 怀仁 太谷 晋城 陵川 寿阳 襄垣 祁县 文水九种方言志，《语文研究增刊》，太原。

—— 1985— 长治 忻州 大同 原平 孝义 清徐 汾西 沁县

山阴 天镇 文水（修订本） 武乡 和顺 左权 盂县 临县 介休 阳曲等18种，语文出版社，北京。

陈章太、李行健 1996 《普通话基础方言基本词汇集》，语文出版社，北京。

贺 巍 1989 《获嘉方言研究），商务印书馆，北京。

—— 1981 《济源方言记略》，《方言》第1期，北京。

侯精一主编 1998 《现代汉语方言音库》：《合肥话音档》（李金陵编写）上海教育出版社。《南京话音档》（刘丹青编写），上海教育出版社。

江苏省和上海市方言调查指导组 1960 《江苏省和上海市方言概要》，江苏人民出版社，南京。

桥本万太郎 1982 《西北方言和中古汉语的硬软腭音韵尾》，《语文研究》第1期。

刘育林 1990 《陕西省志方言志》（陕北部分），陕西人民出版社。

北京大学语言文学系语言学教研室 1989 《汉语方音字汇》（第2版），文字改革出版社。

赵元任 1948 《中山方言》，原载史语所集刊第二十本上册，上海商务印书馆发行。1956科学出版社出版，北京。

（原载《中国语文》1999年第2期）

晋语研究十题

——为纪念桥本万太郎教授逝世10周年而作

根据有入声这条标准，把“山西省及其毗连地区”从北方话分出来，称作“晋语”。(李荣 1985) 晋语“独立”十年多了，有关晋语的论著又出了许多，回头来看，把晋语独立出来确是很有见地的。

本文从晋语研究众多题目中选了十个主要问题进行讨论。关于这些问题的论述散见于前人的论著。这里集中起来讨论，或许会对整个晋语认识得更清楚一点，有助于对晋语了解。文中提出的十个题目在晋语区的分布不尽相同，有的现象，如有入声，有表音词缀“圪”，鼻音韵尾的合流与消失等现象分布面就很广泛。有的现象，如文白异读则多见于晋语的中心地带：山西中部太原盆地、西部吕梁山地区等。全面描写一个方言区，最好能从多层面进行。本文举出的十个题目是从语音（声、韵、调；音值、音类；共时、历时）、词汇、语法三个层面来考虑的。下面分题讨论。各题文字的多少不尽相同，能略则略，读者可参看文末所列参考文献。

一　晋语区发音特点

1.1　塞音声母［p t k］带有舌根擦音［x］。赵元任先生称作“爆发又加摩擦的复合音”。(赵元任 1935)

送气塞音声母[p‘t‘k‘]带有舌根塞音［x］现象更加明显。赵元任先生称作“摩擦送气”(赵元任 1935)，太原的“怕”字标作［p‘χa］。高本汉也有类似的看法，比如他说在归化（今呼和浩特）、大同、太原、兴县都有“［p］后面随着一个清舌面前颚的摩擦音”［ç］，或“清舌根摩擦音”［x］。(高本汉 1948)

1.2　鼻音声母［m n ȵ ŋ］通常分别带有同部位的塞音声母，实际读首标作［m^{b}n^{d}ȵ^{d}ŋ^{g}］

高本汉也指出过这种现象。高本汉听到的是半个多世纪以前的山西话，可以想像那个时候鼻音声母带塞音尾的现象一定比现在还要明显。

1.3　某些复合元音（北京话的“桃”［au］“条”［iau］；“盖”［ai］“怪”［uai］）的单元音化。

晋语区复合元音的单元音化现象比较普遍。以山西为例，《山西方言调查研究报告》记录 103 个市县的方言，山西南部 24 个市县属中原官话除外不计，山西省属晋语区的有 79 个市县。其中有单元音化现象的有 36 个市县。几乎占半数，参看下表一：数目字表示该地区有单元音化现象县市的数目。A 组“盖”“桃”的韵母为单元音，（表作“单单式”)；“B 组”“盖”的韵母为复合元音，“桃”的韵母为单元音；（表作“双单式”）“C 组”“盖”韵母均为单元音，“桃”的韵母为复合元音。表作“单双式”。

表一

山西中部　10 点								
A 组	平遥	灵石	盂县	阳泉	平定	昔阳（单单式）		
B 组	榆次	左权	（双单式）					
C 组	交城	榆社	（单双式）					
山西西部　4 点								
A 组	永和	静乐	（单单式）					
C 组	中阳	隰县	（单双式）					
山西东南部 14 点								
A 组	长治	黎城	屯留	沁县	武乡	晋城	阳城	（单单式）
B 组	潞城	平顺	壶关	沁源	襄垣	陵川	高平	（双单式）
山西北部　9 点								
A 组	忻州	宁武	保德	五台（单单式）				
B 组	原平	平鲁	（双单式）					
C 组	定襄	朔州	（单双式）					

“桃条”单元音化后，主要元音绝大多数为［ɔ］，如，“桃”［ɔ］“条”［iɔ］。个别点，如左权、五台主要元音为［o］。在“桃条”韵母为复合元音的地方，“桃条”多读作［ɔo］

[io] 韵尾呈现弱化、低化与主要元音的舌位靠近，动程甚短。（如朔州、中阳）

“盖怪”单元音化后，主要元音有 [æ]（如，平遥）[E]（如，阳泉）[ε]（如，沁县），甚至有读 [e] 的（如，宁武）。

在“盖怪”韵母为复合元音的地方，一般“盖”“怪”多读作 [εe] [uεe]（如浑源、灵丘），韵尾也呈弱化低化，发音动程很短。

在内蒙古晋语，上列“桃条”“盖怪”等例字分别读作 [ɔ iɔ] [ε uε]。（侯精一 1989）如，呼和浩特“保”[pɔ]“跳”[t‘iɔ]“盖”[kε]“怪”[kuε]，呼和浩特解放前称作归化，椐高本汉的记音，“保”作 [po]“跳”作 [t‘io]（高本汉 1948）。高本汉记录的山西兴县字音，“盖”[kε]“害”[xε]，（高本汉 1948）均为单元音。据近人的记录兴县“盖”[kai]“怪”[kuai]“刀”[tɑɔ]“交”[tɕiɔ] 均为复合元音。

从早期高本汉的记音到多位近人的记录，某些复合元音的单元音化现象的确存在。但是也应该看到，由于发音人受普通话的影响和不排除记录者对单元音化现象的疏忽，有些地区的记音可能不够准确。晋语的单元音化现象应该看作是早期晋语的行为。从高本汉的记录来看，西北地区的一些方言也有单元音化现象，均可看作早期读音的保留。

二 崇母平声字的擦音化

崇母平声字白读音的擦音化现象见于晋语中心地带太原盆地（太原除外）。例见下表二：

表二

	茬	馋	锄	柴	愁	床
平遥	s	s	s	s	s	s
太谷	s	s	f	s	s	f
文水	s	—	s	s	s	s
祁县	s	—	—	s	s	s
孝义	s	—	s	—	—	s

崇母入声字也有个别读擦音的。如“铡”平遥、孝义、沁县（平遥的邻县）均读 [s]。（侯精一 1995）

三　古全浊声母今读塞音、塞擦音平声不送气

古全浊声母今读塞音、塞擦音在北方话平声送气，仄声不送气。如：北京话“厨”[ʈʂ‘u˧˥] 阳平。“住”[ʈʂu˥˩]，去声。山西中部地区清徐、榆次、交城、太谷、文水、祁县、孝义、平遥、介休古全浊声母今读塞音、塞擦音平声白读为不送气声母，文读为送气声母。如平遥，“盘”（～问）[p‘]文读。“盘”（～腿）[p] 白读。（侯精一、温端政 1993）。

古全浊声母在现代汉语方言里的读音是汉语分区的重要标准之一。

李方桂先生在 1937 年英文版的《中国年鉴》上把汉语方言分为七类，主要就以此作为标准。张琨先生曾指出：李先生汉语方言分类的建立是根据一些限于某个特殊地区的音韵特征，其中最主要的一个特征是对于《切韵》全浊声母，浊塞音、浊塞擦音声母的处理办法。（张琨　1992）《切韵》浊塞音、浊塞擦音声母在现代汉语方言的读音是有很大分歧的，可以作为汉语方言分类的标准。尽管晋语的这一特点仅仅限于山西中部九个县，而且只是古全浊声母今读塞音塞擦音的部分字，但由于事实本身具有重要性，所以我们还是把这一问题看作是晋语重要特征之一。

四　蟹、止两摄部分合口字今白读 [y]

山西中部平遥、灵石、交城、孝义、清徐、介休、太谷，山西西部中阳、临县、方山、离石、岚县、静乐、石楼、隰县、蒲县、汾西总共有十几个县市有这种现象。（侯精一、温端政 1993）举例见下表三：标音只列韵母。

表三

	喂（止合三）		脆（蟹合三）	
	文	白	文	白
介休	uei	y	uei	y
孝义	uei	y	uei	y
清徐	—	y	uai	y
中阳	—	y	uæ	y
临县	uei	y	uei	y

五　鼻音韵尾的合流与消失

中古的［—m —n —ŋ］三个鼻音韵尾，晋语只保存一个舌根鼻音韵尾［—ŋ］。这种现象在晋语区是很普遍的。舌根鼻音韵尾比起双唇鼻音韵尾［—m］，舌尖鼻音韵尾［—n］，发音部位要靠后，这可能是［—ŋ］尾至今还在晋语区以至某些官话方言中保存的原因。晋语［—ŋ］尾多保存于央元音［ə］或高元音［i u y］的后头。低元音［a］后头的鼻音韵尾在很多地方都已脱落。（侯精一、温端政 1993）。晋语鼻音韵尾消失的路向与汉语其他方言有某些一致性。比如，吴语“最保存”［—ŋ］尾是后高（圆唇）元音［o］，“最先进”（最不易保存）的是低元音后头的舌尖鼻音韵尾［n］。（张琨　1983）

鼻尾韵的合流情况，晋语区呈多元化。（王洪君　1991）

六　入声收喉塞尾及入舒同调型

关于晋语区的入声问题有三点要特别指出：

6.1　山西中部、西部、东南部入声多分阴阳：山西北部及山西省境外的晋语——内蒙古中西部、河北邻近山西部分、陕北、豫北入声多不分阴阳，只有一个入声。晋语的西南边缘（陕西省的志丹、延川、吴旗、安塞）及东南边缘（河北省邯郸地区的部分县市）古入声字只有部分字仍读入声。这是晋语区入声的大致情况。（侯精一　1986）

6.2　从发音看，晋语区入声只收塞喉尾［ʔ］。［ʔ］的爆破很明显。很像吴语的入声尾［ʔ］。

6.3　“入舒同调型”。“入舒同调型”是指入声的调型与舒声的某个调型有较明显的一致性。就是说，舒入之分只是长短调的不同，“入舒同调型”不仅表现在单字调，也表现在连调。例如

太原	阴入	3	急	平声	11	鸡
	阳入	54	截	上声	54	挤
获嘉	入声	3	速	阴平	33	苏

与入声同型的舒声连调行为，可以帮助调查者确定入声的连调，从而大大减少记录入声连读变调的困难。

七　文白异读

7.1　晋语的文白异读现象主要分布在山西的中西部及与北部邻近中部的地区。山西境外的晋语文白异读现象很不丰富。山西方言的文白异读表现在字音的声母、韵母上。声母比较简单，韵母要复杂得多。总起来说，晋语的文白异读是一种成套的、有规律性的、在地域分布上是相连成片的。晋语的文读系统与北方官话的韵类分合大致相同，白读音的韵类系统则有自身的系统，与北方官话的韵类系统差别比较明显。（侯精一、温端政　1993）关于晋语文白读的进一步讨论请见下文。

7.2　变读，变读是晋语的一种特殊构词手段。是一个值得晋语研究者重视的问题。1988 年日本中国语学会第 38 回全国大会上我报告了这个问题。后来写了《变读别义》一文（《晋语研究》1989），但只是作了初步的讨论。1993 年出版的《山西方言调查研究报告》在《山西方言概况》一章也专门谈到这个问题，文中称作“变音”① 内容虽有所充实，例如把晋东南的子变韵母，霍州、清徐的小称变韵也看作“变音的一个重要内容。这可以说是一点儿进步。但可惜未做展开讨论。现在看来，这种构词手段还是称作“变读”的好。日语汉字的发音分音读和训读两种，近似汉字本来读音的叫音读。如“人”读［dʒin］，取汉字的字义而按日语的固有读法发音的叫训读。如“人”读为［çito］。闽南话也有“训读”。即用方言的本字去读具有相同意义的字如：海南“黑”训读［ou˩˧］（乌），“兄”训读为［kɔ˩˧］（哥）。厦门“短”训读［tɛ˥˧］。这是“底”（本字）的训读。（周长楫 1994）。如同“训读”是厦门话的重要特点，“变读”是晋语的一个重要特点。这只是从重要性上相比较而言，晋语“变读”从数量上及分布地区上都远不如闽语的“训读”。

晋语的变读是指用改变一个字的声母、韵母或声调（比较少见）的读法来表示另外一种词汇意义和语法意义。（侯精一　1989）变读不同于文白异读，文白异读是成规律的变音现象。变读是不成规律的变音现象。例如平遥：

娘	文读	ȵiɑɽ˩˧	大娘（大伯父之妻）
	白读	ȵyɛ̃˩˧	寺庙里供奉的“娘娘”
	变读	ȵiɑ˩˧	祖母

犹如闽语的训读音的本字有很多是待考的，晋语的变读字音（例如上文所举的［ȵiɑ˩˧］）的溯源也是颇为费力的。

八　表音词缀“圪”

8.1　关于这个问题同行们有许多论著，就地域分布来看，表音词缀“圪”在晋语区（甚至与晋语区相邻的地区，如山西南部）相当普遍存在。就晋语的几个主要特点来说，无论是从“圪”的地域分布来看还是从“圪”的构词能量上来看，“圪”都是名列前茅的。比如崇母平声字的擦音化、古全浊声母今读塞音、塞擦音，平声不送气，虽都是晋语的重要特点，但就分布地域来看，这种现象只见于晋语的中心地区——太原盆地，其他地区很少有这种现象。

8.2　表音词缀“圪”没有具体的词汇意义，但有时有语法意义。以长治话为例：

圪台	kəʔ˥˧ tʻæ˩˧	（台阶）
圪洞	kəʔ˥˧ tuɽ˥˧	（小洞儿）
圪须子	kəʔ˥˧ ɕy˨˦ təʔ	（碎步条儿）
圪扯	kəʔ˥˧ tsʻɛ̃˥˧	（抻条儿面）

① 参看本书《晋语的变音》。

上列例词中的“圪”都不能省。加“圪”构成新词。如“台”本指平而高的建筑物，加表音词缀“圪”构成新词，“台阶”的意思。“洞”可指大洞也可指不太大的洞，加“圪”则专指较小的洞。“须子”指动植物体上长的象须发的东西，加“圪”后专指碎布条儿，构成新词。“扯”为动词，加“圪”构成名词。（侯精一　1985）

8.3　以上是就“圪”的主要功能说的，因之，我们称“圪”为“词缀”。但是“圪”也可以作为语气助词通常出现在句中，表现停顿或某种情感色彩。以平遥话为例：

（1）这些枣儿比前些时圪红的多啦

（2）兀块裤儿比这块圪合适

（3）你圪就不能让让兀家（他）

（4）我𠰾（那个）房子还能吃住下（禁得住）雨圪，圪淋圪淋就漏起了

例（1）（2）“圪”表示语气的停顿。例（3）还兼有表示“亲近、友好”的感情色彩。例（4）兼有对主语“房子”的“嫌弃”。

九　指示代词三分

9.1　晋语区指示代词三分多分布在山西中部盂县、寿阳、榆社、阳曲、平定、和顺、昔阳、忻州、原平、石楼、中阳、临县、柳林、静乐等地。

以和顺话为例（田希诚　1987）

这个	ʂʅːɤu˩	近指
那个	nɽ˧	中指
兀个	uːɤu˩	远指
这会儿	ʂɤ˩˥ xuəɹ˩	近指
那会儿	nɽ˧ xuəɹ˩	中指
兀会儿	uəí˩˥ xuəɹ˩	远指
这里	ʂɤ˩˥ lei˦˥	近指
那里	nɽ˧ lei˦˥	中指
兀里	uəí˩˥ lei˦˥	远指

9.2　晋语指示代词三分有如下特点：

（1）近指用“这”，中指用“那”，远指用“兀”。指示代词二分的地区，近指用“这”，远指（自然也包括中指）有两种。一种用“兀”，多见于山西中西部。一种用“那”，多见于山西中西部以外的晋语区。当然这是就字形而言。“兀”在各地的读音存在明显的差异。这就是说，只有用“兀”表指代的地区才可能有指示代词三分现象。晋语“兀”通常不单用，有些地区，如平遥“兀家“［uʌí˦˥ tɕiɑ˧˩］“兀家们”［uʌí˧˩ tɕiɑ˧˩˧ məɽ˧˩˥］指“他”“他们”；“兀块”［uʌí˧˩˧ xuæ˦˥˥］指“那个”，𠰾儿［uæ˦˥ ʐʌí˥˧˥］

(吪:“兀块”的合音)是远指代词。

《汉语大词典》收“兀那”条,注“指示代词”犹那,那个。可指人,地或事,元马致远《汉宫秋》第一折:“兀那弹琵琶的那位娘子?”,有趣的是“兀那”在现代晋语的部分地区分离为两个指示代词,分别表示中指,远指。

(2)指示代词“这、兀”不能单用,后面要先跟量词,再跟名词(温端政 1991)。例如平遥:

啐是我的(“啐”[tsæ˥˧]是“这块”[tsʌʔ˩˧ xuæ˦˩]的合音)。

吪是你的(“吪”[uæ˧˥]是“兀块”[uʌʔ˩˧ xuæ˦˩]的合音)。

平遥不能说“*这是我的”“*兀是你的”。北京话没有这个限制,可以说“这是我的”“那是你的”,也可以说“这个是我的”“那个是你的”。指物的这,那用作主语……早期多带“个”,现代不带个字的较多。(吕叔湘 1985)梅祖麟教授说得更具体一些,他说“这、那在北方从晚唐、五代开始就不能单用作为主语,一定要跟语尾“个”或“底”结合。(梅祖麟 1986)晋语平遥方言有“这底块”(这样)“兀底块”(那样)。如:要这底块做,不要兀底块做。(“块”为量词,相当于北京话的“个”)

十 分音词

10.1 分音词指在口语中把一个词分成两个音节来说。如,口语中不说“绊”,而说“薄烂”。晋语的分音词类似福州话的切脚词,古人所说的“切脚字”。宋朝俞文豹说(《唾玉集》,元陶宗仪辑,明陶珽重校,顺治三年宛委山堂刻本《说郛》卷二十三):“俗语‘切脚字’勃笼篷字,勃篮盘字。”(梁玉璋 1982)

10.2 分音词现象主要分布在山西中部、西部及北部邻近中部的少数地区。临近山西的豫北及陕北、内蒙古中西部也有此现象。

	本词	分音词
山西太原	绊 pæ̃˧˥	薄烂 pəʔ˨˩ læ˧˥
河南获嘉	摆 paɪ˥˧	卜来 pəʔ˧ ·lai
陕西延安	绊 pæ˥˧	不烂 pəʔ˥˧·læ

(侯精一 温端政 1993)

10.3 从上列例词看,晋语分音词的构成方式如下。分音词的第一音节与本词双声,分音词的第二音节与本词叠韵。后一音节均为边音[l]声母。福州话切脚词的构成与此相同。

山西中部的分音词有八十多条(赵秉璇 1979)。福州话的切脚词数量大于晋语约有二百出头(梁玉璋 1982)。福州的切脚词多为动词,也有象声词和少数量词。晋话的分音词多为动词,也有少量为名词、量词。

余 论

如果把以上所讨论的晋语研究的十题与汉语的其他方言作比较的话,我们首先会感到晋语的某些特点与官话区方言以至吴方言有一些共同之处。与官话区方言有共同之处，这是很自然的，勿须再讨论，与吴方言的关系却值得注意．这个问题桥本万太郎教授在十几年前就提出来了，下面我想介绍一下桥本教授的看法，他在 1981 年 10 月 5 日从美国西雅图写给我的信上提出了晋语与吴语的关系问题。现摘录如下：

我还在想着为什么汾阳话里有了那么大的音韵变化。三十多以前我第一次跟刘桂萍女士学汾阳话的时候，想到的是：也许跟吴语有关，因为韵尾弱化和复元音的单元音化是吴语音节结构的两个特点。这次在去飞机场的汽车里，我向李荣先生报告汾阳话的一些特点的时候，李先生立刻指出温岭话也有相似的韵尾弱化。

侯先生下一次去山西省时，能不能注意这些方言另外还有没有吴语的特点。例如：（音韵结构上）有没有全浊正齿音的擦音化（普通话也有这特点，不过不像吴语那么彻底）；（语法特点上）有没有指示词的三分法——近称：中近：远称（虽然我个人看法差一点）★，等等？有些词尾、副词等也可能有像吴语的，不过这些特点外人很难找出，……（★中称和远称的分别也可能是很微妙——声调的一些分别或只是个重音的分别。不知侯先生听过李荣先生花了四十多年才觉到温岭话有类似的分别？他谈到这一点是在两年前他访问我们研究所时）

上文所讨论的晋语研究的十个题目，比如：崇母平声字的擦音化、鼻音韵尾的合流与消失、入声收喉塞尾、指示代词三分、复合元音的单元音化等可以说是对桥本教授信上提出问题的初步答复。以下分别作些说明。

（1）桥本教授信上说的“全浊正齿音的擦音化”问题。这种现象在北部吴语较多。现转引《当代吴语研究》所列崇母字声母读音，参看下文表四：（钱乃荣　1992）

表四

	助	豺	柴	上	愁	床	状	崇	闸	镯
常州	dz	z	z	z	dz	z	dz	dz	z	dz
黎里（吴江）	z	dz	z	z	dz	z	dz	dz	z	dz
双林（湖州）	z	z	dz/z	z	z	z	z	z	z	dʑ
黄岩	z	z	z	z	ʑ	z	z	z	z	dz
余姚	dz	dz	dz	z	dz	dz	dz	dz	z	dz
绍兴	dz	dz	z	z	z	dz	dz	dz	dz	dz

据钱乃荣（1992）“以黎里（江苏吴江）的崇母字共 22 个作统计，读［dz］的 8 个，读［z］的 12 个，读［dz/z］的 2 个”。

（2）止摄的合口见系字山西中部地区多有白读［y］韵母，见系以外的字也有个别读［y］的。以平遥为例，见下表五：

表五

髓	ɕy˥˧	牛骨～
穗	ɕy˧˥	～～：穗儿 、
喂	y˧˥	～吃的
慰	y˧˥	～问
柜	tɕy˧˥	～～：柜子
苇	y˥˧	～子地

吴语止摄的合口见系字（如，亏龟柜归围）在大部分地区如苏州、无锡、上海、温州白读为［y］。（钱乃荣　1992，张琨　1992）

（3）晋语白读音的高元音化与圆唇化与吴语的类型相似。

晋语白读音均丢失鼻尾音，主要元音多为非鼻化的单元音。例见下表六：（斜线前为文读，斜线后为白读，下同）

表六

文水	帮	aŋ/u	桥	iɐu/i
	羊	iaŋ/iu	腰	iɐu/i
	光	uaŋ/u	停	iəŋ/i
	井	iəŋ/ɿ	岁	ue/ʮ
汾阳	看	Ã/i	敢	Ã/i
	鞭	iÃ/i	巷	Ã/ɔ
	端	uÃ/u	羊	iÃ/i
	院	yÃ/y	射	ɯ/i

从上面的例子连同本文第四节所举例子可以看出与文读音相比，晋语的白读音表现为高元音化与圆唇化。在讨论汉语方言复合元音的单元音化问题时，何大安归结为两种类型，“一种是高化、圆唇化，如吴方言。一种并没有明显的高化、圆唇化，如西南官话”（何大安　1988），晋语白读音的高元音化圆唇化接近吴语的类型。

(4) 指示代词三分的问题。吴语有，如苏州方言指人和物、指时间、指处所、指方式程度的指示代词为三分。例如：

近指	中指	远指
哀 E˥	𤞞 gəʔ˧	弯 uE˥
该 kE˥		归 kuE˥

就用法来说，“苏州话里的哀、该、𤞞、弯、归”不能单独用，后面一定要跟上其他语素，才能组合成词，起到指示代词的作用”。(叶祥苓 1996) 上文第九节讨论晋话指示代词三分时也谈到晋语的指示代词也不能单独使用，后头要跟量词。这种一致性可能是两种方言平行发展的结果，因为指示代词三分的地区绝不限于吴语与晋语。日本学者曾指出：“指示词的三分法不仅是汉语方言和日文所有，南亚的几个语言也有这种分法。”(小川环树 1981) 缅彝语的纳西、傈僳、拉祜、哈尼、米必苏、基诺和桑孔等语言的指示代词也是三分，分近指、远指、更远指。(李永遂 1995)

参考文献

陈庆延 1991 《山西西部方言白读的元音高化》，《中国语文》第 6 期。

高本汉 1948 《中国音韵学研究》，中译本，商务印书馆。

何大安 1988 《规律与方向：变迁中的音韵结构》，《史语所专刊》之九十。

侯精一 温端政 1993 《山西方言调查研究报告》，山西高校联合出版社，太原。

侯精一 1985 《长治方言志》，语文出板社。

—— 1986 《晋语的分区（稿）》，《方言》，第 4 期。

—— 1989 《变读别义》，载《晋语研究》，日本东京外国语大学亚非言语文化研究所。

—— 1995 《平遥方言民俗语汇》，语文出版社。

李 荣 1985 《官话方言的分区》，《方言》第 2 期。

李永遂 1995 《论缅彝语的称代范畴》，《中国语言学报》第 7 期。

梁玉璋 1982 《福州方言的“切脚词”》，《方言》第 1 期。

吕叔湘 1985 《近代汉语指代词》，学林出版社。

梅祖麟 1986 《关于近代汉语指代词》，《中国语文》第 6 期。

钱乃荣 1992 《当代吴语研究》，上海教育出版社。

田希诚 1987 《和顺方言志》，语文出版社。

王洪君　1991　《阳声韵在山西方言中的演变》，《语文研究》第 4 期。

小川环树　1981　《苏州方言的指示代词》，《方言》第 4 期。

叶祥芩　1996　《苏州方言音挡》，上海教育出版社。

张　琨　1992a　《汉语方言的分类》，《中国境内语言暨语言学》第一辑《汉语方言》，《史语所论文集》之二。

——　1992b　《汉语方言中的几种音韵现象》，《中国语文》，第 4 期。

——　1983　《汉语方言中鼻音韵尾的消失》，《史语所集刊》第 54 本，第一分册，台北。

赵秉璇　1979　《晋中话"嵌 1 词"汇释》，《中国语文》第 6 期。

赵元任　1935　《中国方言当中爆发音的种类》，载《中国现代语言学的开拓和发展》，清华文丛之四，清华大学出版社，1992。

周长楫　1994　《厦门方言词典》，江苏教育出版社。

（原载《橋本萬太郎紀念 中国語学論集》，余靄芹/遠藤光晓共編，1997 東京内山書店，此次刊印略有改动。）

论晋语的归属*

自李荣先生1985年提出把山西省及其毗连地区有入声的方言从北方话分出称作晋语以来，关于晋语归属问题的讨论引起人们的关注。本文对此作了简要的回顾，并且进一步提出如下两项新证据：1. 晋语区通摄合口一等与通摄合口三等入声精组字今韵母读音多有区别。一等今多读合口呼，三等今多读撮口呼；2. 提出以“圪都”拳头作为区分晋语区的词汇标准。

一　简要的回顾

1.1　关于晋语的名称

在讨论晋语的归属问题前，有必要先明确我们所说的晋语是有特定内容的。“晋语”这个名称平常用作“山西方言”的意思。作为学术名词，“晋语”跟“山西方言”应该有区别。“山西方言”着眼于地理，指山西省境内的方言。我们用“晋语”着重在语言，指山西省及其毗连地区有入声的方言（李荣1985）。因此对前人关于“晋语”的论述应该有所分析，不能简单的与我们所讨论的“晋语”划等号。

1.2　晋语区的划分

晋语区包括太行山以西山西的中西部、北部、东南部，内蒙古黄河以东中西部地区以及陕西北部、河南北部、河北西部临山西的地区。总共

* 此文是“语言变化与汉语方言，纪念李方桂先生国际研讨会”（1988.8西雅图）的发言稿。

174个县市，使用人口约4，500万人（侯精一1986）。从行政区划上看晋语分布在5个省（区）。

1.3 关于晋语的归属

《中国语言地图集》分现代汉语方言为十大区，把山西省及其毗连地区有入声的方言从北方话分出来称作晋语，并把晋语看作与吴、粤、闽、湘、赣、客、平话、徽语、官话平行的一个大方言区（中国社会科学院、澳大利亚人文科学院1987/1989）。晋语的归属问题，学界同道看法颇不一致。丁邦新先生说：如果只以这一个条件（指有入声——引者）来划分晋语，似乎不够坚强（丁邦新1987）。晋语分立理由不足（丁邦新1996）。詹伯慧（1991）、王福堂（1998）等先生也持异议。温端政先生则主张晋语可以升格独立，并提出晋语是“部分入声音节两分”的方言。他说：“如果说吴语是‘塞音、塞擦音三分’的方言，那么晋语便可以说成是‘部分入声音节两分’的方言。”① （温端政1997）

二 晋语的特点及区分晋语的标准

2.1 晋语的主要特点

我在1989年提出晋语的五个特点（侯精一1989）：

（1）入声多带有比较明显的喉塞音；（2）北京［ən:əŋ］［in:iŋ］［uən:uŋ］［yn:yŋ］四对韵母晋语分别合并；（3）多数地区有词缀“圪”［kəʔ］；（4）北京话的轻声“子”尾多数地区读［tsəʔ］；（5）多数地区有分音词。

之后，在1996年我把晋语的主要特点增加到十个（侯精一1996）：

（1）发音特点；（2）崇母平声字的擦音化；（3）古全浊声母今读塞

---

① 温端政说的“部分入声音节两分”是指入声音节“实际上可分为表义（有词汇意义）和不表义的（没有词汇意义）两个部分”。举的是太原的例子。表义的，如：日杂店［$zəʔ^{2-45}$ $tsaʔ^{54-2}$ tie^{45}］的“日”［zəʔ］，表示“日常”之义。不表义的，如：日怪［$zəʔ^{2}$ $kuai^{45}$］的“日”［$zəʔ^{2}$］。

音、塞擦音平声不送气；（4）蟹、止两摄部分合口字今白读；（5）鼻音韵尾的消失与合流：（6）入声收喉塞尾及入舒同调型；（7）文白异读；（8）有表音词缀“圪”；（9）指示代词三分；（10）分音词。

2.2 区分晋语的标准

2.2.1 我们把晋语从北方话划分出来依据的标准是李荣先生提出的“山西省及其毗连地区有入声的方言”，应该说这是一条很有效的标准。用这条标准划出来的晋语区从地理分布上来看也是非常合适的。这一大片相连的地区，东边到太行山，西边和南边（中间有个过渡区）临黄河，北边一直延伸到内蒙古阴山山脉。这是一个相当封闭的地理环境。巍峨的太行山和古老的黄河以及山西南部的太岳山脉、中条山脉作为天然屏障抵挡处于强势的北京官话方言的西进与中原官话的北上。用有入声这条标准可以把晋语从北方话分出来。下面我们再对这条标准做一些补充论证。

2.2.2 通摄合口一等与合口三等精组入声字今读音有分别。一等字读入声洪音，三等字读入声细音。见下文表1①。

表1总共列出晋语区13个市、县的资料，这些资料大多是从近些年公开发表的出版物中摘选的。其中，有贺巍的《获嘉方言研究》、温端政主编的《山西省方言志丛书》、温端政与本人共同主编的《山西方言调查研究报告》、陈章太等的《普通话基础方言基本词汇集》和刘育林的《陕西通志·方言志（陕北部分）》。表中“*”号表示例外，空格表示资料或缺。

这13个市县的地理分布，从晋语的中心地区——山西中部的太原盆地到山西西部的吕梁山区，东部的太行山区，东南部的长治盆地、晋城盆地，北部的忻州盆地、大同盆地（《山西概况》1985）。山西省境外的晋语

① 通摄合口三等入声精组字，除去（表1）列出的三个以外，还有“促续宿粟”四个字。“促”字晋语多读洪音，应视作例外。例如：“促”太原 ts‘uəʔ | 平遥 ts‘uʌʔ | 獲嘉 tsuʔ | 吴堡 ts‘uəʔ。“续宿粟”晋语区多读细音。北方话“续宿”也有细音的读法。如：北京话“续”音 [ɕy]，“宿”音 [ɕiou] 一～：一夜。

区，从陕北、豫北到河北西部、内蒙古黄河以东的中西部地区。可以说举例覆盖整个晋语区。例外较少，而且只是个别字音（从同等音韵地位的其他例字的读音也可做补证）。通摄合口一等与合口三等精组入声字今韵母读音有分别在晋语区具有相当大的一致性。表 1 我们只举出 13 个点的资料，从上文列出的出版物，很容易再找到例证。

表 1

	族通合一入屋從	速通合一入屋心	足通合三入烛精	俗通合三入烛邪	肃通合三入屋心
太原山西中部	tsʻuəʔ	suəʔ	tɕyəʔ	ɕyəʔ	ɕyəʔ
长治山西东南	tsuəʔ	suəʔ	tɕyəʔ	ɕyəʔ	ɕyəʔ
临县山西西部	tsuəʔ		tɕyəʔ	ɕyəʔ	ɕyəʔ
大同山西北部	ʂuəʔ	ʂuəʔ	tɕyəʔ	ɕyəʔ	ɕyəʔ
盂县山西东部	tsʻuɤʔ	ɕuɤʔ*	tɕyɤʔ	ɕyɤʔ	ɕyɤʔ
张家口河北	tsuɐʔ		tsɐʔ*	ɕyɐʔ	ɕyɐʔ
邯郸河北	tsuəʔ	suəʔ	tɕyəʔ	ɕyəʔ	ɕyəʔ
吴堡陕西	tsʻuəʔ	ɕuɤʔ*	tɕyəʔ	ɕyəʔ	ɕyəʔ
绥德陕西	tsʻuəʔ	ɕuɤʔ*	tɕyəʔ	ɕyəʔ	ɕyəʔ
林县河南	tsuʔ		tɕyʔ		
获嘉河南	tsuʔ	suʔ	tɕyʔ	ɕyʔ	ɕyʔ
呼和浩特内蒙古	tsuəʔ	suəʔ	tɕyəʔ	ɕyəʔ	ɕyəʔ
临河内蒙古	tsʻuɛʔ	suɛʔ	tɕyɛʔ	ɕyɛʔ	ɕyɛʔ

2.2.3 通摄合口一等与通摄合口三等精组、泥组舒声字在晋语区的一些地区今读音也

有分别。一等读洪音，三等读细音。（主要集中在山西东南部及相临的豫北、① 陕北）都有这种现象。这一条虽然不能作为区分晋语的标准，但却是很好的旁证材料。值得我们注意。如长治“笼聋”$_{一等}$读［luəŋ］，“龙陇垅”$_{三等}$读［lyəŋ］，“松宋送”$_{一等}$读［suəŋ］，“松诵讼”$_{三等}$读［ɕyəŋ］（侯精一 1985）。例字见表 2。

表 2

	聋$_{通合一}$≠龙$_{通合三}$	送$_{宋通合一}$≠诵$_{讼通合三}$
屯留	luŋ≠lyŋ	suəŋ≠ɕyŋ
陵川	luŋ≠lyŋ	suŋ≠ɕyŋ
清徐	luŋ=luŋ*	suʌ̃≠ɕyʌ̃
文水	luəŋ≠lyəŋ$_{白读}$	suəŋ≠ɕyəŋ
忻州	luəŋ≠lyəŋ$_{旧读}$	suəŋ≠ɕyəŋ$_{旧读}$
获嘉	luŋ≠lyŋ	suŋ≠ɕyŋ
兴和$_{内蒙古}$	luəŋ≠lyəŋ^{白读}	

据北京大学《汉语方音字汇》，“龙”字读细音在全国 20 个重点汉语方言（北京、济南、西安、太原、武汉、成都、合肥、扬州、苏州、温川、长沙、双峰、南昌、梅县、广州、阳江、厦门、潮州、福州、建瓯），只有福州［lyŋ］、梅县［liuŋ］、温州［liɛ］白读读细音。在晋语区“龙”读细音除去上面所举出的长治、屯留、陵川、文水、忻州、获嘉、兴和 7 处以外，根据对已发表晋语资料的初步翻检，还有平遥、汾西、隰县、平顺、高平、晋城、大同、五台、邯郸、济源等 10 处。总共 17 处。

三　与官话方言的比较

3.1　与冀鲁官话的比较

官话区的济南、西安，通摄合口一等与合口三等入声精组字今读音也有分别。一等读

① 郑州市“龙”$_{文读}$音［luŋ］，白读音［lyŋ］。（卢甲文、郭小武 1998。）郑州市地处河南省黄河南岸，与黄河北岸的晋语区相邻。“龙”音［lyŋ］可能是受晋语区的影响。

舒声洪音，三等读舒声细音。如，属北方官话的济南“族”[tsu]与“足”[tɕy]不同音。属中原官话的西安“族”[tsu]与“足”[tɕy]韵母也有洪细的不同。一等读舒声洪音，三等读舒声细音。但北方官话、中原官话均无入声，而晋语有入声，晋语与北方官话、中原官话有明显分别。

3.2 与江淮官话的比较

“族”“足”两组例字，江淮官话虽然也读入声，但一等与三等精组入声字，今韵母的读音没有区别，而晋语则有区别，据此可以把晋语与江淮官话区别开来。参看下表3（江苏省和上海市方言调查指导小组1960，刘丹青1998，李金陵1998）。

表3

	南京	扬州	高邮	淮阴	泰兴	如皋	合肥
族一等	ts'uʔ	ts'ɔʔ	ts'ɔʔ	ts'ɔʔ	ts'ɔʔ	tsɔʔ	ts'uəʔ
足三等	tsuʔ	tsɔʔ	tsɔʔ	tsɔʔ	tsɔʔ	tsɔʔ	tsuəʔ

四 通合一与通合三入声精组字韵母在现代汉语方言里的读音

通合一与通合三入声精组字韵母读音有分别，在现代汉语方言里还比较少见。据《汉语方音字汇》（北京大学中国语言文学系1989），在全国20个重点汉语方言，“族”与“足”韵母读音是有分别的，除去晋语区的太原，总共有7处。其中济南古入声已读舒声，余下只有温州、南昌、梅县、厦门、福州、建瓯等6处。吴语、粤语的代表点苏州、广州均不在内。至于“聋”与“龙”字韵母读音有分别，在《汉语方音字汇》的20个重点汉语方言中只有福州、梅县两点。有意思的是，“族”“足”今韵母不同，“聋”“龙”今韵母不同的现象，却在中国最北边的晋语区比较多的保存下来。这难道不说明晋语具有与其他汉语方言不同的特点。只有把晋语从北方话分出来，才能如实的反映出晋语在现代汉语方言中的地位。

下列表4说明通合一与通合三入声精组字韵母读音在汉语东南沿海方

言的分合情况。表里头除列出精组例字外，还列出来母的“聋”“龙”两字的读音，以便参考（北京大学中国语言文学系 1989）。

表 4

	族通合一入屋从　足通合三入烛精	聋通合一平东来　龙通合三平钟来
广州	tʃʊk＝tʃʊk	luŋ＝luŋ
苏州	zoʔ＝tsoʔ①	loŋ＝loŋ
南昌	tsʻuk≠tɕiuk	luŋ＝luŋ
长沙	tsʻəu＝tsəu	lən＝lən
厦门	tsɔk文读≠tsiɔk tsak白读	laŋ白读＝laŋ白读 lɔŋ文读≠liɔŋ文读
福州	tsuʔ≠tsøyʔ	løyŋ白读≠leiŋ白读 luŋ文读≠lyŋ文读
梅县	tsʻuk≠tsiuk	luŋ≠liuŋ

上表南昌“聋”与“龙”韵母相同，梅县“聋”与“龙”韵母不同。下面我们再进一步看一看其他客赣方言的表现。

根据李如龙、张双庆对江西、广东、福建、湖南、广西的 34 点调查，“聋”与“龙”今韵母不同的只有 14 点。其中，江西占一半，7 点。福建 5 点，广东只有梅县、揭西两点（李如龙、张双庆 1992）。李、张的调查说明“聋”与“龙”今韵母不同还不是客赣方言的主流现象。

五　划分晋语区的词汇标准

从语音方面讨论晋语的归属，我们做了许多工作。单从语音方面著眼，是不够的。我们的目光应该兼及词汇问题，就是说不仅注意用语音作划分的标准，词汇方面，特别是区

① 这里的“＝”“≠”号，仅仅表示字音韵母的相同与不同。

别特征明显的、历史久远的核心词，也可以而且应该作为区分晋语的标准。温端政说：我们必须同时承认，晋语在语音、词汇和语法上确有许多不同于官话方言的特点。就拿同是李荣先生主编的几部方言词典来比较，《忻州方言词典》所收不同于官话方言的词语数量，超出了《长沙方言词典》和苏州方言词典》，而接近于《厦门方言词典》——从这一点来说，晋语与吴语、闽语、湘语等并列为独立的方言区似无逊色（温端政 1997）。这个意见是值得考虑的，词汇的确可以作为区分晋语的一条标准。

山西方言里头有相当一批词语与官话方言明显不同。表 5 共列出 18 条。我们可以考虑从中选出 1—2 条作为划分晋语区的词汇标准。表文举例标注的是山西平遥城关的读音。

表 5

山药蛋 saŋ iʌʔ taŋ土豆儿 01	壁虱 piʌʔ ʂʌʔ臭虫 02	红薯 xuŋsɥ白薯 03
得脑 tʌʔ lɔ头 04	圪嘟 kʌʔ tu拳头 05	黑夜饭 xʌʔ iɛ xuaŋ晚饭 06

续表

茅子 mɔ tsʌʔ厕所 07	跑茅子 p‘ɔ mɔ tsʌʔ 08	圪蹴 kʌʔ tɕiəu蹲 09
毛巾巾 ʂəu tɕŋ tɕŋ毛巾 10	年时 ȵiᴇ sɿ去年 11	启子 tuʌʔ tsʌʔ 屁股 12
蚂蚍蜉 ma piʌʔ xu 蚂蚁 13	月明爷 yʌʔ mi iɛ月亮 14	风匣 xuŋ xʌʔ风箱 15
土墼 t‘u tɕiʌʔ土坯 16	龙床 luŋ suə 白读：蒸笼 17	炭 t‘ɑŋ 煤 18

01—12、16—18 各条　在晋语区有很大的一致性与晋语区周边的官话方言区别也很明显，13—15 三条晋语区有少数地区有不同的说法。

01　**山药蛋**　指“土豆”在晋语区非常普遍。“山药蛋”是晋语区老百姓的当家菜。晋语区周边的官话方言不说“山药蛋”，多说“土豆儿”。文艺界有所谓“山药蛋”派，是对山西籍作家的戏称。可见“山药蛋”一词地区色彩之浓。

02　**壁虱**　作为“臭虫”的别名，《汉语大词典》举的书证是宋·陈师道《后山诗话》：“鲁直有痴弟，畜漆琴而不御，虫虱入焉。鲁直嘲之曰：龙池生壁虱。”上海、苏州“臭虫”也叫“壁虱”晋语与吴语的平行性在此又表现出来了。本条及以下三条均见于文献记载。

11　**年时**　指“去年”。《唐五代语言词典》：“年时：当年；去年”举唐诗为证。“春衫窄，香肌湿，记得年时，共伊曾滴。”（江蓝生、曹广顺1997）

12　**启子**　指屁股，在晋语区极为普遍。“启子”的“启”，见于《广韵》。《广韵》入声屋韵，“启”：“尾下窍也”，丁木切。民国初年山西印行的《方言杂字》“启”用“笃”字直音，注：“出粪门也。”《汉语方言词汇》“屁股”条，全国 20 点，涉及各大方言区，说“启”的只晋语一家。

13　**蚂蚍蜉**　指“蚂蚁”，山西境内的晋语大都如此，只山西东南部说“蚂蚁”，不说“蚂蚍蜉”。[①]《普通话基础方言基本词汇集》共收录93点方言词，“蚂蚁”条除晋语区外，只有甘肃天水说“蚍蜉蚂蚂”、西安说“蚍蜉蚂”（词序与晋语不同）。[②] 韩愈的著名诗句“蚍蜉撼大树，可笑不自量”，“蚍蜉”指的就是大蚂蚁。[③]“蚍蜉”见于早期历史性文献。《礼记·学记》：“蛾子时术之。”汉·郑玄注：“蛾，蚍蜉也。”

14　**“月明爷”**　指“月亮”在晋语区相当一致。“明”多为白读[mi]。

04　**得脑**　的“脑”在晋语的核心地区太原盆地的清徐、太谷、祁县、文水多做［l—］声母。其他地区为［n］声母。第一音节本字不明，从山西东南部第一音节多做“圪”看，“得脑”的“得”可能是表音前缀，没有意义。后一音节不管是读鼻音还是读边音，当是“脑”字。（晋语区［n］与［l］分别很清楚，但常用的指代词“哪儿”不少地区读边音［l］可证）。

05　**圪嘟**　指“拳头”，在晋语区内具有很高的一致性，非晋语区很少有这种说法。[④]“拳头”为什么叫“圪嘟”［kʌʔ tu］，“拳”群母字，“头”定母字，晋语有古全浊声母今读塞音、塞擦音平声不送气。“圪嘟”［kʌʔ tu］可能就是“拳头”，从声母上、从词义上看此说可通，但从其他方面看，还要再论证。

18　**炭**　指“煤”。北京说“买了200斤煤”，晋语说“买了200斤炭”。山西煤炭资源非常丰富，山西方言之丰富犹如山西之煤炭。有意思的是，晋语区土话都说“炭”不说“煤”。如果说我们选两条方言词作为区分晋语的标准，“炭”可以算一条。《山西方言调查研究报告》山西方言词汇对照第12“煤块”条，山西境内的晋语多说“炭”也有说“炭块块”、

---

① 参看《山西方言调查研究报告》页232—233。

② 参看《普通话基础方言基本词汇集》页3728；《山西方言调查研究报告》页9—10。

③ 韩愈《调张籍》：李杜文章在，光焰万丈长。不知群儿愚，那用故谤伤。蚍蜉撼大树，可笑不自量。

④ 参看《山西方言调查研究报告》页249；《普通话基础方言基本词汇集》页2575。

“炭疙瘩”。只有沁县一点例外，说“煤块”。山西境外的晋语，河北的邯郸、平山、张家口、阳原；内蒙古的呼和浩特、临河、集宁；河南的林县；陕西的绥德。也都说“炭”。[①] 晋语区以外的地区也有说“炭”的，如关中地区的宝鸡、西安、西北地区的兰州、银川。“炭”指煤。《水经注·漯水》：“山有石炭，火之热，同樵炭也。”又，明·宋应星《天工开物·燔石》：“或一井而下，炭纵横广有，则随其左右阔取。”[②] 《正字通》：“‘炭’石炭，今西北所烧之煤即石炭。苏轼集有《石炭行》。”[③] 今甘肃天水还把“煤”称做“石炭”。[④]

以上 18 条，“圪嘟”（拳头）条可作为区分晋语词汇标准的首选条目。

六 余 论

在给现代汉语方言分区时一定会有例外，事实上我们找不到哪一条标准可以完全适合一个方言区的所有地区。在一些地区，一定有例外，有两可。没有例外和两可的反而不正常。特别是在不同方言区的交界地带，例外或两可的现象是常见的，我们不能据此怀疑分区的标准。通常两个方言区的相临地区自然会有过渡语言现象。我在《晋语区形成的社会因素》一文的附图（侯精一 1989）就标出山西南部没有入声的 20 几个县、市实际上是晋语与中原官话的过渡区。道理很简单，如果从没有入声这一点出发，可以把这个地区划入中原官话区，如果以有没有文白异读作为分区标准，山西南部比山西北部更适合留在晋语区。因此，对某条分区标准的效能提出批评时，我们应该避免使用这种特有的过渡语言现象。“现在讨论方言的分类，只能就各地区方言的主流来立论”（丁邦新 1982）“方言的分区也许应该厘清方言的中心地区，到边际地区则可容许相当的出入”

---

① 参看《普通话基础方言基本词汇集》页 2105。

② 此条承白维国告知。

③ 《正字通》张自烈（明）廖文英（清）编，董琨整理，中国工人出版社，1996，北京。

④ 参看《普通话基础方言基本词汇集》页 2105。

（丁邦新　1996）的意见确为经验之谈。

从1985年提出晋语从北方话分出来，至今也不过十三、四年，对晋语的认识（调查与研究）比起对官话或者是对东南沿海汉语方言的调查研究，还是非常不够的。随着调查研究的深入，肯定会有新的、重要的资料出来，到那时，晋语归属问题的讨论可能就有结果了。

参考文献

丁邦新　1982《汉语方言区分的条件》，《丁邦新语言学论文集》（1996），北京：商务印书馆。

——　1987《论官话方言研究中的几个问题》，《丁邦新语言学论文集》（1996），北京：商务印书馆。

——　1996 书评：《中国语言地图集》，《国际中国语言学评论》第1期，香港。

山西省地方志编纂委员会办公室 1985《山西概况》。太原：山西人民出版社。

中国社会科学院、澳大利亚人文科学院 1987/1989：《中国语言地图集》。香港：朗文（远东）出版有限公司。

王福堂　1998《20世纪的汉语方言研究》，《二十一世纪的中国语言学》。北京：北京大学出版社。

北京大学语言文学系语言学教研室　1989《汉语方言字汇》第2版。北京：文字改革出版社。

——　1995《汉语方言词汇》第2版。北京：语文出版社。

李　荣　1985《官话方言的分区》，《方言》第1期。

李如龙、张双庆　1992《客赣方言调查报告》。厦门：厦门大学出版社。

李大业　1986《兴和音系略说》，《方言》第4期。

江蓝生、曹广顺　1998《唐五代语言词典》。上海：上海教育出版社。

江苏省和上海市方言调查指导组　1960《江苏省和上海市方言概要》。南京：江苏人民出版社。

陈章太、李行健　1996《普通话基础方言基本词汇集》。北京：语文出版社。

侯精一　1986《晋语的分区〈稿〉》，《方言》第4期。

——　1989《晋语图》，《中国语言地图集》。香港：朗文（远东）出版有限公司。

——　1989《晋语区形成的社会因素》，《晋语研究》。日本东京外国语大学亚非言语文化研究所。

——　1995《平遥方言民俗语汇》。北京：语文出版社。

——　1997〈晋语研究十题〉，《桥本万太郎纪念中国语学论集》。东京：内山书店。

—— 主编 1998《现代汉语方言音库》：李金陵编写《合肥话音当》。上海：上海教育出版社。刘丹青编写《南京话音档》。上海：上海教育出版社。卢甲文、郭小武编写《郑州话音档》。上海：上海教育出版社。

—— 1999《晋语入声韵母的区别性特征与晋语区的分立》，《中国语文》第 2 期。

贺 巍 1989《获嘉方言研究》。北京：商务印书馆。

—— 1981《济源方言记略》，《方言》第 1 期。

温端政 1997《试论晋语的特点与归属》，《语文研究》第 2 期（总第 63 期）。

—— 1982—1984《山西省方言志丛书》：平遥、怀仁、太谷、晋城、陵川、寿阳、襄垣、祁县、文水、洪洞、万荣等十一种方言志，《语文研究增刊》，太原。

—— 1985—1991. 长治、忻州、大同、原平、孝义、清徐、汾西、沁县、山阴、天镇、文水（修订本）、武乡、和顺、左权、盂县、临县、介休、阳曲等 18 种。《语文研究增刊》。

詹伯慧 1991《汉语方言及方言调查》。武汉：湖北教育出版社。

翟英谊 1989《山西娄烦方言同音字汇》，《方言》第 1 期。

刘育林 1990《陕西省志·方言志》（陕北部分）。西安：陕西人民出版社。

（原载《语言变化与汉语方言 李方桂先生纪念论文集》中研院语言学研究所筹备处 美国华盛顿大学 台北 2000）

晋语的变音*

在晋语的一些地区，特别是晋语的中心地区（太原盆地、吕梁地区、上党地区）及相邻的山西南部的中原官话地区存在比较丰富的变音现象。本文以动词、亲属称谓词、人称代词的变音为例，考察晋语变音与本音之间的语音变化及其功能，研究晋语的变音与本音之间的语法变化关系。举例以晋语为主，兼及相邻的中原官话区。引用的例子见于已发表的时贤及本人的论著。①

一　变音与本音

本音是指单个汉字的读音，这种读音通常是有来历的。变音是本音派生出来的，在声韵调等方面发生某些变化的语音形式。本音反映语音层面，变音反映语法层面。“语音层面和语法层面的关联是任何普遍的音系理论都不应该忽视的。”（王洪君 2008）

本调和变调体现语音变化的关系，本音与变音体现语法变化的关系。绝大多数变音都有相对的本音，只有少数变音没有本音或本音不详。（李荣 1978）这番话同样适用于晋语。晋语每个字都有本音，变音只是部分字具有。就是说，变音通常都有相对的本音。多数变音与本音的关系单纯、清楚。少数字的变音与本音关系不太好确定，下文将会涉及这个问题。从本文所举的一些用例来看，变音反映的是早期的历史层次。

---

* 谨以此文纪念刘坚学长诞辰 75 周年。

① 引用论述，出处随文注出。引用方言资料，出处统见文末的参考文献。如，忻州方言的资料，见“温端政（1985）”。

“本音与变音之间的变化方式是替换”（李荣 1978）。本文所举的晋语及相邻地区的变音类型，本音与变音之间的变换方式大多也都是替换。但也有不是替换的。如下文所举的山西万荣、临漪以及陕西岐山方言，本音与变音之间的变化方式就不是“替换”，而是用“长音”或“韵母局部重叠”“合音”表示变音。晋语及相邻中原官话地区的本音与变音之间的变化方式更具多样性。晋语变音的类型远不止文中所举。如浙江温岭方言变音有“表示小”的作用，“‘牛’单说的时候用本音，……小牛的‘牛’用变音”。（李荣 1978）晋语也有用变音表示小称，此外晋语及相邻地带还有“二合一式合音构词”（王洪君 2008）的子尾变音、重叠变音等，本文均未展开讨论。

变音现象各地的情况不太一样。粗略而言，亲属称谓词的变音在太原盆地及相邻的中原官话比较丰富。山西东南部、河南北部的晋语及相邻的某些中原官话地区的变音突出地表现在名词的“子”变音、小称变音、动词变韵等方面。

对晋语变音的认识有一个时间过程。这里先举一个本音作名词，变音作量词例子。

“块”是晋语及其近邻地区的常用量词，①② 犹如普通话的量词“个”。例如，山西平遥方言说“一［xuæ⁵³］人”“一［xuæ⁵³］牛儿”“一［xuæ⁵³］桌子”。这个读作“［xuæ⁵³］”的量词，虽然非常通行，但该怎么写，本字是什么？起初却难以回答。所以在上个世纪 80 年代的一些讨论山西方言的书里头，常常写一个音近字“槐”，在字下面画上浪绕（或者用方框“□”）表示本字待考。后来认识到这是“块”作量词的读音。我们在《山西方言调查研究报告》曾指出，山西通行得相当广的量词，如平遥的［xuæ⁵³］就是“块”。并具体指出在山西中部、西部、南部，“块”作为名词读［kʰ］声母，作为量词则要变读。中部多读作［x—］，西部变读作零声母［Ø］。（侯精一、温端政 1993）但当时并没有明确提出“变音”问题，更没有指

① 属中原官话的河南省东南部的商县“块”作量词音［kʰuai］，上声。如这娃半～月啦！

② 量词“一块钱”的“块”读本音，是后起的读音，不读变音。下文不再一一说明。

出变音与本音的关系是语法变化的关系。

“块”《集韵》苦怪切，蟹摄合口二等去声怪韵溪母字；又苦猥切，蟹合一上贿溪。《广韵》“块”属队韵，苦对切。北京话用苦怪切的音。晋语不少地区，一些队韵字与怪韵字的韵母相同，均读同怪韵。

说量词［xuæ53］就是“块”字根据是什么？变音说可以较好地回答这个问题。例字右上框的数码“1”表示本音，数码“2”表示变音（下同）。

山西清徐方言“块1”［kʰuai53］上声，名词：“块子”（扑克牌的方块儿）。“块2”［kʰuai53］去声，量词：一～人。平遥“块1”［kʰuæ53］上声，名词：纸块块（纸片儿）。平遥块2［xuæ53］上声，量词：一～牛儿。

比较“块1”与“块2”的读音，不难看出“块2”（变音）与“块1”（本音）具有同体关系，[①] 汉字均作“块”。“块”的本音是名词，“块”的变音是量词。这里勿需考本字。本音与变音的同体关系看得很清楚。平遥“块”的变音只是改换本音的声母，从本音的送气塞音［kʰ］变为同部位的擦音［x］。韵母、声调都没有改换。清徐“块”的本音、变音不同之处是变音改换本音的声母和声调。当然，不是所有的本音与变音的同体关系都那麽简单。晋语“块2”读音举例见表1：

表1　**“块2”（变音）与“块1”（本音）**

读音差异举例：（圆括弧内是“块1”的读音）

	块2 声母	块2 声调
太原	［k］（［kʰ］）	去声（上声）
介休	［x］（［kʰ］）	上声（上声）
文水	［x］（［kʰ］）	平声（上声）
静乐	［v］（［kʰ］）	去声（上声）

① “体”是指“字体”。同体关系指的是同一个汉字。

二　变音的虚化功能

以上举的是本音是名词，变音是量词的例子。下面再举六个例子，本音为动词，变音虚化为介词、连词、趋向词、方位词。举例非必要不加注省名。

1. 和：果摄合口一等平声戈韵匣母字，户戈切。和¹ 本音，动词，和² 变音，介词、连词。

表 2　　**“和”的本音与变音**

	和¹ 动词～面		和² 介词/连词		举例
平遥	xuei	平声	xu	上声	～你断像（与你相像）
文水	xuəi	平声	xuəi	上声	～他打听一下
忻州	xuɛ	阳平	xuɛ	上声	～大家办事
临县	xu	阳平	xuɛe	上声	张三～李四
清徐	xuɤɯ	平声	xɔu	平声	我～你同岁
大同	xuo	阳平	xəʔ	入声	这话你都～谁说过
长治	xuə	阳平	xuəʔ	入声	这个～那个不一样

以上 7 点“和”的本音与变音之间的变化方式是替换声调及韵母。声母没有替换。所举各点，韵母虽多为合口，但主要元音及韵尾多有不同。平遥、文水、忻州、临县变音的声调为上声。大同、长治变音的声调为入声。本音为舒声，变音变为入声，（即舒转人现象）在晋语比较常见。

2. 上：宕摄开口三等上声养韵禅母，时掌切/宕摄开口三等去声漾韵禅母，时亮切。上¹ 动词，上² 趋向词/方位词。

平遥　上¹ ［suə］ 去声：～坡

　　　上²［xɔ］去声：本地歇后语：寿星骑～狗儿—有福没禄（鹿）

太谷　上¹ ［sɒ］ 去声：～坡

　　　上² ［xɒ］ 去声：骑～新车子

孝义　上¹ ［ʂ ɛ］ 去声：～楼

　　　上² ［xɛ］ 去声：本地歇后语：小葱～挂铃铃——铃（灵）葱（虫）葱（虫）

和顺 上[1] [ʂ ɒ] 去声：～山

上[2] [[tʂ ɒ] 去声：在～

文水 上[1] [[su] 去声：～门

上[2] [xu] 去声：提～

"上"的本音与变音在声调上没有差别，均为去声。在声母、韵母上本音与变音有替换关系。如变音的声母多为擦音 [x]。

3. 去：遇摄合口三等去声御韵溪母，丘倨切（横线以下例属相邻的中原官话区，下同）去[1] 动词，去[2] 趋向词。

平遥 去[1] [tɕʰy] 去声：你～唤兀家（他）

去[2] [tiʌʔ] 入声：盛将碗碗面～

太谷 去[1] [tɕʰy] 去声：～家儿

去[2] [təʔ] 入声：出来进～

文水 去[1] [tsʰɥ] 去声：不早啦，快～吧

去[2] [tiəʔ] 入声：出～啦①

山西临汾屯里 去[1] [tɕʰi] 阴去：你～不～

去[2] [tɕiɑ] 阴去：我去城里～

4. 解：蟹摄开二等上声蟹韵见母，佳买切。解[1] 动词，解[2] 介词。

平遥 解[1] [kæ] 上声：～开这颗疙瘩②

解[2] [tɕia] 上声：你～哪儿来的？

文水 解[1] [tɕiai] 上声：～放

解[2] [tɕiaʔ] 阳入：～村外走③

5. 把：假摄开口二等上声马韵帮母，博下切。把[1] 动词，把[2] 介词。

---

① 平遥、太谷动词"去[1]"声母是 [tɕʰ]，"去[2]"声母是 [t]。"去[1]"声调是舒声，"去[2]"是入声。"去[2]"与"去[1]"读音的差异较大，两者的同体关系不很明显。文水的"去[1]"声母读 [tsʰ]，"去[2]"读 [t]。都是舌尖前音。"去[2]"与"去[1]"只是发音方法的不同，发音部位没有变化。这对我们认识平遥等地的变音有所启发。平遥、太谷的"去[2]"的变音是文水变音路径的稍许复杂化。至于"去[2]"读入声，并非罕见。晋语实词虚化变音读入声的例子比较多。

② "解[1]"平遥又读 [xæ] 去声，动词，～下了（明白了）。

③ "解[1]"文水又读 [xai] 去声，动词，～不下（不懂）。"解[2]"文水读阳入调 [312]，文水"解[1]"读去声 [423] 调，调型相同，本音变音只是长短的不同。《文水方言志》作者"解[2]"原作"截"，本文引用时改作"解"。

孝义　把^{1}［pa］上声：～屎～尿

　　　把^{2}［pəʔ］入声：～兀圪截东西给我荷将来（拿过来）

介休　把^{1}［pa］上声：～握

　　　把^{2}［pʌʔ］入声：～兀块东西给我拿过来

6. 叫：效摄开口四等去声啸韵见母，古弔切。叫^{1} 动词，叫^{2} 介词。

文水　叫^{1}［tɕiau］去声：喊～上他哇！

　　　叫^{2}［tɕi］去声：斧子～他丢了

和顺　叫^{1}［tɕiəu］去声：外号～一个常有理

　　　叫^{2}［tʂəu］去声：茶杯～他打破了

三　变音的构词功能

用变音构造亲属称谓词在太原盆地及相邻的中原官话地带比较常见，笔者过去曾写有短文《晋语的变读别义》（侯精一 1999）、《亲属称谓词的变读》（侯精一 1999）讨论这个问题。近年来整体考虑晋语的本音与变音的关系，感到晋语的变音不是简简单单的变读别义问题。变音是晋语构词特别是构造亲属称谓词的一种重要方式。大致而言，晋语变音构词有如下特点：（1）变音与本音在词汇意义上具有同体关系；（2）变音构词是一种早期的构词方式。例如：

1. 娘：宕摄开口三等平声阳韵泥母，女良切

山西平遥　娘^{1}［ȵiang^{13}］平声：大～指大伯母；三～指三婶

　　　　　娘^{2}［ȵia^{13}］平声：重叠“～～”［ȵia$^{13-31}$ȵia$^{13-35}$］指祖母

　　　　　娘^{3}［ȵyə^{13}］平声：重叠“～～”［ȵyə^{13}ȵyə^{13}］指庙里供奉的娘娘

本音是非重叠式，变音是重叠式。构词依靠重叠变音。

山西介休　娘^{1}［ȵia^{13}］平声：祖母

　　　　　娘^{2}［ȵia^{45}］去声：母亲

　　　　　娘^{3}［ȵiɛ̃^{13}］平声：重叠“～～”［ȵiɛ̃$^{13-11}$ȵiɛ̃$^{13-35}$］伯母

　　　　　娘^{4}［ȵia^{13}］平声：重叠“～～”［ȵia$^{13-11}$ȵia$^{13-35}$］与祖母同辈的老年妇女

山西太原　娘^{1}［ȵiɒ̃^{11}］平声：“大～”［ta^{45}ȵiɒ̃^{11}］伯母

　　　　　娘^{2}［ȵiɒ̃^{45}］去声：重叠“～～”［ȵiɒ̃^{45}ȵiɒ̃^{45}］外祖母

　　　　　娘^{3}［ȵiɒ̃^{11}］平声：重叠“～～”［ȵiɒ̃^{11}ȵiɒ̃$^{11-45}$］皇妃、皇后

山西文水　娘^{1}［ȵiu^{22}］平声：指称母亲

　　　　　娘^{2}［ȵiu^{22}］平声：重叠“～～”［ȵiu^{22}ȵiu^{22}］祖母

　　　　　娘^{3}（儿）［ȵia^{423}］上声：“后～儿”指别人的母亲，有贬义

陕西延川 娘[1] [ȵiuɣ̃^{35}] 阳平：大～，伯母

娘[2] [niA^{314}] 阴平：祖母

山西新绛 娘[1] [ȵiə^{325}] 阳平：祖母（背称）

娘[2] [ȵiə^{55}] 上声：外祖母（面称）

2. 婆：果摄合口一等平声戈韵並母，薄波切

平遥 婆[1] [pei^{13}] 平声：丈夫的母亲（背称）

婆[2] [pæ^{53}] 上声：重叠"～～"[pæ^{53} pæ$^{53-35}$] 指妻子的母亲（背称）

孝义 婆[1] [pɛ^{13}] 平声：丈夫的母亲（背称）

婆[2] [pɛ^{53}] 上声：重叠"～～"[pɛ^{53} pɛ^{53}] 指妻子的母亲（背称）

太谷 婆[1] [pɤ^{22}] 平声：丈夫的母亲（背称）

婆[2] [pəʔ^{11}] 阴入：重叠"～～" [pəʔ^{11} pɤ^{22}]，首字阴入，指妻子的母亲（背称）

3. 姐：假摄开口三等上声马韵精母，兹野切

平遥 姐[1] [tɕiɛ^{53}] 上声：姐

姐[2] [kiɛ^{53}] 上声："后～"，后妈；"乾～"，乾妈（旁人背称）

汾西 姐[1] [tɕie^{53}] 上声：姐

姐[2] [tɕia^{53}] 上声："后～"，继母（旁人背称）

4. 哥：果摄开口一等平声歌韵见母，古俄切

平遥 哥[1] [kɔ^{13}] 平声：兄

哥[2] [kiɛ^{13}] 平声：父亲（旁人背称）

谚语：没哥姐（父母）的夸孝顺，没儿女的夸乾净。

文水 哥[1] [kʊ^{22}] 平声：指长兄

哥[2] [kəl^{22}] 平声：指称父亲

例1 文水"娘[1]'"读本音为"母亲"，"娘[2]"读变音为"祖母""外人的母亲"，本音平声，变音上声或用重叠式，本音变音不同。新绛一点．本音变音的不同，可以区分祖母（背称）和外祖母（面称）。本音为"祖母"，变音为外祖母。两者用声调的不同来表示，"娘"读阳平为祖母，"娘"读上声为外祖母。

例3 "姐"本音、变音分别表示"姐"与"母亲/继母"。例4"哥"本音、变音分别表示"兄"与"父亲/继父"。除平遥一点外，其他点本音、变音的声母、声调相同，不同多在韵母。例3平遥本音、变音的声母不同，变音的声韵组合是晋语不多见的舌根塞音与齐齿韵组合。再次证明，晋语变音构造有时可以超出通常的音韵结构。

亲属称谓源远流长，"哥""姐"兼表"父""母"在文献上均有所记载，表明晋语变

音的构词功能应是早期的历史层次，是具有活化石性质的语料。

四 变音表领属、表复数

以“我”（果摄开口一等上声哿韵疑母，五可切）、“你”（止摄开口三等上声止韵泥母，乃里切）为例，讨论变音的表领属关系与表复数。

1. 变音表领属关系举例

山西平遥 我¹ ［ŋiɛ³²］上声

我² ［ŋa⁵³］上声：我（家）的

儿谣：后爷（月亮）！后爷！明亮亮，～孩儿是块亲蛋蛋。

你¹ ［nzɿ⁵³］

你² ［ȵiɛ¹³］平声：你（家）的

儿谣：小鬼小鬼垒窝窝，垒下一块耳朵朵（一种面食），……你²爸你²妈分一块。

山西太谷 我¹ ［ŋie³²］上声

我² ［ŋə̃³²］上声：我家的

你¹ ［ni³²］上声

你² ［nie³²］上声：你家的

山西忻州 我¹ ［ŋɛ³¹³］上声

我² ［ŋɑ̃³¹³］上声：我家的：～家儿有块黄草鸡。

你¹ ［ȵi³¹³］上声

你² ［ȵiɛ³¹］上声：你家的：～媳妇子去太原就住（顺便）给我买封（双）鞋

陕西绥德 我¹ ［ŋa²¹³］上声

我² ［ŋəʔ³］入声：我家的（在亲属称谓词前表领属关系）

你¹ ［ni²¹³］上声

你² ［niəʔ³］入声：你家的（在亲属称谓词前表领属关系）

（他¹ ［ ［tʰɑ²¹³］平声）

（他² ［tʰə³］入声：他的）（在亲属称谓词前表领属关系）

（黑维强 2008）

平遥等地的我² [ŋa⁵³] 你² [ȵiɛ¹³] 后头都不能带表领属的“的”。只能说“我² [ŋa⁵³] 孩儿”不能说“我² [ŋa⁵³] 的孩儿”。

2. 变音表复数举例

山西平遥　我¹ [ŋiᴇ⁵³] 上声：单数

叫～去哇！（叫我去吧！）

我² [ŋa⁵³] 上声：复数，我们（家）：叫～孩儿去哇！

（叫我们家的孩子去吧！）

你¹ [ȵi⁵³] 上声：单数：～姓甚？

你² [ȵiᴇ] 平声：复数，你们（家）：～孙孙几岁啦咧？

（你们家的小孙子几岁了？）

山西介休　我¹ [ŋiɛ⁴²³] 上声：单数

我²（们）[ŋæ⁴²³⁻⁵¹ məŋ¹³] 上声：复数，我们

你¹ [ȵi⁴²³] 上声：单数

你²（们）[ȵiɛ¹³⁻¹¹ məŋ¹³⁻³⁵] 平声：复数，你们

山西万荣　我¹ [ŋɤ⁵⁵] 上声：单数：～停一下儿，再去！

我² [ŋɤ⁵⁵] 阴平①（拖长调）：复数，我们：～停一下儿，再去！

你¹ [ȵi⁵⁵] 上声：单数：～先去吧

你² [ȵi⁵¹¹] 阴平（拖长调）：复数，你们：～先去吧

山西临猗　我¹ [ŋuo⁵³] 上声：单数

我² [ŋuoː¹³] 阳平（长元音）：复数，我们

你¹ [ȵi⁵³] 上声：单数

你² [ȵiː¹³] 阳平（长元音）：复数，你们

（他¹ [tʰa⁵³] 上声：单数）

（他² [tʰaː¹³] 阳平：复数。他们）

① “511”为阴平调的延长调。（吴建生 1984）

平遥“我²”变音［ŋa⁵³］，“你²”变音［ȵiɛ¹³］是合音构词，是变音的一种类型。① 合音类型的变音与本音的派生关系有时看不太出来。例如，雁门关下的晋语代县方言，“我”单数第一人称音［uɤ²¹³］上声。复数第一人称音［nɛ²¹³］也是上声，有的文章［nɛ²¹³］写作“喃”，字下加浪线，未看作是“我”的变音。其实，复数第一人称［nɛ²¹³］是单数第一人称［uɤ²¹³］的变音，汉字都应作“我”。“我”古疑母字，代县今读［n］或零声母［Ø］，合乎规律。复数第一人称的［nɛ²¹³］是“我家”的合音构词。代县北边的山阴县我¹［uə⁵³］上声，单数：这本书是～的。我²［uA⁵³］上声，复数：这本书是～的。你¹［ni⁵³］上声：单数：～嘴笨，说不过他。你²［niəu⁵³］上声，复数：～都对我不赖。②

值得注意的是，介休人称词的复数是变音式加后缀式。说明变音式表复数的弱化，它逐渐向加后缀式过渡。文水人称代词的复化也属於此类情况。（胡双宝 1988：90）晋语中心地区及相邻的中原官话地带人称代词的复数主要采取加后缀“们”式。人称代词变音表示复数见于少数地区，呈弱化、萎缩状。如，山西北部的偏关只有第一人称复数有变音式［va³⁵］（第一人称单数音［ua³⁵］）。（乔全生 2000：22）属中原官话的山西南部一些地区的人称代词变音路径与晋语平遥等地的方言不同，表明变音的方式呈多元。

余　论

李荣先生 1978 年发表的《温岭方言的变音》讲的虽是浙南吴语，但对晋语的研究也很有启发。变调对本调，变音对本音。称说的系统化对于认识汉语不同方言的同类特点无疑是很重要的。

非晋语区的方言不乏用变音表示语法变化关系。“变音”说应该是有用武之地的。

再举以下三例（郑州、岐山、浚县），闽语区一例。

1. 属中原官话的河南郑州方言“比”作动词音［pi⁵³］，作介词音［pʰi⁵³］，例子是：“我高他低，我庀［pʰi⁵³］他高一头。”（卢甲文、郭小武 1998：110）此例的“庀”［pʰi⁵³］其实就是“比”［pi⁵³］的变音。本音（动词）声母不送气，字写作“比¹”，变音（介词）声母送气，作者写作“庀”，宜写作“比²”。

2. 属中原官话秦陇片的岐山（陕西西部宝鸡县所辖）用“韵母局部重叠”（韩宝育 2008）表示亲属称谓词的复数。

我［ŋuo⁵³］代词，单数，主语

（1）我不叫你来，你偏偏安要来。（我不让你来，你偏偏要来）

---

① 平遥方言人称代词的复数形式有两种：其一是变音式，表示复数的范围限于一个家庭：如：叫我²孩儿去哇！（叫我们家的孩子去吧！）｜～院儿（我们家的院子）。其二是加后缀式，所表示复数的范围超出家的范围。（侯精一 1999）变音式的复数范围小于加“后缀”式。两者词义界限分明，不得换用。

② 山阴我²［ua⁵³］上声，复数，是“我家”的合音，没有问题。
你²［niəu⁵³］应是“你家”的合音，但读音尚有些距离，待考。

我窝［ŋuo³ o³¹］代词，复数，主语

（2）你再骂我窝，我窝就打你呀！（你再骂我们，我们就要打你了）

你［ni⁵³］代词，单数，主语

（3）你说你想做啥？

你衣［ni³ i³¹］代词，复数，主语

（4）你衣都说嘛，我阿说两句（你们都说了，我也说两句）

他［tʰa⁵³］代词，单数，主语

（5）他来了，我就走嘛！

他阿［tʰa³ a³¹］代词，复数，主语

（6）他阿做下这概事不对，到人笑话哩。（他们做的这件事不对，叫人笑话哩）（韩宝育 2008）

3. 属中原官话的河南浚县有很丰富的“子”尾变韵、动词变韵及“用音变手段来表达小称”（辛永芬 2006）。

4. 属闽方言的福建将乐方言的小称变调。

（1）“嬷”，读作［ma²²］，“乾娘”。“嬷”，读作［ma²¹］“祖母”。

（2）“团”，“～（圆）”，作［tʰuē²¹］，“团”作量词［tʰuē²¹］。（余颂辉 2009）

［附记］本文曾在语言教学与研究国际学术研讨会暨《语言教学与研究》创刊 30 周年大会（2009.7—9 北京）宣读，感谢日本明海大学刘勋宁教授的讲评。

参考文献

韩宝育 2008 《陕西岐山话一种常见语法手段的构形功能》，中国语言学会第 14 届学术年会论文（温州）。

黑维强 2008 《陕西绥德话的人称代词》，载《晋方言研究》，太原：希望出版社。

侯精一 1999 《现代晋语的研究》，北京：商务印书馆，2008 年。

侯精一 温端政 1993 《山西方言调查研究报告》，太原：山西高校联合出版社。

李 荣 1978 《温岭方言的变音》，《中国语文》第 2 期；又载《语文论衡》，北京：商务印书馆，1985 年。

卢甲文 郭小武 1998 《郑州话音档》，上海：上海教育出版社。

乔全生 1999 《洪洞方言研究》，北京：中央文献出版社。

—— 2000 《晋方言语法研究》，北京：商务印书馆。
乔全生 陈 丽 1999 《平遥话音档》，上海：上海教育出版社。
沈 明 1994 《太原方言词典》，南京：江苏教育出版社。
史秀菊 2004 《河津方言研究》，太原：山西人民出版社。
孙玉卿 2005 《山西方言亲属称谓研究》，太原：山西人民出版社。
樋口勇夫 2004 《临汾屯里方言研究》，日本好文出版。
王洪君 2008 《汉语非线性音系学》（增订本），北京：北京大学出版社。
辛永芬 2006 《浚县方言语法研究》，北京：中华书局。
余颂辉 2009 《汉语方言中低频的小称变调》，《语言科学》第3期。
余跃龙 2008 《榆社话的人称代词》，载《晋方言研究》，太原：希望出版社。

引用方言资料

杨述祖 1983 《太谷方言志》，《语文研究》增刊（3）。
吴建生 1984 《万荣方言志》，《语文研究》增刊（11）。
温端政 1985 《忻州方言志》，北京：语文出版社。
侯精一 1985 《长治方言志》，北京：语文出版社。
田希诚 1987 《和顺方言志》，北京：语文出版社。
潘家懿 1988 《临汾方言志》，北京：语文出版社。
胡双宝 1988 《文水方言志》，北京：语文出版社。
郭建荣 1989 《孝义方言志》，北京：语文出版社。
张 崇 1990 《延川县方言志》，北京：语文出版社。
潘耀武 1990 《清徐方言志》，太原：山西高校联台出版社。
朱耀龙 1990 《新绛方言志》，太原：山西高校联合出版社。
杨增武 1990 《山阴方言志》，太原：山西高校联合出版社。
张益梅 1991 《介休方言志》，太原：山西高校联合出版社。
李小平 1991 《临县方言志》，太原：山西高校联合出版社。
崔淑慧 2005 《代县方言研究》，太原：山西人民出版社。

（原载《历史语言学研究》第3辑，2010年）

晋语区的形成*

“晋”作为山西的简称是因为山西的部分地区在古代的西周、春秋时为晋国领有的缘故。晋语作为语言学名词指的是“山西省及其毗连地区有入声的方言”（李荣 1985）。本文从晋语的地理环境、历史政区、人口迁徙、经济活动等方面，对晋语区的形成作初步的讨论。

一　地理环境

晋语分布在山西省的中部、北部、东南部及河北、河南、内蒙古、陕西等四个省区邻近山西的地带。晋语区的东边到河北与山西交界的太行山，① 西边和南边（中间有个过渡区）临黄河（见文末附图）。北边一直延伸到内蒙古自治区黄河以东的中西部地区。这是一个相当封闭的地理环境，太行山和黄河以及山西南部的太岳山脉、中条山脉作为天然屏障阻止中原官话的北上与北京官话的西进。对于晋语区的稳定起了不小的作用。山西省为山地型黄土高原，境内多山，地貌分区明显，中部为一系列盆地。东西两侧为山地、高原。可以说不同的地貌特征很大程度影响晋语区的分片。如中部的太原盆地为晋语并州片的主要分布地区，忻州盆地为五台片主要分布地区，大同盆地为大包（大同包头）片的主要分布地区，山西西部以吕梁山为主体的黄土高原为吕梁片的主要分布

* 本文是 1988 年 10 月 25 日在日本东京外国语大学亚非言语文化研究所，昭和 63 年度第 3 回言语文化接触关系研究会上的讲稿。

① 太行山全长四百多公里，像一张卧弓躺在山西与河北、河南交界处……从河北望去像连天的屏障，高不可及，古称天下之脊。（《山西风物志》第 3 页）

地区。

二 历史政区

现代晋语的划分与山西古代历史政区有很大的一致性。山西晋语区下头所划分的各片也与山西历史政区大致相合。比如：隋代属于桑干河流域的大同盆地及其周围的马邑郡相当于现代晋语的云中片，属于蔚汾河、滹沱河流域的娄烦郡和雁门郡相当于现代晋语的五台片。属于山西东南高原的上党郡、长平郡相当于现代晋语的上党片，属于太原盆地和太行山西麓的太原郡以及西河郡的平川地区相当于现代晋语的并州片。至于山西境外的晋语区也多在历史上曾经归属山西。比如大包片（大同、包头）的属内蒙古的包头、固阳、武川、土默特左旗、土默特右旗、和林格尔、托克托、清水河、伊金霍洛、五原、杭锦旗、准格尔、乌审旗、东胜、达拉特在历史上从秦汉到明清一直归山西所辖。山西南部属于中原官话的20几个县市在历史上曾有近10个世纪属于河南、陕西管辖。（赵秉璇 1995）

山西历史政区的划分与山西的山川盆地高原丘陵等自然地貌上的分区是一致的。如果说山西的地理环境是形成晋方言区的土壤，山西政区的划分则是一种重要的稳定晋语区并使之成熟的因素。

三 人口迁徙

山西的移民是形成山西境外晋语区的直接原因。

据（明太祖实录）193卷，洪武二十一年八月，“户部郎中刘九皋言：‘古者狭乡之民迁于宽乡，盖欲地不失利，民有恒业，今河北诸处，自兵后田多荒芜，居民鲜少。山东、西之民自入国朝，生齿日繁，宜令分丁，徙居宽闲之地，开种田亩，如此则国赋增而民生遂矣。’上谕户部侍郎杨靖曰：‘山东地广，民不必迁，山西民众，宜如其言’。”于是，“迁山西泽、潞二州民之无田者，往彰德、真定、临清、归德、太康诸处闲旷之地，令自便置屯耕种，免其赋役三年，每户给钞二十锭，以备农具。”《明太祖实录》197卷，洪武二十二年甲戌。“山西沁州民张从整等一百一十六户告原应募屯田。户部以闻命赏从整等钞锭，送后军都督佥事徐礼分田给之，仍令回沁州召募居民。时上以山西地狭民稠，下令许其民丁于北平、山东、河南旷土耕种，故从整等来应募也。”（明太祖实录198卷），洪武二十二年十一月乙丑朔，“上以河南彰德、卫辉、归德，山东临清、东昌诸处土宜桑枣，民少而遗地利，山西民众而地狭故多贫，乃命后军都督佥事李恪等往谕其民，愿徙者验丁给田，其冒名多占者罪之，复命工部谕榜。”

以上的记载说明，在明洪武年山西移民到河南、河北、山东等地的情况。《明太祖实录》所说的“泽潞二州”就是今山西省东南部的晋城、长治等地。“沁州”就是今山西省中部的沁县。

此外，河南等地方志的记载也证实了明洪武年间的移民情况。《林县志》大事表二十一年记有：“林民先世多籍晋，其来也皆在明初。谱碣所载尤以洪洞为多……旧志云，永乐十年归并县属为二十五里，后相继迁民，加以军屯增为三十三里。知此事在洪（洪武）永（永乐）两朝，盖继续行之，不止一次也。”① 此条记载说明移民（或军屯）人数很多，以至将县属从二十五里增为三十三里。

从山西向内蒙古移民要比向河南移民晚得多。这是由于清朝初年禁止汉人到满蒙地区的缘故。直到清康熙实行“移民实边”政策后，汉人才大量进入内蒙古地区。“先是春来秋归，谓之‘雁行’客户，② 后来便定居下来”。③ 以伊克昭蒙为例，自康熙末年（1722）山西、陕西北部的移民由土默特而西，私向蒙人租地耕种，境内凡近黄河、长城处均有汉人足迹。山西的移民从土默特沿黄河西行至达拉特旗、杭锦旗。④ 由于大量汉族人移入内蒙古开垦种地，因此归绥道所辖的厅从原来的五个，又新设丰镇、宁远、武川、兴和、五原、陶林、东胜七厅。统称口外十二厅。由清水河一

---

① 《林县志》卷16，大事表21。

② 《宣化府志》：“土著之人，从来不习耕，凡戮力于南亩，皆山右人。秋去春来，如北塞之雁。”

③ 《中国人口·内蒙古分册》，中国财政经济出版社，1987。

④ 《额尔多斯史志研究文稿》第4册伊克昭盟地方志编纂委员会，1984。

处即可看出山西移民是开发内蒙古草原的主要力量。据《清水河厅志》记载："清水一郡所属幅员辽阔至千余里，原系蒙古草地，所有居民并无土著，大抵皆内地各州县人民流寓，而附近边墙之偏关、平鲁二县人为尤多，其风气各就所隶之地。"[①] 该志"职官"一栏"七品功牌十四人"九人是山西人。偏关县 4 人，平鲁县 1 人，崞县 3 人，榆次县 1 人。绝大多数都是邻近内蒙古的山西北部人。山西的移民带来了山西的语言习惯，即(清水河厅志) 所说的"其风气各就所隶之地"。从清水河的一些村落名称看得出都是山西的习惯叫法。该志卷四就列有这类村名。例如：

圪针林　　圪针沟
焦胡圪洞　　黄土圪洞

"圪针"是指野生带针刺的植物。"圪洞"指小的不太深的洞。名词前头加上词缀"圪"是山西话的常用构词手段。通过山西的移民，把山西话带到当地的地名中去了。

四　经济生活

山西商人经营商业享有盛名，著名的"西商""西帮"即是旧时对山西商人的雅称。从清初开始的 100 来年，山西商人在我国经济界占有重要地位。山西的票庄在国家的经济生活中作出很大的贡献。(陈其田 1937) 日本学者寺田隆信的《山西商人研究》对此有专门的论述。(寺田隆信 1972) 山西商人的经济活动从"供给资本、准备市场、训练人才、推广信用、巩固组织"无一不用晋语，这种经济上的优势对于提高晋语的地位，推动晋语在山西境外的发展起了很大的作用。

山西商人在内蒙古、陕西、河北一带都很活跃。内蒙古自治区的最大城市是包头市，这地方有句民谚："先有复盛公，后有包头城。"(路成文

① 《清水河厅志》卷 13 田赋。

等1987）这句民谚过去流传很广，复盛公是个买卖字号，有总店、分店，经营范围很广，如同东京的三越、东武。复盛公的财东就是山西祁县乔家堡人。乔家从清乾隆初年创业，可以说，包头城的兴起和发展与复盛公（乔家）的兴起和发展有着极为密切的关系。又据《归绥县志》记载："邑明代为蒙人游牧地，……后始有晋人来营商业，初仅百物互易，后始代以货币……钱商每晨赴市定银分汇水利率价格……粮商亦发制钱帖子，票号有平遥帮、祁县、太谷帮之分，专营汇兑，此清代金融之崖略也。"①

陕西北部有十六个县市属于晋语区，这些地区以黄河为界与山西相邻。陕北地区很早就是山西商人的活动地盘。陕北地处僻壤，交通不便，商业多半靠晋人。这大概是晋语进入陕北的一个条件。据《横山县志》"邑境僻处山岳，交通滞窒，商业贸易不甚发达，……而经营商人则县民晋人各居其半……布匹百货买自山西顺德等地，皮毛羊绒则由晋商洋行岁来收买……邑人营商拙于操纵，偶值金融紧张，周转立窘。"② 陕北《佳县志》也有与晋人商业活动的记载，不再摘录。《横山县志》所载已大致说明山西商人在陕北经济活动中的重要地位。

山西商人在河北省张家口地区的商业活动可以追源到明代。"自明末以来，山西出身的商人已经行商于张家口。张家口自隆庆五年开设有马市后，山西商人已经在此与蒙族和满族进行贸易。""八家商人者皆山右人，明末时以贸易来张家口。""张家口有西帮茶商百余家，与俄商在恰克图易货。"③

这里顺便说一下晋文化与晋语区的密切关系。先说一个例子，1982年我到晋东南与晋南相邻的沁水县调查，沁水县是山西籍作家赵树理的家乡，县境东西长南北短，县城的西半边（以城关为代表）无入声，属中原官话。县城的东半边（以端氏镇为代表）有入声，属晋语。就地方戏曲文化来看，西半边流行的是蒲剧，东半边流行的是上党梆子。就山西地方戏剧的流行区域来看，山西南部流行蒲剧（南路梆子），山西省其他属晋语

① 《归绥县志》金融卷。

② 《横山县志》实业志。

③ 《山西商人研究》229页、230页。

的地区则流行晋剧（山西梆子）。山西中部流行中路梆子，山西北部流行北路梆子，山西东南部流行上党梆子。因此我们可以说戏剧文化以及其他晋文化现象，如饮食、民居等，对于晋语区的形成与稳定均起到不可忽视的作用。

以上从四个方面讨论了晋语区的形成问题，这四个方面都很重要，正是具备这样四个条件，晋语区才能在北京官话、中原官话、兰银（兰州、银川）官话的长期包围之中仍然保留若干与官话方言不同的特点。与官话方言相比，在语言的历史演变方面，晋语明显具有滞后性。日本学者中岛幹起教授称之为"黄土高原语言的保守性"，说的也是这个意思。

参考文献

李　荣　1985《官话方言的分区》，《方言》第1期。

赵秉璇　1995《晋语与山西历史区划》，《中国语言学报》第7期。

陈其田　1937《山西票庄考略》，华世出版社台北。

寺田隆信　1986　张正明等译《山西商人研究》，山西人民出版社。

路成文等　1987《山西风俗民情》，山西人民出版社。。

山西省地方志编纂委员会　1985　《山西风物志》。

原载（《现代晋语的研究》商务印书馆 1999）

附图：

晋语区地理概况示意图

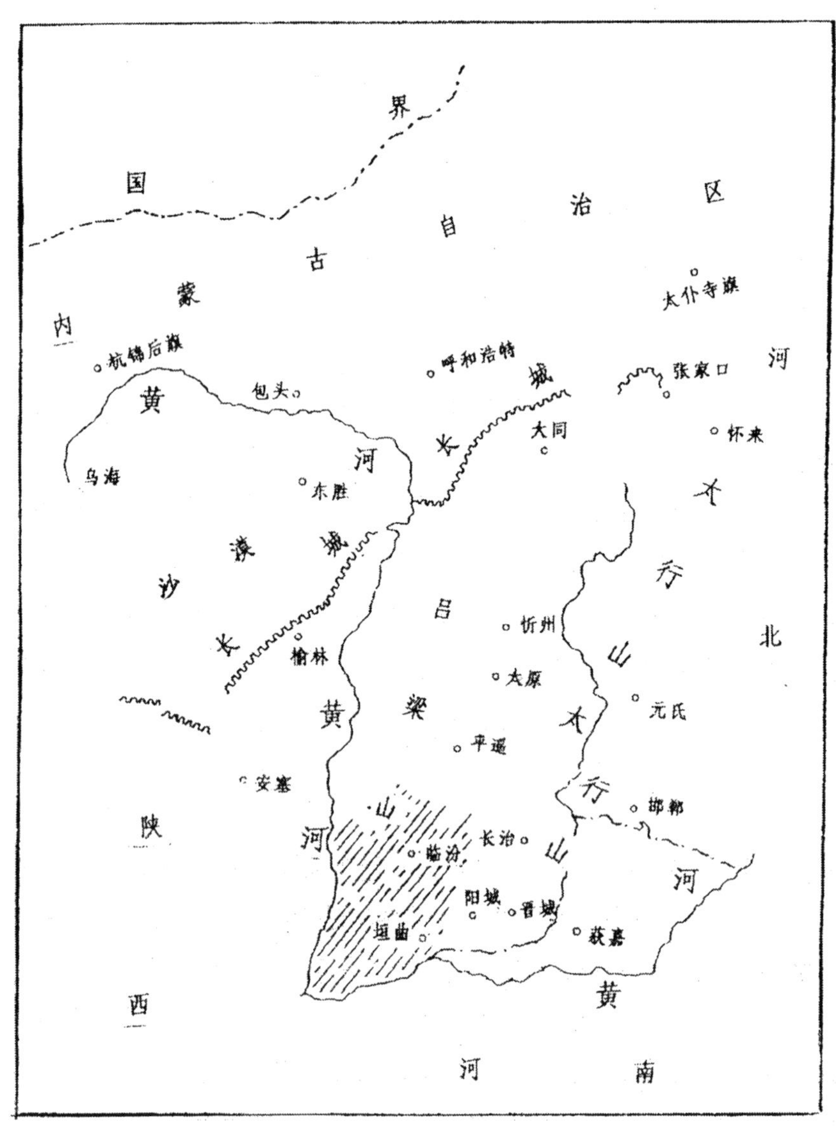

斜线是晋语与中原官话的过渡区，现划入中原官话。

晋语的分区

就行政区域而论，本文包括山西全省，河北省西部邻近山西的地区，河南省黄河以北地区（其中孟县属中原官话），黄河以南的灵宝，陕县和三门峡市，内蒙古自治区中、西部黄河以东地区，以及陕西省的北部地区。就方言而论，本文包括晋语全部地区以及中原官话的汾河片，北方官话的广灵县。

晋语分布于上述五个省区的一百七十四个县市。使用晋语的总人数约四千五百多万人。其中，山西省有七十八个县市，一千九百多万人。河北省有三十五个县市，九百多万人。河南省有十七个县市，八百多万人。内蒙古自治区有二十八个县市，七百多万人。陕西省有十六个县市，二百多万人。

中原官话汾河片主要分布于山西省西南部的二十八个县市，人口约六百四十多万。河南省的灵宝县，陕县和三门峡市也属于汾河片，这三县市的人口有一百多万人。汾河片合计人口七百四十多万人。

北方官话的广灵县有十八万多人。

一　晋语的共同点

晋语指山西省及其毗连地区有入声的方言，根据这条标准可以把晋语跟周围的官话分开。除此之外晋语还有一些共同点，分述如下：

①入声多带有比较明显的喉塞音［ʔ］。例如：平遥有［ʌʔ iʌʔ uʌʔ yʌʔ］四个入声韵，张家口有［ɐʔ iɐʔ uɐʔ yɐʔ əʔ iəʔ uəʔ yəʔ］八个入声韵。邯新片有的县市入声不带［ʔ］，仍自成调类。入声字儿化后喉塞尾［ʔ］失落，读舒声调。例如：长治市“格 kəʔ˥˦，小格儿 ɕiɔ˥˧˥ kar˥（＝小个儿）｜塞 səʔ˥˦，纸

塞儿 tsɿ˦˧ sɑr˥˧（＝纸扇儿）”。忻州市“月 yəʔ˨，月儿 yər
˦˨（＝鱼儿）｜曲 tɕʻyəʔ˨，小曲儿 ɕiɔ˨˦ tɕʻyər˦˨（＝小渠儿）”。

②北京［ən:əŋ｜in:iŋ｜uən:uəŋ｜yn:yŋ］四对韵母分别合并，多读［ŋ］尾韵。例如：太原“根＝庚 kəŋ˩｜新＝星 ɕiŋ˩｜魂＝红 xuŋ˩｜群＝穷 tɕʻyŋ˩”。少数地区鼻音韵尾失落，主要元音往往鼻化。例如：太谷“根＝庚 kə̃˩｜新＝星 ɕiə̃˩｜魂＝红 xũ˩｜群＝穷 tɕʻyũ˩”。

③多数地区有词缀“圪”［kəʔ］。例如：文水“圪都 kəʔ˨ tu˨˦ 拳头｜圪洞 kəʔ˨ tuəŋ˧˥ 坑”。吴堡“圪都 kɤʔ˨ tou˨｜圪洞 kɤʔ˨ tuŋ˨˩”。

④北京话的轻声“子”尾，晋语多数地区读［tsəʔ］或［zəʔ，ʐəʔ，təʔ，ləʔ］。例如：和林格尔“女子 ny˦˧ zəʔ˦ 女孩｜讨吃子 tʻɔ˦˧ tsʻəʔ˦ zəʔ˦”。寿阳“拐子 kuai˧˥ təʔ˨｜桌子 tsuaʔ˨ təʔ˨”。平顺“帽子 mɔ˨˦ ləʔ˧｜盘子 pʻãŋ˨ ləʔ˧”。邯新片则多用变韵的方式表示相当于北京话的轻声“子”尾。

⑤除邯郸、安阳等地以外，多数地区都有分音词。例如：平遥把“摆”［pæ˥］说成［pʌʔ˨˩ læ˥］，把“杆”［kɑŋ˥］说成［kʌʔ˨˩ lɑŋ˥］。所谓分音词是一个字分成两音。以平遥为例，假如本字的声韵是 CV（C 往往是塞音 p t k），分音词就是“C＋ʌʔ l＋V”。

二 晋语的分区

晋语可以分为八个片。以下列举各片包括的市县。

㈠并州片 本片包括山西中部的十五个市县

太原 清徐 娄烦 榆次 太谷 祁县 平遥 介休

灵石 交城 文水 孝义 寿阳 榆社 盂县

㈡吕梁片 本片包括山西中部和陕西北部共十七个市县

①汾州小片九市县 汾阳 离石 方山 中阳 临县 柳林以上山西省

佳县 吴堡 清涧以上陕西省

②兴隰小片八市县 兴县 岚县 静乐 隰县 交口 石楼 永和

大宁以上山西省

㈢上党片 本片包括山西东南部的十五个市县

长治市 长治县 长子 屯留 潞城 壶关 黎城 平顺

陵川 沁县 沁水城关以东 沁源 武乡 襄垣 高平

㊃五台片 本片包括山西北部、陕西北部、内蒙古后套地区共三十个市县旗

忻州 定襄 五台 原平 岢岚 五寨 神池 宁武 代县 繁峙 灵丘 保德 河曲 偏关 平鲁 朔县 应县 浑源 阳曲以上山西省 府谷 神木 靖边 米脂 子洲 绥德 子长以上陕西省 杭锦后旗 临河 磴口 乌海以上内蒙古

㊄大包片 本片包括山西中部、北部，内蒙古西部（黄河以东），陕西北部共三十个市县旗

大同市 大同县 阳高 天镇 右玉 左云 山阴 怀仁 阳泉 平定 昔阳 和顺 左权以上山西省

包头 固阳 武川 土默特左旗 土默特右旗 和林格尔 托克托 清水河 达拉特旗 东胜 准格尔旗 伊金霍洛旗 五原 杭锦旗 乌审旗以上内蒙古 榆林 横山以上陕西省

㊅张呼片 本片包括河北省西北部、内蒙古中部共二十七个市省旗

张家口 张北 康保 沽源 尚义 阳原 怀安 万全 宣化 宣礼 怀来 涿鹿 赤城 灵寿 平山 获鹿城关以西 元氏 赞黄以上河北省

呼和浩特 桌资 凉城 集宁 丰镇 太仆寺 兴和 商都 化德以上内蒙古

㊆邯新片 本片包括河北省南部、河南省北部、山西省东南部共三十六个市县

③磁漳小片十八市县

邯郸市 邯郸县 涉县 武安 磁县 永年 沙河 肥乡 鸡泽 曲周东里町以西 广平城关以西 成安 临漳 魏县棘林察以西 临城城关以西 内丘城关以西 邢台城关以西，以上河北省 林县河南省

④获济小片十八市县

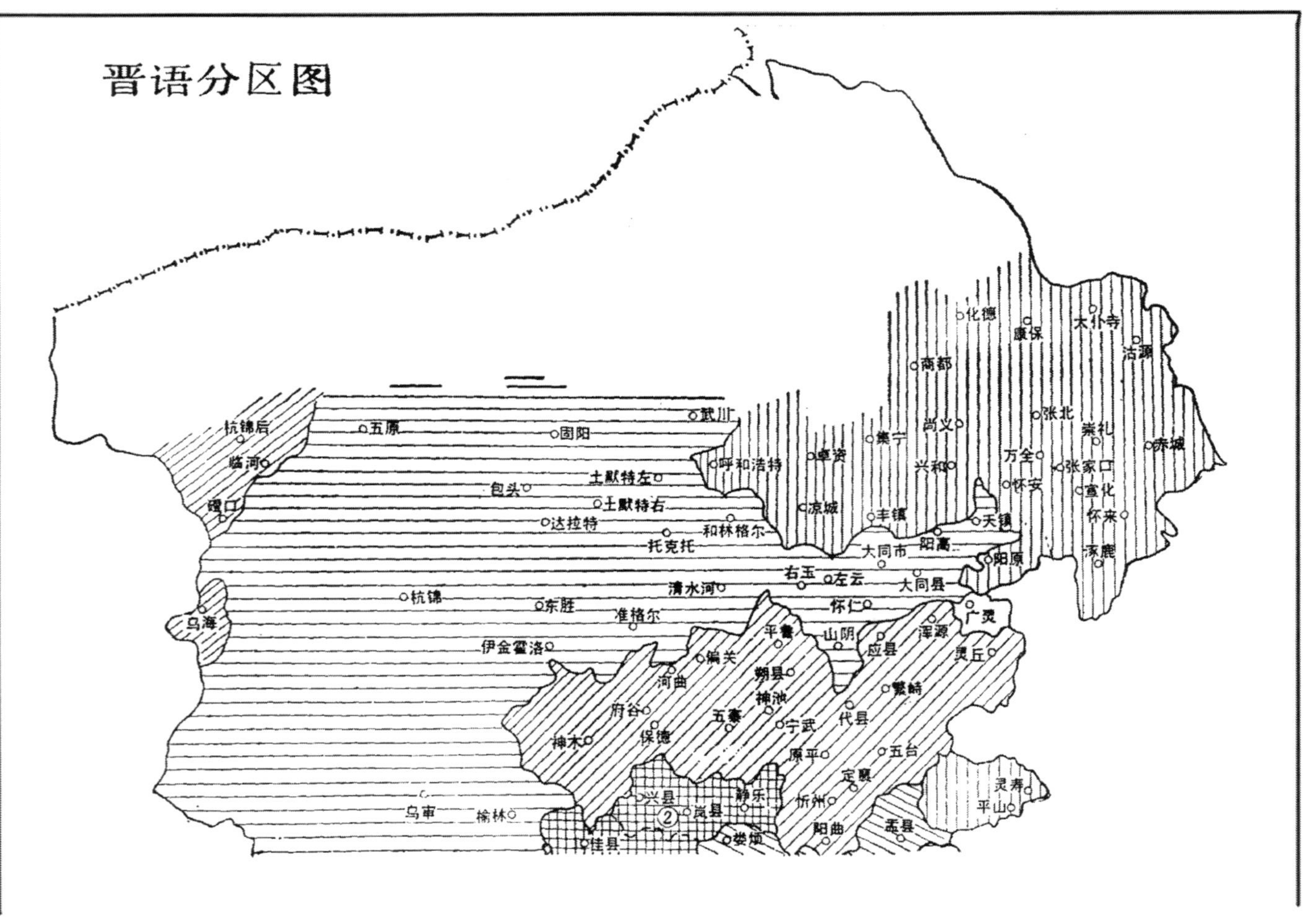
晋语分区图
化德
康保
太仆寺
沽源
商都
张北
崇礼
赤城
尚义
集宁
卓资
呼和浩特
兴和
万全
张家口
怀安
宣化
怀来
涿鹿
凉城
丰镇
天镇
阳高
大同市
阳原
大同县
武川
五原
固阳
杭锦后
临河
磴口
包头
土默特左
土默特右
达拉特
和林格尔
托克托
右玉
左云
清水河
怀仁
杭锦
东胜
准格尔
乌海
伊金霍洛
广灵
平鲁
山阴
浑源
应县
灵丘
偏关
河曲
朔县
神池
繁峙
府谷
五寨
代县
宁武
神木
保德
原平
五台
定襄
灵寿
平山
兴县
岚县
静乐
忻州
阳曲
盂县
乌审
榆林
佳县
娄烦

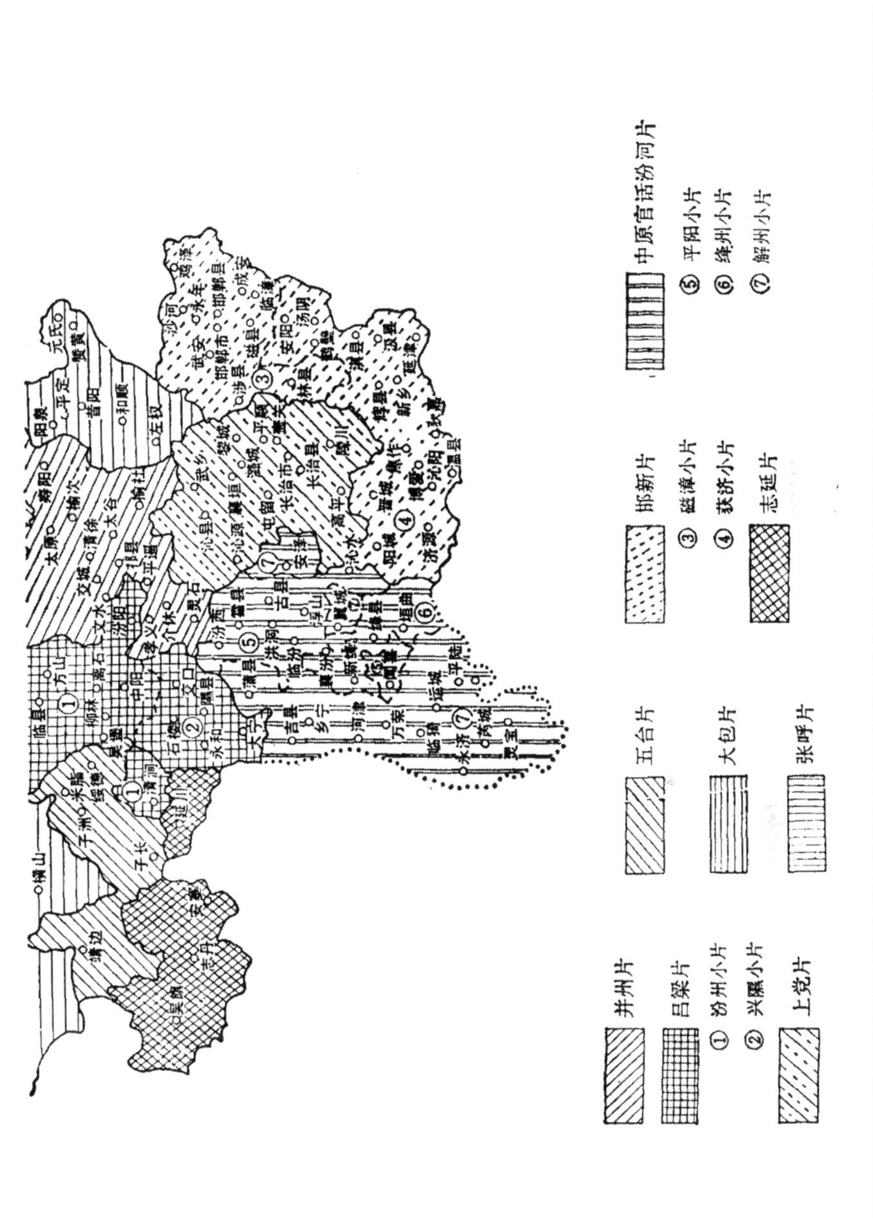
并州片
吕梁片
① 汾州小片
② 兴隰小片
上党片
五台片
大包片
张呼片
邯新片
③ 磁漳小片
④ 获济小片
志延片
中原官话汾河片
⑤ 平阳小片
⑥ 绛州小片
⑦ 解州小片

新乡　安阳　鹤壁　汤阴　辉县　淇县　汲县　延津　修武
获嘉　焦作　博爱　武陟　温县　沁阳　济源以上河南省
晋城　阳城　以上山西省

㈧志延片　本片包括陕北四县
志丹　延川　吴旗　安塞

三　晋语各片的特点

3.1　总说

根据古四声在今音的演变，晋语可以分为八片。具体说，古四声演变的异同有以下五项。

①平声分不分阴阳，即古平声清音声母字和浊音声母字今声调有无分别。

②今阴平与上声是否同调，即古平声清音声母字和古上声清音声母、次浊音声母字今声调有无分别。

③今去声分不分阴阳，即古去声清音声母字和古上声全浊音声母字、古去声浊音声母字今声调有无分别。

④入声分不分阴阳，即古入声清音声母字和全浊音声母字今声调有无分别。（入声次浊音声母字读同入声清音声母或读同全浊音声母字，各方言不同。）

⑤古入声字有没有归到今平声的。晋语都有入声，不过其中邯新与志延两片古入声字大部分或一部分读平声。

现在先说古入声今读入声的并州、吕梁、上党、五台、大包、张呼六片。

并州、吕梁、上党三片分阴阳入。“八发”读阴入，“拔罚“读阳入。五台、大包、张呼三片不分阴阳入。“八拔”同调，“发罚”同调。并州片平声不分阴阳，吕梁、上党两片平声分阴阳。上党片十五县市中，长治、黎城等八县市去声分阴阳，陵川、沁县等七县市不分阴阳去。吕梁片分为汾州、兴隰两小片，兴隰小片阴平与上声同调。

表一

古调类		入声	平声	平清　上清、次浊	去声
今调类		阴入：阳入	阴平：阳平	阴平：上声	阴去：阳去
并州片		≠	＝	≠	＝
吕梁片	汾州小片	≠	≠	≠	＝
	兴隰小片	≠	≠	＝	＝
上党片		≠	≠	≠	≠（八县市）
五台片		＝	≠	＝	＝
大包片		＝	≠	≠	＝
张呼片		＝	＝	≠	＝

五台、大包、张呼三片不分阴阳入。张呼片平声不分阴阳，区别于五台，大包两片。五台片阴平与上声同调，区别于大包，张呼两片。

上述六片古今声调的不同演变如表一。表中"＝"表示今同调，"≠"表示今不同调。

邯新、志延两片也有一个入声，不过情况跟五台、大包、张呼三片一个入声不同。后者古入声字今读入声，前者古入声字只有部分字仍读入声，大部分或一部分字今读平声。

下面分别说明并州等六片的特点，如无必要，上文提到的一般不重复，个别例外点的情况随文交代。

3.2　并州片

①古全浊音声母今读塞音、塞擦音声母的字，本片的清徐、交城、文水、孝义、榆次、太谷、祁县、平遥、介休等九县市，白读平仄都读不送气声母，文读平声送气，仄声不送气。例如：

	陪并平		甜定平		骑群平		肠澄平	
	文	白	文	白	文	白	文	白
太谷	p‘ei」	pei」	t‘iẽ」	tiẽ」	tɕ‘ i」	tɕi」	ts‘ɒ」	tsɒ」
文水	p‘e」	pe」	t‘iən」	tiən」	ts‘ɿ」	tsɿ」	ts‘ʊ」	tsʊ」
清徐	p‘ai」	pai」	t‘ie」	tie」	tɕ‘i」	tɕi」	ts‘ɒ」	tsɒ」

②果摄开口和合口端泥精组字今韵母的介音不同。例如：平遥"多tei˩˧｜拖t‘ei˩˧｜挪nei˩˧｜罗lei˩˧"读开口呼。"躲tuei˥˧｜剁tuei˧˥｜唾t‘uei˧˥｜摞luei˧˥"读合口呼。"左tɕiE˥˧～手｜搓tɕ‘iE˥˧"读齐齿呼。"座tɕiE˥˧｜坐tɕiE˥˧｜锁ɕiE˥˧"读撮口呼。吕梁片汾州小片的多数县市也有这种现象。

③曾梗摄的舒声字，多有文白异度。白读往往失落鼻音韵尾。例如：寿阳"蒸"文读［tsə̃ɻ̩˧˩］白读［tsɿ˧˩］。"蝇"文读［iə̃ɻ̩˧˩］，白读［zɿ˧˩］。宕

江两摄的舒声字，本片文水、祁县、平遥、介休、灵石等县也有文白异读现象。例如：祁县“汤”文读［tʻɑ̃˧］，白读［tʻa˧］，“粮”文读［liɑ̃˧］，白读［liɑ˧］。中原官话汾河片也有类似现象。

④本片交城、文水、孝义、祁县、平遥、介休、灵石“扶＝胡”，读［x］声母的合口呼。邻近的吕梁片汾州小片的汾阳、方山、离石、中阳、柳林五县市也有这种现象。

3.3 吕梁片

①汾州小片宕摄开口一等白读失落［ŋ］尾，读开尾韵，与果摄开口一等同韵。例如：离石“钢＝歌 kɒ˨˩｜当～中＝多 tɒ˨˩｜杭＝河 xɒ˧”。吴堡“狼＝罗 ləu˧｜汤＝拖 tʻəu˨˩”。汾阳宕摄开口一等白读失落［ŋ］尾，但与果摄开口一等不同韵。

②兴隰小片的石楼、永和、交口、隰县、大宁五县止摄合口逢精组读［y］韵，逢知庄章组读［u］（永和读［ɥ］）。例如：隰县“嘴 tɕy˨˩˧｜醉 tɕy˥˧｜吹 ʂʻu˨˩｜睡 ʂʻu˥˧”。

③兴隰小片邻近中原官话汾河的永和、隰县、大宁三县也有汾河片的古全浊音声母今读塞音、塞擦音送气的现象。此外，兴隰小片的静乐县“猪穿书乳”等字分别读［pf— pfʻ— f— v—］。例如：“猪 pfu˨˩˧｜穿 pfʻæ˨˩｜书 fu˨˩｜乳 vu˨˩”。晋语区有此现象的仅此一县。

3.4 上党片

①本片十五市县中长治市、长治县、长子、屯留、潞城、壶关、黎城、平顺八市县去声分阴阳去。晋语只有这八处分阴阳去。（沁水城关及城西地区去声分阴阳，但无入声，属于中原官话，沁水城关以东有入声，入声分阴阳，去声不分阴阳，属于晋语。中原官话汾河片平阳小片有九县市也分阴阳，不过这九县市无入声，可以和晋语分开。）本片还有陵川、沁县、沁源、武乡、襄垣、高平、沁水城关以东等七市县去声不分阴阳去。从其他方面看，与上述八市县较近与邻片较远，也画到本片。上文提到，本片平、入都分阴阳。但长治市、武乡、高平、沁源四市县的单字调入声不分阴阳，武乡、高平单字调平声不分阴阳除外。

②本片多数市县日母字止摄除外读零声母［Ø］。例如：长治市“人 iŋ˦˩｜软 yɑŋ˥˧”。陵川读［l］，例如：“人 lə̃˧˩｜软 luæ˨˦”。沁县、襄垣、武乡、高平、沁源五市县读摩擦音［z］或［ʐ］。例如：高平“人 ʐɐ̃n˧˩｜闰 ʐuɐ̃n˨˩˧”。武乡“人 zəŋ˧˩闰 zuɽ˧˩”。

③本片的黎城、潞城、平顺、壶关、陵川、高平六市县分尖团。精组字读［ts tsʻs］，见晓组字读［c cʻ ç］。

④高平无撮口呼，其他地方读撮口呼的字都读齐齿呼。在开口、齐齿呼前（不包括［i］单用作韵母）［n l］不分，都读［n］。

3.5　五台片、大包片、张呼片

五台、大包、张呼三片有共同的地方，放在一起讨论。

①上文提到五台、张呼两片入声不分阴阳，张呼片平声不分阴阳。少数县例外：五台片的阳曲（与并州片接壤），张呼片的万全、怀安两县入声分阴阳；张呼片赤城、涿鹿、怀来（与北方官话接壤）三县平声分阴阳。

②张呼片的和林格尔、凉城、丰镇、集宁、商都、化德、康保、沽源、赤城、崇礼、怀来等市县和相邻的大包片的阳高、天镇、右玉、左云、怀仁，五台片的岢岚、五寨、神池、宁武、偏关、平鲁、应县等共二十三市县，“败”与“背”同音，“怪”与“贵”同音。例如：怀仁“败＝背 pɛi˨˦　怪＝贵 kuɛi˦˩”。岢岚“败＝背 pe˥˧　怪＝贵 kue˥˧”。

③五台片（限山西省境内），大包片沿黄河地区的杭锦后旗、临河、磴口、五原、固阳、包头、达拉特旗、和林格尔、清水河、准格尔旗、河典、偏关、苛岚等十三市县旗“光＝钢｜筐＝康｜黄＝杭”，都读开口呼。例如：

	光＝钢	筐＝康	黄＝杭
包头 临河	kɑ̃˨˦	kʻɑ̃˨˦	xɑ̃˨˦
河曲	kɒ˨˦	kʻɒ˨˦	xɒ˨˦

以上六片古入声字今读入声。以下两片古入声字大部分或一部分读平声。

3.6　邯新片

本片古入声清音声母、次浊音声母字今多读入声，古入声全浊音声母字今多读阳平。不过阳城，晋城两市古入声全浊声母字仍多读入声。本片又分磁漳、获济两个小片：

①磁漳小片　本小片分尖团，古精组字在今细音前读［ts ts‘s］，古见晓组字在今细音前读［tɕ tɕ‘ɕ］。上文提到，上党片的多数县市也分尖团，不过上党片古精组字今读［ts ts‘s］，古见晓组字读［c c‘ç］，后者的音值与本小片不同。

②获济小片　本小片不分尖团。多数市县用变韵方式表示语法功能，其中之一相当于北京话的轻声“子”尾。例如：获嘉“麦子”［mioʟ］（比较：“麦稭”［mɐʔ˧ tɕiɐʔ˩˨］），“椅子”［iːou˥˧］（比较：“椅背儿”［i˥˧ per˩˨］）。阳城“法子”［fɔː˧］（比较：“办法”［p͡ɛ̃ ˥˧ fʌʔ˩˨］），“托子做月饼的模子”［t‘ɔː˪］（比较：“托人”［t‘uʌʔ˩˨ ʐ͡ə̃n˩˨］）。

3.7　志延片

本片志丹、延川、安塞、吴旗四县紧邻中原官话区，是晋语到中原官话的过渡地带，内部不甚一致。志丹、吴旗两县古入声的全浊音声母字今读阳平，清音声母字及次浊音声母字今多读阴平，与中原官话一致，只有少数清音声母字今读入声。延川，安塞只有少数入声全浊音声母字今读阳平，多数字今仍读入声。延川上声与去声同调，与邻接的延长相同，不过延长无入声，属中原官话。

四　中原官话汾河片

中原官话见于本文的是汾河片，包括山西省西南部的二十八个县市和河南省灵宝、陕县和三门峡市。以下分平阳、绛州、解州三个小片。

①平阳小片九县市

汾西　洪洞　襄汾　临汾　霍县　浮山　古县　闻喜　沁水城关

②绛州小片五县市

新绛　绛县　垣曲　侯马　曲沃

③解州小片十七县市

远城　蒲县　吉县　乡宁　河津　稷山　万荣　夏县　临猗　永济　芮城　平陆　安泽　翼城以上山西省　灵宝　陕县　三门峡以上河南省

汾河片没有入声。古入声清音声母，次浊音声母字今多读阴平，古入声的全浊音声母字今读阳平。这是中原官话的共性。

本片特点如下：

①古全浊声母字不论平仄，今逢塞音，塞擦音多读送气声母。例如：

	皮並	图定	步並	自从	舅群	拔並	夺定	地定	肚～子,定
汾西	p‘z̩˨˦	t‘ɣ˨˦	p‘ɣ˥˧	ts‘ɿ˥˩	tɕ‘iou˥˧	p‘ɑ˨˦	t‘ɔ˨˦	t‘z̩˥˧	t‘ɣ˥˧
远城	p‘i˨˦	t‘ɣ˩˧	p‘u˧	ts‘ɿ˧	tɕ‘iou˧	p‘ɑ˩˧	t‘ɔ˨˦	t‘i˧	t‘u˧
洪洞	p‘i˩˧	t‘ɣ˩˧	p‘u˥˧	ts‘ɿ˥˩	tɕ‘iou˥˧	p‘ɑ˨˦	t‘ɔ˩˧	t‘i˥˩	t‘u˥˧
万荣	p‘ei˧	t‘ɣ˩˧	p‘u˧	ts‘ɿ˧	tɕ‘iou˧	p‘ɑ˨˦	t‘ɔ˨˦	t‘i˧	t‘u˧
垣曲	p‘i˧˩	t‘əu˧˩	p‘u˥˧	ts‘ɿ˥˩	tɕ‘iou˥˧	p‘ɑ˧˩	t‘ɔ˧˩	t‘i˥˩	t‘u˥˧

②本片多数县市“书入”读［f　v］声母。解州、绛州两小片的多数县市“猪出”读［pf　pf‘］声母。中原官话关中片邻近山西省的韩城、合阳，大荔、华阴、潼关以及西安、长安、周至也有这一类声母。

③假摄开口三等字本片白读［a　ia］（或［ɑ　iɑ］）韵母。例如：

	车		蛇		惹		借		爷	
	文	白	文	白	文	白	文	白	文	白
临汾	tʂ‘ɤ˩	tʂ‘a˩	ʂɤ˨˦	ʂa˨˦	ʐɤ˧˩	ʐa˧˩	tɕie˥	tɕia˥	iɛ˨˦	ia˨˦
汾西	ts‘ei˩	ts‘a˩	sei˨˦	sa˨˦	zei˧	za˧	tɕie˥	tɕia˥	iɛ˨˦	ia˨˦
侯马	tʂ‘ʅɛ˩˧	tʂ‘a˩˧	ʂʅɛ˩˧	sa˩˧	ʐʅe˧	ʐa˧	tɕiɛ˥˧	tɕia˥˧	iɛ˩˧	ia˩˧
万荣	tʂ‘ʅE˧˩	tʂ‘ɑ˧˩	tʂɤ‘ʅE˩˧	sɑ˩˧	ʐʅE˩˧	ʐa˩˧	tɕiE˧	tɕiɑ˧	iE˩˧	iɑ˩˧

④宕江两摄的舒声字有文白异读。例如：临汾“汤”文读［t‘ɑ̃˩］，白读［t‘uo˩］。新绛“汤”文读［t‘ɐɪ̃˧˩］，白读［t‘ɤ˧˩］。

汾河片可以分为三个小片。平阳小片去声分阴阳，解州、绛州两个小片去声不分阴阳。绛州小片只有三个单字调，其中新绛、垣曲、绛县单字调今阴平和去声同调；侯马、曲沃单字调平声不分阴阳。

五　广灵县的北方官话

北方官话见于本文的只有山西省东北角的广灵县，广灵有阴平［˥˧］53、阳平［˩］11，上声［˥］”、去声［˩˦］24。广灵无入声，古入声清音声母字今多读阴平，次浊音声母字今读去声，全浊音声母字今读阳平。

参考文献

河北北京师范学院、中国科学院河北省分院语文研究所 1961，《河北方言概况》，天津。
贺巍 1982，获嘉方言韵母的分类。《方言》1982.22—37，北京。
—— 1981，济源方言记略。《方言》1981.5—26，北京。
侯精一、温端政、田希诚，1986，山西方言的分区（稿）。《方言》1986.81—89，北京。
—— 1986，内蒙古晋语记略。《中国语文》1986.116—123，北京。
—— 1985，晋东南地区的子变韵母。《中国语文》1985.130—137，北京。
李 荣 1985，官话方言的分区。《方言》1985.2—5，北京。
山西省社会科学院语言研究室，1982—1984，山西省方言志丛刊十一种。
田希诚 1986，和顺方言的子变韵母。《中国语文》1986.371—373，北京。
温端政 1986，试论山西晋语的入声。《中国语文》1986.124—127，北京。
张盛裕、张成材 1986，陕甘宁青四省区汉语方言的分区（稿）。《方言》1986.93—105，北京。

（原载《方言》1986 年第 4 期）

内蒙古晋语记略

晋语指山西省及其毗连地区有入声的方言。（李荣，1985）晋语作为学术名词不等于山西方言。山西方言着眼于地理，指山西省境内的方言：包括晋语区、中原官话区（西南部的二十八个县市）、北方官话区（东北角的广灵县）。晋语分布于山西省，陕北（十九个县市），河南省黄河以北地区（十七个县市），河北省跟山西省交界有入声的方言以及内蒙古中、西部有入声的汉语方言。

一 内蒙古晋语的地理分布

内蒙古晋语分布在内蒙古自治区的中部和西部。呼和浩特、包头、乌海三市及所辖地区，内蒙古与山西、陕西、河北三省接壤的巴彦淖尔盟、乌兰察布盟和伊克昭盟。此外，锡林郭勒盟的太仆寺旗（旧称宝昌，属察哈尔）也说晋语。从地理上看，内蒙古晋语西起黄河之畔的乌海市，东至与河北省邻界的太仆寺旗。乌海市以西的无入声的汉语方言属兰银官话，太仆寺旗以东的无入声的汉语方言属东北官话。换言之，内蒙古晋语分布在本区境内的黄河两侧地区及邻近山西、陕西、河北三省的地区。

晋语的势力向北扩展，是清朝的“移民实边”政策的结果。以伊克昭盟为例，自清康熙末年（1722），山西、陕西北部的移民由土默特而西，私向蒙人租地耕种，境内凡近黄河长城处均有汉人足迹。山西的移民从土默特沿黄河西行至达拉特旗、杭锦旗。陕北府谷、神木、榆林，定边、靖边等地的移民北越长城和原来的黑界地到内蒙的准格尔旗、郡王旗、乌审旗。（均见《鄂尔多斯史志研究文稿》，1984，28页）此外，在清朝征服内蒙古及中原地区后，山西商人（旧称“山西帮”）走西口，大批进入内蒙古中、西部，主要是旧归化城（今呼和浩特）一带。（余元盦，119页）商业经济的发展对晋语的北移也起了一定的作用。

二　内蒙古晋语的共同特点

2.1　内蒙古晋语保留古入声。入声字一律收喉塞［－ʔ］尾。（参看表一）

2.2　古疑母、影母今开口呼读鼻音声母［ŋ］（仅丰镇一点读［n］）。（参看表二）

2.3　鼻音韵尾的消失与合流。咸山宕江四摄舒声，鼻音韵尾消失，主要元音有时鼻化。山与宕江有区别，“胆≠党”“关≠光”。（参看下文表二、表三）

深臻曾梗通五摄的舒声韵今合流，韵尾收舌根鼻音［－ŋ］，主要元音多鼻化。“根＝庚”“心＝新＝星”“魂＝红”“群＝穷”。（参看表二、表三）

2.4　咸山三四等，果假三等四摄的端系、见系字今韵母相同。“姐＝减”“靴＝宣”。（参看表二）

2.5　“子尾”（相当于北京话的轻声子尾）一律读入声。土默特左、集宁、丰镇、和林格尔子尾读擦音［zəʔ］或［ʐəʔ］（集宁），其他各点子尾读［tsəʔ］。例如：小子男孩，呼和浩特、包头、临河读［꜀ɕiɔ］，丰镇读［꜀ɕiɔ ʐəʔ꜅］，集宁读［꜀ɕiɔ ʐəʔ꜅］。

2.6　前响复合元音的单元音化。北京话的［au］，［iau］［ai］［uai］等韵母，内蒙古晋语读［ɔ］［iɔ］［ɛ］［uɛ］，丰镇，凉城、清水河有例外（参看表二）。例如：

	报	跳	盖	怪
呼和浩特	pɔ꜄	tʻiɔ꜄	kɛ꜄	kuɛ꜄
包头	pɔ꜄	tʻiɔ꜄	kɛ꜄	kuɛ꜄
临河	pɔ꜄	tʻiɔ꜄	kɛ꜄	kuɛ꜄

三 内蒙古晋语的内部差别

3.1 内蒙古晋语的内部差别主要表现在单字调，呼和浩特及其以东的凉城、丰镇、集宁、太仆寺旗平声不分阴阳，① 古平声清音声母字和浊声母字今单字调无分别。单字调有平上去入四个。以包头为中心的地区，平声分阴阳，单字调有阴平、阳平、上声、去声、入声五个。临河、杭锦后、磴口旧后套行政区及邻近的乌海市，古清平与占清、次浊声母上声的字今单字调无分别。单字调有阴平上、（“阴平＝上声”）、阳平、去声、入声四个。例见内蒙晋语地图一。依据古今声调关系的不同，内蒙古晋语可以分为呼和浩特片、包头片和临河片。呼和浩特片包括呼和浩特、凉城、丰镇、集宁、太仆寺旗。包头片包括包头、土默特左旗、固阳、武川、和林格尔、清水河、达拉特旗、东胜、伊金霍洛、准格尔、五原。临河片包括临河、杭锦后、磴口、乌海。（参看下文图一）

3.2 内蒙古晋语在声母、韵母上的差别不很大。主要有下列三项：

（1）沿黄河地区（从后套的磴口起沿黄河望东）宕摄合口舒声读开口。“钢＝光”“康＝筐”“杭＝黄”。其他地区有的同音。有的不同音。（参看下文图二，表二）这种语音现象正好说明清末山西移民进入内蒙境内沿黄河西行的路线。

（2）与山西、陕西接壤的南部边界地区、东起丰镇，西至伊金霍洛）蟹、止两摄北京读［ai uai］［ei uei］韵的字，读［ɛ uɛ］或［ei uei］。“拜＝背”“怪＝桂”。其他地区不同音。（参看下文图三，表二）

（3）呼和浩特、包头、临河等多数地区分［ts ʂ］，包头东、北五原、固阳、武川、丰镇、集宁、和林格尔等地不分［ts ʂ］，一律读［ts］。例如，呼和浩特读［ts ts‘s］的有古精组、庄组、知组开口二等、章组限止摄开口以及这四组的今合口呼韵母前。例如：［ts］资斩罩支中准追；［ts‘］瓷愁茶齿撮吹椽；［s］心生试栓水缩。读［ʂ ʂ‘ʂ］的有古章组开口，止摄除外知组开口三等。

---

① 呼和浩特的单字调另有其他记法：阴平 213、阳平 31、上声 53、去声 55、入声 43。（〈中国语文〉1956 年 6 月，22 页）这大概是呼和浩特新城的读音。呼和浩特分“旧城”和“新城”。现在的旧城在明朝的时候为蒙古西土默特旗部驻牧地，旧名归化诚。清代为了统治的需要，在旧城东北五华里许筑绥远城，迁满族人居此，这是新城，并与旧城合置归化绥远厅。民国初年改为归化县，后又改为归绥。本文依据的是呼和浩特旧城的发音。

四 内蒙古晋语与山西晋语的比较

本节主要讨论内蒙古、山西两地晋语语音上的异同，为说明问题有时也兼及陕西晋语。

4.1 入声问题。内蒙古、山西，陕西三个地区的晋语，入声收喉塞尾［—ʔ］。入声字的单字调类，内蒙只有一个，古清入和浊入无分别。山西、陕西晋语单字调入声，有的不分阴阳入，只有一个入声。如山西的大同、忻州地区，陕西的榆林和延安地区的部分县。有的入声分阴阳。如山西的太原，吕梁及长治地区的多数县市，陕西延安地区的部分县。入声韵的数目，内蒙古晋语多为四个，少数八个。（参看下文图四）山西晋语多为七、八个入声韵，个别点有十一个（温端政，1985）。四个的很少（如平遥、介休）。陕西晋语多为四个入声韵母，（如绥德、子洲）少数地区有七个（如神木、府谷），十个（榆林，横山）。与山西、陕西晋语比较，内蒙古晋语的入声字的调类和韵类都趋于简单化。

表一

古声调	平		上			去		入		
古声母	浊	清	清	次浊	全浊	清	浊	清	次浊	浊入
今声调	阳平	阴平	上声		去			入		
例字	穷鹅	刚	古		近	菜	饭	急	麦	局
呼和浩特	31		53		55			ʔ43		
集宁	22		53		24			ʔ54		
丰镇	212		53		24			ʔ54		
凉城	22		31		35			ʔ32		
太仆寺旗	53		44		35			ʔ54		
包头	13	213	535		52			ʔ54		
固阳	33	324	212		54			ʔ32		
武川	22	212	53		24			ʔ54		

续表

古声调	平		上			去		入		
古声母	浊	清	清	次浊	全浊	清	浊	清	次浊	浊入
今声调	阳平	阴平	上声		去			入		
土默特左	22	212	535		52			ʔ54		
和林格尔	31	212	535		42			ʔ54		
例字	**穷鹅**	**刚**	**古**		**近**	**菜**	**饭**	**急**	**麦**	**局**
清水河	44	212	535		42			ʔ32		
达拉特	44	213	535		52			ʔ54		
东胜	44	213	535		52			ʔ54		
准格尔	44	213	535		52			ʔ4		
伊金霍洛	44	213	535		52			ʔ54		
五原	24	212	535		53			ʔ54		
临河	44	212			52			ʔ4		
杭锦后	44	212			52			ʔ4		
磴口	55	213			51			ʔ3		
乌海	44	213			52			ʔ54		

4.2 古今字调的关系 内蒙古晋语古今字调的类型有三种。呼和浩特片古清平和古浊平无分别。临河片古清平与古清音、次浊声母上声无分别。包头片古清平和古浊平有分别，古清平与古清音，次浊声母上声有分别。上述三种调类分合现象，山西晋语也都有。太原片古清平和古浊平无分别，同呼和浩特片。忻州片古清平与古清音、次浊声母上声无分别，同临河片。大同片古清平和古浊平有分别，古清平与古清音、次浊声母上声有分别，同包头片。陕西晋语也有古清平和古清音、次浊声母上声无分别的。如榆林地区的绥德、米脂等处。内蒙晋语的古清平与古浊平无分别的现象，陕西晋语似未见到。这是内蒙晋语同于山西晋语不同于陕西晋语的地方。

表二

	1	2	3	4		5		6	
	岸案	姐减	根庚	胆	党	钢	光	拜	背
呼和浩特	ŋ	ie	ə̃ŋ	ã	ɑ̃	ã	uɑ̃	ɛ	ei

续表

	1	2	3	4	5	6
	岸案	姐减	根庚	胆　党	钢　光	拜　背
土默特左	ŋ	ie	ə̃ŋ	ã　ɑ̃	ã　uɑ̃	ɛ　ei
武川	ŋ	ie	ə̃ŋ	ã　ɑ̃	ã　uɒ̃	ɛ　ei
太仆寺旗	ŋ	ie	ə̃ŋ	ɛ̃　ɑ̃	ã　uɑ̃	ɛ　ei
东胜	ŋ	ie	ə̃ŋ	ã　ɑ̃	ã　uɑ̃	ɛ　ei
乌海	ŋ	ie	ə̃ŋ	ã　ɑ̃	ã　uɑ̃	ɛ　ei
丰镇	ŋ	ie	ə̃ŋ	ɛ̃　ɑ̃	ã　uɑ̃	ei
伊金霍洛	ŋ	ie	ə̃ŋ	ɛ̃　ɑ̃	ã　uo	ɛ
集宁	ŋ	ie	ə̃ŋ	ã　ɑ̃	ã	ɛ
凉城	ŋ	ie	ə̃ŋ	ɛ̃　ɑ̃	ã	ei
和林格尔	ŋ	ie	ə̃ŋ	ã　ɑ̃	ã	ɛ
清水河	ŋ	ie	ə̃ŋ	ɛ̃　ɑ̃	ã	ei
准格尔	ŋ	ie	ə̃ŋ	ã　ɑ̃	ã	ɛ
包头	ŋ	ie	ə̃ŋ	ã　ɑ̃	ã	ɛ　ei
固阳	ŋ	ie	ə̃ŋ	ɛ̃　ɑ̃	ã	ɛ　ei
达拉特	ŋ	ie	ə̃ŋ	ã　ɑ̃	ã	ɛ　ei
五原	ŋ	ie	ə̃ŋ	ã　ɑ̃	ã	ɛ　ei
临河	ŋ	ie	ə̃ŋ	ã　ɑ̃	ã	ɛ　ei
杭锦后	ŋ	ie	ə̃ŋ	ã　ɑ̃	ã	ɛ　ei
磴口	ŋ	ie	ə̃ŋ	ã　ɑ̃	ã	ɛ　ei

4.3　北京话的前响复合元音［au　iau　ai　uai］四韵的字（古入声字在外）在内蒙古晋语有单元音化现象。这也见于山西晋语。如，“保条”的韵母，大同是［o　io］，太谷是［ɔ　iɔ］（高本汉 1948）。忻州、长治也是［ɔ　iɔ］（温端政 1985，侯精一 1985）。“拜怪”的韵母忻州、长治是［æ　uæ］。（温端政 1985，侯精一 1985）。

4.4　鼻音韵尾的消失与合流。内蒙古晋语央元音、高元音后头的鼻音韵尾保留，读［ŋ］尾，主要元音多鼻化，深臻曾梗通合流。但是，在其他元音后头的鼻音韵尾消失，读开尾韵，主要元音往往也鼻化。咸山与宕江有区别。鼻音韵尾的消失与合流现象在山西晋语里头也很普遍，各地的情形不很一致。内蒙古晋语鼻音韵尾的消失与合流的现象与山西北部地区的晋语存许多相似处。

表三

	根　庚	新　星	魂　红	群　穷
北京	kən　　kəŋ	ɕin　　ɕiŋ	xun　　xuŋ	t‘ɕyn　　t‘ɕyŋ
呼和浩特	kə̃ŋ	ɕīŋ	xũŋ	tɕ‘ỹŋ
包头	kə̃ŋ	ɕīŋ	xũŋ	tɕ‘ỹŋ
忻州山西	kə̃ŋ	ɕīəŋ	xuəŋ	tɕ‘yəŋ
怀仁山西	kə̃ŋ	ɕīəŋ	xuəŋ	tɕ‘yəŋ
	胆　党	检　讲	官　光	权
北京	tan　　taŋ	tɕian　　tɕiaŋ	kuan　　kuaŋ	tɕ‘yan
呼和浩特	tã　　tɑ̃	tɕie　　tɕiɑ̃	kuã　　kuɑ̃	tɕ‘ye
包头	tæ̃　　tɑ̃	tɕie　　tɕiɑ̃	kuæ̃　　kuɑ̃	tɕ‘ye
忻州山西	tɑ̃	tɕiɑ̃	kuɑ̃	tɕ‘yɑ̃
怀仁山西	tæ　　tɒ	tɕiæ　　tɕiɒ	kuæ　　kuɒ	tɕ‘yæ

鼻音韵尾的消失与合流是晋语的一个重要特点。晋语的丰富材料对于汉语方言鼻音韵尾消失的研究（张琨，1983）可以提供许多重要的事实。

4.5　内蒙古沿黄河地区的晋语“钢＝光“康＝筐”“杭＝黄”，都读开口韵。山西北部的部分地区也有这种现象。例如天镇、阳高、浑源、五寨，“钢＝光”［kɒ］，“康＝筐”［k‘ɒ］，“杭＝黄”［xɒ］。河曲、岚县这三组例字读合口。例如，河曲“钢＝光”［kuɒ］，“康＝筐”［k‘uɒ］，“杭＝黄”［xuɒ］。陕北晋语未见这种现象。内蒙古晋语宕摄合口读开口，大概可以说是山西北部晋语北移的影响。

4.6　内蒙古与山西、陕西邻界的地带（乌审旗材料暂缺，除外）“拜＝背”“怪＝桂”。山西雁北许多地区都有。如怀仁“拜＝背”［pɛi］“怪＝桂”［kuɛi］。陕北晋语“拜≠背“怪≠桂”。内蒙古晋语“拜＝背”“怪＝桂”可能也是晋语北移的影响。

4.7　北京话的轻声子尾，如桌·子的“·子”，山西晋语多数读［tsəʔ］或轻读的［tsɤ˧ ］。内蒙古晋语多数地区读［tsəʔ］。呼和浩特、集宁、丰镇、和林格尔等地读［zəʔ］或［z̩əʔ］。如，和林格尔“女子”［ᶜny　zəʔ˒］女孩儿，讨吃子［ᶜt‘ɔ　ts‘əʔ˒　zəʔ˒］乞丐。

4.8　重叠形式丰富是山西晋语的又一个重要特点（特别是在山西晋语中心的太原、吕梁地区）。内蒙古晋语的重叠形式也比较普遍。例如，呼和浩特说“红红胭脂、盆盆小盆儿、棍棍小棍儿、肉丝丝肉丝儿、碟碟碟子”，并州、吕梁地区的晋语也都说。

4.9　内蒙古晋语和山西晋语都有很多用表音字“圪”构成的词。[1] 例如“圪洞小洞儿、圪肘子胳膊肘儿、圪台台台阶、圪粈粈粮食碎粒、圪串圪串蹓一蹓、圪捏圪捏捏一捏。”陕北晋语也用“圪”。例如，吴堡话“鼻子”叫做“鼻圪垛儿”，“胡同”叫做“圪巷”。内蒙古、山西、陕北晋语的表音字“圪”都读入声，无词汇意义。

总的说来，内蒙古晋语的音韵特点在山西晋语中几乎都可以得到印证，两地晋语的共同点很多，差别主要表现在内蒙古晋语入声韵数目的减少与单字调阴阳入合流。

以上是就语音而论。在用词上，内蒙古晋语与山西晋语也是同多异少。例如内蒙古晋语说玉茭子玉蜀黍、滚水开水、铁匙铁铲儿；炊具、温壶热水瓶、揹锅子驼背、炭煤块、小子男孩，女子女孩，山西晋语也说。用词不同的也有。例如，“拳头”内蒙古晋语说“捶头”的多，说“圪都”的少，山西晋语说“圪都”的多。“头”内蒙古晋语多说“脑袋”、“头”，说“得脑”的少，山西晋语流行的说法是“得脑”、“的脑”。随着经济的发展，汉民群体继续往北开发，阴山以北地区汉民讲的也是晋语，晋语的势力还在继续北移。

参考文献

李　荣　官话方言的分区，《方言》，1985，1。

伊克昭盟地方志编纂委员会《鄂尔多斯史志研究文稿》第四册，1984。

余元盦《内蒙古历史概要》，上海人民出版社，1960。

高本汉《中国音韵学研究》原版1915—1926，中译本，1940。

张清常《内蒙古自治区汉语方音与普通话语音对应规律》，《内蒙古大学学报》1959. 1。

张　琨《汉语方言中鼻音韵尾的消失》，历史语言研究所集刊五十四本，第一分，台湾，1983。

温端政　《忻州方言志》，语文出版社，1985。

　　　　《怀仁方言志》，语文研究增刊，1983。

侯精一　《长治方言志》，语文出版社，1985。

[1] 表音字“圪”也有称作“构词成份”“词头”“前缀”的。参看《语文研究》增刊第十本《文水方言志》，第三本《太谷方言志》，第九本《寿阳方言志》。

（原载《中国语文》1986年第2期）

图一、图二、图三、图四见下页。

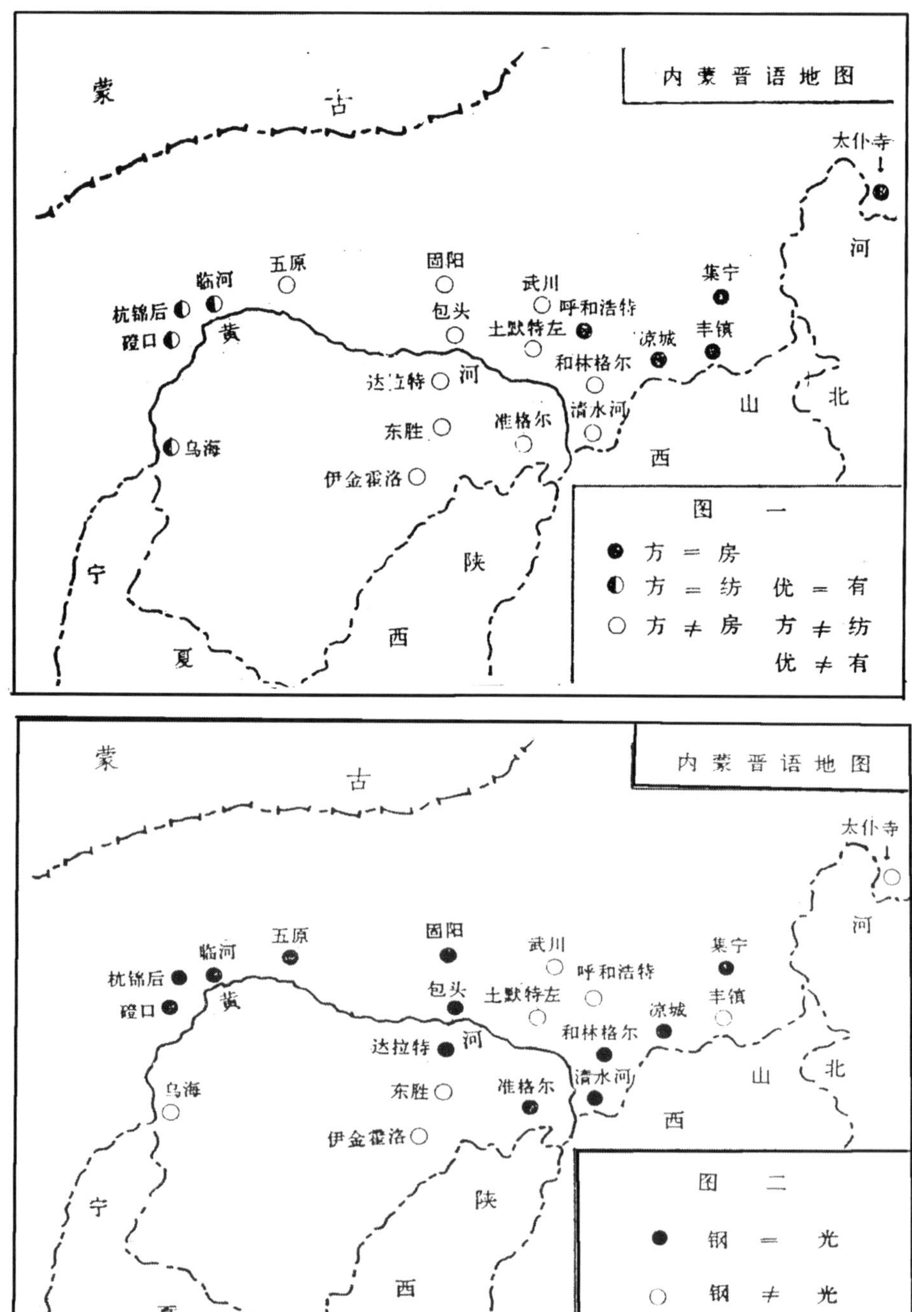
内蒙晋语地图
蒙
古
太仆寺
河
五原
固阳
临河
杭锦后
磴口
黄
武川
呼和浩特
包头
土默特左
集宁
丰镇
凉城
和林格尔
达拉特
河
清水河
山
北
东胜
准格尔
乌海
西
伊金霍洛
宁
陕
西
夏
图一
方＝房
方＝纺　优＝有
方≠房　方≠纺
优≠有
内蒙晋语地图
蒙
古
太仆寺
河
五原
固阳
临河
杭锦后
磴口
黄
武川
呼和浩特
包头
土默特左
集宁
丰镇
凉城
和林格尔
达拉特
河
清水河
山
北
东胜
准格尔
乌海
西
伊金霍洛
宁
陕
西
夏
图二
钢＝光
钢≠光

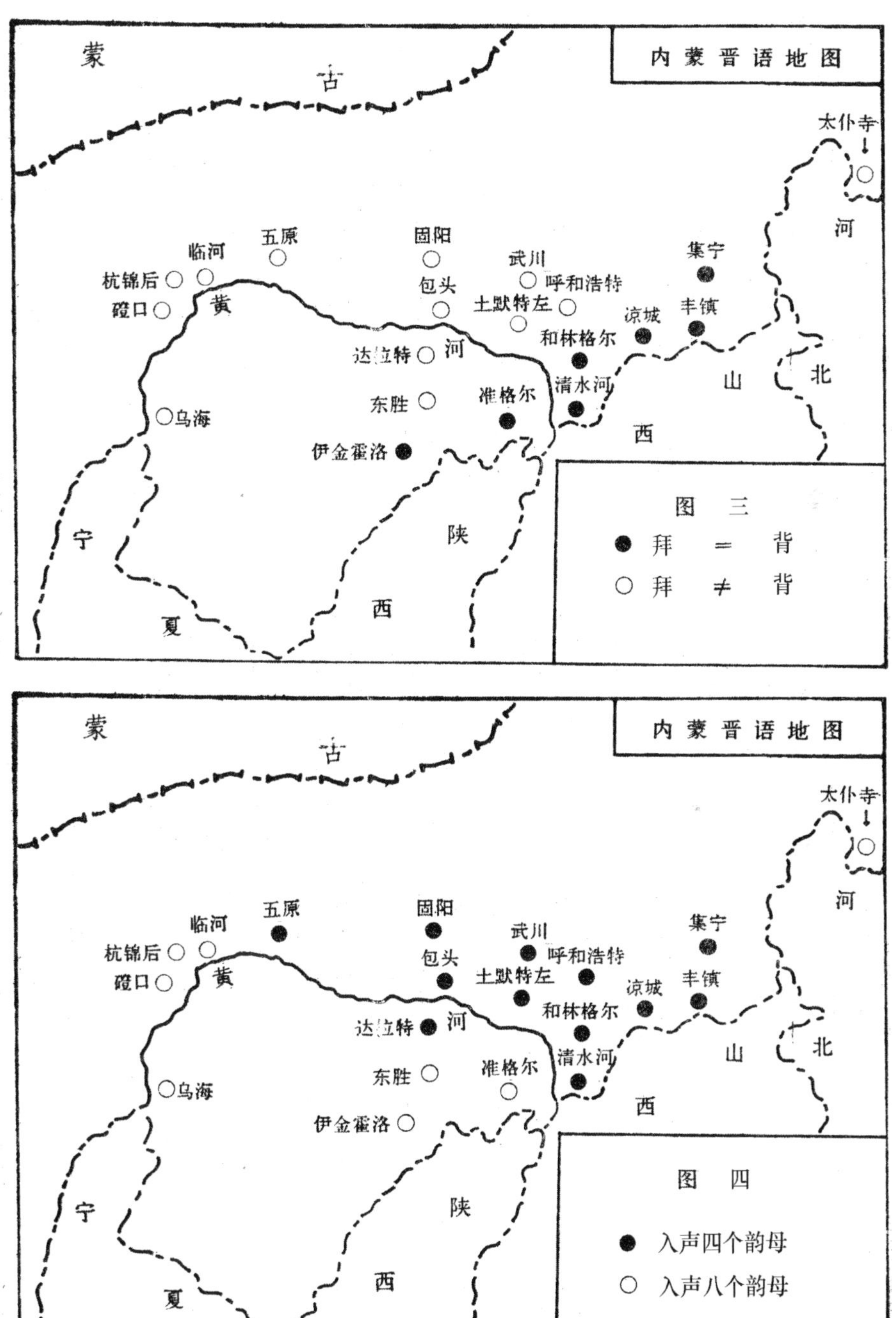
内蒙晋语地图
蒙
古
太仆寺
河
五原
固阳
临河
杭锦后
磴口
黄
武川
呼和浩特
包头
土默特左
集宁
凉城
丰镇
和林格尔
达拉特
河
清水河
准格尔
东胜
乌海
伊金霍洛
北
山
西
宁
夏
陕
西
图　三
拜　＝　背
拜　≠　背
内蒙晋语地图
蒙
古
太仆寺
河
五原
固阳
临河
杭锦后
磴口
黄
武川
呼和浩特
包头
土默特左
集宁
凉城
丰镇
和林格尔
达拉特
河
清水河
准格尔
东胜
乌海
伊金霍洛
北
山
西
宁
夏
陕
西
图　四
入声四个韵母
入声八个韵母

山西方言研究

《中国音韵学研究》与现代山西方言音韵*

——纪念瑞典著名汉学家高本汉调查山西方言100年

一　高本汉《中国音韵学研究》记录的汉语方音

1.1　高本汉著《中国音韵学研究》分卷刊于民国四年（1915年）至民国十五年（1926年）。后由赵元任、李方桂、罗常培合译为中文，民国二十九年（1940年）商务印书馆初版。全书共分四卷：第一卷古代汉语、第二卷现代方言的描写语音学、第三卷历史上的研究、第四卷方言字彙。著者说“中国语言学现在还不过刚在起头的时候，……我愿意对于这个新科学的建树有所贡献，……1，把中国的古音拟测出来，要想作系统的现代方言研究的起点，这一层是很必要的；2，把中国方言的语音作一个完全描写的说明，作过这层之后然后可以；3，用音韵学的研究指明现代方言是怎样从古音演变出来的。”（绪论：13。引文后的数目字是中译本页码，下同）“译者提纲”对各卷有如下评价：第一卷“在大体上，他所描写的古音系统是可以成立的，他所列的三千多字的声母韵母例字表，十分之九五以上是可以用来做调查方言用的”（17）。第二卷“他所蒐集的方言，除零星记录偶尔引作例证不计外，正式用三千多字的例字表来记音的有三十三种，其中亲自调查的有二十四种，从书本上得到的材料有十种（其中一部分后来又加以证实或修改）”（18）。第三卷“不但包括古音的拟测，并且还有关于从古音变到现代各方言的沿革上的说明。……对于所调

* 本文曾在中国社会科学院主办的“海峡两岸传统语言学研讨会”（2010.10. 北京）上宣读。

查的三千多例字……凡是有不和读音表跟附注条例的字都得一一列举出来，才算有个交代”（19）。第四卷“是现代中国语的最好的代表，……只有方言的全体，把全国的各种相当的字音为目，列在与它们暗合的为纲的古音之下，这才是现代中国语言全景的真相”（20）。这些基于现代语音学理论与方法的汉语方言记音材料是汉语历史语音研究的珍贵资料。

1.2 第四卷“方言字彙”（以下称“字彙”）是全书的字音库。用高本汉的话来说，是用“方言字彙的方式发表我的全部方言材料”（原序）。字彙以古韵摄为纲，收字 3125 个，有 26 种方言字音，包括 22 个点的汉语方言和 4 种“域外方音”。

在他所记 22 点汉语方言中，今属于山西省的有大同、太原、兴县、太谷、文水、凤台（今晋城）6 点；怀庆（今沁阳）在河南省，归化（今呼和浩特）在内蒙古自治区，属于晋语区。此外，《中国音韵学研究》中提及的山西方言还有平阳（临汾）、天镇、运城、蒲州等地。本文一并讨论。

二 高本汉所记录的山西方言主要音韵特点

高本汉的记音既有严式的描写也有宽式的归纳。还有介于两者之间的半宽严式。宽式音标用粗体。（22）第四卷字彙里所用的半宽半严式不用粗体。（22）或说“我在字彙里用的是宽式”音标。（544）第六章和第十七章音值的细微描写用严式。（544）“要想知道各音细微的音值读者可以看第六章。此处特别是第 455—525 页”，例如［ɣ̃］，高本汉说“可以算一种很弱的［ŋ］音或是前头的元音的鼻音化”（545）。山西大同“弓”严式记作［kuoɣ̃］（523），宽式作［kuoŋ］（684）。

高本汉的记音注意文白的不同或其他异读情况（但未作出逐字标记）。他说：“有时候古同音字中这几个字读甲那几个字读乙，有时候在同字上有甲乙两种读法。这种不同的读法最多的是文言白话的不同，但也常有在同一体当中有两种读法的，那就只好拿方言的混合（因迁移等等原因）来解释了。”（540）

高本汉的山西方言记音注重古今语音比较，注重字音演变规律及例外读音的分析，态度科学、严谨。但也不乏记音失误，赵元任（1936）曾指出过。

以下分 6 类 14 项举例性地介绍高本汉所记录的山西方言主要音韵特点。此 14 项的称说多是笔者根据高本汉记音归纳出来的。

2.1 音值

① 塞音带清擦音［x］或［ç］高本汉称作“寄生音”（423）。

［px］“强的 p 后面随着一个清舌根摩擦音。”如太原“怕”（173），山西……怀庆“蒲”（424）。

［pç］“强的 p 后面随着一个清舌面前颚的摩擦音。用作声母的，在归化、大同、太原、兴县、平阳、平凉、陕西、怀庆等处都有。”如西安“皮”（173）。

② 鼻音带同部位的浊塞音

［mb］米（文水、平阳、兴县 428/432）｜母（兴县 663）｜萌（文水 629）

［nd］奴难（文水 178、兴县、平阳 353）

［ȵȡ］芽疑（文水、兴县 255）｜鱼（平阳 260）

［ŋg］岸（文水、兴县、平阳 355）

2.2 声母

③ 古全浊平声字今逢塞音、塞擦音，读不送气清音

［t］甜（太原、太谷、文水 593）｜填（文水 370）｜萄（文水 370）

［ts］惭（大同 379）｜槽（太谷、文水、兴县 379/653）

［ts］慈（太谷）｜磁（文水、太谷）｜脐（太原、文水、平谷、平阳）（379）

［tɕ］潜（太原）｜钱（文水、太谷）｜墙（太谷）｜樵（太原、文水、太谷）（379）

④ 匣读如群（267）

［k］撼（怀庆）｜憾（兴县、怀庆）｜悍（文水、太谷、太原）｜褐（太原）｜骇（文水）

[k] 核（文水、太谷、兴县）

⑤ 非敷奉少数点读 [xu]，如文水。

2.3 韵母

⑥ 单元音倾向

效摄：[ɔ] 毛袄曹保（太谷 651/660），或记作 [o] 考刀毛爪焦飘（归化、大同、凤台 654）

流摄：[o] 侯偷走求愁（兴县 661/667）

蟹摄：[ε] 败迈（归化 585）

⑦ 支微入鱼

[y] 髓随醉遂（="居去懼愚"韵母。太谷、文水 570/567/673）

[yi] 睡髓随锥翠水（="居去催愚"韵母。兴县 567/673/677）

⑧ 曾开一、梗开二帮组字入声韵母的白读多带有 [i—] 介音。

[iə] 北默（归化、大同、太原、兴县、太谷、文水 711）

[iə/iæ] 麦白（归化、大同、太原、兴县、太谷、文水 711/713）

⑨ 梗摄舒声白读 [i] 或 [iε]

[i] 赢井净（太谷、文水 633 注）[i] 名铭（凤台 633）

[iε] 杏（太谷 629 注）

⑩ 宕摄文读 [uã] 白读 [u]

[kuã] 匡（文水 649）—— [k‘u] 筐（文水 650 注）

[xuã] 方（文水 650）—— [xu] 放纺访妨彷（文水 650 注）

⑪ 鼻音韵尾脱落（鼻化或失去鼻化）

酸扮（归化、大同、太原、兴县、太谷、文水、凤台 608/609）

唐江（归化、大同、太原、兴县、太谷、文水、凤台 641/648）

2.4 入声

⑫ 入声收喉塞音 [ʔ]"在山西、南京、上海的入声字收尾是一个喉部

的闭音[1]，并且元音大半是短的（短的程度各方言不一样）。……在怀庆入声字大半亦有喉塞音。”（689）

2.5 声韵结构

⑬ 尤韵唇音字“否谋”读［u］韵母（怀庆、归化、大同、太原、兴县、太谷、文水、凤台 668—669）

2.6 特字举例

⑭ 柴［s—］（文水 575）｜双［ts‘—］（文水 575）｜农［l—］（大同 348）｜论［lyuŋ］（太原 621）/［lyũ］（文水、太谷 621）｜龙颂［lyuŋ］（凤台 688）｜稻［t‘—］（归化、太原、文水、兴县 371）｜遁［t‘—］（归化、大同、太原 370）｜铎［t‘—］（太原、兴县 370）

以上高本汉所记录的山西方言的主要音韵特点在现代山西方言不同程度地存在。如音值描写，《山西方言调查研究报告》有如下的描写：鼻音声母大多带有不同程度的同部位浊塞音成分。送气塞音声母［p‘t‘k‘］与开口韵相拼时送气强烈。如山西中区孝义、山西南区新绛发音时带有不同程度的舌根清擦音［x］。多数山西方言（南区方言除外）效摄、蟹摄字韵母单元音化倾向不同程度地存在。比较明显地表现在北京话今读［au ai］的韵母，百年前山西不少地区读作单元音［ɔ æ］。前鼻音韵尾脱落多有元音鼻化现象（侯精一、温端政 1993：8）。

流摄尤韵字“否谋”，怀庆、归化、大同、太原、兴县、太谷、文水、凤台读［u］韵母，今呼和浩特（原归化）、大同、太原、太谷、文水、晋城（原凤台）等地仍读［u］韵母。

太原盆地古全浊平声字今逢塞音、塞擦音读不送气音现象至今依然很突出。高本汉指出的例外字音应作具体分析。如指出“‘稻’归化、太原、文水、兴县等读送气的［t‘］同《集韵》属于透母的一个反切有关系”（371）。（按：“稻”《广韵》徒皓切，定母。《集韵》土皓切，透母。）“稻”读送气声母可能是来历的不同。归化百年前读送气的［t‘］，现在呼和浩特读不送气［t］（邢向东 1998），表明百年读音的变化。又如，凤台方言

[1] “闭音”指不爆发的塞音。

“龙颂”读细音，现在晋城方言“龙颂”仍读作细音，与一等字读音不同。如：笼聋$_{通合一}$［luoŋ］≠隆龙$_{通合三}$［liog］（沈慧云 1983），保存一等字与三等字韵母读音的不同。又如，高本汉指出大同“农”读［l］声母是例外（348）。今天大同“农［luəɤ］（马文忠、梁述中 1986：71），仍读［l］。高本汉记太原、太谷、文水“论（～语）”读撮口呼韵母，这种读法至今仍旧存在（温端政、沈明 1999：126；杨述祖 1983：18，胡双宝 1990：45）。高本汉的记音让我们知道一些例外读音由来已久，提醒研究者的视野应该往前推移。

三　高本汉山西方言调查的意义与价值

3.1　高本汉是用现代科学方法调查山西方言的第一个人。高本汉在字彙的绪论里说：“字彙里所记的音都是我挑选了认为可以代表那地方的一个个人的读音。……我这种开荒的工作尽管免不了有细目上的错误，我所根据的材料尽管很有限，但是我希望从全体上看起来它所给人的这些至今还不大有人知道——并且内中有几个很古怪很重要（文水、兴县、太谷、固始、归化、凤台）——的几种官话方言的印象，是大致不离的。”（543）高本汉说文水、兴县、太谷等地方言“很古怪很重要”，显示调查者对陌生语言的敏感。现代山西方言的研究证实高本汉的这种直觉是有依据的。高本汉做的不是一般“开荒工作”，他是运用现代科学的方法来研究山西方言的第一个人。（侯精一、温端政 1993）。

3.2　高本汉为山西方言的历史研究提供珍贵的百年前的资料。由于他记录了这些资料，使山西方言百年语音演变的链接得以实现。上文所列的 6 类 14 项就都是比较研究的题目。现举出其中两题作简单的分析讨论：

㈠［f］［xu－］分合。例字：非妃肥

	归化	大同	太原	兴县	太谷	凤台	怀庆	文水
1910（高本汉）	f－	f－	f－	f－	f－	f－	f－	xu－
1993（侯、温）		f－	f－	xu－	f－	f－		xu－

1998（邢）	f—							
2010（支）①							f—	

说明：

① 高本汉记归化、大同、太原、兴县、太谷、凤台、怀庆 7 点非组字（非妃肥）读［f—］，只有文水一点读［xu—］505）。高本汉对文水话读［xu—］作了一些说明，他说："在近古汉语读作 f 跟 v 的字，在文水却作 x（χ）。我们在前面（276 页）看见过古代的 x 有些方言里读作 f，在这里我们可以看见一个相反的现象。文水话很显然的，像别的官话一样第一步先读作 fu，不过后来这个 fu 又变成 xu。"（420）

② 1993 兴县改读［xu—］（侯、温 1993：467）。

③ 归化（呼和浩特）、大同、太原、凤台（晋城）、怀庆 5 点至今均仍读［f—］。

④ 文水至今仍读［xu—］

从百年链接可以得出以下三条结论：（1）兴县从［f—］［xu—］分流→合流［xu—］，是近百年的事，这一点很重要。（2）大同、太原［f—］［xu—］分流显然是权势方言影响的结果。（3）权势方言的影响在晋语的核心地区受到较大抵制。兴县、文水话的［f—］［xu—］合流至今比较稳定。

㈡入声舒化。以太谷、大同为例。

例字	白杂截蔑嚼薄敌舌	郁麦乏袜历栗腊	月实姪活	席急入纳业
1910 太谷/大同（高）	入声	入声	入声	入声
1983 太谷（杨）	入声	入声	入声	入声
1986 大同（马）	阳平	去声	入声/阳平	入声/去声

说明：

① 2010 怀庆的材料据北京语言大学博士生支建刚《豫北晋语语音研究》开题报告。

①1910 高本汉记录的太谷、大同入声读喉塞尾［ʔ］字。杨述祖（1983）太谷记音多保持不变。晋语核心地区入声相当稳定。

②据马文忠（1986：14），晋语非核心地区入声不够稳定。大同入声部分舒化，改读阳平或去声。大同有 95 个古入声字读舒声。（其中，古全浊母字 78 个）或入舒两读的有 44 字。（其中，古全浊声母有 32 个）古全浊声母入声字舒化的比例数最高（马文忠 1986：14）。晋语非核心区域入声舒化比较明显。

3.3 启发、思考与再研究

高本汉的有关山西方言语音的见解给后来的研究者以启发、思考与再研究的空间。下面举两个例子：

㈠关于“元音跟着声调变”。高本汉说“北京阴阳平声是-ui，上去声是-uei”，西安、三水（陕北）恰恰相反：平声-uei，而上声-ui（565）。这在现代汉语方言不乏其例。这种现象或称作“调值分韵”（曹志耘 2009），或称作“异调变韵”（李如龙 1996）、“紧音松音”（梁玉璋 1996）等等。高本汉也称作“随调变法”（568）。

山西文水方言臻摄、通摄平声字读［-ũ］，上去声读［-uõ］（623 注 4）。例如：

平声［-ũ］　孙春存 622/623/童宗弓冲虫 682/683/684/685

上去［-uõ］　准顺润 623/624/动送统宋 682/683/684

高本汉是指出山西方言有此现象的第一个人，并据此提出“元音跟着声调变”的观点（689 注 18，又 683 注 4、注 5）。之后，类似现象在山西方言又有发现，如襄垣王村（陈润兰、李唯实 1983；金有景 1985）、永济（吴建生、李改样 1989）、隰县（刘勋宁 1993）。高本汉指出的文水此种现象限于臻摄（合口）、通摄字，仅只是音值的差异，文水的“元音跟着声调变”并不构成韵母的合流。在高本汉之后发现的山西方言元音跟着声调变现象就不仅是音值的差异，“变”出来的韵母与方言中某个韵母相同，构成一种合流关系。例如襄垣王村效摄和蟹摄一二等韵的上声分别与宕摄和咸山摄合流（金有景 1985；侯精一、温端政 1993）：

效摄：阴平［˧］22、阳平［˩］11、去声［˥］55［ɔ］掏桃道，上声［˨˩˧］）213［ɔ̃］讨老跑袄（＝“党讲”的韵母）

蟹摄：阴平［˧］22、阳平［˩］11、去声［˥］55［ai］灾才在，上声

[˨˩˧] 213 [æ] 凯宰摆海（=“喊满”的韵母）

又如永济，咸山摄去声与蟹摄合流（吴建生、李改样 1989；侯精一、温端政 1993）：

阴平 [˨˩] 21、阳平 [˨˦] 24、上声 [˦˨] 42 [æ̃] 谈咸先元，去声 [˧] 33 [ɑi] 罐店半探（=“泰怪”的韵母）

山西方言的元音跟着声调变，揭示某些韵母与声调之间存在一种制约关系。分析山西南部襄垣（山西东南）、隰县、永济（山西西南）三点方言的有关现象，我们得出的初步印象是：这是某些古阳声韵与阴声韵（永济、隰县型）或是阴声韵与阳声韵（襄垣型）在声调制约下的一种合流现象。襄垣型（阴声韵→阳声韵）可能是早期的形式。永济、隰县型（阳声韵→阴声韵）的演变路径与近代山西方言阳声韵尾弱化趋势是一致的。

特别要指出，山西西南部吕梁山南段西侧的永和县也存在部分字元音跟着声调变的现象。咸山的部分字与阴声韵（蟹摄）合流（阳声韵→阴声韵）现象。这是笔者分析李建校等（2009）永和方言的同音字表后的初步意见。请看下表。

	一等 [εi]	二等 [εi]
咸摄(舒)		知系 谗
山摄(舒开)	见系 看(去声)岸寒罕	
山摄(舒合)	帮系 端系 见系 般满 酸 管罐唤腕桓	帮系 知系 见系 伴 撰 管还
蟹摄(开)	见系 概爱孩海	帮系 知系 见系 败买 柴 骇
蟹摄(合)	见系 外拐槐	知系 见系 拽 坏

永和县东邻隰县，在清代属隰州所辖。水和方言咸山摄部分字今读［εi］与蟹合流去声字最多。阴阳上也有。永和的东邻隰县有元音跟着声调变现象，永和现象应该看作是早期元音跟着声调变的残存。例如（李建校等 2009：74）：

去声［˥˧］53：岸＝爱　　伴＝败　　唤＝坏　　撰＝拽

阳平［˧˥］35：寒＝孩　　谗＝柴

上声［˨˩˨］312：满＝买　　罕＝海

阴平［˧］33：酸＝衰（仅见此一例）

㈢所谓“闽语倾向”

高本汉在讨论古浊音声母跟送气的关系问题（404）时说：“在山西省的几种官话方言里我们可以看出有闽语那样的倾向；这个几个方言中有不少的例子。古母代 d‘，dz‘在平声读作不送气爆发音跟塞擦音。尤其在文水跟太谷。”此问题可参看上文 2.2③所举的例子。

在讨论明母在方言中有［mb］的读法时，高本汉指出：“我们可以指明恰巧就是文水，兴县这几个方言跟闽语之间，在唇音合口上有很显著的相合的地方。”（435）高本汉的分析及演变路径的思路，都值得再研究者关注。

高本汉在讨论匣母今读的“例外”中指出，在山西文水等地匣母有读［k］［k‘］的（见上文 2.2④）。山西方言这几个“匣读如群”的字也容易与“闽语现象”附会。其实此类现象只是山西某些地区方言音韵的存古现象。山西方言中华文化底蕴深厚，方言中多有存古现象是很自然的。

古匣母字读［k k‘］的现象在今山西方言仍有所残存。高本汉所举的六个例子，目前只有一个“核”作“果子核儿”讲（本字“槅”户骨切，臻合一人没匣）读［k‘］。如，山西平遥“桃核”的“核”。此外，“核桃”、“核桃树”的“核”也读作［k］（侯精一 1995：65、66）。“审核”的“核”（“～八字”批八字）读［x］（侯精一 1995：2）。高本汉指出的其余五个字均读［x］。根据平遥方言或可考虑补充：合［kʌʔ］侯阁切，咸开一入合匣：～葬｜～锅锅饭菜与面疙瘩合煮的饭（侯精一 1995：13、24）喉［kuʌʔ］户钩切，流开一平侯匣：～咙｜～咙器儿喉咙（侯精一 1995：112）护［k‘u］胡误切，遇合一去暮匣（又作［xu］）：～子镶木板、玻璃钉的横木条儿（侯精一 1995：

100）

乔全生（2008：100—101）又增补了“蛤虾限”三个字。

高本汉所说的古全浊声母在平声读作不送气爆发音跟塞擦音的情况，百年来有了哪些变化？在山西中部地区至今仍然是多读不送气音，但各地情况不一样，有的地方，例如太原，“甜填潜樵”今已读送气声母（温端政、沈明1997）。

参考文献

曹志耘 2009 汉语方言中的调值分韵现象，《中国语文》第2期。

陈润兰、李唯实 1983 《襄垣方言志》，《语文研究》增刊（7）。

高本汉 1915—1926/1940 《中国音韵学研究》，赵元任、罗常培、李方桂译，台湾商务印书馆1940。

侯精一 1995 《平遥方言民俗语汇》，（北京）语文出版社。

——、温端政 1993 《山西方言调查研究报告》，（太原）山西高校联合出版社。

金有景 1985 襄垣方言效摄、咸摄（一二等韵）字的韵母读法，《语文研究》第2期。

李 荣 1985 汉语方言的分区，《方言》第1期。

李建校、刘明华、张 琦 2009 《永和方言研究》，山西九州出版社。

梁玉璋、冯爱珍 1996 《福州话音档》，上海教育出版社。

刘勋宁 1998 隰县话古咸山宕江摄舒声字的韵尾，《现代汉语研究》，北京语言大学出版社。

马文忠、梁述中 1986 《大同方言志》，（北京）语文出版社。

乔全生 2008 《晋方言语音史研究》，（北京）中华书局。

沈慧云 1983 《晋城方言志》，《语文研究》增刊（5）。

温端政、沈 明 1997 《太原话音档》，上海教育出版社。

吴建生 1984 《万荣方言志》，《语文研究》增刊。

——、李改样 1989 永济方言咸山两摄韵母的分化，《方言》第2期。

邢向东 1998 《呼和浩特话音档》，上海教育出版社。

杨述祖 1983 《太谷方言志》，《语文研究》增刊（3）。

赵元任 1936 关于高本汉《中国音韵学研究》的一系列标音错误，《国语季刊》（见《中国现代学术经典·赵元任卷》891页）。

（原载《方言》2011年第3期）

山西、陕西沿黄河地区汉语方言第三人称代词类型特征的地理分布与历史层次*

一　总说

1.1　分布

本文论及山西、陕西沿黄河地区23个县市的汉语方言，山西境内有13个，陕西境内有10个。参看下文第三人称代词“他”声调类型分布图。

黄河北段4点

东侧　保德　河曲（山西）

西侧　府谷　神木（陕西）

黄河中段13点

东侧　吉县　大宁　永和　石楼　柳林　临县　兴县（山西）

西侧　宜川　延长　延川　清涧　吴堡　佳县（陕西）

黄河南段6点

东侧　永济　临猗　万荣　河津（山西）

西侧　合阳　韩城　（陕西）

以第三人称代词“他”作为类型特征，可以从语法上区分山西、陕西沿黄河地区汉语的方言。北段“他”读阴平上调，（简作“他阴平上”），中段“他”读阴平调（简作“他阴平”），南段“他”读上声调（简作

* 本文部分内容的初稿曾在中国语言学发展之路——继承、开拓、创新国际学术研讨会（2010－8北京）、首届中国地理语言学国际学术研讨会（2010.11北京）宣读。

“他上声”)。北段、中段属晋语，南段属中原官话。上述结论与用是否有入声作为分区标准所得的结论是相当一致的。

选择以第三人称代词作为汉语方言分区标准的理由。罗杰瑞（1995）提出10条区分汉语方言的标准，其中第一条就是单数第三人称代词“他”。《汉语方言地图集·语法卷》003图“他～姓张”展示一个值得注意的现象。黄河出山西、陕西，往东流经河南、山东两省，地处黄河下游的不少地区也有“他上声”现象。（曹志耘 2008）“他”读上声或可看作是黄河下游汉语官话方言的地域特征。“他”作为汉语方言分区标准，是合适的。对汉语方言第三人称代词的研究是学界关注的一个问题，它对于探究第三人称代词的历史起源、地理演变以至相关的语言接触关系研究都具有参考价值。

1.2 历史层次

方言历史层次的分析是一个复杂问题。“方言层次的构成十分复杂，远非文白二字所能概括（杨秀芳 1982）；现代汉语方言之形成系多层次累积的结果（徐芳敏 1991）；层次间可能会以‘叠置’方式完成其竞争、取代的过程（徐通锵 1991），但也可能形成‘混血音读’，而使得层次分析更加困难（王洪君 1987）。”（引自丁邦新 2007：13；何大安：〈语言史研究中的层次问题〉）“累积”、“叠置”、“混血”是语言演变的自然阶段。本文对沿河方言第三人称代词历史层次的分析意在说明某种形式是在某个历史年代中居于主要地位。山西、陕西沿黄地区“叠置”现象在中段晋语区与南段中原官话区的过渡地带大宁、吉县、宜川、延长一带比较明显。沿河地区“兀”→“兀那”→“那”的叠置在近代文献也有所显示。非沿河地区山西平遥第三人称代词复数“兀家们”显然是“兀家”+“们”的叠置。第二人称代词复数“年们［ȵiᴇ］则是［ȵiᴇ］“你家”+“们”的叠置。方言历史层次叠置的研究是一个极重要也有难度的题目。

二　第三人称代词单数类型特征的地理分布

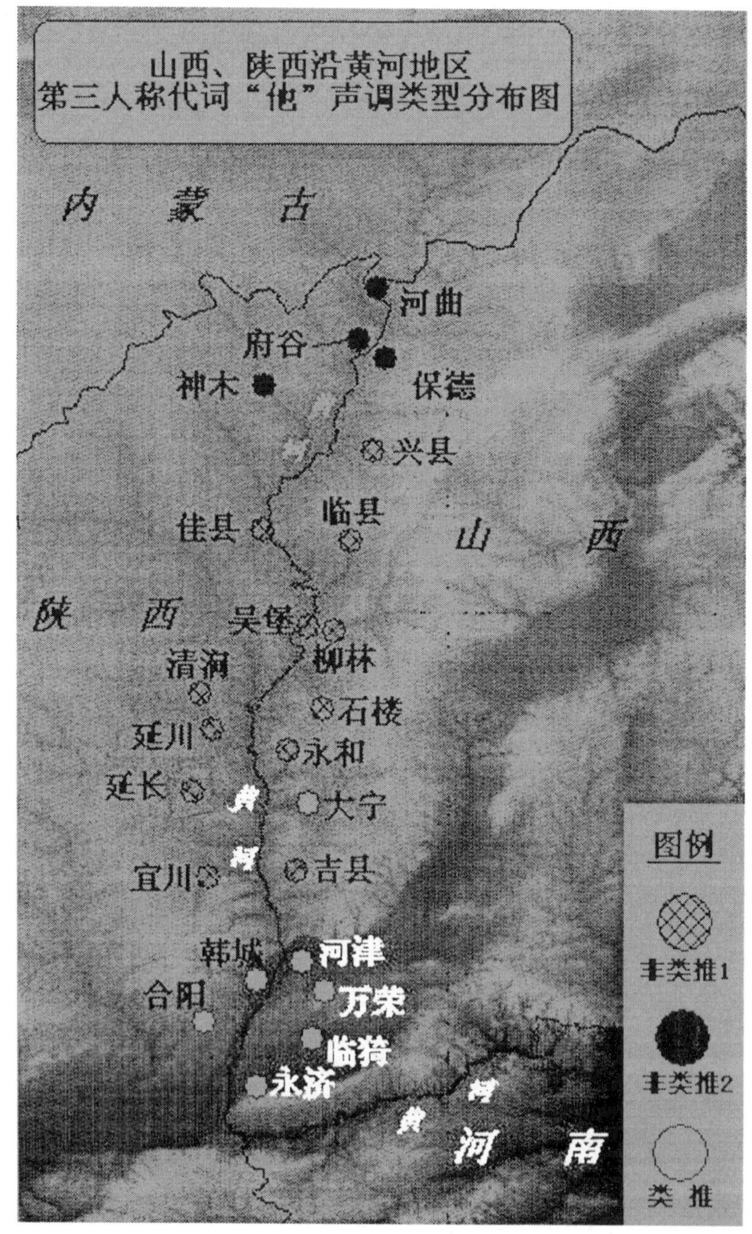

2.1 第三人称代词单数“他”的三种不同类型特征

山西、陕西沿黄河地区南段方言“他”读上声与“我”“你”同调。“我”“你”与“他”存在类推牵引（analogical attraction）关系①。（岩田礼 2009：22）中段方言“他”读阴平，与“我”“你”不同调。存在非类推牵引关系，下文称作非类推牵引 1。北段方言由于阴平与上声两个调类合流为一个阴平上调，因而“他”与“我、你”存在的是一种假类推牵引关系，下文称作非类推牵引 2。

表 1　**类推牵引（黄河南段，西侧属陕西，东侧属山西，下同）**

西侧	韩城	我 ŋɤ（上 42）	你 ni（上）	他 tʰɑ（上）
	合阳	我 ŋə（上 52）	你 ni（上）	他 tʰɑ（上）
东侧	河津	我 ŋɤ（上 53）	你 ni（上）	他 tʰɑ（上）
	万荣	我 ŋɤ（上 55）	你 ni（上）	他 tʰɑ（上）
	临猗	我 ŋuo（上 53）	你 ni（上）	他 tʰɑ（上）
	永济	我 ŋuo（上 42）	你 ni（上）	他 tʰɑ（上）

表 2　**非类推牵引 1（黄河中段）**

西侧	佳县	我 ŋɑ（上 412）	你 ne（上）	他 tʰa（阴平 213）
	吴堡	我 ŋəu（上 412）	你 ni（上）	他 tʰa（阴平 213）
	清涧	我 ŋɯ（上 512）	你 nl（上）	他 ta（阴平 213）
	延川	我 ŋɤ（上去 53）	你 ni（上去）	他 tʰA（阴平 213）
	延长	我 ŋə（上去 52）	你 ni（上去）	他 ta（阴平 213）
东侧	兴县	我 ŋɤ（上 213）	你 ni（上）	他 tʰa（阴平 324）

① “类推牵引”说法借自岩田礼。“在金元时期的文献中出现不少用例。这种变化我们称之为‘类推牵引’，因为这也是一种类推作用的结果。类推是产生语法化现象的一个重要因素。”（岩田礼 2009：22）。

续表

	临县	我 ŋɔ（上 312）	你 ni（上）	他 t^ha（阴平 24）
	柳林	我 ŋə（上 314）	你 ni（上）	他 t^ha（阴平 214）
	石楼	我 ŋuə（上 413）	你 ni（上）	他 t^ha（阴平 214）
	永和	我 ŋuɤ（上 312）	你 ni（上）	他 t^ha（阴平 33，背称；阳平 35，面称）

表 3 **非类推牵引 2（黄河北段）**

西侧	府谷	我 ŋɑ(阴平上 213)	你 ni(阴平上)	他(阴平上)
	神木	我 ŋuo(阴平上 213)	你 ni(阴平上)	他 t^hA(阴平上)
东侧	河曲	我 vɤ(阴平上 24)	你 ni(阴平上)	他 t^huɤ 白(阴平上) t^ha⁴ 文(阴平上)
	保德	我 ɤ(阴平上 212)	你 ni(阴平上)	他 t^ha(阴平上)

表 1 为中原官话区。表 2 为晋语核心地区。表 3 为晋语非核心地区。上列三个表还说明沿黄河东西两侧方言的类型特征具有明显的一致性，而沿黄河南北段的汉语方言类型特征具有明显的差异性。形成沿河地带横向贯通，纵向阻隔的状态。“就总体看，秦晋两省沿河方言之间南北差异大于两岸差异，不少特点体现出黄河两岸同步并行的态势。”（邢向东 2009：167）横向贯通之原因在于“跨越黄河自古至今都是沿河区域居民进行社会交往、满足生活的必然选择”“秦晋沿黄河地区古代区划跨河互属现象，给两岸方言的融合提供必要的社会条件”（王临惠 2011：225－226）。

2.2 过渡地带

以上三个表总共列出 20 点方言，吉县、宜川、大宁三点属于例外未列入，本节作一总的说明，见下列表 4。

表 4

山西吉县	我 ŋə(上 53)	你 ni(上 53)	他 t^ha(阴平 423)	(类推)→非类推

陕西宜川	我 ŋɤ(上去 52)	你 ni(上去 52)	他 tʰa(阴平 31)	(类推)→非类推
山西大宁	我 ŋuo(上 31)	你 ni(上 31)	他 tʰɑ(上 31)	(类推)→非类推

吉县、宜川均无入声，分属中原官话汾河片、关中片。按理“他”与“我、你”应属类推牵引型，与黄河南段中原官话同步，但实际并非如此。吉县、宜川属非类推牵引型，与晋语同步。吉县、宜川方言具有晋方言特征不仅只此一例。晋语的重要特征，如表音词头“圪”，在吉县、宜川就很丰富。（蔡权 1990：51）

大宁的情况与吉县、宜川不同。大宁有入声属晋语区，按理“他”与“我、你”应是非类推牵引型。可实际上却与中原官话同步，是“类推牵引型”。见上文分布图。

据《吉县方言志》：“吉县境内有四种方言：吉县话、河南话、平遥话、山东话。其中，吉县话分布面积约占全县总面积的五分之四，使用人口约占全县总人口的 90%。从历史人口结构来看，吉县原住民的语言成分呈多元状态。汉魏以后，大量居民陆续从陕西宜川、山西临汾、河津……迁来。”（蔡权 1990：2）吉县东与临汾接壤。山西临汾“他”与“我、你”就是非类推牵引关系。（潘家懿 1988）吉县话受临汾方言的影响是很有可能的。

吉县、宜川、大宁均处在中原官话（黄河南段）与晋语（黄河中段）交汇地带。在过渡地带出现两种方言类型特征的交叉混杂现象是很自然的，是过渡地带的共同语言特征。山西大宁、吉县，陕西宜川方言所表现出来的过渡地带类型特征交叉现象是历史层次叠置的结果。

三 第三人称代词复数标记类型特征的地理分布

沿黄河地区第三人称代词复数标记类型有变音型、带后缀“—家”、“—弭/—弥”、“—每”、“—的（—底）”等类型。黄河南段中原官话区和中段、北段晋语区第三人称代词的复数标记形式有差别。南段官话多为变音型①及后缀“—的（—底）”型，或兼有两种类型型。变音型表现在单数是上声调，复数是阴平（有的兼带元音的长化）。本文的变音型有的论著称作“单纯变调法”是指“通过改变调值来区别单、复数。（史秀菊 2010：362—

① 晋语的变音是与“本音”相对而言。本音是指单个汉字的读音，这种读音通常是有来历的。“变音”是本音派生出来的，在声韵调某个或某些方面发生变化的语音形式。本音反映语音层面，变音反映语法层面。（侯精一 2010：43—53）

363）带后缀“一家”型，“一家”的读音各地不尽相同，可以读作 tɕia / tɕiɛ / ɕia / tɕi 等多种读法。（有写作“西、”“几”等）本文均看作“家”的变音，均写作“家”。黄河中段、北段晋语区第三人称代词复数标记带后缀“一弭/一弥”、“一每”、“一的（一底）（延川变音读入声）”。举例如下：

黄河南段中原官话第三人称代词复数标记（竖线以后是当地的另外说法）

临猗 他 tʰa：（阳平 13）复数，变音型，元音变长音。（单数上声，元音非长音）｜他的（底）

河津 他家 tʰa（阳平 324）复数，变音型兼带后缀“家”型。（单数上声）

吉县 他家兀 tʰa（阴平 423）tɕi（上声 53）·uei 变音型

合阳 他 tʰɑ（阴平 31）复数，变音型（单数上声）｜他的｜兀些

韩城 他 tʰa（阴平 21）复数，变音型（单数上声）｜他的｜兀些

宜川 他 tʰa（阴平 31）复数，变音型（单数上声）

黄河中段晋语

临县 他弭 tʰa（阴平 24）·mi（白）｜那家 nəʔ（阴入 4）tɕiA（阴干 24）

永和 他家 tʰa（阳平 35）·mi（阴平 33）

大宁 他家家 tʰɐʔ（上声 31）ɕi（上声 33）tɕiɐʔ（上声 31）

吴堡 他每 tʰa（阴平 213）·me

清涧 他弥 tʰa（阴干 213）·mi（“每”白读）

延川 他的 tʰA（阴平 213）tsɛʔ①

延长 他的 tʰa（阴平 213）·te

黄河北段晋语

河曲 他弭 tʰa（阴平上 213）·mi（白）｜他每 tʰa（阴平 213）məʔ（入声 3）

神木 他每 tʰa（阴平上 213）məʔ（入声 4）｜那家 nəʔ（入声 4）ɕiɛ（阴平上 213）

特别要指出的是，沿黄南段合阳、韩城、延长、临猗、永济等中原官话非领格与领格同形。例如：合阳第三人称复数是“代词＋的（底）”，表领属也是“代词＋的（底）”，都是［tʰɑ 阴平·ti］。值得关注的是，山西

---

① 从张崇所言：tsɛʔ 的本字是晋南、关中方言作复数后缀的“的（底）”。（邢向东 2006：41）

永济非领格与领格标记也是“代词＋底”类型。但领格与非领格声调不同（声韵相同）。《永济方言志》著者特别交代：表复数的“我底、你底、他底”与表示所属关系的“我的、你的、他的”在语音上有区别：表所属关系时“我、你、他”均读原调（53 上声—引者），表复数时，这几个字的读音均要变为低降调 21 阴平）。（吴建生、李改样 1990：57）由此清楚说明非领格“－底”是后来的。正如吕叔湘先生所说“非领格用法是领格用法扩展的结果，这大概是没有问题的”。（吕叔湘 2002－3：74）

四　单数第三人称代词“兀”、“那”、“他”的历史层次

4.1　沿河地区方言的“兀”与“那”的地理分布

4.1.1　“兀”

沿河地区第三人称单数除上文论及的“他”之外，口语常用的还有“兀”、“那”。第三人称代词说“兀”的地区很少，只有黄河南段的陕西韩城、合阳。非沿河地区有山西平遥、孝义、文水、清徐、太谷、祁县（侯精一、温端政 1993：269－270），汾西（乔全生 2009：122—123）。这些地区人称代词与远指代词根词都是相同的。

表 5　　单数第三人称代词“兀”与指示代词用例

	单数第三人称代词	远指代词
韩城	兀一个 u（去声）i（阴平）kuɛ	兀块　u（去声）·kuɛ 那个
合阳	兀一个 u（去声）i（阴平）kuɛ	兀块　u（去声）·kuɛ 那个
汾西	兀 u（阴去）蔑称 兀家 u（阴去）·tə 敬称，中性色彩	兀 u（阳入）
平遥①	兀家 uʌʔ（阴入）tɕia（平声）	兀块　uʌʔ（阴入）xuæ（上声）那个
孝义	兀家 uəʔ（阴入）tɕia（平声）	维块　uei（平声）xuæ（上声）那个
文水	兀家 uəʔ（阴入）tɕia（平声）	兀底　uəʔ（阴入）xuæ（平声）那个

①　平遥往西约 100 多公里即至黄河，平遥、孝义、文水三地呈不规则三角形相邻近。这些地区指示代词的根词也都是“兀”（兀底、兀块等），人称与指代根词相同。

4.1.2 “那”(乃、奈［nεe］/努［nou］)

“那”的用例，除下文表 6 所举（邢向东 2006：31/49，李小平 1991：53，乔全生 1999：249）之外，沿河中段、北段方言第三人称代词用“那”的很多。（侯、温 1993）“那”在不同地区韵母有所不同，声母、声调各地差别不大，声母是［n－］，上声。如，山西临县音［nεe］上声。（原书作“乃”或“奈”）。陕西神木西南片万镇音［nou］，（原书作“努”）。山西洪洞音［na］阴平，（原书作“倻”）。本文均写作“那”。沿河方言远指示代词根词是“兀”、“那”的很多。“兀”、“那”处于叠置状态。如，陕西合阳“兀些”、“那些”都可以说。

表 6　**第三人称代词单数“那”与指示代词举例**

	第三人称代词	指示代词
府谷	那　na入声	那 na 入声　那个 na去声 kəʔ
神木	那（个）nəʔ入声（kəʔ）	那 nəʔ 入声/那个 nəʔ入声 kəʔ
河曲	那（奈）nɐi 阴平上	那一（呢）nɐi 去声（ni）
临县	那（奈）nεe 上声	兀个 u 阳平 kuəʔ 阴入
洪洞	那（倻）na 阴平	兀 ua 阳平

4.2　从近代文献分析“兀”与“那”的历史层次

据近代文献，特别是相同文献——《老乞大》的不同历史时期的版本比较，可以认为“兀”、“兀那”的用法早于“那”。“兀”、“兀那”反映的是金元时代，“那”则是明代。主要根据有以下两点：

吕叔湘先生检阅金元俗文学九种文献，得出宋元时代的“几个仅仅通行于某一个历史时期或某一方域的近指指示代词：阿堵、兀底、底、个”（吕叔湘 2002－3：197－198）其中就有个“兀的”。

仆人顺手直东指道：兀底一座山门。（董西厢 1.12）（同上）

无底般眉脸儿不曾见。（董西厢 1.18）（同上）

你兀的不妄作男儿大丈夫！（元杂 16.1.4）（同上）

《原本老乞大》（指 1998 年初韩国发现《老乞大》的最早版本。简称《原老》）这部大体反映元代汉语的文献保留“兀那”“兀的”的用例。比《原老》要晚的《翻译老乞大》（简称《翻老》）已然用

“那”不用“兀”了。例如：

兀那店子便是瓦点（《原老》5 左）

那店子便是瓦店。(《翻老》上 7 右）

咱每则投兀那人家粜些米自做饭吃去来。(原老 11 左）

咱们只投那人家粜些米自做饭吃去来。(翻老上 39 右）

兀那西南角上芭子门南壁小板门儿便是。(《原老》20 左）

那西南角上芭子门南边小板门儿便是。(《翻老》下 1 左）(郑光 2000：10)

《原刊老乞大》研究编者认为“我们可以推测《原老》反映的是比《翻老》更早些时期的汉语”(《原老》5)。编者根据多项例证，诸如“大量发现受蒙古语影响而在句末使用的‘有’字，……在指代词的使用上也发现在其他《老乞大》中未见到的用语，如‘兀那、兀的、阿的’，这是蒙古语指代词‘*ene*’‘*ede*’的借音词，而且只有在元代北京话里才能发现，因此可以认为‘原老’的汉语正反映元代北京话这种特点”(郑光 2000：31)

吕叔湘先生曾指出“宋元时期，“阿谁”变成“兀谁”。举例有：当初这柬帖儿却是兀谁把来？(清平山堂话本 2.12)(《吕叔湘文集》3：87) 吕先生同时指出；元代以后这个形式没有了。(《吕叔湘文集》3：87) 如今山西平遥话“兀谁”在口语中还说：兀谁给你来？(“兀”音［uæ］去声，“兀块”的合音)“兀谁”直译是“那个谁”，意思就是“谁”。此例说明“兀×”格式的早期的用法。

“那”表第三人称的历史层次应在“他”之前，即“他”是在较晚的时候覆盖了大部分陕北方言的。(邢向东 2006：44)。“他”、“那”叠置是“他”的说法开始覆盖“那”之前的历史痕迹。

4.3 跨语言比较分析“兀”的历史层次

吕先生曾指出：“法国人 W. Bang 注意到……初民往往先有指示的概念，后有三身概念。第一身往往跟近指代词同源，远指代词又分较近较远两类。前者大多跟第二身相关，后者大多跟第三身相关……古代多借指示代词为第三代词。”(吕叔湘 2002—3：154) 表 5 所列各点人称与指示根词同形，证实古代多借指示代词为第三代词的观点。在元以后沿河第三人称代词“兀”留存的地区大大缩小，在很多地方逐渐为“那”所取代，但远指代词根词仍保存“兀”，沿河地区南段、中段的永济、万荣、吉县、合阳、韩城、宜川、延川、佳县、大宁、吴堡等地远指代词还保留“兀×”(“兀里”“兀搭”)的说法。人称、指代同根词现象依旧保存在山西、陕西部分沿河地区。

跨语言比较研究带来新的思路：阿尔泰语“没有专职第三人称代词，远指代词可以用来指称第三人称”“第三人称代词和远指代词同形的类型特点在阿尔泰语系的分布相当集中。”人称代词系统与指示代词系统之间存在“渗透、同形关系”。(唐正大 2005)“从代词类型看，汉语西北方言跟突厥语具有相同的类型特点，就是：指示代词系统和人称代词系统有渗透，共形关系……突厥语远指代词跟第三人称代词同形，读［ol］。这种情况在在 11 世纪后的文献已经出现。并举《突厥语大辞典》为例。”

(张维佳 2008：332) 从沿河地区汉语方言人称代词与指示代词的用例来看，受阿尔泰语的影响是很有可能的，① 这种影响不仅限于指代词。从跨语言人身代词与指示代词的同形关系分析“兀”的历史层次所得结论与吕叔湘先生检阅金元俗文学所得出的结论是一致的。

五 复数标记“－弭/－弥”、“－每”、“－的(底)”、“－家”“－们”的历史层次

上文第三节讨论沿河地区第三人称代词复数标记“－弭/－弥”、“－每”、“－的（底)”“－家”的地理分布，本节分析“－弭/－弥”、“－每”、“的（底)”、“－家“－们”的历史层次。

5.1 检阅历史文献是做汉语方言历史层次分析的重要凭证

吕叔湘先生早年文章里的一张“流变简表”，已很好说明沿黄地区人称代词复数标记“－弭/—弥”、“－每”、“－们”的历史层次。转引如下：

“们您俺咱咱流变简表 表 1 m—”（吕叔湘 1940/2002－2：32)

① 梅祖麟先生也曾指出汉语的指示代词一般是两分制，如“彼”“此”“这”“那”，而元代汉语使用“这的”“那的”“兀的”等准三分制形式，有可能受阿尔泰语的影响。(梅祖麟 1984) 阿尔泰语影响是地域政治、文化，历史语言接触的影响。以下两例是佐证：

例 1 平遥原名“平陶”，始光元年（公元 424）因避太武帝名（拓拔）“焘”，遂更名“平陶”为“平遥”(《旧唐书·地理志》魏因太武名焘，遂改焘为遥)。公元 428 年北魏鲜卑拓跋部统一山西全境。

例 2 光绪八年续修《平遥县志》) 职官志卷七知县有“达鲁花赤”的记载：“元 完颜大帖木儿达鲁花赤，梁官奴达鲁花赤，速鲁海都达鲁花赤。”据称，“按照元代官吏制度，路、府、州、县的总管有汉人或其他少数民族担任。但为巩固蒙古族的统治，朝廷加派皇室家族成员到地方担任监管，即“达鲁花赤”(《中国社会科学报》2012－1－13A－02《凤翔屈氏或为成吉斯汗后裔》)。《平遥县志》还记载清代的“达鲁花赤”八人姓氏。说明有“达鲁花赤”监管地方行政一直延续下来。

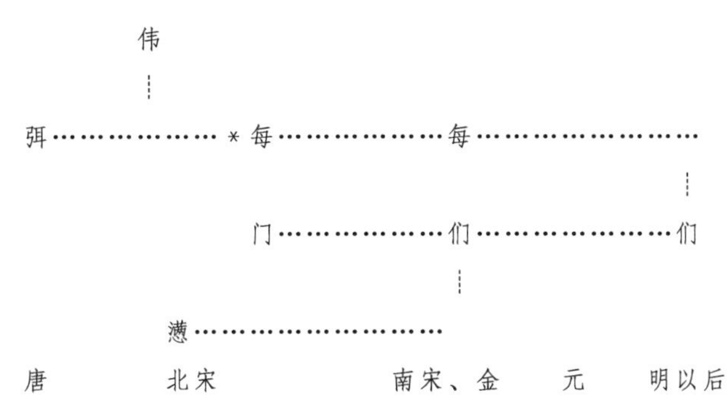

吕先生指出："弭'唐代只有一例：我弭当家没处得卢皮遐来。(《因话录》4.10)。唐宋之际口语中已有表复数之辞'm—'，又以鼻韵之有无别为两系：有鼻韵者，两宋之懑、瞒、门、们与明以后之'们'是也：无鼻韵者，《因话录》所记之'弭'，金元白话之'每'，乃至关中方言之'伟'是也。此二系似通行于不同方言之中，是以金元之'每'非必为北宋'懑'，'门'之变形，明以后之'们'亦不必为'每'字所衍变。"(吕叔湘 2002—2：14) 金人始用"每"，元人因之。明代以后"们"字复申其势力于北方，取"每"而代之"。(吕叔湘 2002—2：25)。《唐五代语言词典》收录"弭"，释为"表示复数的词尾。(刘坚　江兰生 1997) 吕叔湘先生文章"检阅所及者有《刘知远诸宫调》《董解元西厢记》《五代史平话》《全相平话三国志》《朝野新声太平乐府》《覆元刊古今杂剧》《臧晋叔元曲选(曲/白)》《元秘史》"并附有出现频率。吕先生还指出："元代文献里虽然也有'们'，只是少数例外，大多数作'每'。""每字系于你、我之后，如上所述，为时颇后；但系于他字及名词之后，则可回溯至《董西厢》即约与您、俺同时"举的例子有：

须索去寻他每来共图大事，(五代，梁上 33)

他每孤恩，适来倒埋怨人。(董西厢 169)(吕叔湘 2002—2 卷：10)《董解元西厢记》《五代史平话》两例均为金元俗文学，为十二世纪末作品。

《老乞大》的用例可以作为很好的补充例证。《原本老乞大》与之后的

《翻泽老乞大》复数标记不同。《原老》用“每”，《翻老》用“们”。例如：

别人将咱每做甚么人看。（《原老》2 右）

别人将咱们做甚么人看。（《翻老》上 5 左）

汉儿小厮每哏玩。（《原老》2 右）

汉儿小厮们十分玩。（《翻老》上 7 右）（《原本老乞大》2002：11）

《原老》支持流变简表“—每”“—们”“历史层次的分析。基于以上文献的检阅，大致可以得出：唐宋“—弭/—弥”，金元“—每”，明代以后“—们”。其所反映的地区，正如吕先生所言，“仅仅通行于某一个历史时期或某一方域”的“北方地区”。山西、陕西沿黄河方言区可以看做是比较合适的处于北方地区的方域之一。

5.2 “—弭/—弥”

刘勋宁（1998/2007）的研究为人称代词复数标记的历史层次的推论提出一项新的重要佐证：陕北清涧话人称代词复数标记［·mi］（“弭/弥”）是“—每”的白读音。由此可以推断，唐《因话录》等所记之“—弭/—弥”实为“每”的早期白读，今临县、延长、河曲等地的“—弥”就是“—每”现代白读音。从语言层面印证吕叔湘先生从文献层面作出的推断。

5.3 “—每”

“—每”的历史层次早于“们”是没有问题的。“每”与“们”之间是否也有某种内在的联系，如能明确此点，对于探求“—每”“—们”的历史层次会有帮助。吕先生指出：“‘们’与‘每’之消长，无非由于两种方言之伸绌而已。且而这之更迭亦局限于北方。”（吕叔湘 2002—2：14）又说，“宋元明之间，同一个词曾经有过：们＞每＞们的反复变化，很不容易解释……较为近情的解释是把每和们认为属于不同的方言系统。再推而广之，弭、伟、们、每都是同一个语词在个别时代、个别方言的不同形式。”（吕叔湘 2002.3：48）“近情的解释”[①] 把们＞每＞们的反复变化，归结为两种方言之伸绌，是有道理的。（刘勋宁 2007：254；邢向东 2006：312）

5.4 “一的（一底）”

上文指出的沿河南段合阳、韩城、临猗、永济以及偏北的延长，第三人称代词复数标记为“一的（一底）”。“一的（一底）”应该看作是较早的历史层次。理由是这些方言具有非领格与领格同形的特点。[永济非领格与领格声调已有所不同（吴建生、李改样 1990），永济“一的（一底）”比合阳、韩城、临漪的历史层次可能要晚一些。]

5.5 “一家”

吕叔湘先生说“一家”字“做非领格用，家字有点像是累赘”（吕叔湘 2002.3：74）。举例很多，如：忽见居士到来，尽被他家苛责（维摩诘 3）。（吕叔湘 2002.3：73）例句见于《敦煌变文集》，表明“一家”的用法见于唐。“这个没有语法作用的家字在明代以后的文献里和现代的北京话以及一般的北方话里都不见应用。……但是在吴语区的一部分方言里家字却发展成为一个表复数的语尾。”（吕叔湘 2002.3：74）山西、陕西沿河方言南段部分方言的复数标记“一家”似乎也可做如是说[②]。

---

① 注 6 吕先生还提出一种“省事的说法，是说“元人读每若们”。读”每”若”们”在今沿黄河南段东侧，山西省永济、万荣、吉县以及临汾市河东及临汾金殿话里得到印证。这些地区“一每”与“一们”同韵，们＝每［mei］（声调不同）。（侯精一温端政 1993：628。又，潘家懿《临汾方言志》）。问题是这些地区，第三人称代词复数标记都不是“一每”。（复数标记用“一每”的地方如，陕西神木。“一每”与“一们”又不同韵（“一每”［mei213］≠“一们”［mɤ44］。很可惜眼下还拿不出“一每”与“一们”同韵，第三人称代词复数标记又是“一每”的方言例证。

② 上文指出的晋方言平遥等几点，单数第三人称说“兀家”，所以“一家”并非复数标记。“一家”完全虚化。“一家”必须在“兀”之后，与“兀”连用。联系到上文所举《敦煌变文集・维摩诘 3》用例，“兀家”历史层次可以推溯到元金以前。

以上所讨论的沿河地区第三人称复数标记“—弭/—弥”、“—每”、“—们”都具有一个共同的特点，在不同的历史文献声母都是［m—］。这不像是一种巧合，这个“［m—］”是否就是源于“—弭”字的声母读音。

参考文献

白静如　2009　《吕梁方言语音研究》（北京大学博士学位论文）。

蔡　权　1990　《吉县方言志》，山西高校联合出版社。

曹志耘主编　2008　《汉语方言地图集》，商务印书馆。

—— 主编　2008　张维佳《远指代词“兀”与突厥语》，《汉语言文字学论丛》，北京语言大学出版社。

崔容　郭鸿燕　2009　《大宁方言研究》，九州出版社。

丁邦新主编　2007　《历史层次与方言研究》，上海教育出版社。

郭建荣　1988　《孝义方言志》，语文出版社。

黑维强　2008　《陕北绥德话的人称代词》，乔全生主编《晋方言研究》，希望出版社。

侯精一 温端政　1993　《山西方言调查研究报告》，山西高校出版社。

——— 2010　《晋语的变音》《历史语言学研究》第三辑，商务印书馆。

胡双宝　1988　《文水方言志》，语文出版社。

李建校等　2009　《永和方言研究》，九州出版社。

李　荣　1985　《官话方言的分区》，《方言》第1期。

李小平　1991　《临县方言志》，山西高校出版社。

刘坚　江蓝生主编　2002　《唐五代语言词典》，上海教育出版社。

刘勋宁　1998　〈陕北清涧话人称代词和指人名词语尾［·mi］探源〉载《现代汉语研究》北京语言文化大学出版社，又见《历史层次与方言研究》，丁邦新主编，上海教育出版社2007。

刘育林　1990　《陕北省志·16卷方言志》，陕西人民出版社。

罗杰瑞　1995　《汉语概况》，语文出版社。

吕叔湘　1940/2002　《释您，俺，咱，咱，附论“们”字》载《华西协和大学中国文化研究所集刊》一卷二期。又2002《吕叔湘全集》第2卷，辽宁教育出版社。

——— 江兰生补　1985　《近代汉语指代词》学林出版社。又2002《吕叔湘全集》第3卷，辽宁教育出版社。

梅祖麟　1984　《〈从语言学史看几本杂剧宾白的写作时间〉《语言学论丛》13辑商务。

潘家懿　1988　《临汾方言志》，语文出版社。

乔全生　1999　《洪洞方言研究》，中央文献出版社。

乔全生 程丽萍 2009《汾西方言》，九州出版社。

史秀菊 2010《山西方言人称代词复数形式的表现形式》，《方言》4 期。

——— 2004《河津方言研究》，山西人民出版社。

宋文程 张维佳 1993 《陕西方言与普通话》，陕西人民出版社。

唐正大 2005 《关中方言第三人称指称形式的类型研究》，《方言》2 期。

汪化云 2011 《省略构成的人称代词复数标记》，《方言》1 期。

王洪君 1987 《山西闻喜方言的白读层与宋西北方音》，《中国语文》1 期。

王临惠 2011 《秦晋沿黄河方言声调的演变及其人文背景》，《方言》3 期。

吴建生 李改样 1990《永济方言志》，山西高校联合出版社。

吴建生 1990 《万荣方言志》，山西高校联合出版社。

邢向东 2002 《神木方言研究》，中华书局。

——— 2006 《陕北晋语语法比较研究》，商务印书馆。

——— 2009 《秦晋两省黄河沿岸方言的关系及其形成原因》，《中国语文》第 2 期。

——— 蔡文婷 2010《合阳方言研究》，中华书局。

——— 邢向东 王临惠 张维佳 李小平《秦晋两省沿河方言比较研究》，商务印书馆 2013。

徐通锵 1991 《历史语言学》，商务印书馆。

岩田礼 2009 《汉语方言解释地图》，白帝社，东京。

张 崇 1990 《延川县方言志》，语文出版社。

郑 光 主编 2002《原本老乞大》，外语教学与研究出版社。

（原载《中国语文》2012 年第 4 期）

附记：分布图是日本同志社大学博士生中野尚美制作，在此致谢。

山西方言的分区

一　概说

山西省地处太行山与黄河中游的峡谷之间，北面是内蒙古自治区，西邻陕西，东界河北，南与河南接壤。因大部分地区在西周和春秋时期为晋国领有，所以简称晋。据一九八五年行政区划，全省分雁北、忻州、吕梁、晋中、晋东南、临汾，运城七个地区，共一百零六个市、县。除注明者外，本文讨论以市、县所在地的方言为准。

全省方言可以分为下列七片。有的片内部差别比较明显，所以在片的下头又分了小片。括号里头的数字是该片或该小片所辖的市，县数目。

㈠并州片(21)——晋阳小片(15)　平辽小片(6)

㈡吕梁片(14)——汾州小片(6)　兴岚小片(3)　隰州小片(5)

㈢上党片(17)——潞安小片(9)　沁州小片(4)　泽州小片(4)

㈣五台片(18)

㈤云中片(8)

㈥汾河片(27)——平阳小片(9)　绛州小片(6)　解州小片(12)

㈦广灵片(1)

请看文末山西省方言分区图。

二　分片标准

2.1　山西方言分为以上七个片，根据的标准是入声的有无和古四声在今方言里的演变情况。请看文末山西省方言古今声调关系表。具体而论，有以下几点：

① 有无入声。有入声地区，古入声清声母字和全浊声母字今声调有无分别。无入声地区，古入声全浊声母都读阳平，主要看古入声清声母字和次浊声母字今读舒声后的声调有无分别。

② 古平声清声母字和浊声母字今声调有无分别。

③ 古平声清声母字和古上声清声母、次浊声母字今声调有无分别。

④ 古去声清声母字和古上声全浊声母、古去声浊声母字今声调有无分别。

2.2　并州，吕梁、上党、五台、云中等五片有入声。入声收喉塞尾[ʔ]，一般读短调。

并州、吕梁、上党三片多数市，县古入声清声母和全浊声母字今声调不同，单字调入声分阴阳。古次浊入的字，并州片同古清入；吕梁片有的县、市同古清入，有的同古全浊入。上党片多数县，市古次浊入同古全浊入。

并州片的中心地区晋阳小片阳曲除外，古平声清声母字和古平声浊声母字今声调相同。换句话说，今平声不分阴阳是并州片多数市县的共同特点。本片多数市，县的单字调是平声、上声，去声、阴入，阳入五个。这是并州片不同于吕梁，上党两个片的地方。

吕粱古平声清声母和浊声母字今声调不同，多数县、市古平声清声母与上声清声母，次浊声母字今声调相同。本片的单字调多数县，市是阴平上、阳平、去声、阴入，阳入五个。用“阴平上”的名目便于看出“阴平＝上声”的事实，所以没有把这一类字称作“阴平”或称作“上声”。但下文举“阴平上”例字时，调类符号姑且标作阴平“[꜀□]”。少数县、市古平声清声母与古上声清声母、次浊声母字今声调不同，但调形相同的居多。单字调是阴平、阳平、上声、去声、阴入，阳入六个。

上党片的中心地区潞安小片，古去声清声母和古上声全浊声母，古去声浊声母字今声调不同。这就是说本片方言分阴阳去。这是本片不同于并州、吕梁两片的地方。潞安小片一般有阴平、阳平、上声、阴去、阳去、阴入，阳入七个单字调。

2.3　五台、云中两片古入声清声母字和古入声浊声母字今声调相同，只有一个入声。云中片（如大同市）有少数入声字今读舒声。

五台片古平声清声母字和古上声清，次浊声母字今声调相同。此点是五台片不同于云中片的地方。本片单字调为阴平上，阳平，去声，入声四个。

云中片古平声清声母字和古上声清、次浊声母字今声调不同。本片单字调为阴平，阳平、上声、去声、入声五个。五台，云中除去单字调上的不同以外，其他语音特点分别不大。下文各片特点一节，五台、云中两片一并讨论。

汾河，广灵两片都没有入声，古入声字今读舒声，单字调一般只有阴平、阳平、上声、去声四个。这是这两片不同于其他五片的地方。汾河片二十七个市县，古入声全浊声母字今读阳平，古入声清声母，次浊声母字多数县市今读阴平调。广灵片只有山西东北角与河北省交界的广灵一个县，古入声全浊声母字今也读阳平，但古入声清声母字今读阴平，古入声次浊声母字今读去声。这是广灵片不同于汾河片的地方。

以上是就每个片多数市、县古今声调的演变情况而言的，下文还要详细讨论。

三　各片方言特点

3.1　并州片　并州片包括二十一市县，下头分晋阳，平辽两个小片。

晋阳小片：太原　清徐　榆次　太谷　祁县　平遥　介休　灵石　交城　文水　孝义　寿阳　榆社　娄烦　阳曲

平辽小片：阳泉　平定　昔阳　和顺　左权　盂县

晋阳小片平声不分阴阳，只有一个平声，但阳曲除外。阳曲话以县城所在地黄寨来说，平声分阴阳。平声不分阴阳的，全省除去晋阳小片，只有上党片的武乡、高平，汾河片的侯马、曲沃四处。平辽小片平声分阴阳。晋阳小片入声分阴阳，古入声的次浊声母字今读阴入。平辽小片入声不分阴阳，盂县一处除外。晋阳小片的平声调值多为平调形，平辽小片的阳平调值也是平调型，这是两个小片在声调上的共同之处。并州片的其他特点是：

①深、臻、曾、梗、通五摄的舒声字今合流。本区除祁县话古合口今读［－m］尾韵外，其他各处多读［－ŋ］尾。少数县读开尾，主要元音往往鼻化。例如：

表 1

	根＝庚	心＝新＝星	魂＝红	群＝穷
太原	꜀kəŋ	꜀ɕiŋ	꜀xuŋ	꜀tɕʻyŋ
阳泉	꜀kəŋ	꜀ɕiŋ	꜀xuŋ	꜀tɕʻyŋ
和顺	꜀kəŋ	꜀ɕiŋ	꜀xuəŋ	꜀tɕʻyŋ
寿阳	꜀kə̃	꜀ɕiə̃	꜀xuə̃	꜀tɕʻyə̃
祁县	꜀kə̃	꜀ɕiə̃	꜀xũm	꜀tɕʻỹm
太谷	꜀kə̃	꜀ɕiə̃	꜀xũ	꜀tɕʻyũ

②曾、梗摄的舒声字，本片多数县市有文白异读。白读鼻音韵尾消失，文读一般有鼻音韵尾［－ŋ］。有的县文读［－ŋ］尾也消失，主要元音鼻化。例如：

表 2

	蒸	绳	井	兄
文水白	꜀tsʅ	꜀sʅ	꜀tsʅ	꜀sʮ
文	꜀tsəŋ	꜀səŋ	꜀tɕiəŋ	꜀ɕyəŋ
太谷白	꜀tsʅ	꜀sʅ	꜀tɕi	꜀ɕy
文	꜀tsə̃	꜀sə̃	꜀tɕiə̃	꜀ɕyũ
平遥白	꜀ʂʅ	꜀ʂʅ	꜀tsei	꜀ɕy
文	꜀ʂəŋ	꜀ʂəŋ	꜀tɕiŋ	꜀ɕyŋ

太原话在地名中还保留白读音。例如，北营的‘营’读［꜀i］，黄陵的‘陵’读［꜀li］。

③宕，江摄字在晋阳小片的文水、祁县、平遥、介休，灵石方言有文白异读。白读鼻音韵尾消失，主要元音不鼻化，有的字白读声母与文读不同。文读有的读［ŋ］尾，有的韵尾消失，主要元音鼻化。例如：

表 3

	桑	汤	墙	羊	光	双
文白	꜀sʊ	꜀tʻʊ	꜀tɕiʊ	꜀iʊ	꜀kʊ	꜀sʊ

文	꜀saŋ	꜀t‘aŋ	꜀tɕ‘iaŋ	꜀iaŋ	꜀kuaŋ	꜀suaŋ
祁县白	꜀sa	꜀t‘a	꜀tɕia	꜀ia	꜀ko	꜀ts‘o
文	꜀sɑ̃	꜀t‘ɑ̃	꜀tɕ‘iɑ̃	꜀iɑ̃	꜀kuɑ̃	꜀suɑ̃
平遥白	꜀suə	꜀t‘uə	꜀tɕyə	꜀yə	꜀kuə	꜀ts‘uə
文	꜀sɑŋ	꜀t‘ɑŋ	꜀tɕ‘iɑŋ	꜀iɑŋ	꜀kuɑŋ	꜀suɑŋ
介休白	꜀suə	꜀t‘uə	꜀tɕyə	꜀yə	꜀kuə	꜀ts‘uə
文	꜀sæ̃	꜀t‘æ̃	꜀tɕ‘iæ̃	꜀iæ̃	꜀kuæ̃	꜀suæ̃

④果摄开口一等和合口一等，晋阳小片今韵母的介音不同（有的县泥组除外）。果摄开口一等今读开口呼，果摄合口一等今读合口呼。例如，果摄开口一等“多拖哥”，太原分别读［꜀tɤ｜꜀t‘ɤ｜꜀kɤ］，文水分别读［꜀təi｜꜀t‘əi｜꜀kəi］；果摄合口一等“躲妥科”，太原分别读［꜂tuɤ｜꜂t‘uɤ｜꜀k‘uɤ］，文水分别读［꜂tuəi｜꜂t‘uəi｜꜀k‘uəi］。

⑤山摄仙韵合口三等精组字和见组字，平辽小片盂县除外读音有分别，精组读洪音，见组读细音。例如，阳泉话“全泉”读“［꜀ts‘uæ］，“宣”读［꜀suæ］，“选”读［꜂suæ］；“眷”读［tɕyæ꜄］“拳权”读［꜀tɕ‘yæ］。

⑥古浊塞音和古浊塞擦音的字，晋阳小片的清徐，交城、文水，孝义、榆次、太谷、祁县、平遥、介休文读读送气声母，白读读不送气声母。举例如下。音标后头的短杠“—”表示该字的文读与白读韵母相同。

表 4

	赔並	田定	甜定	铜定	穷群	骑群	肠澄
太谷白	꜀pei	꜀tiẽ	꜀tiẽ	꜀tũ	꜀tɕy	꜀tɕi	꜀tsɒ
文	꜀p‘—	꜀t‘—	꜀t‘—	꜀t‘—	꜀tɕ‘—	꜀tɕ‘—	꜀ts‘—
文水白	꜀pe	꜀tiən	꜀tiən	꜀tuəŋ	꜀tɕyəŋ	꜀tsɿ	꜀tsu
文	꜀p‘—	꜀t‘—	꜀t‘—	꜀t‘—	꜀tɕ‘—	꜀ts‘—	꜀ts‘aŋ
清徐白	꜀pai	꜀tie	꜀tie	꜀tuʌ̃	꜀tɕyʌ̃	꜀tɕi	꜀tsɒ
文	꜀p‘—	꜀t‘—	꜀t‘—	꜀t‘—	꜀tɕ‘—	꜀tɕ‘—	꜀ts‘—

⑦非敷奉和晓匣母今读洪音的字，晋阳小片的交城、文水、祁县、孝义、平遥、介休、灵石等七处都读［x］声母的合口呼。例如。

表 5

	方非＝慌晓	分非＝昏晓	罚奉＝活匣	福非＝霍晓

平遥	꜀xuɑŋ	꜀xuŋ	xuʌʔ꜆	xuʌʔ꜆
祁县	꜀xuɑ̃	꜀xuɯ̃	xuɑʔ꜆	xuəʔ꜆
文水	꜀xu	꜀xuəŋ	xuaʔ꜆	xuəʔ꜆

3.2 吕梁片 吕梁片包括十四个市县，下头分汾州小片、兴岚小片和隰州小片。

汾州小片：离石 方山 中阳 临县 柳林 汾阳

兴岚小片：兴县 岚县 静乐

隰州小片：隰县 交口 石楼 永和 大宁

汾州小片有六个调：阴平、阳平，上声、去声、阴入、阳入。离石，方山古入声次浊声母字和全浊声母字同调。中阳、临县、柳林、汾阳等四处古入声次浊声母字和清音声母字同调。

兴岚小片和隰州小片大宁除外有五个调类：阴平上、阳平、去声、阴入、阳入。古平声清声母字和古上声清、次浊母字今字调相同。兴岚小片古次浊入归阴入。隰州小片隰县、石楼、永和，古次浊入归阴人，交口一处古次浊入归阳入。大宁入声不分阴阳，与本区其他十三处不同。本片的主要特点是：

①假摄开口三等，本区隰州小片和汾州小片的方山、临县、柳林、中阳都读［a ia］。但汾州小片的汾阳读［ɤ i］，离石读［ie］。兴岚小片的读音和北京音差不多。例如：

表 6

	遮	姐	夜	蛇	车
汾阳	꜀ʂɤ	꜂tɕi	i꜄	꜀ʂɤ	꜀tʂʻɤ
离石	꜀tɕie	꜂tɕie	ie꜄	꜀ɕie	꜀tɕʻie
中阳	꜀ʂa	꜂tɕia	ia꜄	꜀ʂa	꜀tʂʻa

②果宕两摄开口一等，汾州小片汾阳除外、兴岚小片的兴县今韵母相同。例如：

表 7

	歌$_{果}$＝**钢**$_{宕}$	**多**$_{果}$＝**当**$_{宕}$	**拖**$_{果}$＝**汤**$_{宕}$	**鹅**$_{果}$＝**昂**$_{宕}$	**河**$_{果}$＝**杭**$_{宕}$
离石	꜀kɒ	꜀tɒ	꜀t‘ɒ	꜀ŋɒ	꜀xɒ
兴县	꜀kɤ	꜀tɤ	꜀t‘ɤ	꜀ŋɤ	꜀xɤ

③果摄合口一等和宕摄合口一，三等在汾州小片汾阳除外，兴岚小片的兴县今韵母相同。例如：

表 8

	锅$_{果}$＝**光**$_{宕}$	**科**$_{果}$＝**筐**$_{宕}$	**禾**$_{果}$＝**黄**$_{宕}$
临县	꜀ku	꜀k‘u	꜀xu
离石	꜀kuo	꜀k‘uo	꜀xuo
兴县	꜀kuɤ	꜀k‘uɤ	꜀xuɤ

④止摄合口三等精组字和知系声母字，隰州小片、汾州小片的中阳今韵母不同。精组字读［y］韵母，知系字读［u］韵母（永和读［ɥ］）。汾州小片的离石，柳林，方山两组字同韵母，都是单元音［u］或［y］韵母。例如：

表 9

	嘴	**醉**	**吹**	**锥**	**锤**	**睡**	**水**
隰县	꜀tɕy	tɕy꜄	꜀ʂ‘u	꜀ʂu	꜀ʂ‘u	ʂu꜄	꜀ʂu
永和	꜀tɕy	tɕy꜄	꜀ʂ‘ɥ	꜀ʂɥ	꜀ʂ‘ɥ	ʂɥ꜄	꜀ʂɥ
中阳	꜂tɕy	tɕy꜄	꜀ts‘u	꜀ʂu	꜀ʂ‘u	ʂu꜅	꜂ʂu
离石	꜂tsu	tsu꜄	꜀ts‘u	꜀tsu	꜀ts‘u	su꜄	꜂su

柳林	ᶜtɕy	tɕyᵓ	꜀tɕʻy	꜀tɕy	꜀tɕʻy	ɕyᵓ	ᶜɕy

以下四点与并州片晋阳小片的特点相近。

①果摄开口一等与合口一等今韵母不同。例如：

表 10

	多≠躲	拖≠妥	锣≠骡
方山	꜀tɒ≠ᶜtʻuo	꜀tɒ≠ᶜtʻuo	꜀lɒ≠꜀luo
临县	꜀tɒ≠ᶜtu	꜀tɒ≠ᶜtʻu	꜀lɒ≠꜀lu

②深臻曾梗通五摄的舒声字本片合流，韵尾收［—ŋ］尾。主要元音一般不鼻化。例如，离石“根＝庚꜀kəŋ｜今＝京꜀tɕiəŋ｜魂：红꜀xuəŋ｜群＝穷 tɕʻyəŋ”。

③曾梗两摄的字本片也有文白异读，文读收［—ŋ］尾，白读开尾韵。例如：

表 11

	蒸	钉	兄	星
汾阳白	꜀tʂʅ	꜀tʅ	꜀sʮ	꜀sʅ
文	꜀tʂəŋ	꜀tiəŋ	꜀ɕyəŋ	꜀ɕiəŋ
中阳白	꜀tʂə	꜀tʅ	꜀ɕy	꜀ɕi
文	꜀tʂəŋ	꜀tiŋ	꜀ɕyŋ	꜀ɕiŋ
离石白	꜀tʂʅ	꜀tʅ	꜀sʮ	꜀sʅ
文	꜀tsəŋ	꜀tiŋ	꜀ɕyŋ	꜀ɕiŋ
永和白	꜀tʂə	꜀tie	꜀ɕye	꜀ɕie
文	꜀tsəŋ	꜀tiŋ	꜀ɕyŋ	꜀ɕiŋ

④本片多数市县临县、大宁、岚县、静乐除外“扶＝胡”“饭＝患”。例如：离石“扶胡꜀xu｜饭患 xuæ꜄｜冯红꜀xuəŋ｜福忽 xuɐʔ꜆”。汾阳“扶胡”[꜀fu]，但“饭冯福”读［f—］，“患红忽”读［xu—］，以［u］作介音的字［f x］两个声母不混。

此外，本片隰州小片的隰县、永和、大宁古全浊塞音，塞擦音不论平仄今读送气声母。例如：永和“皮꜀p‘i｜步 p‘u꜄”。离石小片的静乐县知、庄、章、日组今拼合口韵读［pf　pf‘　f v］。例如：“猪꜀pfu｜穿꜀pf‘æ｜书꜀fu｜乳꜂vu”。以上两点与汾河片的特点相同。

3.3　上党片 上党片包括十七个市县，下头分潞安小片，沁州小片，泽州小片。

潞安小片：长子　屯留　潞城　壶关　黎城　平顺　沁水　长治市　长治县

沁州小片：沁县　沁源　武乡　襄垣

泽州小片：晋城　阳城　高平　陵川

潞安小片去声分阴阳，入声也分阴阳（长治市，长治县入声不分阴阳，沁水城关无入声，例外）。古入声次浊声母字多归阳入，（并州片分阴阳入的地区古次浊声母的入声读阴入，这也是上党片不同于并州片的地方）调类多为阴平、阳平、上声、阴去、阳去、阴入、阳入七个。

沁州小片和泽州小片去声不分阴阳。泽州小片的晋城，阳城，高平入声不分阴阳。只有陵川一处入声分阴阳。沁州小片的沁县，襄垣入声分阴阳，和潞安小片不同，次浊入归阴入。沁源、武乡两处入声不分阴阳。沁州、泽州两个小片的调类有六个的，也有五个的。分阴阳入的是六个调类，不分阴阳入的是五个调类。泽州小片的高平、沁州小片的武乡，两处平声不分阴阳，只有一个平声。本片的主要特点是：

①潞安小片日母字止摄除外读零声母［Ø］。例如：长治市“人꜀iŋ｜软꜂yɑŋ”。沁州、泽州陵川除外两个小片读擦音［ʐ］或［z］例如：沁源“认ʐəŋ꜄｜闰ʐuŋ꜄”。阳城“认ʐə̃n꜄｜闰ʐə̃n꜄ŋ”。陵川日母字止摄除外读［l］，例如：“人꜀lə̃｜软꜂luæ”。

②“耳而二”等止摄日母字，本片多读自成音节的［l̩］。就山西全省来说，这种现象仅限于本片。潞安小片读［l̩］（沁水读零声母除外）。沁州小片的沁县读［l̩］，武乡，沁源，襄垣读零声母［Ø］。泽州小片的晋城、高平，陵川读［l̩］，阳城读零声母［Ø］。

③疑母、影母开口一二等字，例如“岸疑安矮影”等，璐安小片读［ŋ］或［ɣ］（长治市、长治县读［Ø］除外）。沁州小片读［ŋ］或［ɳ］（襄垣读［Ø］除外）。泽州小片的晋城，阳城读［Ø］，高平、陵川读［ɣ］。

④本片黎城、潞城、平顺、壶关、陵川、阳城、高平七县精组和见晓组在今齐、撮两呼前读音有分别。高平在今齐齿呼前（高平无撮口呼）精组读［ts tsʻ s］，见晓组读［c cʻ ç］。黎城、潞城、平顺、壶关、陵川、阳城六县在今齐、撮口呼前精组读［tɕ tɕʻ ɕ］，见晓组读［c cʻ ç］。例如：

表 12

	精精≠经见	趣清≠去溪	修心≠休晓
高平	꜀tsiəŋ≠꜀ciəŋ	tsʻi꜄≠cʻi꜄	꜀siəɣ≠꜀çiəɣ
阳城	꜀tɕiə̃n≠꜀ciə̃n	tɕʻy꜄≠cʻy꜄	꜀ɕiɐu≠꜀çiɐu
平顺	꜀tɕiŋ≠꜀ciŋ	tɕʻy꜄≠cʻy꜄	꜀ɕiəu≠꜀çiəu

3.4　五台片和云中片　五台，云中两个片的特点有相同之处，可放在一起讨论。五台片包括下列十八个市县：忻州　定襄　原平　五台　代县　繁峙　应县　浑源

灵丘　平鲁　朔县　神池　宁武　五寨　岢岚　保德　河曲　偏关

云中片包括下列八市县：大同市　大同县　阳高　天镇　怀仁　山阴　右玉　左云

五台、云中两片古今字调关系的不同见上文2.3节。本节讨论两片声母．韵母的特点。

①影、疑母开口一二等字，五台、云中两个片读鼻音声母［n］或［ŋ］。五台片的灵丘，平鲁、朔县、应县，浑源，云中片的大同市、大同县、左云、怀仁、山阴等十处读［n］。五台片的忻州、定襄、五台、原平、岢岚、神池、宁武、五寨、代县、繁峙、河曲，偏关，云中片的天镇、阳高、右玉共十五处读［n］。五台片的保德，影母读［ŋ］，疑母读零声母［ø］，"暗影 ŋæn˞≠碍疑E˞"。

②定母、透母字，今韵母是齐齿呼的，今声母在五台片的五台、神池、宁武、朔县四处和云中片的山阴一处读［tɕʻ］。例如：五台"条定＝桥꜀tɕʻio｜铁透＝切 tɕʻiəʔ꜆。清从溪群四母字，今韵母是齐齿呼的，五台区的应县今声母读［tʻ］。例如：欺溪＝梯［꜀tʻi］。

③果摄开口一等端组和晓组字，五台片的忻州，定襄、原平、灵丘、平鲁、朔县、应县、浑源八处和云中片的怀仁、山阴两处今韵母相同。其中，忻州、定襄、原平读开口呼。例如：忻州"多端꜀tɛ｜河匣꜀xɛ"；平鲁、灵丘、朔县、应县、浑源、怀仁、山阴读合口呼。例如：浑源"多꜀tuə｜河꜀xuə。

④蟹摄开口二等和假摄开口三等在五台片的忻州、定襄、五寨、保德、偏关五处今韵母不同。例如：忻州"介蟹开二 tɕiæ꜄≠借假开三 tɕiɛ˞"。

⑤蟹摄开口二等、合口一，二等字和止摄合口三等字，云中片（大同县，山阴除外）和五台片的岢岚、五寨、神池、宁武、偏关、平鲁、应县七处，今韵母的主要元音及韵尾相同。例如：岢岚"败蟹开二＝背蟹合一 pei꜄｜卖蟹开二＝妹蟹合一 mei˞｜怪蟹合二＝贵止合三 kuei꜄"。

⑥流摄开口一等见溪母字，云中片的大同市、阳高两处今韵母为齐齿呼。例如："狗꜂kiəu｜口꜂kʻiəu"。阳高县匣母字也读齐齿呼。例如："后"［xiəu˞］。

⑦宕摄开口三等庄组字，合口一，三等见系字和江摄二等庄底组字（即北京读［uaŋ］韵的字），五台片的岢岚、五寨、河曲、偏关、浑源和云中片的天镇、阳高两处都读开口呼，例如：岢岚，天镇"庄＝张꜀ʂ ɒ｜窗＝昌꜀ʂʻɒ｜光＝刚꜀kɒ｜筐＝康꜀kʻɒ"。

⑧山摄合口一二等少数字，五台片的忻州、定襄、五台三处今韵母的主要元音不同。例如："官꜀kuɒ̃≠关꜀kuɑ̃ | ꜀桓 xuɒ̃≠还环꜀xuɑ̃"。

3.5 汾河片 汾河片包括二十七个市县，下分平阳小片、绛州小片和解州小片。

平阳小片：洪洞 襄汾 临汾 霍县 汾西 浮山 翼城 古县 闻喜

绛州小片：新绛 绛县 垣曲 稷山 侯马 曲沃

解州小片：运城 蒲县 吉县 乡宁 河津 万荣 夏县 临猗 永济 芮城 平陆 安泽

襄汾是襄陵与汾城两县的合併。本文记录的是襄陵话，襄陵话和汾城话差别很明显。根据潘家懿同志的调查，临汾城关话去声不分阴阳，只有一个去声，四乡话去声都分阴阳。西北部吴村、土门、魏村、平垣、西头五个乡古去声的清声母字与古平声的浊声母字今同调，古全浊上声、古浊去自成一类。西北部五个乡以外的四乡话古去声清声母和古上声全浊声母，古去声浊声母字今字调不同。本文记录的是四乡的发音。解州小片的安泽县，过去由于地方病的影响，居民流动较大，他们多来自河南、山东，下面的讨论不包括安泽县。

①平阳小片翼城除外去声分阴阳，古清去和古全浊上，古浊去今单字调不同。调类一般是阴平、阳平、上声、阴去、阳去五个。例如：洪洞"四试 sɿ˧ 是事市 sɿ˦"。古全浊入今读阳平，古清入，次浊入今读阴平古县除外。

解州小片去声不分阴阳，古入声字与舒声字的合流情况和平阳小片相同。调类有阴平、阳平、上声、去声四个。

绛州小片单字调类一般只有三个。新绛、垣曲、绛县三处，古全浊上声、清去、浊去的字与古平声清声母字今合流。例如：垣曲"诗＝是试事 sɿ˦"。侯马、曲沃两处、古平声清浊声母字今合流。例如：侯马"诗＝时 sɿ˨˦"。古入声字与舒声字的合流情况与平阳、解州两个小片不同，本片古入声清，次浊声母字读去声调。

②古浊塞音和浊塞擦音声母的字，不论平仄，今音读送气声母。例如：

表 13

	皮並	步並	地定	肚~子，定	自	舅群	病並
运城	꜀pʻi	pʻu꜄	tʻi꜄	tʻu꜄	tsʻɿ꜄	tɕʻiou꜄	pʻie꜄
洪洞	꜀pʻi	pʻu꜄	tʻi꜄	tʻu꜄	tsʻɿ꜄	tɕʻiou꜄	pʻie꜄
万荣	꜀pʻei	pʻu꜄	tʻi꜄	tʻu꜄	tsʻɿ꜄	tɕʻiou꜄	pʻiE꜄
垣曲	꜀pʻi	pʻu꜄	tʻi꜄	tʻu꜄	tsʻɿ꜄	tɕʻiou꜄	pʻiE꜄

吕梁片与汾河片邻近的隰县、永和，大宁也有这种现象，参看上文 3.2 节。

③知庄章日四组声母今拼合口呼韵母，解州小片蒲县，乡宁除外、绛州小片垣曲除外读［pf pfʻ f v］。例如：

表 14

猪知	砖章	处相~，昌	穿穿	书书	拴生	乳日	软日
运城	꜀pfu	꜀pfæ	꜂pfʻu	꜀pfʻæ	꜀fu	꜀fæ	꜂vu
万荣	꜀pfu	꜀pfæ̃	꜂pfʻu	꜀pfʻæ̃	꜀fu	꜀fæ	꜂vu

④生、书、日三母及禅母的部分字今拼合口韵，平阳小片霍县除外读［f v］。例如：洪洞“书꜀fu｜拴꜀fɑn｜乳꜂vu｜软꜂vɑn｜睡 fu꜄”。

⑤疑母开口细音，本片各处多读［ȵ］声母。例如：万荣“牙꜀ȵiɑ｜咬꜂ȵiɑu｜硬 ȵiʌŋ꜄｜虐꜀ȵiɤ”。

⑥假摄开口三等字，本片平阳小片，解州小片，文读［ɤ ie］，绛州小片文读［ʅe］（或［ʅe］）［ie］，白读全读［a ia］韵母。例如：

表 15

	车	蛇	惹	借	爷
临汾文	꜀ʂʻɤ	꜀ʂɤ	꜂ʐɤ	tɕie꜄	꜀ie

白	꜀ʂʻa	꜀ʂa	꜂ʐa	tɕia꜄	꜀ia
侯马文	꜀ʂʻʅe	꜀ʂʅe	꜂ʐʅe	tɕie꜄	꜀ie
白	꜀ʂʻa	꜀ʂa	꜂ʐa	tɕia꜄	꜀ia

⑦“钢庚”“光工”“江京”三组字，绛州小片，解州小片的万荣，夏县两处文读分别同音。例如：稷山话“钢庚꜀kɐŋ｜光工꜀kuɐŋ｜江京꜀tɕiɐŋ”。平阳小片、解州小片的万荣、夏县以外的地区，三组字读音不同。例如：临汾话“钢光江”分别读［꜀kɑ̃꜀kuɑ̃꜀tɕiɑ̃］，“庚工京”分别读［꜀kəŋ꜀kuəŋ꜀tɕiəŋ］。

⑧宕江两摄的舒声字的白读韵母，平阳小片、解州小片多读［uo yo］韵母。例如：临汾话“汤”白读［꜀tʻuo］（文读［꜀tʻɑ̃］，“墙”白读［꜀tɕʻyo］（文读［꜀tɕʻiɑ̃），运城话“汤”白读［꜀tʻuo］（文读［꜀tʻɒ］，“墙”白读［꜀tɕʻyo］（文读［꜀tɕʻiɑ̃］）。绛州小片白读［ɤ iɤ］。例如：新绛话“汤”白读［꜀tʻɤ］（文读［꜀tʻɐ̃ŋ］，“墙”白读［꜀tɕʻiɤ］（文读［꜀tɕʻiɑ̃］）。

3.6 广灵片 广灵片只有广灵一个县，据本地人讲，广灵话和河北省蔚县话相似，分不太出来。广灵话的主要特点是：

①无入声，单字调有阴平、阳平、上声、去声四个。古清入的字今读阴平，古全浊入的字今读阳平，古次浊入的字今读去声。例如：急＝鸡꜀tɕi｜约＝腰꜀iɔu｜麦＝卖mᴇi꜄｜合＝河꜀xɤ。

②咸山宕江四摄不合流。例如：三꜀sæ≠桑꜀sɒ｜减꜂tɕiæ≠讲꜂tɕiɒ｜官꜀kuæ≠光꜀kuɒ。

③深臻曾梗通合流。例如：根＝庚꜀kəŋ｜心＝新＝星꜀ɕiŋ｜魂＝红꜀xuŋ｜群＝穷꜀tɕʻyŋ。

参考文献

李　荣　1985　《官语方言的分区》，《方言》1.2—5。

山西省社会科学院语言研究室　1982—1984　山西省方言志丛刊十一种（平遥、怀仁、太谷、晋城、陵川、洪洞、襄垣、祁县、寿阳、文水、万荣）。

温端政　1985《忻州方言志》，语文出版社，北京。

侯精一　1995《长治方言志》，语文出版社，北京。

山西省方言调查指导组　1961《山西省方言概况》（讨论稿）

[原载《方言》1986 年第 2 期（与温端政、田希诚合著）]

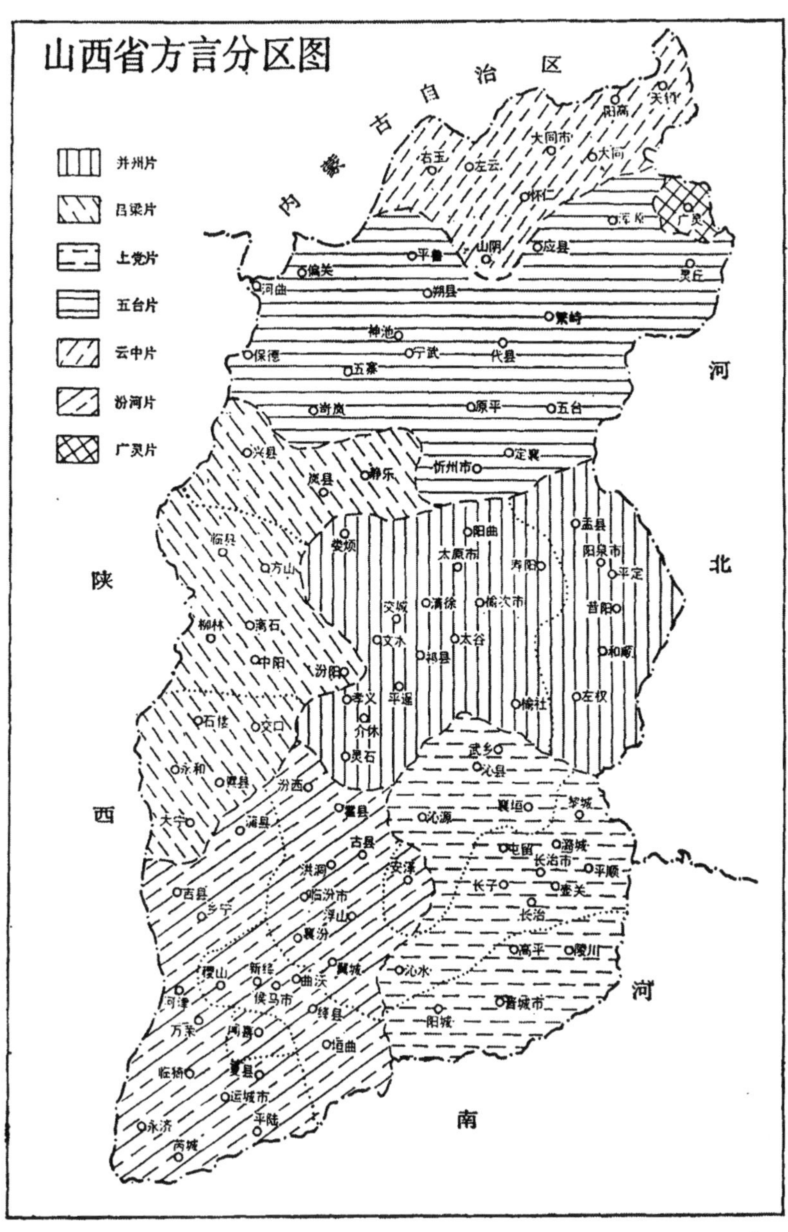
山西省方言分区图
内蒙古自治区
并州片
吕梁片
上党片
五台片
云中片
汾河片
广灵片
陕
西
河
北
河
南

山西省方言古今声调关系表(一)

古声调			平		上			去		入		
古声母			浊	清	清	次浊	全浊	浊	清	清	次浊	全浊
例字			同兰	天	口	女	士	大漏	菜	节	热	舌
并州片	晋阳小片	太原	˩˩ 11		˥˧ 53		˥˥ 55			ʔ˨ 2		ʔ˦˧ 43
		清徐	˩˩ 11		˥˧ 53		˥˥ 55			ʔ˨ 2		ʔ˥˧ 53
		榆次	˩˩ 11		˥˧ 53		˦˥ 45			ʔ˨ 2		ʔ˥˦ 54
		太谷	˨˨ 22		˧˩˧ 313		˦˥ 45			ʔ˩ 1		ʔ˦˨˦ 424
		祁县	˧˧ 33		˨˩˧ 213		˧˥ 35			ʔ˨ 2		ʔ˧˩˧ 313
		平遥	˩˧ 13		˥˧ 53		˧˥ 35			ʔ˨˧ 23		ʔ˥˦ 54
		介休	˩˧ 13		˦˧ 43		˧˥ 35			ʔ˨˧ 23		ʔ˦˧ 43
		灵石	˧˧ 33		˧˩˧ 313		˦˥ 45			ʔ˦ 4		ʔ˦˧ 43
		交城	˩˩ 11		˦˧ 43		˥˥ 55			ʔ˨ 2		ʔ˥˦ 54
		文水	˨˨ 22		˦˨˦ 424		˧˥ 35			ʔ˨ 2		ʔ˧˩˧ 313
		孝义	˨˧ 23		˦˨˦ 424		˧˥˧ 353			ʔ˩˨ 12		ʔ˧˩˧ 313
		寿阳	˨˩ 21		˦˨˦ 424		˦˥ 45			ʔ˨ 2		ʔ˦˧ 43
		榆社	˦˦ 44		˧˩˧ 313		˥˧ 53			ʔ˧ 3		ʔ˨˩ 21
		娄烦	˩˩ 11		˨˩˧ 213		˥˧ 53			ʔ˨ 2		ʔ˨˩˨ 212
		阳曲	˩˩ 11	˨˩˧ 213			˧˥ 35			ʔ˨ 2		ʔ˨˩˨ 212
	平辽小片	阳泉	˦˦ 44	˧˩˧ 313	˥˨ 52		˨˦ 24			ʔ˧ 3		
		平定	˦˦ 44	˧˩˧ 313	˥˧ 53		˨˦ 24			ʔ˦ 4		
		昔阳	˧˧ 33	˧˩ 31	˧˥ 35		˦˨˦ 424			ʔ˧˨ 32		
		和顺	˨˨ 22	˧˩ 31	˦˥ 45		˦˦ 44			ʔ˨ 2		
		左权	˨˨ 22	˧˩˧ 313	˦˨˦ 424		˥˧ 53			ʔ˧ 3		
		盂县	˨˨ 22	˧˩˧ 313	˥˦ 54		˥˥ 55			ʔ˨ 2		ʔ˦˧ 43
吕梁片	汾州小片	离石	˧˧ 33	˨˩˧ 213	˦˨˦ 424		˥˨ 52			ʔ˨ 2	ʔ˧˨˦ 324	
		方山	˩˩ 11	˨˩˨ 212	˥˧˥ 535		˥˧ 53			ʔ˦ 4	ʔ˨˧ 23	
		中阳	˨˨ 22	˧˥ 35	˦˨˦ 424		˥˧ 53			ʔ˨˩ 21		ʔ˨˩˨ 212
		临县	˦˦ 44	˨˦ 24	˧˩˧ 313		˥˧ 53			ʔ˧ 3		ʔ˨˩˧ 213
		柳林	˧˧ 33	˨˩˧ 213	˥˧˥ 535		˥˩ 51			ʔ˧ 3		ʔ˥˧˥ 535
		汾阳	˨˨ 22	˧˨˥ 325	˦˩˨ 412		˥˧ 53			ʔ˩ 1		ʔ˨˩˨ 212
	兴岚小片	兴县	˦˦ 44	˨˩˨ 212			˥˧ 53			ʔ˧ 3		ʔ˨˩˨ 212
		岚县	˦˦ 44	˧˨˥ 325			˥˧ 53			ʔ˧ 3		ʔ˧˦ 34
		静乐	˧˨ 32	˨˩˨ 212			˥˧ 53			ʔ˧ 3		ʔ˨˩˨ 212
	隰州小片	隰县	˧˧ 33	˨˩˨ 212			˥˧ 53			ʔ˨ 2		ʔ˨˩˨ 212
		交口	˧˧ 33	˧˩˧ 313			˥˧ 53			ʔ˦˧ 43	ʔ˨˧ 23	
		石楼	˧˧ 33	˨˩˧ 213			˥˧ 53			ʔ˦ 4		ʔ˨ 2
		永和	˩˧ 13	˨˩˨ 212			˥˧ 53			ʔ˧ 3		ʔ˨˩˨ 212
		大宁	˧˥ 35	˩˩ 11			˥˥ 55			ʔ˨ 2		

山西省方言古今声调关系表(二)

古声调			平		上			去		入		
古声母			浊	清	清	次浊	全浊	浊	清	清	次浊	全浊
例字			同兰	天	口	女	士	大漏	菜	节	热	舌
上党片	潞安小片	长治*	24	213	535		53		44	ʔ54		
		潞城	13	313	535		131		53	ʔ12	ʔ54	
		黎城	53	33	212		53		535	ʔ2	ʔ43	
		壶关	35	31	53		35		53	ʔ21	ʔ54	
		屯留	35	313	535		35		53	ʔ12	ʔ54	
		平顺	213	22	53		131		53	ʔ2	ʔ54	
		长子	35	213	325		53		45	ʔ4		ʔ212
		沁水	13	31	55		53		33	31		13
	沁州小片	沁县	33	35	535		53			ʔ45		ʔ535
		沁源	11	13	535		53			ʔ23		
		武乡	22		313		53			ʔ2		
		襄垣	11	33	213		55			ʔ3		ʔ213
	泽州小片	晋城	13	33	13		53			ʔ2		
		陵川	53	33	213		24			ʔ32	ʔ34	
		阳城	13	11	31		53			ʔ23		
		高平	33		535		31			ʔ2		
五台片		忻州	31	313			53			ʔ43		
		定襄	31	313			52			ʔ43		
		五台	33	214			52			ʔ32		
		原平	44	213			53			ʔ32		
		岢岚	44	212			52			ʔ21		
		五寨	33	213			53			ʔ32		
		神池	44	213			52			ʔ34		
		宁武	44	212			53			ʔ23		
		代县	11	213			52			ʔ34		
		繁峙	21	212			43			ʔ23		
		灵丘	31	43			53			ʔ4		
		保德	33	212			53			ʔ21		
		河曲	33	213			52			ʔ21		
		偏关	33	212			52			ʔ21		
		平鲁	24	212			53			ʔ32		
		朔县	44	213			52			ʔ34		
		应县	31	53			35			ʔ4		
		浑源	22	31			13			ʔ4		

* 长治声调指长治市、县两地的声调；大同声调(见表三)指大同市、县两地的声调。

山西省方言古今声调关系表(三)

古声调			平		上			去		入		
古声母			浊	清	清	次浊	全浊	浊	清	清	次浊	全浊
例字			同兰	天	口	女	士	大漏	菜	节	热	舌
云中片		大同	313	41	54		24			ʔ3		
		阳高	313	31	53		24			ʔ3		
		天镇	11	31	53		24			ʔ32		
		右玉	424	41	53		24			ʔ43		
		左云	313	42	53		24			ʔ3		
		山阴	33	313	53		35			45		
		怀仁	313	31	55		24			ʔ43		
汾河片	平阳小片	洪洞	13	21	42		53		33	21		13
		临汾	24	22	51		53		55	22		24
		霍县	35	22	31		53		44	22		35
		汾西	45	21	33		53		55	21		45
		浮山	24	21	22		53		44	21		24
		襄汾	24	21	33		53		55	21		24
		闻喜	11	31	44		11		53	31		11
		古县	13	11	53				13	53		13
		翼城	213	31	44		53			31		213
	绛州小片	新绛	13	52	44		52			52		13
		垣曲	31	53	33		53			53		31
		绛县	13	53	535		53			53		13
		稷山	12	31	55		43			43		12
		侯马	13		44		53			53		13
		曲沃	13		44		53			53		13
	解州小片	运城	24	31	53		44			31		24
		吉县	24	313	54		44			313		24
		蒲县	34	53	21		44			53		34
		乡宁	12	31	53		44			31		12
		安泽	35	11	44		53			11		35
		夏县	21	53	424		33			53		21
		河津	213	31	53		44			31		213
		万荣	23	31	53		44			31		23
		临猗	13	31	53		44			31		13
		永济	13	31	53		55			31		13
		芮城	13	31	53		44			31		13
		平陆	13	31	53		33			31		13
广灵片		广灵	11	53	55		24			53	24	11

山西中区方言

一　中区方言的分片

1.1　本区人口 762.1 万。发布以下 21 个市县：

太原　清徐　榆次　太谷　文水　交城　祁县　平遥　孝义　介休　寿阳　榆社　娄烦　灵石　盂县　阳曲　阳泉　平定　昔阳　和顺　左权

1.2　根据入声是否分阴阳，中区方言可分为太原片、阳泉片。参看中区方言分布图。太原片入声分阴阳，有阴入、阳入两个入声。阳泉片入声不分阴阳，只有一个入声。参看下文中区声调表。

1.3　太原片。本片有下列 16 个市县：

太原　清徐　榆次　太谷　文水　交城　祁县　平遥　孝义　介休　寿阳　榆社　娄烦　灵石　盂县　阳曲

1.4　阳泉片。本片有下列 5 个市县：

阳泉　平定　昔阳　和顺　左权

1.5　太原片地处太原盆地及相邻的地区。阳泉片 5 个点，均在晋中地区的东部太行山地，本片的和顺县即位于省境的东陲，太行山之巅。

二　中区方言的声母

2.1　中区方言声母的数目。本区声母最少的为 19 个，如祁县。最多的是娄烦，有 27 个。声母多的点一般是多出［tʂ tʂʻ ʂ f v ɳ］。娄烦一点还多出两个唇齿音［pf pfʻ］。

2.2　中区方言声母的音值。

2.2.1　鼻音声母［m n ŋ］的发音分别有不同程度的同部位的浊塞音［b d g］。实际音值近于［m^{b} n^{d} $ŋ^{g}$］。

2.2.2　送气的塞音［pʻ tʻ kʻ］与洪音相拼时带有较明显的舌根擦音［x］。

2.3　中区方言声母特点

2.3.1　北京零声母开口呼字（“二耳”等卷舌韵除外）如“暗岸”，本区一律读舌根音。除太原一点读舌根擦音［ɣ］外，本区其他 20 个点都读舌根鼻音［ŋ］。（参看文末中区声母表）

2.3.2　北京话零声母合口呼字在太原、清徐、榆次、太谷、娄烦、阳曲、寿阳、榆社、盂县、阳泉，平定、昔阳、左权等 13 个点读作唇齿擦音［v］或［v—］。［v］实际上已基本清化，如“乌”读作［v̥］。交城、文水、祁县、平遥、孝义、介休、灵石、和顺等 8 个点读作［u］或［u—］。如“乌”读作［u］。（参看中区声母表）

2.3.3　ts ʂ 问题。太原片 16 个点。只有平遥、孝义、介休、娄烦 4 个点分［ts ʂ］，其他 12 个点不分［ts ʂ］。阳泉片 5 个点部分分［ts ʂ］。分［ts ʂ］的点，读 ʂ 组的字比北京少。

2.3.4　北京话读平声送气的清塞音、塞擦音声母［pʻtʻtsʻʂʻtɕʻ］的，太原片清徐、榆次、太谷、交城、文水、祁县、平遥、孝义、介休等 9 个点有文白异读。文读为送气声母，白读为不送气声母。如，盘 pʻ 盘 p，迟 ʂʻ 迟 ʂ。

2.3.5　“全宣选”的声母太原片读舌面音［tɕʻɕ］，阳泉片读舌尖音［tsʻs］。

2.3.6　太原片的交城、文水、祁县、平遥、孝义、介休、灵石等 7 个点没有唇齿音［f］，阳泉片有［f］声母。阳泉片读［f］声母的字，交城等 7 个点读作舌根擦音［x］的合口。

以上各项的例字可参看中区声母表。

2.4　中区声母与古声母的比较

本节及下节（中区韵母与古韵母的比较）只酌选古今对应关系比较复杂的作简单讨论。

2.4.1　本区清徐、榆次、太谷、交城、文水、祁县、平遥、孝义、介休等 9 个点古全浊声母並、定、从、澄、群今平声白读为不送气声母，文读为送气声母。如：

	赔並	田定	甜定	钱从	穷群	骑群	肠澄
太谷白	pei	tiẽ	tiẽ	tɕiẽ	tɕy ũ	tɕi	tsɒ
文	p‘—	t‘—	t‘—	tɕ‘—	tɕ‘—	tɕ‘—	ts‘—
文水白	pe	tien	tien	tɕien	tɕyəŋ	tsɿ	tsʊ
文	p‘—	t‘—	t‘—	tɕ‘—	tɕ‘—	ts‘—	ts‘aŋ
清徐白	pai	tie	tie	tɕie	tɕyʌ̃	tɕi	tsɒ
文	p‘—	t‘—	t‘—	tɕ‘—	tɕ‘—	tɕ‘—	ts‘—

2.4.2 古精组知庄章组声母的读音

中区阳泉片的阳泉、平定、昔阳、和顺、左权等 5 个点及太原片平遥、孝义、介休、娄烦等 4 个点分［ts ts‘s］与［ʂ ʂ‘ʂ］，但分法与北京不同。从现代语音构造看不出阳泉等点与北京的分法有什么不同。从来历看，今开口字古精组，中区读［ts ts‘s］。古庄组，中区读［ts ts‘s］。古知组二等，中区读［ts ts‘］。古知组三等中区阳泉、平定、昔阳、和顺、左权、平遥、孝义、介休、娄烦等 9 个点读［ʂ ʂ‘］。古章组止摄读［ts ts‘s］，止摄以外各摄读［ʂ ʂ‘ʂ］。

	今	开	口			
	精组	庄组	知组二等	章组非止摄	章组止摄	知组三等
	字	债	罩	制	志	知
阳泉	ts	ts	ts	ʂ	ts	ʂ
和顺	ts	ts	ts	ʂ	ts	ʂ
平遥	ts	ts	ts	ʂ	ts	ʂ
北京	ts	ʂ	ʂ	ʂ	ʂ	ʂ

今合口字读［ts ts‘ s］。娄烦把北京话读 ʂ ʂ‘ʂ 拼合口呼的字读作 pf pf‘ f。如，状［pfəɯ］床［pf‘əɯ］，税［fuei］。太谷白读音把北京话读 ʂ 拼合口呼的字读作 f。如，苏［fu］。

2.4.3 非敷奉和晓匣母字，本区太原片的交城、文水、祁县、孝义、平遥、介休、灵石 7 个点读［x］声母的合口呼。例如：

	方非＝慌晓	分非＝昏晓	罚奉＝活匣	福非＝霍晓

平遥	xuɑŋ	xuŋ	xuʌʔ	xuʌʔ
祁县	xuɑ̃	x ũ m	xuɑʔ	xuəʔ
文水	xʊ	xuəŋ	xuaʔ	xuəʔ

2.4.4 古疑母部分字本区平遥、介休、盂县、娄烦、文水读作鼻音声母［ȵ］，与古泥母字在今细音前的读音合流。如：鱼疑咬牛（以上疑母）、年宁匿聂（以上泥母），今均读作［ȵ］声母。

2.4.5 古影母疑母今读开口呼的字，本区都读作舌根鼻音声母［ŋ］。（太原老派读同部位的口音［ɣ］）如：安案暗袄（以上影母）、岸饿偶熬（以上疑母）。

三　中区方言的韵母

3.1 本区韵母的数目。本区各点韵母数目多少不一。多的，如孝义（42 个韵母）、文水（41 个韵母）；少的，如榆次（31 个韵母）、左权（34 个韵母）。现以文水、左权两点的韵母为例进行比较，看两处韵类数目差别之所在。文水比左权多出 8 个韵类，少 1 个韵类。具体情况如下：

文水比左权多以下 8 个韵母。

文水有 ya 韵（例字极少），如“横”白读；左权无 ya 韵，“横”读 xɤ。

文水有 yaʔ 韵，如“决”tɕyaʔ（≠局 tɕyəʔ）；左权无 yaʔ 韵，“决＝局”tɕyeʔ。

文水有 yəi 韵，如“靴”ɕyəi（≠须 sɥ）；左权无 yəi 韵，“靴＝须”ɕy。

文水有 ʊ iʊ 韵（限白读），如，“帮”pʊ（≠帮 paŋ）“粮”liʊ（≠粮 liaŋ）；左权无 ʊ iʊ 韵，“帮粮”无文白异读，“帮”读作 pɔ，“粮”读作 liɔ。

文水“倍”pe ≠“败”pai；“归”kue ≠“乖”kuai；左权“倍＝败”pæe，“归＝乖”kuæe。

文水有 iai 韵，如“鞋”ɕiai（≠斜 ɕi）；左权无 iai 韵，“鞋＝斜”ɕi。

文水比左权少一个韵母［ʅ］。如，文水“之＝知”tsɿ。左权“之”tsɿ“知”ʂʅ。

3.1.1 本区入声韵最少的为 4 个。如，平遥、介休。最多为 8 个。如，寿阳、太谷。

	扎	则	百	笔	桌	竹	缺	脚
平遥	tsʌʔ		piʌʔ		tsuʌʔ		tɕʻyʌʔ	tɕyʌʔ

介休	tsʌʔ		piʌʔ		tsuʌʔ		tɕʻyʌʔ	tɕyʌʔ
太谷	tsaʔ	tsəʔ	piaʔ	piəʔ	tsuaʔ	tsuəʔ	tɕʻyaʔ	tɕyəʔ
寿阳	tsaʔ	tsəʔ	piaʔ	piəʔ	tsuaʔ	tsuəʔ	tɕʻyaʔ	tɕyəʔ

3.2　中区方言韵母的音值。

3.2.1　鼻音韵尾［ŋ］比较稳定；鼻音韵尾前的元音无鼻化现象。

3.2.2　鼻化元音的鼻化程度各点情况不一。总的来说，鼻化程度都较弱。鼻化的范围一般只限于主要元音。

3.2.3　入声韵尾［ʔ］，喉塞明显。

3.2.4　祁县的［m］尾比较明显，［m］尾只限于［ũm］、［yũm］两韵。

3.3　本区韵母的特点。

3.3.1　单元音化倾向。

韵母的单元音化倾向表现在北京话的某些复合韵母本区多数点读单元音韵母。例见下表。

表 5

	搬	烫	针	盖	桃
太原	æ̃	ɑ̃	—①	—	—
清徐	ɛ	ɒ	ʌ̃	—	—
榆次	ɛ	ɑ	—	—	—
太谷	ẽ	ɒ	ə̃	—	ɔ
文水	—	ʋ$_{白}$	—	—	—
交城	ɒ̃	ɔ	ɛ̃	ɛ	—
祁县	ɯ̃	ɑ̃$_{文}$ a$_{白}$	ə̃	—	—
平遥	—	—	—	æ	ɔ
孝义	ɤ$_{白}$	—	—	—	—
介休	æ̃	æ̃$_{文}$	—	—	—
寿阳	ɒ	ɒ	ə̃	—	—
榆社	ɑ̃	ɔ̃	ɛ̃	ɛ	—
娄烦	ɛ	a	ə̃	—	—

①“—”表示该点韵母不读单元音。

灵石	ɒ̃	ɒ̃文 ɤ白	æ	ɛ	ɔ
盂县	ã	ã文 o白	ə̃	æ	ɔ
阳曲	ɛ	ɔ	ə̃	—	—
阳泉	æ	—	—	E	ɔ
平定	æ	—	—	E	ɔ
昔阳	æ	—	—	ɛ	ɔ
和顺	æ	ɒ	—	—	—
左权	ɛ	ɔ	—	—	o

3.3.2　鼻音韵尾的消失与合流是本区的一个突出的特点。一般说来，偏前、偏低的主要元音的鼻尾容易脱落。请参看本区韵母表“搬、班、碱、关、园、烫、羊、光”等字的读音。央元音和后元音的鼻尾则多保留。参看中区韵母表，“针、绳、新、井、群，兄”等字的读音。

3.3.3　本区有7个点只有儿尾韵没有儿化韵。即，阳曲、清徐、灵石、寿阳、祁县、文水、交城。既有儿尾韵又有儿化韵的有太原、娄烦、榆次、太谷、平遥、榆社6个点。

介休、和顺、盂县、孝义、平定、阳泉、昔阳、左权等8个点只有儿化韵没有儿尾韵。儿化韵的发音与北京话很相似，也是在发主要元音时同时卷舌。儿尾都自成音节，各点的读法不一样。例如：

平遥　　葱儿　tsʻuŋ$^{13-31}$ʐʌʔ^{13}

祁县　　牛儿　niəu^{33}l̩^{33}

文水　　猪儿　tsu^{22}e$^{22-35}$

阳曲　　兔儿　tʻu^{353}æe^{22}

3.3.4　本区太原片16个点中，太原、清徐、榆次、太谷、交城、文水、介休、祁县、寿阳、榆社、灵石、盂县、阳曲等13个点没有舌尖后元音 ʅ，只有一个 ɿ。娄烦、平遥、孝义有 ʅ 也有 ɿ。阳泉片5个点既有 ʅ 也有 ɿ。

3.3.5　太原片 u 韵母不拼 l，阳泉片 u 韵母可以拼 l。如：

	太原	文水	和顺	左权
鲁卤	ləu^{53}	lou^{423}	lu^{35}	lu^{53}

3.3.6　太原片16个点中，太原、清徐、榆次、太谷、文水、交城、祁县、平遥、孝义、介休、灵石、盂县等12个点有文白异读。其中太原只有极少数字音有文白异读，其余11个点文白异读现象异常丰富。阳泉片除左权、和顺个别字音有文白异读外，没有文白异读现象。

3.3.7　太原片16个点中，太原、清徐、榆次、太谷、文水、交城、祁县、灵石、盂县、阳曲等10个点“雨、吕”同音。阳泉片整片“雨、吕”不同音。

3.3.8　太原片太谷、文水、交城、祁县等4个点，“搬≠班”“官≠关”。阳泉片没有此种情况。参看中区韵母表。

3.3.9　太原片清徐、榆次、交城、平遥、介休等5个点“卖＝妹”。阳泉片只有左权1点有此种现象。

3.3.10　太原片太谷、文水、祁县、孝义等4个点“夜介”不同韵。其他点没有这种情况。如：

	太谷	孝义	平遥	左权
夜	ie	iɛ	iɛ	i
介	iai	iai	iE	i

3.3.11　“多、拖”和“躲、妥”两组例字的韵母，太原片不相同。阳泉片两组例字韵母多相同。如：

	多果开一	拖果开一	躲果合一	妥果合一
太原	tɤ	tʻɤ	tuɤ	tuʻɤ
寿阳	təɯ	tʻəɯ	tuɯ	tuʻɯ
孝义	tE	tʻE	tuE	tuʻE
介休	tiE	tʻiE	tuE	tuʻE
盂县	to	tʻo	tuo	tʻuo
榆次	tʌ	tʻʌ	tuʌ	tʻuʌ
阳泉	tuo	tʻuo	tuo	tʻuo
平定	tuo	tʻuo	tuo	tʻuo

3.4　中区韵母与中古韵母的比较

3.4.1　深臻曾梗通五摄的舒声字的鼻音韵尾今合流。中区除祁县读［－m］尾外（限臻摄部分字），多读［ŋ］尾，少数点读开尾，但主要元音往往鼻化。如：

	根＝庚	心＝新＝星	魂＝红	群＝穷
太原	kəŋ	ɕiŋ	xuŋ	tɕʻyŋ
阳泉	kəŋ	ɕiəŋ	xuəŋ	tɕʻyəŋ
和顺	kəŋ	ɕiŋ	xuəŋ	tɕʻyŋ
寿阳	kə̃	ɕiə̃	xuə̃	tɕʻyə̃

续表

	根＝庚	心＝新＝星	魂＝红	群＝穷
祁县	kə̃	ɕiə̃	xũm	tɕʻỹm

太谷	kə̃	ɕiə̃	xũ	tɕʻyũ

3.4.2 曾、梗摄的舒声字，本区多数点有文白异读。白读鼻音韵尾消失，文读一般有鼻音韵尾［－ŋ］。有的点文读［－ŋ］尾也消失，主要元音鼻化。例如：

	蒸	绳	井	兄
文水白	tsɿ	sɿ	tsɿ	sʮ
文	tsəŋ	səŋ	tɕiəŋ	ɕyəŋ
太谷白	tsɿ	sɿ	tɕi	ɕy
文	tsə̃	sə̃	tɕiə̃	ɕyũ
平遥白	ʂʅ	ʂʅ	tsei	ɕy
文	ʂəŋ	ʂəŋ	tɕiŋ	yŋ

太原话在地名中还保留白读音。例如，北营的“营”读［i］，黄陵的“陵”读［li］。

3.4.3 宕、江摄字在太原片的文水、祁县、平遥、介休、孝义、盂县6个点有文白异读。白读鼻音韵尾消失，主要元音不鼻化。文读有的读［－ŋ］尾，有的韵尾消失，主要元音鼻化。有的字白读声母与文读不同。例如：

	桑	汤	墙	羊	光	双
文水白	sʊ	tʻʊ	tɕiʊ	iʊ	kʊ	sʊ
文	saŋ	tʻaŋ	tɕʻiaŋ	iaŋ	kuaŋ	suaŋ
祁县白	sa	tʻa	tɕia	ia	ko	tsʻo
文	sɑ̃	tʻɑ̃	tɕiɑ̃	iɑ̃	kuɑ̃	suɑ̃

续表

	桑	汤	墙	羊	光	双
平遥白	suə	tʻuə	tɕyə	yə	kuə	tsʻuə
文	sɑŋ	tʻaŋ	tɕʻiɑŋ	iɑŋ	kuɑŋ	suɑŋ
介休白	suə	tʻuə	tɕyə	yə	kuə	tsʻuə
文	sæ̃	tʻæ̃	tɕʻiɛ̃	iɛ̃	kuæ̃	suæ̃

3.4.4 果摄开口一等和合口一等，太原片今韵母的介音不同（有的点泥组除外）。果摄开口一等今读开口呼，果摄合口一等今读合口呼。例如果摄开口一等“多拖哥”，太原分别读［tɤ | t‘ɤ | kɤ］，文水分别读［təi | t‘əi | kəi］，果摄合口一等“躲妥科”，太原分别读［tuɤ | t‘uɤ | k‘uɤ］，文水分别读［tuəi | t‘uəi | k‘uəi］。

3.4.5 山摄仙韵合口三等精组字和见组字，阳泉片读音有分别，精组读洪音，见组读细音。例如，阳泉话“全泉”读［ts‘uæ］“宣选”读［suæ］；“眷”读［tɕyæ］，“拳权”读［tɕ‘yæ］。

3.4.6 咸、山两摄一二等韵的部分字，本区太原片太谷、文水、交城、祁县4个点今韵母的主要元音不同。如

	庵咸开一安山开一	衫咸开二产山开二	官欢山合一	关环山合二
太谷	ē	ā	uē	uā
文水	en	aŋ	uen	uaŋ
交城	ɒ̃	ā	uɒ̃	uā
祁县	ɯ̃	ɑ̃	uɯ̃	uɑ̃

3.4.7 假摄开口三等精组、见系字与蟹摄开口二等见系字，本区太原片太谷、文水、祁县、孝义4个点今韵母不同。如：

	太谷	文水	祁县	孝义
谢也假摄	ie	i	i	iE
街界蟹摄	iai	iai	iei	iai

3.4.8 蟹摄开口一、二等帮组字，蟹摄合口一、二等见系字，本区太原片的清徐、榆次、交城、平遥、介休，阳泉片的左权今韵母相同，如：

	贝沛蟹开一败派蟹开二	盔回蟹合一乖怀蟹合二
清徐	ai	uai

榆次	ai	uai
交城	ε	uε
平遥	æ	uæ
介休	εi	uεi
左权	æe	uæe

四　中区方言的声调

4.1　中区的单字调。中区 21 个点单字调类数目一般为 5 个。盂县、灵石有 6 个单字调类，是本区单字调类数目最多的两个点。左权只有 4 个单字调类，是本区单字调类数目最少的 1 点。

本区单字调调值的一致性比较明显。

4.1.1　上声调值除去昔阳 1 点读平调型以外，其余 20 个点读降调型（11 点）或先降后升型（9 点）。读降调型的有的上声的实际调值也接近降升型，如平遥。

4.1.2　去声的调值多数点（16 点）读升调型，孝义、娄烦、阳曲读降调型。盂县、和顺 2 点读平调型。

4.1.3　只有一个平声调类的各点，多数点平声的调型是平调。平遥、介休读升调（13）除外。分阴阳平的各点阳平调值也都是平调。左权一点读降调（21）除外。这个事实似乎可以暗示人们，阳平调类在阴阳平合流中的主导地位。

4.1.4　分阴入、阳入的各点，阴入的调型与平声或阳平的调型基本一致，阳入的调型与上声的调型基本一致。不分阴阳入，只有一个入声的各点，入声的调型与阳平的调型基本一致。其中有些出入的有榆次、寿阳、左权 3 个点。出入不很大，只是低平与低降的差别。

所以，我们可以说中区方言舒入的差别只是长短、舒促之别。

4.2　中区太原、阳泉两片在声调上的差别。

4.2.1 太原片多数点平声不分阴阳，有阴入、阳入两个入声。阳泉片平声分两类，入声只有一个。

4.2.2 太原片 16 个点中，太原、清徐、榆次、交城、文水、太谷、祁县、平遥、孝义、介休、寿阳、榆社、娄烦等 13 个点，平声不分阴阳，只有一个平声，入声分阴阳入，单字调类数目为平、上、去、阴入、阳入 5 个。太原片盂县、灵石 2 个点平声分阴阳，入声也分阴阳，单字调类为 6 个，即：阴平、阳平、上声、去声、阴入、阳入。太原片阳曲 1 点古清平字与古清上、次浊上字今读作一个调。单字调类为阴平上、阳平、去声、阴入、阳入 5 个。

4.2.3 中区阳泉片阳泉、平定、昔阳、和顺 4 个点平声分阴阳，入声不分阴阳，单字调类有阴平、阳平、上声、去声、入声。阳泉片的左权 1 点古清平字与古清上、次浊上字今读作一个调。（太原片的阳曲也有此种现象。中区方言有此种现象的，只有左权、阳曲 2 个点。）左权单字调类只有 4 个，即：阴平上、阳平、去声、入声。是中区单字调类最少的一个点。

4.3 连调

本区连读变调的主要特点是：

4.3.1 单字调是合并式，连调是区别式。本区太原片、阳泉片都有这种情况。如，太原片有些点平声单字调不分阴阳（即所谓合并式），连调可以区分阴阳平（即所谓的区别式）。

又如，太原片的阳曲与阳泉片的左权，单字调阴平、上声合流，连调有时可以区别出阴平、上声。

4.3.2 同样声调组合，语法结构不同，连调不同。换句话说，语法结构的不同影响连调。本区平遥、和顺等点都有此种现象。

4.3.3 入声调与同调型的舒声调的连调行为一致。这个特点在本区具有普遍性。如：

介休（太原片） 阴入与平声同调型，阳入同上声同调型。

阳泉（阳泉片） 入声与阳平同调型。

介休（太原片）

平＋平	13—55	13	高山	开门
			门门	匙匙
阴入＋平	ʔ13—55	13	发酸	刷牙
平＋阴入	13—55	ʔ13	方法	胡说
阴入＋阴入	ʔ13—55	ʔ13	发黑	缺德
上＋平	523—53	13	狗窝	武装
阳入＋平	ʔ523—53	ʔ13	木楸	学堂
上＋上	523—55	523	洒水	洗脸
阳入＋阳入	ʔ423—55	ʔ413	毒药	实习

阳泉（阳泉片）

阳平＋阴平	44	313—33	棉花	磨刀
阳平＋阳平	44	44	人民	羊皮
阳平＋上	44	53	门口	牛奶
阳平＋去	44	24	煤矿	流汗
阳平＋入	44	ʔ4	毛笔	零食
入＋阴平	ʔ4	ʔ313—33	吸收	集中

阳泉（阳泉片）

入＋阳平	ʔ4	44	国旗	食堂
入＋上	ʔ4	53	刻苦	谷雨
入＋去	ʔ4	24	媳妇	植树
入＋入	ʔ4	ʔ33	确实	出国

4.4　中区各点声调与古四声的比较在于说明古今声调的演变规律，限于篇幅，例外字没有列出。

4.4.1　本区太原、清徐、榆次、太谷、文水、交城、祁县、平遥、孝义、介休、寿阳、榆社、娄烦等13个点古平声今读平声。如：

	家见	牙疑	茄群

太原	tɕia^{11}	ia^{11}	tɕʻie^{11}
太谷	tɕiɒ^{22}	niɒ^{22}	tɕie^{22}
祁县	tɕia^{33}	ni^{22}	tɕi^{33}
文水	tɕia^{22}	ȵia^{22}	tɕi^{22}

本区阳泉、平定、昔阳、和顺、盂县、灵石6个点古平声清声母字今读阴平。古平声全浊、次浊声母字今读阳平。如：

	家$_{见}$	牙$_{疑}$	茄$_{群}$
平定	tɕiɑ^{313}	iɑ^{44}	tɕʻie^{44}
和顺	tɕia^{31}	ia^{22}	tɕʻi^{22}

本区阳曲、左权平干声清声母字与古上声清声母字、次浊声母字今合流。如：

	精$_{精}$	领$_{来}$	清$_{清}$
阳曲	tɕiə̃^{213}	liə̃^{213}	tɕʻiə̃^{213}
左权	tɕiəŋ^{53}	liəŋ^{53}	tɕʻiəŋ^{53}

4.4.2　本区古上声清声母、次浊声母字今读上声（阳曲、左权作读“阴平上”调）。如：

	姐$_{精}$	鲁$_{来}$
太原	tɕie^{53}	ləu^{53}
清徐	tɕie^{53}	ləɯ^{53}
祁县	tɕi^{21}	ləu^{21}
和顺	tɕie^{35}	lu^{35}

4.4.3　本区古去声字，古上声全浊声母字今读去声。如：

	界$_{见}$	路$_{来}$	部$_{並}$	栈$_{崇}$

太原	tɕie^{45}	ləu^{45}	pu^{45}	tsæ̃^{45}
榆次	tɕie^{35}	lʌə^{35}	pu^{35}	tsɛ^{35}
榆社	tɕiᴇ^{45}	ləu^{45}	pu^{45}	tsɑ̃^{45}

4.4.4 本区太原片大多数点古入声清声母、次浊声母字今读阴入。平遥古入声次浊声母今读阳入，古入声全浊声母字今读阳入。如：

	发$_{非}$	答$_{端}$	力$_{来}$	达$_{定}$
太原	faʔ^{2}	taʔ^{2}	liəʔ^{2}	taʔ^{54}
平遥	xuʔ^{3}	tʌʔ^{13}	liʌʔ^{53}	tʌʔ^{53}
太谷	faʔ^{11}	taʔ^{11}	liəʔ^{11}	taʔ^{434}
寿阳	faʔ^{2}	taʔ^{2}	liəʔ^{21}	taʔ^{21}

本区阳泉片古入声字今读入声。如：

	发$_{非}$	答$_{端}$	力$_{来}$	达$_{定}$
阳泉	faʔ^{4}	taʔ^{4}	liəʔ^{4}	taʔ^{4}
左权	faʔ^{2}	taʔ^{2}	lieʔ^{2}	taʔ^{2}
和顺	faʔ^{21}	taʔ^{21}	lieʔ^{21}	taʔ^{21}

五 中区方言的词汇

5.1 分音词

5.1.1 所谓分音词是指把一个单音词分成两个音节来说的。请看平遥话例子：

本词 分音词

杆ᶜkɑn＝ 圪 kəʔ꜀榄 ᶜlaŋ

5.1.2 具体地讲分音词的构造有如下规律：

前音节的声母是本词的声母。通常是塞音，也有塞擦音或擦音。前音节的韵母是入声韵母。后音节的声母是［l］。因此有人据此称分音词为“嵌 l 词”。后音节的韵母和声调是本词的韵母和声调。举例如下。例子先列汉字，后标读音。

太原　坨榄 kəʔ̣꜀ᶜlæ̃　ᶜ杆玉茭～：玉米秸

坨老 kəʔ̣꜀ᶜlɔu　ᶜ搅拿棍子～～

黑浪 xəʔ̣꜀lɒ̃ᵓ　巷ᵓ把车子停在～里

榆次　□裸 kəʔ̣꜀ᶜlə　ᶜ裹快荷上被子～住

窟窿 kʻəʔ̣꜀ᶜluŋ　ᶜ孔冰～

平遥　薄来 pʌʔ̣꜀ᶜlæ　摆叫风吹的来回～咧

□拢 kʻuʌʔ̣꜀ᶜluŋ　捆～住些儿再荷哇

寿阳　□落 tsaʔ̣꜀ləᵓ　扎꜀把东西～一下再走

孝义　薄来 pəʔ̣꜀ᶜlai　ᶜ摆～过来～过去

5.2　合音词

合音词是把双音节词合成一个单音词说的。请看太原话例子：

本词　　　　合音词

这块 tsəʔ^{2}kʻuai^{53}　＝ 㖞 tsai^{53}

5.2.1　合音词的声母多数是双音节词的前一个音节的声母，合音词韵母的主要元音是双音节词后一个音节韵母的主要元音。合音词的声调是双音节词后一个音节的声调。

太原　㖞 tsai^{53}＜这块 tsəʔ^{2}kʻuai^{53}

哘 vai^{53}＜兀块 vəʔ^{2}kʻuai^{53}

□nia^{11}＜人家 zəŋ^{11}tɕia^{11}

孝义　㖞 ʂai^{312}＜ 这块 ʂəʔ^{2}xuai^{312}

哘 uai^{312}＜兀块 uei^{11}xuai^{312}

□ʐa^{11}＜人家 ʐəŋ^{11}tɕia^{11}

平遥　㖞 tsæ^{53}＜这块 tsəʔ$^{13-31}$xuæ^{53}

哘 uæ^{53}＜兀块 uʌʔ$^{13-31}$xuæ^{53}

□ɳɑ^{13}＜人家 ʐəŋ^{13}ȵiɑ^{13}

文水　㖞 tsai^{423}＜这块 tsəʔ^{312}xuai^{423}

哘 uai^{423}＜兀块 uəʔ^{22}xuai^{423}

□na^{22}＜人家 zəŋ^{22}ȵiɑ^{22}

盂县　㖞 tsæ^{44}＜这块 tse^{22}kuæ^{44}

咴 væ^{44}＜兀块 ve^{22}kuæ^{44}

□ȵia^{22}＜人家 zə̃^{22}tɕia^{22}

5.3　逆序词

5.3.1　逆序指并列结构双音节词的语素顺序易位形式。逆序词在本区有两种类型：

5.3.1.1　方言词与北京话语素逆序，而词义完全相同。如：

	中区	北京
平遥	妻夫	夫妻
	扎挣勉力(作某事)如：～的吃	挣扎
	怪奇	奇怪
	味气	气味
	齐整	整齐
	天每	每天
太原	扎挣	挣扎
	惑惑疑疑	疑惑

5.3.1.2　同一方言词汇系统中，AB 式与 BA 式并存，意义不尽相同，如平遥：

耐实物体结实

实耐人身体结实

5.4　四字格俗语的构成

5.4.1　中区四字格俗语非常丰富。太原片四字格俗语的构成有较大的一致性。

5.4.2　四字格俗语的构成从形式上看，大致有以下几种格式：

①合成格　②带“圪”字格　③带数字格　④带衬字格　⑤带叠字格

5.4.3　现以太原、平遥为例说明如下：

5.4.3.1　太原

合成格

姊妹婆夫　tsɿ^{11}mei^{45}p‘ɤ^{11}fu^{11}　母亲改嫁时，女儿同往继父家中，与继父(与前妻)子结为夫妻，这种关系叫～。

歪流切扯　vai^{11}liəu^{11}tɕ‘iaʔ^{2}ts‘ɤ^{53}　形容歪斜：他刚学写字，写出来的字

～的。

黑漆烂板　xəʔ^{11} tɕʻiəʔ^{11} læ̃^{45} pæ̃^{53}　形容屋里陈设简陋：家里～的，甚摆扎摆设也没啦。

黄尘黑暗　xuɒ̃^{11} tsʻəŋ^{11} xəʔ^{2} ɣæ̃^{45}　形容狂风大作尘土漫天：大春天的，又刮得～的。

上房揭瓦　sɒ̃^{45} fɒ̃^{11} tɕiəʔ^{2} va^{53}　形容孩子特别调皮：三天不打，～。

离鞋赤脚　li^{11} xai^{11} səʔ$^{2-54}$ tɕyəʔ^{2}　形容不穿鞋袜、光着脚：大冬天～的不嫌冷。

带"圪"字格

圪洞凹切　kəʔ^{54} tuəʔ^{45} va^{54} tɕyəʔ^{2}　形容不平整：这袄儿絮得～的真不好穿了。

圪地圪塄　kəʔ^{54} ti^{11} kəʔ^{54} ləu^{11}　旮旯：你家住得～的，可难寻了。

狗筋圪料　kəu^{53} tɕiŋ^{11} kəʔ^{54} liəu^{45}　形容性格古怪、喜怒无常：哊人～的不好处。

带数字格

假眉三道　tɕia^{11} mi^{11} sæ̃^{11} təu^{45}　装腔做势：～装好人了。

拐七溜八　kuai^{53} tɕʻieʔ^{2} liəʔ^{45} paʔ^{2}　形容走路一瘸一拐：哊人走路～的，像个拐子。

二五八气　ər^{45} vu^{53} paʔ^{2} tɕʻi^{45}　形容傻里傻气；哊后生～的，老让人取笑。

带衬字格

忽里倒腾　xuəʔ$^{2-45}$ li^{11} təu^{53} tʻəŋ^{11}　折腾：一天～的，跟上他怕人了。

忽地忽撩　xuəʔ$^{2-45}$ ti^{11} xuəʔ$^{2-45}$ liəu^{11}　形容女子轻浮：哊女娃娃～的，可惹事了。

糊里马涂　xuəʔ$^{2-45}$ li^{11} ma^{11} tuəʔ^{2}　糊涂。

灰土马爬　xuei^{11} tʻu^{53} ma^{53} pa^{11}　①形容脏，连桌子也不擦，～的。②形容颜色不鲜亮：这花花布～的，不好看。

带叠字格

薄褴薄缕　pəʔ^{54} læ̃^{11} pəʔ$^{54-2}$ ly^{53}　形容衣衫褴缕：娃娃们穿得～的，真恓惶了。

扑东扑西　pʻəʔ$^{2-54}$ tuŋ^{11} pʻəʔ$^{2-54}$ ɕi　形容忙碌不堪：一天～的，也扑闹

不下甚。

5.4.3.2 平遥

合成格

寡妇幼子 kuɑ^{53} xu$^{13-31}$ iəu^{35} tsɿ^{53} ～们谁家管咻。

雨布天气 y^{53} pu^{35} tʻiᴇ$^{13-31}$ tɕʻi^{35} 连阴天：～不敢下城进城。

鸭子拽蛋 iʌʔ$^{13-31}$ tsʌʔ$^{13-35}$ tsuæ^{53} tɑŋ^{35} 形容人走路慢：走道道赛如～咧。

见景做法 tɕiᴇ^{35} tɕiŋ^{53} tsʌʔ^{13} xuʌʔ^{13} 随机应变：你去了就～哇。

带“圪”字格

圪溜拐弯 kəʔ^{53} liəu^{13} kuæ^{53} uɑŋ^{13} 形容不直：～底根棍棍。

白圪洞洞 piʌʔ^{53} kʌʔ^{53} tuŋ^{35} tuŋ$^{35-53}$ 形容白；～底块孩儿。

带数字格

假眉三道 tɕɑ^{53} mi^{13} sɑŋ^{11} tɔ$^{35-13}$ 弄虚做假、装腔做势：～装好人咻。

七长两短 tɕʻiʌʔ^{13} ʂʻɑŋ^{13} liɑŋ^{53} tuɑŋ^{53} 长短不齐：穿的衣裳常是～底。

带衬字格

丑支八怪 tʂʻəu^{53} tsɿ^{13} pʌʔ$^{13-31}$ kuæ^{35} 形容容貌丑陋：兀块孩儿～底不好看。

没精倒神 mʌʔ^{53} tɕiŋ^{11} tɔ^{53} ʂəŋ^{13} 无精打彩：～底块孩儿。

带叠字格

黄明朗朗 xuə^{13} mi^{13} lɑŋ^{13} lɑŋ^{13} 黄而可爱的样子：～底些儿小米。

不平不整 pʌʔ^{13} piŋ^{13} pʌʔ$^{13-35}$ ʂʅ^{53} 不平整：看你铺的单子床单～底。

5.5 本区常用语词举例

	01 **头**	02 **拳头**
太原	得脑 təʔ$^{2-54}$ nau^{53}	圪都 kəʔ^{54} tu^{11}
清徐	得老 təʔ$^{2-55}$ lɔu^{54}	圪都 kəʔ^{54} tu^{11}
平遥	得老 tʌʔ$^{13-35}$ lɔ^{53}	圪都 kəʔ^{53} tu^{11}
孝义	得脑 tʌʔ^{2} naɔ^{312}	圪都 kəʔ^{2} tu^{312}
文水	得老 təʔ^{312} lau^{423}	圪都 kəʔ^{2} tu^{312}
和顺	得脑 tieʔ^{31} nɔu^{35}	拳圪都 tɕʻyæ̃kəʔ^{21} tuəʔ^{21}

	03 **屁股**	04 **个一～人**

太原	启子 tuəʔ^{2} · tsɤ	块 kuai^{45}（老）kɤ^{45}（新）
清徐	启子 tuəʔ^{22} tsɤ$^{-11}$	块 kʻuai^{35}
平遥	启子 tuʌʔ$^{13-31}$ tsʌʔ$^{13-35}$	块 xuæ^{53}
孝义	启子 tuəʔ^{2} tsəʔ$^{2-53}$	块 xuai^{312}
文水	启子 tuəʔ^{2} tsəʔ$^{2-35}$	块 xuai^{22}
和顺	启子 tuəʔ^{21}	个 kɤ^{44}

	05 **拿**	06 **蹲**
太原	荷 xɤ^{53}	圪蹴 kəʔ^{54} tɕiəu^{11}
清徐	荷 xɤɯ^{54}	圪蹴 kəʔ^{54} tɕiɤɯ^{11}
平遥	荷 xei^{53}	圪蹴 kəʔ^{53} tɕiəu^{13}
孝义	荷 xᴇ^{312}	圪蹴 kəʔ^{2} tɕiou^{11}
文水	荷 xəi^{423}	圪蹴 kəʔ^{2} tɕiou^{22}
和顺	拿 na^{22}	圪蹴 kəʔ^{31} tɕiəu^{44}

	07 **奇特**形容小儿活泼可爱	08 **谁们**复数
太原	奇特 tɕʻiəʔ$^{2-54}$ tʻəʔ$^{54-2}$	谁们 sei^{11} · mɤ～去了
清徐	奇特 tɕʻiəʔ$^{13-31}$ tʻəʔ$^{54-2}$	谁们 ɕy^{11} mə^{11}
平遥	奇特 tɕʻiʌʔ^{2} tʻʌʔ$^{13-35}$	谁们 suei^{13} məŋ^{13}
孝义	奇特 tɕʻiəʔ^{2} tʻəʔ$^{2-53}$	谁们 suei^{11} məŋ$^{11-53}$
文水	奇特 tɕʻiəʔ^{2} tʻəʔ$^{2-35}$	谁们 sue^{22} məʔ^{22}
和顺	奇特 tɕʻieʔ^{21} tʻeʔ^{21}	谁 suei^{22}

	09 **里头**	10 **（房）上**
太原	黑里 xəʔ^{2} li^{53} 箱子～	（房）上 xɒ^{45}
清徐	黑里 xəʔ$^{22-54}$ lai	（房）上 xɒ̃^{45}
平遥	合里 xʌʔ^{53} lei^{53}	（房）上 xɔ^{35}
孝义	合里 xəʔ$^{312-21}$ lei^{312}	（房）上 xᴇ^{53}
文水	合里 xəʔ^{312} le^{423}	（房）上 xu^{35}
和顺	里头 lei^{35} tʻəu^{22}	（房）上 ʂɒ^{44}

附录：中区 21 点声韵调表

⊖表 ■上

中区声母表

编号	声母 例字 / 地点	布步	盘怕	门	状	吹	飞	到 桃 太⊖	男年	路	增⊖⊖瓷⊖⊖争 蒸	迟⊖曹⊖处⊖巢⊖潮	丝⊖书⊖诗⊖扇	认⊖日⊖闰
	北京	■	■	■	■ʂ	■ʂʻ	■	■ ■	■	■	■ ■ ■ʂ	■ʂʻ ■ ■ʂʻ	■ ʂ	ʐ
■	太原	■	■	■	■	■	■	■ ■	■	■	■ ■ ■	■	■	■
■	清徐	■	■/■ ■	■	■	■	■	■ ■/■ ■	■	■	■ ■/■ ■	tʂʻ/tʂ ■	■	■
■	榆次	■	■/■ ■	■	■	■	■	■ ■/■ ■	■	■	■ ■/■ ■	tʂʻ⊖/⊖tʂ ■	■	■
■	太谷	■	■/■ ■	■	■	■/■	■	■ ■/■ ■	■	■	■ ■/■ ■	tʂʻ⊖/⊖■ ■	■ ■/■ ■	■ ■
■	文水	■	■/■ ■	■	■	■	■	■ ■/■ ■	■ ȵ	■	■ ■/■ ■	tʂʻ⊖/⊖■ ■	■	■
■	交城*	■	■/■ ■	■	■	■	■	■ ■/■ ■	■	■	■ ■/ʻ■ ■	tʂʻ⊖/⊖■ ■	■	ʐ
■	祁县	■	■/■ ■	■	■	■	■	■ ■/■ ■	■	■	■ ■/■ ■	■ʻ⊖/⊖■ ■	■	ʐ
■	平遥*	■	■/■ ■	■	■	■	■	■ ■/■ ■	■ ȵ	■	■ ■/■ ■⊖/⊖■	tʂʻ⊖/⊖■ ■ tʂʻ	■ ʂ	ʐ ■
■	孝义	■	■/■ ■	■	■	■	■	■ ■/■ ■	■	■	■ ■/■ ■⊖/⊖■	■⊖/⊖■ ■ tʂʻ	■ ʂ	ʐ ■
■■	介休	■	■/■ ■	■	■	■	■	■ ■/■ ■	■ ȵ	■	■ ■/■ ■⊖/⊖■	tʂʻ⊖/⊖■ ■ tʂʻ	■ ʂ	ʐ ■
■■	寿阳	■	■	■	■	■	■	■ ■	■	■	■ ■ ■	■	■	■
■■	榆社	■	■	■	■	■/■	■	■ ■	■	■	■ ■ ■	■	■ ■/■ ■	■
■■	娄烦	■	■	■	■■	■■	■	■ ■	■ ȵ	■	■ ■ ■ tʂ	■ ■■ ■ tʂʻ	■ ■ ■ ʂ	ʐ ■
■■	灵石	■	■	■	■	■	■	■ ■	■	■	■ ■ ■	■	■	■
■■	盂县	■	■	■	■	■	■	■ ■	■ ȵ	■	■ ■ ■	■	■	■
■■	阳曲	■	■	■	■	■	■	■ ■	■	■	■ ■ ■	■	■	■
■■	阳泉	■	■	■	■	■	■	■ ■	■	■	■ ■ ■ ■	■ tʂʻ	■ ʂ	ʐ ■
■■	平定	■	■	■	■	■	■	■ ■	■	■	■ ■ ■ ■	■ tʂʻ	■ ʂ	ʐ ■
■■	昔阳	■	■	■	■	■	■	■ ■	■	■	■ ■ ■ ■	■ tʂʻ	■ ʂ	ʐ ■
■■	和顺	■	■	■	■	■	■	■ ■	■	■	■ ■ ■ ■	■ tʂʻ	■ ʂ	ʐ ■
■■	左权	■	■	■	■	■	■	■ ■	■	■	■ ■ ■ ■	■ tʂʻ ■ tʂʻ	■ ʂ ■ ʂ	ʐ ■■ ʐ

㊀表 ■下

中区声母表（续）

编号	声母 例字 地点	精	勤	青㊀泉㊀丘			洗㊀宣㊀喜			柜㊀㊀贵㊀㊀		开葵	暗岸	化话	儿㊀㊀衣㊀㊀乌㊀㊀鱼			
	北京	tɕ	tɕʻ	tɕʻ			ɕ			■		■	ø	■	ø			
■	太原	tɕ	tɕʻ	tɕʻ			ɕ			■		■	ɤ	■	ə■	■	■	■
■	清徐	tɕ	tɕʻ/tɕ	tɕʻ	tɕʻ/tɕ	tɕʻ	ɕ			■		■	ŋ	■	■■	■	■	■
■	榆次	tɕ	tɕʻ/tɕ	tɕʻ	tɕʻ/tɕ	tɕʻ	ɕ			■		■	ŋ	■	ə■	■	■	■
■	太谷	tɕ	tɕʻ/tɕ	tɕʻ	tɕʻ/tɕ	tɕʻ	ɕ			■		■	ŋ	■	ɐ■	■	■	■
■	文水	tɕ	tɕʻ/tɕ	tɕʻ	tɕʻ/tɕ	tɕʻ	ɕ			■		■	ŋ	■	■	ʅ	■	ɥ
■	交城	tɕ	tɕʻ/tɕ	tɕʻ	tɕʻ/tɕ	tɕʻ	ɕ			■		■	ŋ	■	ə■	■	■	■
■	祁县	tɕ	tɕʻ/tɕ	tɕʻ	tɕʻ/tɕ	tɕʻ	ɕ			■		■	ŋ	■	l	ʅ	■	■■
■	平遥	tɕ/■	tɕʻ/tɕ	tɕʻ/■	tɕʻ/tɕ	tɕʻ	ɕ/■	ɕ		■/tɕ	■	■	ŋ	■	ə■	■	■	■/ȵ
■	孝义	tɕ	tɕʻ/tɕ	tɕʻ	tɕʻ/tɕ	tɕʻ	ɕ			■/tɕ	■	■	ŋ	■	ə■	■	■	■/ȵ
■■	介休	tɕʻ/■	tɕʻ/tɕ	tɕʻ/■	tɕʻ/tɕ	tɕʻ	ɕ/■	ɕ		■/tɕ	■	■	ŋ	■	ɐ■	■	■	■/ȵ
■■	寿阳	tɕ	tɕʻ	tɕʻ			ɕ			■		■	ŋ	■	ə■	ʅ	■	■
■■	榆社	tɕ	tɕʻ	tɕʻ			ɕ			■		■	ŋ	■	l	ʅ	■	ɥ
■■	娄烦	tɕ	tɕʻ	tɕʻ			ɕ			■		■	ŋ	■	ə■	■	■	■
■■	灵石	tɕ	tɕʻ	tɕʻ			ɕ			■		■	ŋ	■	ə■	■	■	■/ȵ
■■	盂县	tɕ	tɕʻ	tɕʻ			ɕ			■		■	ŋ	■	ə■	■	■	■
■■	阳曲	tɕ	tɕʻ	tɕʻ			ɕ			■		■	ŋ	■	■	■	■	■
■■	阳泉	tɕ	tɕʻ	tɕʻ	■	tɕʻ	ɕ	■	ɕ	■		■	ŋ	■	ə■	■	■	■
■■	平定	tɕ	tɕʻ	tɕʻ	■	tɕʻ	ɕ	■	ɕ	■		■	ŋ	■	ə■	■	■	■
■■	昔阳	tɕ	tɕʻ	tɕʻ	■	tɕʻ	ɕ	■	ɕ	■		■	ŋ	■	ə■	■	■	■
■■	和顺	tɕ	tɕʻ	tɕʻ	■	tɕʻ	ɕ	■	ɕ	■		■	ŋ	■	l	■	■	■
■■	左权	tɕ	tɕʻ	tɕʻ	■	tɕʻ	ɕ	■	ɕ	■		■	ŋ	■	ə■	■	■	■

＊未列入声母表的声母有：（括号内是例字）
文水㊀ ■■（女暖）
平遥㊀ ■■（软腻）
　　ɳ（扭碾）
孝义㊀ ■■（拧女）
　　（镊粘）
介休㊀ ■■（女腻）
　　ɳ（粘碾）

㊀表 [illegible]上

中区韵母表

编号	韵母 例字 地点	资	支 知	衣 梨	步 猪	怒 路	雨 吕	茶	牙	花	蛇河	破	锅	野 街	靴	盖	妹	怪	闺㊀女	桃	条	口	牛
	北京	ɿ	ʅ	[illegible]	[illegible]	[illegible]	[illegible]	[illegible]	[illegible]	[illegible]	ɤ	[illegible]	[illegible]	[illegible]	[illegible]	[illegible]	[illegible]	[illegible]	[illegible]	[illegible]	[illegible]	[illegible]	[illegible]
[illegible]	太原	ɿ		[illegible]	[illegible]	ə[illegible]	[illegible]	[illegible]	[illegible]	[illegible]	ɤ		[illegible]ɤ	[illegible]	[illegible]	[illegible]	[illegible]	[illegible]	[illegible]	ɔ[illegible]	[illegible]	ə[illegible]	[illegible]
[illegible]	清徐	ɿ		[illegible]	[illegible]	əɯ	[illegible]	ɒ	[illegible]	[illegible]ɒ	ɤɯ		[illegible]ɤɯ	[illegible]	[illegible]	[illegible]		[illegible]	[illegible]	ɔ[illegible]	[illegible]	ɤɯ	[illegible]ɯ
[illegible]	榆次	ɿ		[illegible]	[illegible]	ʌ	[illegible]	ɑ	[illegible]	[illegible]ɑ	ʌ		[illegible]ʌ	[illegible]	[illegible]	[illegible]		[illegible]	[illegible]	ɔ	[illegible]	ʌ	[illegible]
[illegible]	太谷	ɿ		[illegible]	[illegible]	[illegible]	[illegible]	ɒ	[illegible]	[illegible]ɒ	ɤ		[illegible]	[illegible] / [illegible]	[illegible]	[illegible]	[illegible]	[illegible]	[illegible]	ɑ[illegible]	[illegible]	əɯ	[illegible]ɯ
[illegible]	文水*	ɿ			[illegible]	[illegible]	ʯ	[illegible]	[illegible]	[illegible]	ə[illegible]		[illegible]ɒ[illegible]	[illegible] / [illegible]	[illegible]	[illegible]	[illegible]	[illegible]	[illegible]	ɐ[illegible]	[illegible] / [illegible]	[illegible]	[illegible]
[illegible]	交城*	ɿ		[illegible]	[illegible]	əɯ	[illegible]	ɑ	[illegible]	[illegible]ɑ	ɤɯ		[illegible]ɤɯ	[illegible]	[illegible]	ɛ		[illegible]ɛ	[illegible]	ɐ[illegible]	[illegible]	əɯ	[illegible]ɯ
[illegible]	祁县	ɿ			[illegible]	ə[illegible]	[illegible]	[illegible]	[illegible]	[illegible]	ɯ		[illegible]	[illegible] / [illegible]	[illegible]	[illegible]	[illegible]	[illegible]	[illegible] / [illegible]	[illegible]	[illegible] / [illegible]	ə[illegible]	[illegible]
[illegible]	平遥*	ɿ	ʅ	[illegible]	[illegible] / ʯ	ə[illegible]	[illegible] / [illegible]	ɑ	[illegible]	[illegible]ɑ	ʅ[illegible] / ɔ	[illegible]	[illegible]	[illegible]	[illegible]			[illegible]	[illegible] / [illegible]	ɔ	[illegible]	ə[illegible]	[illegible]
[illegible]	孝义*	ɿ	ʅ	[illegible] / [illegible]	[illegible]	[illegible]	[illegible] / [illegible]	[illegible]	[illegible]	[illegible]	[illegible] / ɤ	[illegible]	[illegible]	[illegible] / [illegible]	[illegible]	[illegible]	[illegible]		[illegible]	[illegible]	[illegible] / [illegible]	[illegible]	[illegible]
[illegible]	介休*	ɿ		/ [illegible]	[illegible] / ʯ	ə[illegible]	[illegible] / [illegible]	[illegible]	[illegible]	[illegible]	[illegible] / ə	[illegible]	[illegible]	[illegible]	[illegible]	ɛ[illegible]		[illegible]ɛ[illegible]	[illegible]	ɔ[illegible]	[illegible]	ə[illegible]	[illegible]
[illegible]	寿阳	ɿ		/ [illegible]	[illegible]	əɯ	[illegible] / [illegible]	ɑ	[illegible]	[illegible]ɑ	əɯ		[illegible]əɯ	[illegible]	[illegible]	ɑ[illegible]	[illegible]	[illegible]ɑ[illegible]	[illegible]	ɔ[illegible]	[illegible]	əɯ	[illegible]ɯ
[illegible]	榆社	ɿ		/ [illegible]	[illegible]	/ ə[illegible]	ʯ / [illegible]	ɒ	[illegible]	[illegible]ɒ	ɤ		[illegible]	[illegible]	[illegible]	ɛ	[illegible]	[illegible]ɛ	[illegible]	[illegible]	[illegible]	ə[illegible]	[illegible]
[illegible]	娄烦	ɿ	ʅ	[illegible]	[illegible]	ə[illegible]	[illegible] / [illegible]	[illegible]	[illegible]	[illegible]	əɯ		[illegible]əɯ	[illegible]	[illegible]	[illegible]	[illegible]	[illegible]	[illegible]	[illegible]	[illegible]	ə[illegible]	[illegible]
[illegible]	灵石*	ɿ		[illegible]	[illegible]	[illegible]	[illegible]	[illegible]	[illegible]	[illegible]	ɤ		[illegible]ɤ	[illegible]	[illegible]ɛ	ɛ	[illegible]	[illegible]ɛ	[illegible]	ɔ	[illegible]	[illegible]	[illegible]
[illegible]	盂县	ɿ		[illegible] / [illegible]	[illegible]	ə[illegible]	[illegible]	ɑ	[illegible]	[illegible]ɑ	ʅ[illegible] / [illegible]		[illegible]	[illegible]	[illegible]		[illegible]	[illegible]	[illegible]	ɔ	[illegible]	ə[illegible]	[illegible]
[illegible]	阳曲*	ɿ		[illegible]	[illegible]	[illegible]	[illegible]	[illegible]	[illegible]	[illegible]	ɤ		[illegible]ɤ	[illegible]	[illegible]ɛ	[illegible]	[illegible]	[illegible] / [illegible]	[illegible]	ɛ[illegible]	[illegible]	[illegible]	[illegible]
[illegible]	阳泉*	ɿ	ʅ	[illegible] / [illegible]	[illegible]		[illegible] / [illegible]	ɑ	[illegible]	[illegible]ɑ	ɤ	[illegible]		[illegible]	[illegible]	[illegible]	[illegible]	[illegible]	[illegible]	ɔ	[illegible]	ə[illegible]	[illegible]
[illegible]	平定	ɿ	ʅ	[illegible] / [illegible]	[illegible]		[illegible] / [illegible]	ɑ	[illegible]	[illegible]ɑ	ɤ	[illegible]		[illegible]	[illegible]	[illegible]	[illegible]	[illegible]	[illegible]	ɔ	[illegible]	ə[illegible]	[illegible]
[illegible]	昔阳	ɿ	ʅ	[illegible] / [illegible]	[illegible]		[illegible] / [illegible]	ɑ	[illegible]	[illegible]ɑ	ɤ		[illegible]ɤ	[illegible]	[illegible]	ɛ	[illegible]	[illegible]ɛ	[illegible]	ɔ	[illegible]	ə[illegible]	[illegible]
[illegible]	和顺	ɿ	ʅ	[illegible] / [illegible]	[illegible]		[illegible] / [illegible]	[illegible]	[illegible]	[illegible]	ɤ		[illegible]ɤ	[illegible]	[illegible]	[illegible]	[illegible]	[illegible]	[illegible]	ɔ[illegible]	[illegible]	ə[illegible]	[illegible]
[illegible]	左权	ɿ	ʅ	[illegible]	[illegible]		[illegible] / [illegible]	[illegible]	[illegible]	[illegible]	ɤ		[illegible]ɤ	[illegible]	[illegible]	[illegible]		[illegible] / [illegible]		[illegible]	[illegible]	ʌɤ	[illegible]ɤ

㊀表 [illegible]中

中区韵母表（续）

编号	地点	搬班	碱(俭)	官关	园	烫	羊	光	针	绳	新	井	魂	红	群	兄	塔杂	夹匣	捉活	月决
	北京	[illegible]	[illegible]	[illegible]	[illegible]	[illegible]ŋ	[illegible]ŋ	[illegible]ŋ	ə[illegible]	əŋ	[illegible]	[illegible]ŋ	[illegible]	[illegible]ŋ	[illegible]	[illegible]ŋ	[illegible]	[illegible]	[illegible]	[illegible]
[illegible]	太原	㊀	[illegible]	[illegible]㊀	[illegible]	ɒ㊀	[illegible]㊀	[illegible]㊀	əŋ		[illegible]ŋ		[illegible]ŋ		[illegible]ŋ	[illegible]ŋ / [illegible]	[illegible]	[illegible]	[illegible]	[illegible]ʔ
[illegible]	清徐	ε	[illegible]	[illegible]	[illegible]	ɒ	[illegible]	[illegible]	ʌ㊀	ʌ㊀ / ɿ	[illegible]㊀	[illegible]㊀ / [illegible]	[illegible]㊀		[illegible]㊀	[illegible]㊀ / [illegible]	[illegible] / [illegible]	[illegible] / [illegible]	[illegible] / [illegible]	[illegible] / [illegible]
[illegible]	榆次	ε	[illegible]	[illegible]	[illegible]	ɑ	[illegible]	[illegible]ɑ	əŋ	əŋ / ɿ	[illegible]	[illegible] / [illegible]	[illegible]ŋ		[illegible]ŋ	[illegible]ŋ / [illegible]	[illegible]	[illegible]	[illegible]	[illegible]
[illegible]	太谷	[illegible]㊀ / [illegible]㊀	[illegible]㊀	[illegible]㊀ / [illegible]㊀	[illegible]㊀	ɒ	[illegible]	[illegible]	[illegible]㊀	[illegible]㊀ / ɿ	[illegible]㊀	[illegible]㊀ / [illegible]	㊀			[illegible] / [illegible]	[illegible]	[illegible]	[illegible]	[illegible]
[illegible]	交水	[illegible] / [illegible]ŋ	[illegible]ŋ（[illegible]）	[illegible] / [illegible]ŋ	[illegible]	[illegible]ŋ / ʊ	[illegible]ŋ / [illegible]	[illegible]ŋ / ʊ	əŋ	əŋ / ɿ	[illegible]ŋ	[illegible]ŋ / ɿ	[illegible]ŋ		[illegible]ŋ	[illegible]ŋ / ɥ	[illegible]	[illegible]	[illegible]	[illegible]
[illegible]	交城	ɒ㊀ /	[illegible]㊀	ɒ㊀ / [illegible]	ɒ㊀	ɔ	[illegible]	[illegible]	ɛ㊀	ɛ㊀[illegible] / ɿ	㊀	[illegible]㊀ / ɿ	[illegible]㊀		[illegible]㊀	[illegible]㊀ / [illegible]	[illegible]	[illegible]	[illegible]	[illegible]
[illegible]	祁县	ɯ㊀ / ɑ㊀	[illegible]㊀	ɯ㊀ / ɑ㊀	[illegible]㊀	ɑ㊀ / [illegible]	[illegible]㊀ / [illegible]	[illegible]㊀ / [illegible]	[illegible]㊀	[illegible]㊀ / ɿ	[illegible]㊀	[illegible]㊀ / ɿ	[illegible]㊀		[illegible]㊀	[illegible] / [illegible]	ɑʔ	[illegible]ʔ	[illegible]ʔ	[illegible]ʔ
[illegible]	平遥	ɑŋ	[illegible]ŋ	[illegible]ŋ	[illegible]	ɑŋ / [illegible]	[illegible]ŋ / [illegible]	[illegible]ŋ / [illegible]	əŋ	əŋ / ɿ	[illegible]	[illegible] / [illegible]	[illegible]ŋ		[illegible]ŋ	[illegible]ŋ / [illegible]	ʌʔ	[illegible]ʔ	[illegible]ʌʔ	[illegible]ʌʔ
[illegible]	孝义	ɑŋ / ɤ / ɑŋ	[illegible]ŋ / [illegible]	[illegible]ŋ / [illegible]ɤ	[illegible]ŋ / [illegible]	ɑŋ / [illegible]ɤ	[illegible]ŋ / [illegible]	[illegible]ŋ / [illegible]ɤ	əŋ	əŋ / ɿ	[illegible]	[illegible] / [illegible]	[illegible]ŋ		[illegible]ŋ	[illegible]ŋ / [illegible]	[illegible]	[illegible]	[illegible] / [illegible]ʔ	[illegible]ʔ
[illegible]	介休	㊀	[illegible]㊀	[illegible]㊀	[illegible]㊀	㊀ / [illegible]	[illegible]㊀ / [illegible]	[illegible]㊀ / [illegible]	əŋ	əŋ / ɿ	[illegible]㊀	[illegible] / [illegible]	[illegible]ŋ		[illegible]	[illegible] / [illegible]	ʌʔ	[illegible]ʔ	[illegible]ʌʔ	[illegible]ʌʔ
[illegible]	寿阳		[illegible]	[illegible]㊀	[illegible]	ɒ	[illegible]	[illegible]	ə㊀		[illegible]㊀		[illegible]㊀		[illegible]㊀		[illegible]	[illegible]	[illegible]	[illegible]ʔ
[illegible]	榆社	ɒ㊀	[illegible]	[illegible]㊀	[illegible]	ɔ㊀	[illegible]㊀	[illegible]㊀	ɛ㊀		[illegible]㊀		[illegible]㊀		[illegible]㊀		[illegible]	[illegible]	[illegible]	[illegible]ʔ
[illegible]	娄烦	ε	[illegible]	[illegible]	[illegible]	[illegible]	[illegible]	[illegible]ɯ			[illegible]㊀	[illegible]㊀	[illegible]㊀		[illegible]㊀	[illegible]㊀		[illegible]	[illegible] / [illegible]ʔ	[illegible]
[illegible]	灵石	ɒ㊀	[illegible]	[illegible]㊀	[illegible]	ɒ / ɤ	[illegible] / [illegible]ɤ	[illegible]㊀ / [illegible]ɤ		əŋ / ɿ	[illegible]	[illegible] / [illegible]	[illegible]		[illegible]ŋ	[illegible]ŋ / [illegible]	[illegible]	[illegible]	[illegible]ʔ / [illegible]	[illegible]ʌʔ
[illegible]	孟县		[illegible]	[illegible]	[illegible]	/ [illegible]	[illegible] / [illegible]	[illegible] / [illegible]		/ ɿ	[illegible]	[illegible] / [illegible]	[illegible]		[illegible]	[illegible] / [illegible]	ʌʔ	[illegible]ʔ	[illegible]ʌʔ	[illegible]ʌʔ
[illegible]	阳曲	ε	[illegible]	[illegible]	[illegible]	ɔ	[illegible]	[illegible]	ə㊀		[illegible]㊀		[illegible]㊀		[illegible]㊀		[illegible]ʔ	[illegible]ʔ	[illegible]ʔ	[illegible]ʔ
[illegible]	阳泉		[illegible]	[illegible]	[illegible]	ɑŋ	[illegible]ŋ	[illegible]ŋ	əŋ		[illegible]ŋ		[illegible]ŋ		[illegible]ŋ		[illegible]	[illegible]ʔ / [illegible]	[illegible]ʔ	[illegible]ʔ
[illegible]	平定		[illegible]	[illegible]	[illegible]	ɑŋ	[illegible]ŋ	[illegible]ŋ	əŋ		[illegible]ŋ		[illegible]ŋ		[illegible]ŋ		[illegible]	[illegible]ʔ / [illegible]	[illegible]ʔ	[illegible]ʔ
[illegible]	昔阳		[illegible]	[illegible]	[illegible]	ɑŋ	[illegible]ŋ	[illegible]ŋ	əŋ		[illegible]ŋ		[illegible]ŋ		[illegible]ŋ		[illegible]	[illegible]ʔ / [illegible]	[illegible]ʔ	[illegible]ʔ
[illegible]	和顺		[illegible]	[illegible]	[illegible]	ɒ	[illegible]	[illegible]	əŋ		[illegible]		[illegible]ŋ		[illegible]ŋ		[illegible]	[illegible]	[illegible]	[illegible]ʔ
[illegible]	左权	ε	[illegible]	[illegible]	[illegible]	ɔ	[illegible]	ɔ			əŋ / ɿ	[illegible]ŋ	[illegible]ŋ		[illegible]ŋ		[illegible]	[illegible]	[illegible] / [illegible]ʔ	[illegible]ʔ

表 2 下　　**中区韵母表（续 2）**

编号 \ 地点 \ 声母 \ 例字		尺拾	笛 鼻		秃读	律	局	耳
	北京	ʅ	i		u	y		ər
1	太原	əʔ	iəʔ		uəʔ	yəʔ		ər
2	清徐	əʔ	iəʔ		uəʔ	yəʔ		ɛi
3	榆次	ʌʔ	iʌʔ		uʌʔ	yʌʔ		ər
4	太谷	əʔ	iəʔ		uəʔ	yəʔ		ɐi
5	文水	əʔ	iaʔ	iəʔ	uəʔ	yəʔ		e
6	交城	əʔ	iəʔ		uəʔ	yəʔ		ər
7	祁县	əʔ	iəʔ		uəʔ	yəʔ		l̩
8	平遥	ʌʔ	iʌʔ		uʌʔ	yʌʔ		ər
9	孝义	əʔ	iəʔ		uəʔ	uəʔ	yəʔ	ɛi
10	介休	ʌʔ	iʌʔ		uʌʔ	yʌʔ		ɐr
11	寿阳	əʔ	iəʔ		uəʔ	yəʔ		ər
12	榆社	əʔ	iəʔ		uəʔ	yəʔ		ər
13	娄烦	əʔ	iəʔ		uəʔ	uəʔ	yəʔ	əi
14	灵石	ʌʔ	iəʔ		uəʔ	uəʔ	yəʔ	əi
15	盂县	ɤʔ	iɤʔ		uɤʔ	yɤʔ		əi
16	阳曲	əʔ	iəʔ		uəʔ	yəʔ		æe
17	阳泉	əʔ	i	iəʔ	uəʔ	y		ər
18	平定	əʔ	i	iəʔ	uəʔ	y		ər
19	昔阳	əʔ	i	iəʔ	uəʔ	y		ər
20	和顺	əʔ	iəʔ		uəʔ	yəʔ		l̩
21	左权	əʔ			iəʔ	uəʔ		yəʔ

＊受表格所限，未列入韵母表的韵母有：（括号内是例字）

孝义　ya（哕）yaʔ（觉确）

灵石　yaʔ（觉确）　　老派有：æ（针笼）　uæ（棍葱）

阳曲　uʌʔ（刷滑）ya（曰）

文水　ya（横哕）

平遥　yɑ（哕）

介休　ya（哕曰）

交城　yɒ̃（全）

表 3　　**中区声调表**

<table>
<tr><td colspan="2" rowspan="3">调类 例字 声母 地点 编号</td><td colspan="2">平声</td><td rowspan="2">上声</td><td rowspan="2">去声</td><td colspan="2">入声</td></tr>
<tr><td>阳平</td><td>阴平</td><td>阳平</td><td>阴平</td></tr>
<tr><td>平唐龙</td><td>知高安</td><td>古买手</td><td>近厚正怕大树</td><td>笔急发麦</td><td>读舌截</td></tr>
<tr><td></td><td>北京</td><td>35</td><td>55</td><td>214</td><td>51</td><td>214 35 55 51</td><td>35</td></tr>
<tr><td>1</td><td>太原</td><td colspan="2">11</td><td>53</td><td>45</td><td>ʔ2</td><td>35</td></tr>
<tr><td>2</td><td>清徐*</td><td colspan="2">11</td><td>53</td><td>35</td><td>ʔ2</td><td>ʔ54</td></tr>
<tr><td>3</td><td>榆次</td><td colspan="2">11</td><td>5</td><td>35</td><td>ʔ21</td><td>ʔ54</td></tr>
<tr><td>4</td><td>太谷</td><td colspan="2">22</td><td>323</td><td>45</td><td>ʔ11</td><td>ʔ434</td></tr>
<tr><td>5</td><td>文水</td><td colspan="2">22</td><td>423</td><td>35</td><td>ʔ2</td><td>ʔ312</td></tr>
<tr><td>6</td><td>交城</td><td colspan="2">11</td><td>42</td><td>35</td><td>ʔ2</td><td>ʔ54</td></tr>
<tr><td>7</td><td>祁县</td><td colspan="2">33</td><td>21</td><td>35</td><td>22ʔ</td><td>ʔ21</td></tr>
<tr><td>8</td><td>平遥</td><td colspan="2">13</td><td>53</td><td>35</td><td>ʔ13</td><td>ʔ53</td></tr>
<tr><td>9</td><td>孝义</td><td colspan="2">11</td><td>312</td><td>53</td><td>ʔ2</td><td>ʔ312</td></tr>
<tr><td>10</td><td>介休</td><td colspan="2">13</td><td>523</td><td>45</td><td>ʔ13</td><td>ʔ523</td></tr>
<tr><td>11</td><td>寿阳</td><td colspan="2">21</td><td>423</td><td>45</td><td>ʔ2</td><td>ʔ434</td></tr>
<tr><td>12</td><td>榆社</td><td colspan="2">33</td><td>323</td><td>45</td><td>ʔ22</td><td>ʔ434</td></tr>
<tr><td>13</td><td>娄烦</td><td colspan="2">22</td><td>213</td><td>54</td><td>ʔ2</td><td>ʔ212</td></tr>
<tr><td>14</td><td>灵石</td><td>44</td><td>535</td><td>212</td><td>53</td><td>ʔ4</td><td>ʔ212</td></tr>
<tr><td>15</td><td>盂县</td><td>22</td><td>412</td><td>53</td><td>44</td><td>ʔ2</td><td>ʔ212</td></tr>
<tr><td>16</td><td>阳曲</td><td>22</td><td colspan="2">213</td><td>353</td><td>ʔ2</td><td>ʔ212</td></tr>
<tr><td>17</td><td>阳泉</td><td>44</td><td>313</td><td>53</td><td>24</td><td colspan="2">ʔ4</td></tr>
<tr><td>18</td><td>评定</td><td>44</td><td>313</td><td>53</td><td>24</td><td colspan="2">ʔ4</td></tr>
<tr><td>19</td><td>昔阳</td><td>33</td><td>31</td><td>55</td><td>24</td><td colspan="2">ʔ3</td></tr>
<tr><td>20</td><td>和顺</td><td>22</td><td>31</td><td>35</td><td>44</td><td colspan="2">ʔ21</td></tr>
<tr><td>21</td><td>左权</td><td>21</td><td colspan="2">53</td><td>35</td><td colspan="2">ʔ2</td></tr>
</table>

* 清徐另有阴入2，无喉塞，调值 11。

（杨述祖协助。原载《山西方言调查研究报告》山西高校联合出版社 1993）

晋东南地区的"子"变韵母

晋东南地区东北边与河北省相连，东南一大片与河南省接壤，西南角是本省运城地区，西面是本省临汾地区，北面是本省晋中地区。晋东南地区行政区划见文末参考图。[①] 其中长治市（图里头用"▲"号表示）为省辖市，晋东南地区行政公署驻地。潞城县、长治县为长治市辖县。据1984年《中华人民共和国行政区划简册》，晋东南地区辖一市（晋城市）十三县。晋东南行政区划参考图见文末。

一 总说

1.1 先举例来说明什么是子变韵母。姓"孙"的"孙"，北京话读［sun˥］,阳城话读［suə̃n˩］。姓"金"的"金"，北京话读［tɕin˥］，阳城话读［ciə̃n˩］。"孙·子"北京话说［sun˥ tsə·˧］阳城话说［suɐ̃ːŋ˩］。"金·子"北京话说［tɕin˥ tsə·˧］。阳城话说［ciːoŋ˩］，阳城话的［uə̃n］［iə̃n］是基本韵母，［uɐ̃ːŋ］［iːoŋ］是子变韵母。（下文举例用在汉字的右上角标小"z"表示）子变韵母的作用相当于北京话的轻读的词尾"·子"。"孝子""莲子"的"子"北京话重读，晋东南地区的方言也不变韵，不在本文讨论的范围之内。

整个晋东南地区有子变韵母的县、市限于与河南省邻界的阳城、晋城和陵川三点，其他各点都没有子变韵母（除注明者外，各点讨论的都是县、市人民政府所在地的语音），北京话的轻读的词尾"·子"在这些地

① 中华人民共和国民政部编，地图出版社，1984。

区有下列五种对应的格式。

1.1.1 [təʔ] 尾 长治市，长治县城南五华里东和村、长子，襄垣、壶关、武乡、屯留等七点，下面以长治市为例。[①]

桌子 tsuəʔ˦˥ 凳子 təŋ˦ təʔ˥

茭子 tɕiɔ˨˦ təʔ˨高粱 跑茅子 p'ɔ˥˧˥ mɔ˨˦拉稀

胰子 i˨˦ təʔ˨肥皂 媳妇子 ɕiəʔ˥˦ fu˥˧ təʔ˥儿媳

1.1.2 [ləʔ˨] 尾 平顺、沁县、潞城等三点，下面以平顺为例。[②]

桌子 tʂuəʔ˨ ləʔ˨ 盘子 p'ãŋ˨˦ ləʔ˨

孙子 ʂuə̃ŋ˨ ləʔ˨ 帽子 mɔ˨˦ ləʔ˨

1.1.3 [tʂuəʔ˨] 尾高平一点。[③] 例如：

桌子 tʂuəʔ˨ tʂəʔ˨ 梯子 t'i˧ tʂuəʔ˨

孙子 ʂuŋ˧ tʂəʔ˨ 盆子 p'ɐn˧ tʂuəʔ˨

1.1.4 [tsəʔ˨] 尾 沁源一点。[④] 例如：

桌子 tsuəʔ˨˧ tsəʔ˨ 扇子 ʂaŋ˥˧ tsəʔ˨

盘子 p'aŋ˩˧ tsəʔ˨ 胡子 xu˩˧ tsəʔ˨

---

① 长治市内汉民老派的单字调除轻声外，有下列六个（见本书《长治方言记略》）：
阴平˨˩˧ 213 高三汪 阳平˨˦ 24 穷陈娘 上声˥˧˥ 535 古展女
阴去˦ 44 配菜去 阳去˥˧ 53 社父怒 入声ʔ˥˦ 54 蝎袜拾

② 平顺县城关的单字调除轻声外有下列六个：
阴平˨ 22 高开婚 阳平˨˩˧ 213 穷寒鹅（实际调值 113，这里记作 213）
上声阴去˥˧ 53 古口好老盖抗送（古上声清声母、次浊声母的字和去声清声母字）
阳去˩˧˩ 131 厚头害岸 阴入ʔ˨ 2 急缺 阳入ʔ˥˦ 54 局月

③ 高平县城关的单字调除轻声外有下列四个：
平声˧ 33 专初三床神人 上声˥˧˥ 535 纸楚手染
去声˧˩ 31 抱父爱怕放病帽 入声ʔ˨ 2 三笔百铁白舌麦

④ 沁源县城关的单字调除轻声外有下列五个：
阴平˩ 11 低天婚 阳平˩˧ 13 才徐龙
上声˥˧˥ 535 走草老 去声˥˧ 53 近抗岸 入声ʔ˨˧ 23 急黑局合月

1.1.5　零尾　不带任何词尾。沁水、黎城两点，以沁水城关为例。①

桌 tʂuɤ˧˩　　椅 i˥

筷 k'uᴇ˩　　帽 mɔ˥˧

1.2　子变韵母的特点　本节讨论各方言点子变韵母的共性，各点的特性见下文。

1.2.1　子变韵母与基本韵母有固定的对应关系，阳城的基本韵母有四十个，子变韵母十二个（仅就目前调查到的材料而言，下同）。陵川的基本韵母四十二个，子变韵母十个。晋城的基本韵母四十个，子变韵母七个。子变韵母最多的是阳城，最少的是晋城。子变韵母少说明若干基本韵母的子变韵母合流。阳城［ɑ uɑ uə əʔ ʌʔ uəʔ uʌʔ］等七个基本韵母的子变韵母都是［ɔː］。例如：

基本韵母	子变韵母	基本韵母	子变韵母
耙 pɑ˥˧	耙^{z}pɔ˥˧	褥 ʐuəʔ˩～单	褥^{z}ʐɔː˪
花 xuɑ˩ 棉～	花^{z}xɔː˩ 鲜～	法 fʌʔ˩办～	法^{z}fɔː˪
骡 luə˩˧	骡^{z}lɔː˩˧	托 t'uʌʔ˩～人	托^{z}t'ɔː˪做月饼的模子
鸽 kəʔ˩˧	鸽^{z}kɔː˪		

1.2.2　基本韵母是塞音尾入声韵，子变韵母一律读开尾舒声韵。例如：

	基本韵母	子变韵母
阳城	褡 tʌʔ˩˧	钱褡^{z}tɕ'ie˩˧ tɔː˪（比较：花^{z}xɔː˩）
	匣 çiʌʔ˩˧	匣^{z}çiːɔ˪（比较：茄^{z}c'iːɔ˥˧）
晋城	虱 ʂəʔ˩	虱^{z}ʂʅːɤ˦（＝柿^{z}ʂʅːɤ˥˧）
	鼻 piəʔ˩	鼻^{z}piːɤ˦（＝箅^{z}piːɤ˥˧）
陵川	蝎 çiəʔ˧	蝎^{z}çie˦（比较：夜 ie˩˧）
	勺 ɕiəʔ˩˧	勺^{z}ɕie˦（＝蛇 ɕie˥˧）

① 沁水城关的单字调除轻声外有下列五个：
阴平˧˩ 31 高知竹麦　　阳平˩˧ 13 穷寒局　　上声˥ 55 使洗老
阴去˨ 22 见细　　阳去˥˧ 53 共害

1.2.3　阳城、晋城子变韵母的主要元音都是长元音。例如：

	基本韵母	子变韵母	基本韵母	子变韵母
阳城	房 fɑ̃ŋ˩˧	房ᶻ fɐ̃ːŋ˩˧		
阳城	旋 ɕye˥˧	旋ᶻɕyːɔ˥˧乐器		
	鞭 pei˩	鞭ᶻpiːɔ˩	裂 liʌʔ˧	裂ᶻliːɔ˩冬天手脚的裂口
晋城	鸡 tɕi˧	鸡ᶻtɕiːɤ˧˥		
晋城	勺 ʂʌʔ˧～药	勺ᶻʂɿːɤ˥		
	狮 ʂɿ˧	狮ᶻʂɿːɤ˧˥	橘 tɕyəʔ˧～梗	橘ᶻtɕyːɤ˥

1.2.4　入声字的子变韵母一律变读舒声调。舒声字的子变韵母有时读本调，有时读变调。三处的情况不太一样，这里只作简略的说明，详见下文。

A　子变韵母读变调

	基本韵母	子变韵母	基本韵母	子变韵母
阳城	秃 tʻuʌʔ˩˧	秃ᶻtʻɔː˩	板 pɛ̃˥˧	板ᶻpiːɔ˨˩
	镯 tʂuʌʔ˩˧	镯ᶻtʂɔ˩˧	嗓 sɑ̃˥˧	嗓ᶻsɐːŋ˨˩
	刷 ʂuʌʔ˩˧	刷ᶻʂɔː˩	引 iə̃˥˧	药引ᶻyəʔ˩˧ ioːŋ˨˩
晋城	鸽 kʌʔ˧	鸽ᶻkɑː˥	帖 tʻiʌʔ˧	黑头帖ᶻ xəʔ˧ tʻʌɤ˥˩˥ tʻiːɑ˥匿名小字报
	蝎 ɕiʌʔ˨	蝎ᶻɕiːɑ˥	笛 tiəʔ˧	笛ᶻtiːɤ˥
陵川	桌 tʂuʌʔ˧	桌ᶻtʂoː˧˥	橛 cyəʔ˧	橛ᶻcye˧˥
	瞎 çiʌʔ˧	瞎ᶻçie˧˥	褥 yəʔ˩˧	褥ᶻye˥
	匣 çyəʔ˩˧	匣ᶻçye˥	鼻 piəʔ˩˧	鼻ᶻpie˥

B　子变韵母本调

	基本韵母	子变韵母	基本韵母	子变韵母
阳城	梆 pɑ̃ŋ˩	梆 pɐ̃ːŋ˩	摊 tʻɛ̃˩	摊ᶻtʻiːɔ˩
	园 ye˨	园ᶻyːɔ˨	棍 kuə̃n˥˧	棍ᶻkuɐ̃ːŋ˥˧
晋城	柿 ʂɿ˥˧	柿ᶻʂɿːɤ˥˧	椅 i˨˦	椅ᶻiːɤ˨˦
陵川	箱 ɕiɑŋ˧	箱ᶻɕiɒ̃ŋ˧	绳 iŋ˥˧	绳ᶻiɒ̃ŋ˥˧

撢 tʌn˧˩˧　　撢ᶻ tɒ̃n˧˩˧　　缎 tuʌn˩˧　　缎ᶻ tuɒ̃n˩˧

二　阳城话的子变韵母

2.1　阳城话的声母有下列二十八个：

p	布	p‘	盘	m	门	f	飞	v	围微
t	到	t‘	太	n	难	l	连		
ts	祖	ts‘	曹	s	散				
ʈʂ	争	ʈʂ‘	虫	ʂ	生	ʐ	软		
ʨ	精	ʨ‘	齐	ȵ	女	ɕ	修		
c	经	c‘	旗	ç	虚				
k	贵	k‘	开	ŋ	硬	x	红		
ø	岸延武元								

零声母合口呼以［u–］介音起头的字都带有明显的浊擦音［v］。“午武”等零声母拼［u］韵的字摩擦不明显。

［ts ts‘ s］、［c c‘ ç］两组声母新派的发音部位都靠前。

2.2　阳城话的单字调及子变韵调

阳城话有下列五个单字调，轻声在外。

阴平	˩ 11	高开婚粗天安	阳平	˩˧ 13	穷寒鹅娘人龙
上声	˧˩ 31	古口好纸五老	去声	˥˧ 53	是社正唱助树
入声	ʔ˩˨ 12	笔匠福麦局合			

入声字的子变韵母一律变读舒声调。古入声清音声母的字和次浊声母的字，子变韵母读阴平调。古入声全浊声母的字，子变韵母读阳平调。例如：

基本韵母	子变韵母
脚 ciʌʔ˩˨ 小～	锅脚ᶻ kuəʔ˩ ci:ɔ˪ 铁锅上的爪子（＝痂ᶻ ci:ɔ 外伤愈后的痂）
袜 vʌʔ˩˨ ～底	袜ᶻ vɔ:˪（＝娃ᶻ vɔ:˪）
笛 tivʔ˩˨ 警～	笛ᶻ ti:u˩˧（比较：蹄ᶻ t‘i:u˩˧）

上声字的子变韵母一律变读低降升调［˪］313。例如

基本韵母　　子变韵母　　基本韵母　　子变韵母

点 tie˧˩	点^{z}ti ɒ˩˨	板 pɛ̃˧˩	板^{z}pi ɒ˩˨
嗓 sɑ̃ŋ˧˩	嗓^{z}sɐ̃ ŋ˩˨	等 tə̃n˧˩	等^{z}tɐ̃ ŋ˩˨

阴平、阳平、去声字的子变韵母读本调。例如

基本韵母	子变韵母	基本韵母	子变韵母
窗 ʂuɑ̃ŋ˩	窗^{z}ʂuɐ̃ ŋ˩	肠 ʂʻɑ̃ŋ˧	肠^{z}ʂʻɐ̃ ŋ˧
边 pie˩	边^{z}pi ɒ˩	燕 ie˥˧	燕^{z}i ɒ˥˧
帘 lie˧	帘^{z}pi ɒ˧	粽 tɕyə̃ŋ˥˧	粽^{z}tɕy ɒŋ˥˧

2.3　阳城的基本韵母和子变韵母

基本韵母四十个。音标下加横线表示该韵有子变韵母的例子，下同。

	i 第	u 故	y 雨
ɑ 爬	iɑ 架	uɑ 花	
o 保	io 条		
ə 河		uə 过	
ʅe 蛇	ie 街连		ye 靴园
æ 菜倍		uæ 怪桂	
ɐu 收	iɐu 流		
ɛ̃ 胆		uɛ̃ 短	
ər 二			
ə̃n 根庚	iə̃n 林灵	uə̃n 棍	yə̃n 勋
ɑ̃ŋ 党	iɑ̃ŋ 良	uɑ̃ŋ 光	
		uə̃ŋ 供瓮	yə̃ŋ 胸
əʔ 亩	iəʔ 急	uəʔ 鹿	yəʔ 绿
ʌʔ 直	iʌʔ 接	uʌʔ 郭	yʌʔ 活
ɿ 资	ʅ 支	ɥ 处	

［ʅe、ʅ、ɥ］三个韵母只拼［ʂ ʂʻ ʐ］声母

入声韵母［ʔ］喉塞非常明显，与吴语的［ʔ］尾近似。

子变韵母十二个。括弧里头是基本韵母，符号“＜”表示由什么韵变来。下文同此。

ɔː(＜ɑ uɑ uə əʔ ʌʔ uəʔ uʌʔ)

iːɔ（＜iɑ ie ɛ̃ iəʔ iʌʔ）　　yːɔ（＜ye uɛ̃ yəʔ yʌʔ ）

ʅ:ɔ（<ʅ）限拼 ts 组声母　　ʅ:ɔ（<ʅ ɛ̃ uʌʔ）限拼 ʈʂ 组声母

i:u（<i iʌʔ）

ɐ̃:ŋ（<ə̃n ɑ̃ŋ）　　i: ɐ̃ŋ（<iɑ̃ŋ）　　u: ɐ̃ŋ（<uɑ̃ŋ uə̃n）

ʅ:oŋ（<ɐ̃n）　　i:oŋ（<iə̃n）　　y:oŋ（<yə̃n yə̃n）

［ʅ:oŋ　i:oŋ　y:oŋ］中的［o］是个比较含混的过渡音。

上列十二个子变韵母来源于二十七个基本韵母。阳城话的基本韵母有四十个，这就是说还有［u y o io ə ʅe æ uæ ɐu iɐu ər uə̃ŋ ɥ］等十三个基本韵母（韵母表中未划短杠的韵母）眼下还没有子变韵母的例子

2.4　子变韵母举例：基本韵母不相同的用竖线"｜"隔开

［ɔ:］　耙ᶻpɔ:˦　刀把ᶻto:˩ pɔ:˦　娃ᶻpɔ:˩｜　爪ᶻʈʂɔ:˩｜　骡ᶻlɔ:ʎ｜
　　鸽ᶻkɔ:˪｜法ᶻfɔ˪｜　褥ᶻʐɔ:˪｜　刷ᶻʂɔ:˪　镯ᶻʈʂɔ:˩˨

［i:ɔ］　官架ᶻkuɛ̃˩ ci:ɔ˦｜　单ᶻti:ɔ˩～据　担ᶻti:ɔ˦　篮ᶻli:ɔ˦　毯ᶻt'i:ɔ˪｜
　　茄ᶻc'i:ɔʎ　鞭ᶻpi:ɔ˩　边 pi:ɔ˩　钳ᶻc'i:ɔʎ　碾ᶻȵi:˪　裂ᶻli:ɔ˪

［y:ɔ］　腐ᶻc'y:ɔʎ　园ᶻy:ɔʎ　泉ᶻʨ'y:ɔʎ　卷ᶻcy:ɔ˪　癣ᶻɕ:ɔ˦
　　缎ᶻty:ɔ˦｜　橛ᶻcy:ɔ˩˨　坐月ᶻtsuo˦ y:ɔ˪｜　疟ᶻy:ɔ˪ 发～子

［ʅ:ɔ］　菜子ᶻts'æ˦ ʈʂʅ:ɔ˪

［ʅ:ɔ］　狮ᶻʂʅ:ɔ˩｜　毡ᶻʈʂʅ:ɔ˩　铲ᶻʈʂ'ʅ:ɔ˪｜勺ᶻʂʅ:ɔ˦

［i:u］　梯ᶻt'i:u˩　蹄ᶻt'i:uʎ　李ᶻli:u˩　鸡ᶻʨi:u˩ 小鸡儿　椅ᶻi:u˩｜
　　笛ᶻti:u˧

［ɐ̃ŋ］　膀ᶻpɐ̃ŋ˪　房ᶻfɐ:ŋʎ　厂ᶻʈʂ'ɐ̃˪｜　根ᶻkɐ̃:ŋ˩　蚊ᶻvɐ̃:ŋʎ
　　本ᶻpɐ̃:ŋ˪　盆ᶻp'ɐ̃:ŋʎ

［iɐ̃:ŋ］腔ᶻc'iɐ̃:ŋ˩　箱ᶻciɐ̃:ŋ˩　羊ᶻiɐ̃:ŋʎ　样ᶻiɐ̃:ŋ˦

［uɐ̃:ŋ］桩ᶻʈʂuɐ̃:ŋ˩｜轮ᶻluɐ̃:ŋ˦

［ʅ:oŋ］　砧ᶻʈʂʅ:oŋ˩ 绳ᶻʂʅ:oŋʎ

［i:oŋ］　心ᶻɕi:oŋ˩ 银ᶻi:oŋʎ　钉ᶻti:oŋ˩　蝇ᶻi:oŋʎ　亭ᶻt'io:ŋʎ

［y:oŋ］　裙ᶻc'y:oŋʎ 榫ᶻɕ'y:oŋ˪｜　粽ᶻʨ'y:oŋ˦

三　晋城话的子变韵母

3.1　晋城话的声母有下列十九个：

p	步	pʻ	盘	m	门	f	飞		
t	到	tʻ	太	n	女			l	连
tʂ	糟招	tʂʻ	仓昌			ʂ	苏书	ʐ	认
tɕ	经	tɕʻ	全			ɕ	修		
k	贵	kʻ	开			x	话		
ø	岸言危元								

3.2 晋城话的单字调及子变韵母 晋城话有下列四个单字调，轻声在外。

阴平˧ 33　　离开婚商三飞　　去声˥˧ 53　近柱盖抗岸共

阳平上˨˩˧ 213　贫寒娘古口老　　入声 ʔ˨ 2　曲出木局合直

从来历讲，阳平上声调包括古平声浊音声母字和古上声清音声母和次浊母的字。阳平上声调的实际调值为 113，这里记作 213。

入声字的子变韵母一律变读去声调［˥˧］53。例如：

基本韵母　　　　子变韵母

虱 ʂəʔ˧　　　　虱ᶻ ʂʅːɤ ˥˧（＝柿ᶻ ʂʅːɤ ˥˧）脖 pʌʔ˧　脖 paːʔ ˥˧（＝耙ᶻ paː ˥˧）

阴平、阳平上声调（限于古平声浊音声母的字），子变韵母读变调［˧˥］35。这类例字很少。例如：

基本韵母　　　　子变韵母

鸡 tɕi˧　　　　鸡ᶻ tɕiːɤ ˧˥

蹄 tʻi˧　　　　蹄ᶻ tʻiːɤ ˧˥

多数例子是韵母不变韵，仍旧读基本韵母，但读变调［˧˥］35，有人把这种现象称为"'子变'变调"。①例如：

钉ᶻ tiə̃n ˧˥　单ᶻ tæ ˧˥　摊ᶻ tʻæ ˧˥　砧ᶻ ʂẽ ˧˥

鞍ᶻ æ ˧˥　庄ᶻ ʂuɒ̃ ˧˥　窗ᶻ ʂʻuɒ̃ ˧˥　庵ᶻ æ ˧˥ 场院看守庄稼的小棚儿

钯ᶻ pʻɑ ˧˥　袍ᶻ po ˧˥　盆ᶻ pʻẽ ˧˥　茄ᶻ tɕʻie ˧˥

① 沈慧云：《晋城方言的"子尾"变调》，《语文研究》1983 年第 4 期。

房^{Z} fɒ̃˧˥　　篮^{Z} læ˧˥　　聋^{Z} luoŋ˧˥　　裙^{Z} tɕʻyə̃n˧˥

帘^{Z} lie˧˥　　肠^{Z} ʂʻɒ̃˧˥　　椽^{Z} ʂʻuæ˧˥　　旋^{Z} tɕʻye˧˥ 头发～（“旋”字声母送气）

绳^{Z} ʂɐ̃˧˥　　瓤^{Z} ʐɒ̃˧˥　　钳^{Z} tɕʻie˧˥　　铧^{Z} xuɑ˧˥

去声调的字，子变韵母读本调［˥˧］53，不变调。基本韵母是阳平上声调（限于古上声清音声母和次浊声母的字）子变韵母读本调［˨˩˧］213。这两类的例字都很少。[①] 除去上文已经举过的“耙^{Z}”pɑ:˥˧，“篦^{Z}”pi:ɤ˥˧还有个“椅^{Z}”i:ɤ˨˩˧

3.3　晋城话的基本韵母和子变韵母

基本韵母四十个：

ʅ	资	i	地	u	故	y	居	ɑ	爬	iɑ	野	uɑ	瓜		
ʌ	河			uʌ	过			E	盖			uE	怪		
æ	板	ie	界	uæ	短	ye	鞋	o	保	io	条				
ɛe	妹	uɛe	柜			ʌɤ	收	iʌɤ	流						
ər	二	ɐ̃	根	iə̃n	星	uɐ̃	温	yə̃n	群	ɒ̃	党	iɒ̃	讲	uɒ̃	光
oŋ	风			uoŋ	东	yoŋ	穷								
əʔ	不	iəʔ	笔	uəʔ	突	yəʔ	菊	ʌʔ	八	iʌʔ	别	uʌʔ	夺	yʌʔ	绝

［oŋ］限于拼唇声母。入声韵［ʔ］的喉塞非常明显。

子变韵母七个。

ʅ:ɤ（<ʅ əʔ ʌ）限拼 ʂ 组声母

i:ɤ（<i iəʔ）　　u:ɤ（<u）　　y:ɤ（<yəʔ）

ɑ:（<ʌʔ）　　i:ɑ（<iʌʔ）　　u:ɑ（<uʌʔ uʌəʔ）

以上七个子变韵母的基本韵母限于入声韵（［yʌʔ］韵缺例）和舒声韵［ʅ］［i］［u］，与阳城的子变韵母比较，晋城的子变韵母要少得多。

3.4　子变韵母举例

［ʅ:ɤ］　狮^{z} ʂʅ:ɤ˧˥　柿^{z} ʂʅ:ɤ˨｜虱^{z} ʂʅ:ɤ˨｜勺^{z} ʂʅ:ɤ˨

［i:ɤ］　鸡^{z} tɕi:ɤ˧˥　蹄^{z} tʻi:ɤ˧˥专指骡蹄　胰^{z} i:ɤ˧˥　椅^{z} i:ɤ˨˩˧｜笛^{z} ti:ɤ˨

［u:ɤ］　狐^{z} xu:ɤ˧˥

---

① 同上。

[yːɤ] 橘ᶻ tɕyːɤ˥˦ 宿ᶻ ɕyːɤ˥˦麻雀

[ɑː] 鸽ᶻ kɑː˥˦

[iːɑ] 碟ᶻ tiːɑ˥˦ 匣ᶻ ɕiːɑ˥˦ 瞎ᶻ ɕiːɑ˥˦ 蝎ᶻ ɕiːɑ˥˦ 鸭ᶻ iːɑ˥˦

[uːɑ] 刷ᶻ ʂuːɑ˥˦

四 陵川话的子变韵母

4.1 陵川话的声母有下列二十二个：

p	布	p‘	怕	m	门	f	飞		
t	道	t‘	太			n	难	l	连人
ʈʂ	资蒸	ʈʂ‘	仓楚			ʂ	生诗		
tɕ	精	tɕ‘	齐			ɕ	修		
c	经	c‘	旗			ç	休		
k	贵	k‘	哭			x	化	ɣ	硬
ø	言元午热								

4.2 陵川话的单字调及子变韵母调

陵川话的单字调有下列六个，轻声在外。

阴平	˧33	高开婚三风	阳平	˥˧53	穷寒鹅人龙
上声	˨˩˧213	古草五女老	去声	˨˦24	近座抗共岸
阴入	ʔ˧3	急黑职得笔一	阳入	ʔ˨˧23	局合俗服月麦

入声字的子变韵母一律变读舒声。阴入字子变韵母老派变读［˨˦］24，与去声的单字调相同。阳入字子变韵母，老派读变调［˥˧］53与阳平的单字调相同，例如：

基本韵母	子变韵母
瞎 çiəʔ˧	瞎ᶻ çie˨˦（比较：谢 çie˨˦）
碟 tiʌʔ˨˧	碟ᶻ tieʔ˥˧（比较：谐 çie˥˧）

新派读音和老派不同，新派的阴入、阳入子变韵母都读变调［˥˧］53。举例以老派发音为准。

舒声字的子变韵母读本调，不读变调。例如：

基本韵母　　子变韵母　　　　基本韵母　　子变韵母

秧 laŋ˧　　瓜秧^z kuɑ˧ lɒ̃ŋ˧　　板 pan˨˩˧　　板^z pɒ̃ŋ˨˩˧

瓶 p‘iŋ˥˧　　瓶^z p‘iɒ̃ŋ˥˧　　镜 ciŋ˨˦　　镜^z ciɒ̃ŋ˨˦

4.3　陵川话的基本韵母和子变韵母

基本韵母四十二个：

ʅ	资支	i	地	u	故	y	吕	ɑ	爬	iɑ	架	uɑ	花
o	波							Ei	妹			uEi	回
ə	河	ie	姐蛇	uə	过	ye	靴	æe	筛			uæe	怪
ɔ	饱	iɔ	条					əo	收	iəo	流		
ər	二												
<u>An</u>	胆			<u>uAn</u>	酸			ə̃n	根	<u>iə̃n</u>	减	uə̃n	魂	<u>yə̃n</u>	园云
ɑŋ	党	iɑŋ	讲	uɑŋ	床			əŋ	庚	iŋ	星	uŋ	东	yŋ	胸
əʔ	木	iəʔ	踢	uəʔ	鹿	yəʔ	绿	ʌʔ	各	iʌʔ	百	uʌʔ	活	yʌʔ	月

[o] 限拼唇音声母。

[ɑŋ iɑŋ uɑŋ] 的主要元音 [ɑ] 带有轻度的鼻化。

子变韵母有十个：

o（＜ʌʔ uʌʔ）　ie（＜əʔ iʌʔ）　ye（＜yəʔ yʌʔ）

iæ̃n（＜iə̃n）　uæ̃n（＜uə̃n）　yæ̃n（＜yə̃n）

ɒ̃ŋ（＜An ɑŋ）　iɒ̃ŋ（＜ɑŋ iŋ）　uɒ̃ŋ（＜uAn uɑŋ）　yɒ̃ŋ（＜yŋ）

以上十个子变韵母的基本韵母限于塞音尾韵（[əʔ uəʔ] 两韵缺例）和鼻尾韵（[ə̃n uə̃n] [ər uŋ] 缺例）。[o ie ye] 三个子变韵母的基本韵母是塞音尾韵，[iæ̃n uæ̃n yæ̃n] [ɒ̃ŋ iɒ̃ŋ uɒ̃ŋ yɒ̃ŋ]：的基本韵母都是鼻尾韵。

4.4　子变韵母举例

[o]　脖^z po˦|　桌^z tʂo˦

[ie]　鼻^z pie˦|　勺^z ɕie˦　镊^z nie˦　裂^z lie˦

[ye]　褥^z ye˦|　橛^z cye˦˥　匣^z çye˦

[iæ̃n]　帘^z iæ̃n˥˧　碾^z niæ̃n˨˩˧

[uæ̃n]　孙^z ʂuæ̃n˧

[yæ̃n]　卷^z cyæ̃n˨˩˧　园^z yæ̃n˥˧

[ɒ̃ŋ]　篮^z lɒ̃ŋ˥˧　毯^z t‘ɒ̃ŋ˨˩˧　房^z fɒ̃ŋ˥˧　肠^z ʂ‘ɒ̃ŋ˥˧

[iɒ̃ŋ] 箱ᶻ ɕiɒ̃ŋ ˧ | 饼ᶻ piɒ̃ŋ ˩˨ 锭ᶻ tiɒ̃ŋ ˩˦

[uɒ̃ŋ] 缎ᶻ tuɒ̃ŋ ˩˦ | 窗ᶻ ʂuɒ̃ŋ ˧

[yɒ̃ŋ] 粽ᶻ tɕyɒ̃ŋ ˩˦

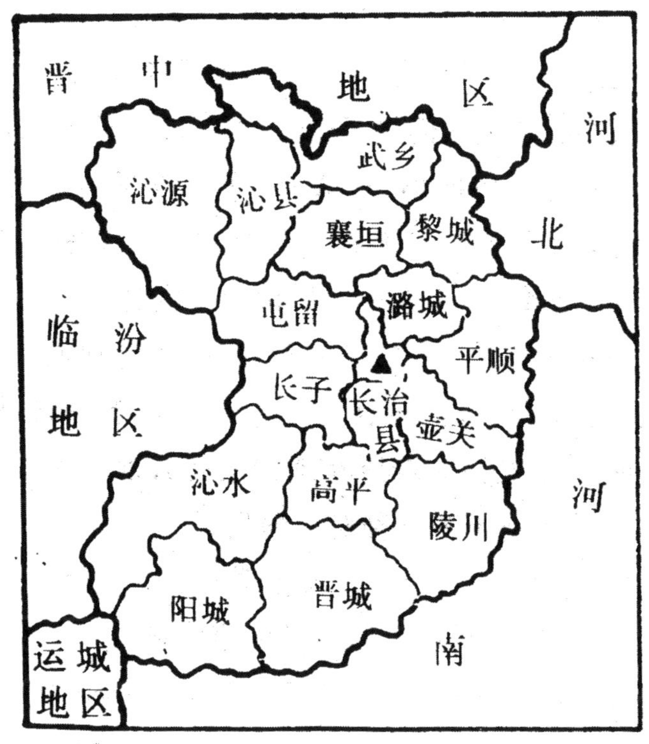

晋东南行政区划参考图

(原载《中国语文》1985.2)

长治方言记略

长治市为山西省第三大城市，古属上党郡，历来是晋东南地区政治、经济、文化、交通的中心。据一九八二年的人口普查材料，连同郊区在内，长治市共有人口四十三万，其中回民约两万人。市区的话和郊区的话有些区别。市区汉民说话和回民说话，老派说话和新派说话也有差别。本文前两节讨论市区老派汉民话，末了一节讨论长治方言的内部差异。

一　声韵调

1.1　声调　长治方言有六个单字调：阴平、阳平、上声、阴去、阳去、入声。入声在“子”尾、“底”尾前分阴入、阳入。为便于讨论，在调类前列出代码。

1	阴平	˨˩˧ 213	高猪初边安三飞开诗梯抽粗天婚央英汪冤晕
2	阳平	˨˦ 24	穷陈床才寒人麻云唐乎神扶鹅娘龙银王元荣
3	上声	˥˧˥ 535	古展纸口丑五女染买网有晚委引比九远永稳
5	阴去	˦ 44	戏副怕破配到四菜细去冻溯臭教倒气放案瓮
6	阳去	˥˧ 53	社淡父共树怒帽患棒右瞪旧大运院　愧弃帅
7	阴入	ʔ˦ 4	蝎～子 瞎～子 袜～子 黑～底 绿～底
8	阳入	ʔ˥˦ 54	席～子 鼻～子 碟～子 白～底 熟～底
9	入声	ʔ˥˦ 54	蝎瞎袜黑绿擦捏席鼻碟白熟拾择

上声的实际调值接近534，为醒目起见记作［˥˧˥］535。

入声都是短调，有明显的喉塞音［ʔ］尾。单字音入声不分阴阳，读［ʔ˥˦］。入声在“子”尾、“底”尾前，逢古清音和次浊声母字今读［ʔ˦］，认为阴入。逢古全浊声母字今读本调［ʔ˥˦］，本文记作［ʔ˥˦］，认为阳入。

阴平和上声，阴去和阴入，阳去和阳入的调型相同。阴平和上声都是降升调。阴去与阴入是平调。阳去与阳入是高降调。

长治的上声是古上声清音声母和次浊声母的字。阴去是古去声清音声母字。阳去是古上声全浊声母的字和古去声浊声母的字。古全浊声母的字今读阴去的有“坏侍”两个例外字。古去声清音声母字有五十六个读阳去。列举如下：

稼怖驻注蛀铸句贝帝济辈最岁冀弃志意既帅季愧讳慰躁糙奥懊爆笊~篱

鞘少斗昼皱幼厌禁~止旦赞灿扮战颤献唤焕篡衅舜奋训向况逛更~加庆

1.2 连调 本节讨论广用式两字组和专用式两字组的连调。先讨论专用式两字组连调。

1.2.1 专用式两字组连调 专用式连调指的是带“子”尾、“底”尾两字组和动词重叠式两字组的连调。

长治词尾［tə］或［təʔ］姑且认为“子”尾。“子”尾在阴平、上声后头读［tə］，在其他调类后头读［təʔ］。本文一律记作［təʔ］。例如：本子［pəŋ˥˧˥ təʔ˥˧˥］，夹子［tɕiɑʔ˥˧꜔ təʔ꜔］。（“儿子”和“莲子”的“子”音［tsɿ˥˧˥］，上声。）

“底”尾音［ti˥˧˥］，上声。例如：红底［xuŋ˨˦ ti˥˧˥˨˦］，暗底［ɑŋ˦ ti˥˧˥］。

带“子”尾两字组和带“底”尾两字组的连调行为完全一致。主要特点是：

①“子”尾“底”尾的前字读本调。但是阴入作为前字就读变调［ʔ꜔］不读本调，例如：

包子 pɔ˨˩˧ təʔ˨˩˧ 盘子 p‘ɑŋ˨˦ təʔ˨˦ 脖子 pəʔ˥˧ təʔ˥˧｜瞎子 ɕiəʔ˥˧꜔ təʔ꜔ 鸭子 iɑʔ˥˧꜔ təʔ꜔

深底 səŋ˨˩˧ ti˥˧˥˨˩˧ 黄底 xuɑŋ˨˦ ti˥˧˥˨˦ 薄底 pəʔ˥˧ ti˥˧｜湿底 səʔ˥˧꜔ ti˥˧˥꜔

②“子”尾“底”尾在阴去后读降升调［ʔ˥˧˥］，在其他声调后和前字同调。例如：

锅子 kuə˨˩˧ təʔ˨˩˧ 绳子 səŋ˨˦ təʔ˨˦ 底子 ti˥˧˥ təʔ˥˧˥｜裤子 k‘u˥˧ təʔ˥˧ 糨子 tɕiɑŋ˦ təʔ˥˧˥

灰底 xuei˨˩˧ ti˥˧˥˨˩˧ 红底 xuŋ˨˦ ti˥˧˥˨˦ 老底 lɔ˥˧˥ ti˥˧˥｜臭底 ts‘əu˦ ti˥˧˥ 细底 ɕi˦ ti˥˧˥

动词重叠式的连读变调。重叠前字有的读本调，有的读变调。前字是平声、上声，读本调，前字是去声、入声读变调。阴去、阴入（古清音和次浊声母字）变低降调，阳去、阳入（古全浊声母字）变高升调。专用式连读变调见表一，表头表示前字调类，表左是后字。

表一

	阴平[˨˩˧]	阳平[˧˥]	上声[˦˨˦]	阴去[˧]	阳去[˥˧]	阴入[ʔ˥˧]	阳入[ʔ˥˧]
带“子”	˨˩˧ ʔ˧˩	˧˥ ʔ˦˥	˦˨˦ ʔ˨˦	˧ ʔ˨˦	˥˧ ʔ˥	ʔ˧ ʔ˧	ʔ˥ ʔ˥
带“底”	˨˩˧ ʔ˧˩	˧˥ ˦˥	˦˨˦˦˨˦	˧ ˦˨˦	˧ ˥	ʔ˧ ˧	ʔ˥ ˥
动词重叠	˨˩˧ ˦˥	˧˥ ˥	˦˨˦˦˥	˧˩ ˥	˦˥ ˥˧	ʔ˧˩ ʔ˥˧	ʔ˧ ʔ˥˧

专用式两字组连调举例

以下举例先列带“子”尾两字组，再列带“底”尾的两字组和动词重叠两字组。“子”尾用“Z”表示，“底”尾用“D”表示。最后列动词重叠两字组，因为前后字声韵相同，所以后字用“一”号表示。每类举例从左往右排列。

带“子”尾两字组

1Z [˨˩˧ ʔ˧˩] 车子 ts'ə təʔ　箱子 ɕiaŋ təʔ　2Z [˧˥ ʔ˦˥] 孩子 xæ təʔ　轮子 luŋ təʔ

3Z [˦˨˦ ʔ˨˦] 板子 paŋ təʔ　椅子 i təʔ

5Z [˧ ʔ˨˦] 轿子 tɕiɔ təʔ　粽子 tɕiŋ təʔ　6Z [˥˧ ʔ˥] 馅子 ɕiaŋ təʔ　豆子 təu təʔ

7Z [ʔ˧ ʔ˧] 镊子 niɛʔ təʔ　谷子 kuəʔ təʔ　8Z [ʔ˥ ʔ˥] 镯子 tsuəʔ təʔ　凿子 tsuəʔ təʔ

带“底”尾两字组

1D [˨˩˧ ˧˩] 酸底 suaŋ ti　青底 tɕ'iŋ ti　2D [˧˥ ˦˥] 黄底 xuaŋ ti　稠底 ts'əu ti

3D [˦˨˦ ˦˨˦] 冷底 ləŋ ti　软底 yaŋ ti

5D [˧ ˦˨˦] 暗底 aŋ ti　臭底 ts'əu ti　6D [˧ ˥] 烂底 laŋ ti　硬底 iŋ ti

7D [ʔ˧ ˧] 窄底 tsəʔ ti　辣底 laʔ ti　8D [ʔ˥ ˥] 直底 tsəʔ ti　活底 xuəʔ ti

动词重桑两字组

1 1 [˨˩˧ ˦˥] 扇扇 saŋ —　分分 fəŋ —　2 2 [˧˥ ˥] 求求 ɕ'iəu —　瞧瞧 tɕ'iəu —

3 3 [˦˨˦ ˦˥] 炒炒 ts'ɔ —　瞅瞅 ts'əu —

5 5 [˧˩ ˥] 算算 suaŋ —　看看 k'aŋ —　6 6 [˦˥ ˥˧] 问问 uŋ —　动动 tuŋ —

7 7 [ʔ˧˩ ʔ˥˧] 切切 tɕ'iəʔ —　歇歇 ɕiəʔ —　8 8 [ʔ˧ ʔ˥˧] 凿凿 tsuəʔ —　拔拔 pəʔ —

附带说明，重叠称谓词的连调多数与动词重叠两字组的连调相同，对比如下：

2 2 [˨˦ ˨˦˦˥] 爷爷 iɛ iɛ | 闻闻 uŋ uŋ　　3 3 [˥˧˥ ˥˧˥˦˥] 姐姐 tɕiɛ tɕiɛ | 写写 ɕiɛ ɕiɛ
3 3 [˥˧˥ ˥˧˥˦˥] 奶奶 næ næ | 走走 tsəu tsəu　　6 6 [˥˧˦˥ ˥˧] 舅舅 tɕiəu tɕiəu | 问问 uŋ uŋ

1.2.2 广用式两字组的连调。广用式两字组的连调如表二所示。表左标明前字的调类，表头标明后字的调类。广用式两字组入声不分阴阳，所以表内只列一个入声。体词结构的连调与述宾结构的连调有时不同，下文在必要时用 S 表示体词结构，用 V 表示述宾结构。

表二

后字 前字	阴平 [˨˩˧]		阳平 [˨˦]		上声 [˥˧˥] S	V	阴去 [˦] S	V	阳去 [˥˧]		入声 [ʔ˥˦]	
阴平 [˨˩˧]	˨˩˧ ˥	˦˥ ˨˩˧	˨˩˧ ˨˦		˦˥ ˥	˦˥ ˥˧˥	˨˩˧ ˥	˨˩˧ ˦	˨˩˧ ˥˧		˨˩˧ ʔ˥˦	
阳平 [˨˦]	˨˦ ˥		˨˦ ˨˦		˦˥ ˥	˦˥ ˥˧˥	˨˦ ˥	˨˦ ˦	˨˦ ˥˧		˨˦ ʔ˥˦	
上声 [˥˧˥]	˥˧˥ ˨˩˧		˥˧˥ ˨˦		˦˥ ˥	˦˥ ˥˧˥	˥˧˥ ˥	˥˧˥ ˦	˥˧˥ ˥˧		˥˧˥ ʔ˥˦	
阴去 [˦]	˦ ˨˩˧		˦ ˨˦		˦˥ ˥	˦˥ ˥˧˥	˥ ˦		˥ ˥˧		˦ ʔ˥˦	
阳去 [˥˧]	˥˧ ˨˩˧		˥˧ ˨˦		˦˥ ˥	˦˥ ˥˧˥	˥˧ ˦		˥˧ ˥˧		˥˧ ʔ˥˦	
入声 [ʔ˥˦]	ʔ˦˥ ˦˥	ʔ˥˦ ˨˩˧	ʔ˦˥ ˦˥	ʔ˥˦ ˨˦	ʔ˦˥ ˥	ʔ˦˥ ˥˧˥	ʔ˥˦ ˥	ʔ˦˥ ˦	ʔ˥˦ ˥˧	ʔ˦˥ ˥˧	ʔ˦˥ ʔ˦˥	ʔ˥˦ ʔ˥˦

（一）广用式两字组连读变调举例

第一字阴平

1 1 [˨˩˧ ˥] 公鸡 kuŋ tɕi　西瓜 ɕi kua　斑鸠 paŋ tɕiəu
[˦˥ ˨˩˧] 生姜 səŋ tɕiaŋ　抽风 ts‘əu fəŋ　开车 k‘æ ts‘ə
1 2 [˨˩˧ ˨˦] 香油 ɕiaŋ iəu　中人 tsuŋ iŋ 中间人　关门 kuaŋ məŋ
1 3 S [˦˥ ˥] 针管 tsəŋ kuaŋ 针鼻儿　村长 ts‘uŋ tsaŋ　端午 taŋ u “端”音“单
1 3 V [˦˥ ˥˧˥] 收礼 səu li　丢手 tiəu səu 撒手　睁眼 tsəŋ iaŋ
1 5 S [˨˩˧ ˥] 毡片 tsaŋ piaŋ　单裤 taŋ k‘u　灯罩 təŋ tsɔ
1 5 V [˨˩˧ ˦] 穿孝 ts‘uaŋ ɕiɔ　烧炭 sɔ t‘aŋ　翻案 faŋ aŋ
1 6 [˨˩˧ ˥˧] 松树 ɕyŋ su“松”音“胸”　丧事 saŋ sɿ　装病 tsuaŋ piŋ
1 9 [˨˩˧ ʔ˥˦] 车轴 ts‘ə tsuəʔ　锅黑 kuə xaʔ 锅底黑灰　修脚 ɕiəu tɕyəʔ

第一字阳平

2 1	[˩˧ ˦˥]	茴香 xuei ɕiaŋ	龙灯 lyŋ təŋ	回家 xuei tɕia
2 2	[˩˧ ˩˧]	胡芹 xu tɕʻiŋ 芹菜	蛇鱼 sə y 鳝鱼	熬年 ɔ niaŋ 守岁
2 3 S	[˧˥ ˦˥]	洋马 iaŋ ma“自行车”	儿马 ər ma 公马	凉粉 liaŋ fəŋ
2 3 V	[˧˥ ˥˧˥]	骑马 tɕʻi ma	谣腿 iɔ tʻuei 抖腿	求雨 tɕʻiəu y
2 5 S	[˩˧ ˦˥]	银器 iŋ tɕʻi	邮票 iəu pʻiɔ	鱼刺 y tsʻɿ
2 5 V	[˩˧ ˧˧]	盘贷 pʻaŋ xuə	淘菜 tʻɔ tsʻæ	提价 tʻi tɕia
2 6	[˩˧ ˥˧]	稠饭 tsʻəu faŋ 稠稀饭	鞋面 ɕiᴇ miaŋ	和面 xuə miaŋ
2 9	[˩˧ ʔ˥]	挠钹 liɔ pʻəʔ 音“辽泼”	茶菜 tsʻa iəʔ	迎客 iŋ kʻaʔ

第一字上声

3 1	[˥˧˥ ˨˩˧]	草鸡 tsʻɔ tɕi 母鸡	水坑 suei kʻəŋ	点灯 tiaŋ təŋ
3 2	[˥˧˥ ˩˧]	水鞋 suei ɕiᴇ 雨鞋	顶棚 tiŋ pʻəŋ 天花板	响雷 ɕiaŋ luei 打雷
3 3 S	[˧˥ ˦˥]	母马 mu ma	卯榫 mɔ suŋ 卯眼和榫头	软枣 yaŋ tsɔ 黑枣
3 3 V	[˧˥ ˥˧˥]	绞脸 tɕiɔ liaŋ 旧时女子嫁前绞去脸和脖子上的寒毛		数九 suə tɕiəu
3 5 S	[˥˧˥ ˦˥]	尿布 sɿ pu 尿布	柳絮 liəu ɕy	韭菜 tɕiəu tsʻæ
3 5 V	[˥˧˥ ˧˧]	扯布 tsʻə pu	跑步 pʻɔ pu	补课 pu kʻuə
3 6	[˥˧˥ ˥˧]	火柱 xuə tsu 通条	紧病 tɕiŋ piŋ 急病	赶会 kaŋ xuei
3 9	[˥˧˥ ʔ˥]	马鳖 ma piəʔ 水蛭	耳塞 ər səʔ 耳屎	数伏 suə fəʔ

第一字阴去

5 1	[˧˧ ˨˩˧]	细丝 ɕi sɿ	半天 paŋ tʻiaŋ	放臊 faŋ sɔ 指狐狸
5 2	[˧˧ ˩˧]	眵糊 tsʻɿ xu 眼屎	楦头 ɕyaŋ tʻəu	过年 kuə niaŋ 明年
5 3 S	[˧˥ ˦˥]	冻土 tuŋ tʻu	气筒 tɕʻi tʻuŋ	菜子 tsʻæ tsɿ
5 3 V	[˧˥ ˥˧˥]	潲雨 sɔ y	放火 faŋ xuə	挂匾 kua piaŋ
5 5	[˦˥ ˧˧]	臭炭 tsʻəu tʻaŋ 烟儿煤	臭氧 tsʻəu tɕʻi	咽气 iaŋ tɕʻi
5 6	[˦˥ ˥˧]	担杖 taŋ tsaŋ 扁担	细面 ɕi miaŋ	送饭 suŋ faŋ
5 9	[˧˧ ʔ˥]	教室 tɕiɔ səʔ	照壁 tsɔ piəʔ 影壁	送客 suŋ kʻaʔ

第一字阳去

6 1	[˥˧ ˨˩˧]	树根 su kəŋ	右边 iəu piaŋ	纫针 iŋ tsəŋ
6 2	[˥˧ ˩˧]	棒槌 paŋ tsʻuei	后娘 xəu niaŋ	下棋 ɕia tɕʻi
6 3 S	[˧˥ ˦˥]	柿饼 sɿ piŋ	地主 ti tsu	右手 iəu səu
6 3 V	[˧˥ ˥˧˥]	害丑 xæ tsʻəu 害羞	瞪眼 təŋ iaŋ	上马 saŋ ma

6 5	[˥˧ ˦]	旧货 tɕiəu xuə	烩菜 xuei ts'æ	受气 səu tɕ'i
6 6	[˥˧ ˥˧]	大殿 ta tiaŋ	旧饭 tɕiəu faŋ 剩饭	害病 xæ piŋ
6 9	[˥˧ ʔ˥˦]	皂荚 tsɔ tɕiaʔ 皂荚的果实	艾叶 æ iəʔ 艾草的叶子	上药 saŋ yəʔ

第一字入声

9 1	[ʔ˦˥ ˦˥]	北瓜 pəʔ kua	秃鸠 t'uəʔ tɕiəu 猫头鹰	铁锅 t'iəʔ kuə
	[ʔ˥˦ ˨˩˧]	铁钉 t'iəʔ tiŋ	铡刀 tsəʔ tɔ	立秋 liəʔ tɕ'iəu
9 2	[ʔ˦˥ ˦˥]	铁匙 t'iəʔ sɿ 锅铲儿	历头 liəʔ t'əu 日历	劈雷 p'iəʔ luei
	[ʔ˥˦ ˨˦]	杂粮 tsaʔ liaŋ	脱鞋 t'uəʔ ɕiɛ	作乔 tsuəʔ tɕ'iɔ 做作
9 3 S	[ʔ˦˥ ˧]	恶水 əʔ suei 脏水	铁饼 t'iəʔ piŋ	月饼 yəʔ piŋ
9 3 V	[ʔ˦˥ ˥˧˥]	歇晌 ɕiəʔ saŋ	出脸 ts'uəʔ liaŋ 大方	拔草 paʔ ts'ɔ
9 5 S	[ʔ˥˦ ˧]	贼汉 tsəʔ xaŋ 贼	乏炭 faʔ t'aŋ 煤核儿	白菜 piəʔ ts'æ
9 5 V	[ʔ˦˥ ˦]	切菜 tɕ'iəʔ ts'æ	喝醋 xəʔ ts'u	择菜 tsəʔ ts'æ
9 6	[ʔ˥˦ ˥˧]	铁路 t'iəʔ lu	石匠 səʔ tɕiaŋ	发汗 faʔ xaŋ
	[ʔ˦˥ ˥˧]	熟路 suəʔ lu	吃饭 ts'əʔ faŋ	作梦 tsuəʔ məŋ
9 9	[ʔ˦˥ ʔ˦˥]	屋脊 uəʔ tɕiəʔ	烙铁 ləʔ t'iəʔ	捉脉 tsuəʔ miəʔ 号脉
	[ʔ˥˦ ʔ˥˦]	八月 pəʔ yəʔ	熟铁 suəʔ t'iəʔ	服药 fəʔ yəʔ

广用式两字组连读变调例外举例：

1 2 [˦˥ ˧˩] 新房 ɕiŋ faŋ　1 3 S [˨˩˧ ˧˩] 中指 tsuŋ tsɿ　2 3 S [˨˦ ˧] 红薯 xuŋ su

3 3 S [˥˧˥ ˧˩] 小米 ɕiɔ mi　6 1 [˦˥ ˧] 大车 ta ts'ə　6 2 [˦˥ ˧] 丈人 tsaŋ iŋ

6 5 [˦˥ ˧] 饭店 faŋ tiaŋ　9 2 [ʔ˥˦ ˧] 舌头 səʔ t'əu

（二）如表二所示，两字组的声调组合决定两字组的连调行为。两字组的语法结构有时影响两字组的连调行为。例如：

①任何调类在上声前都变［˦˥］。上声作为后字，S与V两类结构的后字连调不同。例如：

1 3 S [˦˥ ˧]	斑点	paŋ tiaŋ	1 3 V [˦˥ ˥˧˥]	烧纸	sɔ tsɿ
2 3 S [˦˥ ˧]	牛奶	iəu næ"牛"音"油"	2 3 V [˦˥ ˥˧˥]	淋雨	liŋ y
3 3 S [˦˥ ˧]	雨伞	y saŋ	3 3 V [˦˥ ˥˧˥]	洗脸	ɕi liaŋ
5 3 S [˦˥ ˧]	报纸	pɔ tsɿ	5 3 V [˦˥ ˥˧˥]	送礼	suŋ li
6 3 S [˦˥ ˧]	大粉	ta fəŋ	6 3 V [˦˥ ˥˧˥]	下雨	ɕia y
9 3 S [ʔ˦˥ ˧]	黑狗	xaʔ kəu	9 3 V [ʔ˦˥ ˥˧˥]	喝酒	xəʔ tɕiəu

②前字是平、上、入声，后字是阴去的两字组，S与V两类结构的后字连调不同。例如：

1 5 S [˨˩ ˦˥] 香炭 ɕiaŋ t'ɑŋ 无烟煤　　1 5 V [˨˩ ˧] 抻炕 ts'əŋ k'ɑŋ 铺炕
2 5 S [˧˩ ˦˥] 回教 xuei tɕiɔ　　2 5 V [˧˩ ˧] 抬炭 t'æ t'ɑŋ 抬煤
3 5 S [˥˧ ˦˥] 女婿 ny suei "婿"音"岁"　　3 5 V [˥˧ ˧] 买报 mæ pɔ
9 5 S [ʔ˧˩ ˦˥] 木器 məʔ tɕ'i　　9 5 V [ʔ˦ ˧] 出气 ts'uəʔ tɕ'i

（三）阴去、阳去的连读变调　阴去、阳去的单字调不同，但是作为两字组的前字，阴去，阳去的连调有时相同，有时不同。

①在阴平，阳平，入声前，阴去、阳去的连调不同，阴去读［˧］。阳去读［˥˧］。例如：

5 1 [˧ ˨˩] 汽车 tɕ'i ts'ə　　6 1 [˥˧ ˨˩] 下车 ɕia ts'ə
送终 suŋ tsuŋ　　豆浆 təu tɕiaŋ
5 2 [˧ ˧˩] 正房 tsəŋ faŋ　　6 2 [˥˧ ˧˩] 树皮 su p'i
进门 tɕiŋ məŋ　　下楼 ɕia ləu
5 9 [˧ ʔ˧˩] 鬓角 piŋ tɕiaʔ　　6 9 [˥˧ ʔ˧˩] 桦木 xua məʔ
化学 xua ɕyəʔ　　闰月 yŋ yəʔ

②在上声字前，阴去、阳去的连读变调相同，都读［˦˥］调。例如：

5 3 S [˦˥ ˦˥] 四九 sɿ tɕiəu　冻土 tuŋ t'u　6 3 S [˦˥ ˦˥] 院长 yaŋ tsaŋ　地主 ti tsu
5 3 V [˦˥ ˥˧] 过场 kuə ts'ɑŋ 放手 faŋ səu　6 3 V [˦˥ ˥˧] 下雨 ɕia y　卖米 mæ mi

③在去声字前，阴去读变调［˦˥］，阳去读本调［˥˧］，阴阳去不分。例如：

5 5 [˦˥ ˥˧] 疝气 saŋ tɕ'i　送报 suŋ pɔ　6 5 [˥˧ ˧] 饭铺 faŋ p'u　卖炭 mæ t'ɑŋ
5 6 [˦˥ ˥˧] 蒜瓣 suaŋ paŋ 卸磨 ɕiɛ mə　6 6 [˥˧ ˥˧] 大队 ta tuei　锻磨 tuaŋ muə

④作为两字组的后字，阳去读本调［˥˧］阴去有时读变调［˦˥］（前字非去声的体词结构）与阳去的连调相同。有时读本调［˧］（前字非去声的述宾结构）与阳去的连调不同。例如：

1 6 [˨˩˧ ˥˧] 灯罩 təŋ tsɔ　1 5 S [˨˩˧ ˦˥] 香气 ɕiaŋ tɕ‘i　1 5 V [˨˩˧ ˧] 收账 səu tsaŋ
2 6 [˨˦ ˥˧] 肥皂 fei tsɔ　2 5 S [˨˦ ˦˥] 油菜 iəu ts‘æ　2 5 V [˨˦ ˧] 盘货 p‘aŋ xuə
3 6 [˥˧˥ ˥˧] 土地 t‘u ti　3 5 S [˥˧˥ ˦˥] 老汉 lɔ xaŋ　3 5 V [˥˧˥ ˧] 买报 mæ pɔ
9 6 [ʔ˥˦ ˥˧] 熟路 suəʔ lu　9 5 S [ʔ˥˦ ˦˥] 福气 fəʔ tɕ‘i　9 5 V [ʔ˦˥ ˧] 出嫁 ts‘uəʔ tɕia

⑤作为后字，前字是去声，阴去读［˧］，阳去读［˥˧］。阴去，阳去的连调不同。例如：

5 5 [˦˥ ˧] 送信 suŋ ɕiŋ　菜铺 ts‘æ p‘u　5 6 [˦˥ ˥˧] 送饭 suŋ faŋ　蒜瓣 suaŋ paŋ
6 5 [˥˧ ˧] 上粪 saŋ fəŋ　地契 ti tɕ‘i　6 6 [˥˧ ˥˧] 受骂 səu ma　后路 xəu lu

（四）入声字的连续变调

①入声字在上声字前读［ʔ˦˥］例如：

9 3 S [ʔ˦˥ ˦˥] 热水 iəʔ suei　白酒 piəʔ tɕiəu　9 3 V [ʔ˦˥ ˥˧˥] 插嘴 ts‘əʔ tsuei　截短 tɕiəʔ tuaŋ

②入声字在非上声字前，有时读本调［ʔ˥˧］，有时读变调［ʔ˧］。例如：

9 1 [ʔ˥˦ ˨˩˧]　铁钉 t‘iəʔ tiŋ　熄灯 ɕiəʔ təŋ　石碑 səʔ pei　立秋 liəʔ tɕ‘iəu
[ʔ˦˥ ˦˥]　铁锅 t‘iəʔ kuə　北瓜 pəʔ kua　菊花 tɕyəʔ xua　脚心 tɕyəʔ ɕiŋ
9 2 [ʔ˥˦ ˨˦]　客房 k‘əʔ faŋ　劈雷 p‘iəʔ luei　说媒 suəʔ mei　作乔 tsuəʔ tɕ‘iɔ 做假
[ʔ˦˥ ˦˥]　隔墙 tɕiəʔ tɕ‘iaŋ　北房 pəʔ faŋ　熟人 suəʔ iŋ　发霉 faʔ mei
9 5 [ʔ˥˦ ˦˥]　八卦 paʔ kua　黑酱 xaʔ tɕiaŋ　白菜 piəʔ ts‘æ　鼻涕 piəʔ t‘i
[ʔ˦˥ ˧]　白线 piəʔ ɕiaŋ　切菜 tɕiəʔ ts‘æ　喝醋 xəʔ ts‘u　杀兔 səʔ t‘u
9 6 [ʔ˥˦ ˥˧]　黑豆 xaʔ təu　木匠 məʔ tɕiaŋ　说话 suəʔ xua　粥饭 tsuəʔ faŋ
[ʔ˦˥ ˥˧]　白面 piəʔ miaŋ　熟肉 suəʔ iəu　得病 tiəʔ piŋ　入座 yəʔ tsuə
9 9 [ʔ˥˦ ʔ˥˦]　腊月 ləʔ yəʔ　杂木 tsaʔ məʔ　吃药 ts‘əʔ yəʔ
[ʔ˦˥ ʔ˦˥]　末伏 məʔ fəʔ　木塞 məʔ səʔ　出血 ts‘uəʔ ɕyəʔ

③入声字作为非入声的后字读本调［ʔ˥˧］。两个入声字相连读［ʔ˥˧ ʔ˥˧］或［ʔ˧ ʔ˧］例如：

1 9 [˨˩˧ ʔ˥˦] 猪血 tsu ɕyəʔ　2 9 [˨˦ ʔ˥˦] 同学 t‘uŋ ɕyəʔ　3 9 [˥˧˥ ʔ˥˦] 扁食 piaŋ səʔ
5 9 [˧ ʔ˥˦] 臭脚 ts‘əu tɕyəʔ　6 9 [˥˧ ʔ˥˦] 树叶 su iəʔ
9 9 [ʔ˥˦ ʔ˥˦] 蜜橘 miəʔ tɕyəʔ　9 9 [ʔ˦˥ ʔ˦˥] 黑色 xaʔ səʔ

1．3　声母　长治老派汉民话有声母十八个，包括零声母［Ø］在内。

p 布避伴北　p‘ 怕皮瓶迫　m 门木米墨　f 飞房冯福
t 帝队豆夺　t‘ 太同偷铁　n 脑怒女娘　l 蓝连雷辣

ts 租知皱浙　ts' 采窗昌插　s 思水声失

tɕ 姐举叫节　tɕ' 前去抢切　ɕ 笑选戏匣

k 瓜狗共革　k' 看葵考哭　x 河湖汉黑　ø 二人晚月

1.4 韵母 韵母有三十五个。

ɑ 爬茶沙洒怕骂　iɑ 家牙下架价夏　uɑ 花蛙寡瓦化华

ə 波婆哥遮社射　iE 邪姐借卸谢夜　uə 多梳楚科坐课　yE 靴瘸

ɿ 紫支世知时资　i 祭题李被器衣　u 部书鼠主抱某　y 取句女语两羽

æ 台耐才埋奶晒　uæ 外拐槐歪乖怀

ɔ 保刀高茅照少　iɔ 交孝轿小刁叫

ei 杯梅配肺废背　uei 灰碎桂惠锐卫

əu 头走抽欧宙肘　iəu 救九秋幼幽刘

ɑŋ 谈斩犯单山榜　iɑŋ 减炎闲延枪匠　uɑŋ 唤专串状狂壬　yɑŋ 员权元玄犬渊

əŋ 深沉根喷登梦　iŋ 金琴贫近蝇幸　uŋ 昏寸轰孔哄中　yŋ 均永穷雄胸用

ɑʔ 插法达托特刻　iɑʔ 甲鸭瞎雀觉角　uɑʔ 划刷滑袜　yɑʔ 嚼爵

əʔ 磕渴勺贼革吃　iəʔ 聂业列切脚积　uəʔ 活脱夺骨落获　yəʔ 月悦血削肃菊

1. 5 声母，韵母说明

[n] 在洪音前是 [n]，在细音前是 [ȵ]。

[ts ts' s] 拼 [ɿ] 韵以外的韵母时发音部位明显偏后。

[tɕ tɕ' ɕ] 的发音部位比北京话偏后。

[ø] 在开口呼韵母的前头有不很明显的喉塞音 [ʔ]。

上列三十五个韵母中 [yE yɑʔ uɑʔ] 三个韵母的例字很少。此外，还有一个自成音节的 [ṇ]。只有“人家” [ŋ̣˨˦ tɕiE˧˩] 指某个人或某些人，也用来指“我”（“人”音 [iŋ˨˦]）你家 ȵ˥˧˥ tɕiE˧˩你们两个例子，未列入韵母表。

[ɑ] 在 [ɑ iɑ uɑ] 里是 [a]，在 [aŋ iaŋ uaŋ yaŋ] 里是 [ɑ]，在 [ɑʔ iɑʔ uɑʔ yɑʔ] 里是 [ɐ]。

[ə] 拼唇音声母 [p p' m] 时，实际音值近 [o]。

[iŋ uŋ yŋ] 拼零声母 [ø] 时，主要元音与鼻音韵尾之间都有过渡音 [ə]。

入声韵的喉塞音尾 [ʔ] 非常清楚。

1.6 儿化韵母 儿化韵母只有八个。

ɑr（<ɑ ə æ ɔ ɑŋ ɑʔ əʔ）	ər（<ɿ ei əu əŋ）
iɑr（<iɑ iE iɔ iɑŋ iɑʔ iəʔ）	iər（<i iəu iŋ）
uɑr（<uɑ uə uæ uɑŋ uɑʔ uəʔ）	uər（<u uei uŋ）
yɑr（<yɑʔ yəʔ）	yər（<y yŋ）

括弧里是基本韵母。长治话有韵母三十五个，［yE yɑʔ］两个韵母未见儿化例子，所以上面括号里头只到了三十三个韵母。

入声韵儿化后喉塞音［ʔ］尾脱落，读舒声韵。入声字儿化后有的读阴去，有的读阳去。从来历看，古全浊声母字儿化后读阳去调。古清音和次浊声母字儿化后多数读阴去。例如：

围脖儿 uei˨˦ parr(比较：伴儿 par˥˧)	树叶儿 su˥˧ iarr	小碟儿 ɕiɔ˥˧˥ tiarr
凉席儿 liaŋ˨˦ ɕiarr(比较：馅儿 ɕiar˥˧)	牛犊儿 iəu˨˦ tuarr	墨盒儿 məʔ˥˧ xarr
小格儿 ɕiɔ˥˧˥ karr（=小个儿）	小卒儿 ɕiɔ˥˧˥ tsuarr	腊八儿 laʔ˥˧ parr
纸塞儿 tsɿ˥˧˥ sarr（=纸扇儿）	喜鹊儿 ɕi˥˧˥ tɕʻiarr	小鹿儿 ɕiɔ˥˧˥ luarr
墙角儿 tɕʻiaŋ˨˦ tɕiarr	小桌儿 ɕiɔ˥˧˥ tsuarr	小脚儿 ɕiɔ˥˧˥ tɕiarr

1．7　儿化韵母举例

［ɑr］刀把儿｜老婆儿｜布袋儿｜枣儿｜地瓜蛋儿｜办法儿｜耳勺儿

［iɑr］豆芽儿｜老爷儿太阳｜鸟儿｜样儿｜野鹊儿｜豆角儿

［uɑr］笑话儿｜填窝儿末了的男孩，“填”不送气｜一块儿｜新郎官儿｜牙刷儿｜活儿

［yɑr］圈儿｜小匣儿（“匣”音）

［ər］事儿｜小辈儿｜小偷儿｜板凳儿

［iər］扬水皮儿蜻蜓｜球儿｜瓶儿｜主儿｜汽水儿｜夜明虫儿萤火虫

［uər］主儿｜汽水儿｜夜明虫儿萤火虫

［yər］小鱼儿｜小俊儿人名

青少年的名字都可以儿化。例如：秀琴儿 ɕiəu ˦ tɕʻiər ˨˦，太顺儿 tʻæ ˦˥ suər ˥˧ 姓不能儿化，不能说“小张儿，小李儿”。

二　词汇和语法例句

本节依据《方言调查词汇手册》条目记录并略有补充。（一）至（十七）

是词和词组，（十八）是语法例句。每条先列汉字后记音，必要时酌加注解。本地有几种说法的用竖线“｜”隔开。“□”表示写不出来的字。“～”。表示读音特殊。

（一）

老爷儿 lɔ˨˩˧　iar˧˥｜　日头 i˥˧˧˥ t‘əu˩˧˧˥　太阳

月明儿 yəʔ˦˧　miər˧˥月亮

响雷 ɕiaŋ˨˩˧ luei˧˥

打闪 ta˨˩˧˧˥ saŋ˨˩˧

下雨 ɕia˥˧˧˥ y˨˩˧

下雪 ɕia˥˧˧˥ ɕyəʔ˦˧

雪消啦 ɕyəʔ˦˧ ɕiɔ˨˩

上冻 saŋ˦˧ tuŋ˧

冷子弹 ləŋ˨˩˧ təʔ˥ taŋ˦˧雹子

刮风 kuaʔ˦˧ fəŋ˨˩

端午 taŋ˨˩ u˨˩˧˧˥

八月十五 pəʔ˦˧ yəʔ˦˧ səʔ˥˧˧˥ u˦˧˧˥中秋节

年三十 niaŋ˩˧ saŋ˨˩ səʔ˦˧初夕

阳历年 iaŋ˩˧ liəʔ˦˧ niaŋ˩˧

（二）

灰 xuei˨˩

石灰 səʔ˦˧ xuei˨˩

泥 mi˩˧

冷水 ləŋ˨˩˧ suei˨˩˩

热水 iəʔ˥˧˧˥ suei˦˧˧˥

炭 t‘aŋ˧ 煤

香炭 ɕiaŋ˨˩ t‘aŋ˧˧˥香烟煤

臭炭 ts‘əu˧˧˥ t‘aŋ˧烟煤

煤油 mei˩˧ iəu˩˧｜洋油 iaŋ˧˥ iəu˧˥

锡 ɕiəʔ˦˧

吸铁石 ɕiəʔ˦˧ t‘iəʔ˥˧˥˩ səʔ˦˧

（三）

村 tsʻuŋ˨˩˧｜乡下 ɕiaŋ˨˩˧ ɕia˥˧

赶集 kaŋ˥˧˥ tɕiəʔ˥˧｜赶会 kaŋ˥˧˥ xuei˥˧

圪浪 kəʔ˥˧ laŋ˥˧巷

房子 faŋ˨˦ təʔ꜊꜈

正房 tsəŋ˦ faŋ˨˦

窗子 tsʻuaŋ˨˩˧ təʔ꜋꜌

门槛子 məŋ˨˦ tɕʻiaŋ꜈

茅厕 mɔ˨˦ tɕiəʔ˥˧

厨房 tsʻu˨˦ faŋ˨˦

烟洞 iaŋ˨˩˧ tuŋ˥˧烟囱

（四）

男底 naŋ˨˦꜊꜈ ti˥˧꜊꜈男的

女底 ny˥˧˥ ti˥˧˥꜋꜌女的

小娃子 ɕiɔ˥˧˥ ua˨˦ təʔ꜊꜈小孩子

小子 ɕiɔ˥˧˥ təʔ꜈꜊男孩

女子 ny˥˧˥ təʔ꜈꜊女孩

老汉儿 lɔ˥˧˥ xar˦꜊꜈

光棍 kuaŋ˨˩˧ kuər˦꜊꜈

老闺女 lɔ˥˧˥ kuei˨˩˧꜊꜈ ny˥˧꜊꜈

大夫 tæ˥˧ fu˨˩˧医生

厨子 tsʻu˨˦ təʔ꜊꜈

讨吃底 tʻɔ˥˧˥ tsʻəʔ˥˧ ti˥˧꜊꜈乞丐

（五）

爸爸 pa˥˧꜊꜌ pa˥˧꜊꜈父亲；叔父

娘 nia母亲；叔母｜妈 ma˧˥新派称妈妈

爷爷 i_{E}˧˥ i_{E}˧˥꜊꜈祖父；外祖父

奶奶 næ˥˧ næ˥˧˦祖母
姥姥 lɔ˥˧ lɔ˥˧˦外祖母
哥哥 kə˨˩˦ kə˨˩
兄弟 ɕyŋ˨˩ ti˥˩弟
姐姐 tɕiE˥˧ tɕiE˥˧˦
姊妹 tsɿ˥˧ mei˥˩妹
大爹 dɑ˥˩ tiE˨˩伯父，“二伯父”称作“二爹”
大娘 tɑ˥˩ niɑ˩
孩子 xæ˩ təʔ˦儿子
闺女 kuɑi˨˩ ny˥˧˦
女婿儿 ny˥˧ suər˥˩
舅舅 tɕiəu˥˩˦ tɕiəu˥˩
妗子 tɕiŋ˥˩ təʔ˧舅母
姑姑 kuɿ˨˩˨ kuɿ˨˩˦
姨 i˦
弟兄 ti˥˩ ɕyŋ˨˩
妹妹 tsɿ˥˧ nei˥˩
当家的 tɑŋ˨˩ tɕiɑ˨˩ təʔ˨｜男人 mtɑŋ˩ iŋ˩丈夫
老婆 lɔ˥˧ p‘ə˨˩｜媳妇 ɕiəʔ˥˩ fu˥˩妻
媳妇子 ɕiəʔ˥˩ fu˥˩ təʔ˧儿媳

（六）

□脑 tiəʔ˦ nɔ˥˧˦头
脸 liɑŋ˥˧
囟门子 ɕiŋ˧ məŋ˩ təʔ˦额
囟口子 ɕiŋ˥˩˦ k‘əu˥˧ təʔ˧头顶前部中央
鼻子 piəʔ˥˩ təʔ˧
眼 iɑŋ˥˧
眼睛蛋子 iɑŋ˥˧ tɕiŋ˨˩ tɑŋ˥˩ təʔ˦眼珠儿
耳朵 ər˥˧ tuə˨˩
舌头 səʔ˥˩ t‘əu˩˦

脖子 pəʔ˧˦ təʔ˥˧

胳膊 kəʔ˧˦ piəʔ˧˦

左手 tsuə˥˧˦ səu˧˥˧

右手 iəu˦˥˦ səu˧˥˧

手指头 səu˥˧ tsəʔ˧˦ t'əu˨˦˨ "指"与"则"同音

大拇指头 tɑ˦˥˦ mɑ˧˥˧tsəʔ˧˦ t'əu˨˦˨大拇指

二拇指头 ər˦˥˦ mɑ˧˥˧ tsəʔ˧˦ t'əu˨˦˨食指

中指 tsuŋ˨˩˧ tsʅ˥˧˨˩

四拇指头 sʅ˦˥˧ mɑ˧˥˧ tsəʔ˧˦ t 'əu˨˦˨无名指

小拇指头儿 ɕiə˥˧˦ mɑ˧˥˧tsəʔ˧˦ t 'əu˨˦˨小拇指

指甲盖儿 tsəʔ˧˨˩ tɕiɑʔ˧˦ lɑr˧˦

腿 t'uei˥˧

圪膝盖儿 kəʔ˧˦ ɕi˨˩˧ kɑr˧˥˧

（七）

病啦 piŋ˧˦ lɑ˧ | 害歪哩 xæ˧˦ uæ˨˩˧ lei˧

跑茅子 p'ɔ˥˧ mɔ˨˦ təʔ˥˧拉稀

瘸子 tɕ'yE˨˦ təʔ˥˧

驼背 t'uə˨˦ pei˧˦ | 锅子 kuə˨˩˧ təʔ˨˩

死啦 sʅ˧˥˧ lɑ˧

埋葬 mei˨˦ tsɑŋ˧˥˧

瞧病 tɕ'iɔ˨˦ piŋ˧˦

可些儿啦 k'ə˧˥˧ ɕiɑr˨˩˧ lɑ˧病轻了

（八）

衣裳 i˥˧ sɑŋ˧˦

围嘴子 uei˨˦˧ tsuei˧˥˧ təʔ˥˧

兜兜 tu˥˧ tu˨˦˧ | 单兜兜 tɑŋ˨˩˧tu˥˧ tu˨˦˧兜肚，现少用

屎布子 sʅ˥˧ pu˧˦ təʔ˥˧屎布

手巾 səu˥˧ tɕiŋ˨˩˧

胰子 i˨˦ təʔ˥˧肥皂

洗脸水 ɕi˥˧˦ liɑŋ˥˧˦ suei˧˥˧

登子 təŋ˧ təʔ˦˥
桌子 tsuəʔ˩˥ təʔ˥
抽屉 tsʻəu˨˩ tʻiʔ˦˥
戳子 tsʻuəʔ˩˥ təʔ˥图章
盖戳子 kæ˧ tsʻuəʔ˩˥ təʔ˥
糨子 tɕiaŋ˧ təʔ˦˥
取灯子 tɕʻyəʔ˥ təŋ˨˩ təʔ˩｜洋火 iaŋ˩˥ xuə˩˥｜火柴 xuə˥˧ tsʻæ˩
抹布 məʔ˩ pu˩擦炊事用具的布
抹灰片子 məʔ˩ xuei˨˩ pʻiaŋ˧ təʔ˦˥擦桌布
调羹儿 tʻiɔ˩ kər˨˩˥
筷子 kʻuæ˧ təʔ˦˥
簸箕 pə˧ tɕʻi˩
笤帚 tʻiɔ˩˥ tsu˩˥
滚子 kuŋ˥˧ təʔ˦˥
碓子 tuei˧ təʔ˩
槌子 tsʻuei˩ təʔ˩
绳子 səŋ˩ təʔ˥
车子 tsʻə˨˩ təʔ˩
轮子 luŋ˩ təʔ˥
伞 saŋ˥˧

（九）

清早儿饭 tɕʻiŋ˨˩ tsar˥˧ faŋ˩
晌午饭 saŋ˥˧ u˥˧˩ faŋ˩
黑来饭 xaʔ˩ læ˩ faŋ˩
大米饭 ta˩˥ mi˩˥ faŋ˩
面条子 miaŋ˩ tʻiɔ˩ təʔ˥面条儿
面 miaŋ˩白面
蒸馍 tsəŋ˨˩ mə˩｜馍 mə˩
包子 pɔ˥˧ təʔ˩
馄饨 xuŋ˩ tuŋ˨˩˥

饺子 tɕiɔ˥˧ təʔ˥˨ | 扁食 piaŋ˥˧ səʔ˥˦

菜 tsʻæ˦饭菜的菜

醋 tsʻu˦

酱油 tɕiaŋ˦ iəu˨˩

香油 ɕiaŋ˨˩˧ iəu˨˩

腥油 ɕiŋ˨˩˧ iəu˨˩ | 方油 faŋ˥˧ iəu˨˩猪油

盐 iaŋ˨˩

白酒 piəʔ˥˦ tɕiəu˥˧

黄酒 xuaŋ˨˩ tɕiəu˥˧

甜酒 tʻiaŋ˨˩ tɕiəu˥˧

燫水 ɔ˨˩ suei˥˧开水（水燫了没呐 suei˥˧ ɔ˨˩˧ lɔ˥˨ məʔ˥˧ nəʔ• | 水开了没有）

泔水 kaŋ˨˩ suei˥˧刷锅水

恶水 əʔ˥˦ suei˥˧脏水

（十）

牙猪 iɑ˨˩ tsu˥˧公猪

母猪 mu˥˧ tsu˨˩˧

犍牛 tɕiaŋ˦ iəu˨˩公牛

母牛 mu˥˧ iəu˨˩

羯羊 tɕiəʔ˥˦ iaŋ˨˩公绵羊

母羊 mu˥˧ iaŋ˨˩母绵羊

（羯）骨□（ tɕiəʔ˥˦ kuəʔ˥˦ ly˥˨公山羊

母骨□ mu˥˧ kuəʔ˥˦ ly˥˨母山羊

儿马 ər˨˩ mɑ˥˧公马

骒马 kʻuə˥˨ mɑ˥˧母马

叫驴 tɕiɔ˦ ly˨˩公驴

草驴 tsʻɔ˥˧ ly˨˩母驴

牙狗 iɑ˨˩ kəu˥˧公的

母狗 mu˥˧ kəu˥˧˨

儿猫儿 ər˨˩ mɑr˨˩

女猫儿 mi˥˧ mɑr˨˩

公鸡 kuŋ˩˧ tɕi˩˧˥

草鸡 ts‘ɔ˥˧ tɕi˩˧

小虫儿 ɕiɔ˥˧ ts‘uər˨˦˩

雁 iaŋ˦˨｜大雁 tɑ˦˨ iaŋ˦˨

小燕儿 ɕiɔ˥˧ iar˧

黑老乌鸦 xɑʔ˦˨ lɔ˥˧ uɑ˩˧“乌鸦”合着

老虎 lɔ˥˧˧˦ xu˦˨˥

狼 lɑŋ˨˦

猴子 xəu˨˦ təʔ˧˦

蛇 sə˨˦

老耗子 lɔ˥˧ xɔ˧ təʔ˦˥

蚂蚁 mɑ˥˧ i˩˧“蚁”音“衣”

蝇子 iŋ˨˦ təʔ˧˦

蚊子 uŋ˨˦ təʔ˧˦

蚊子咬人 uŋ˨˦ təʔ˧˦ iɔ˥˧ iŋ˨˦

蟢蛛 ɕi˥˧ tsu˩˧一种在屋内织网的长腿小蜘蛛

麦子 miəʔ˧˧˦ təʔ˧

大米 tɑ˦˨˧˦ mi˦˨˥

小米子 ɕiɔ˥˧ mi˥˧˩ təʔ˩小米

玉茭子i̤˧ tɕiɔ˩˧ təʔ˩“玉”读阴去，与“意”字同音

茭子 tɕiɔ˩˧ təʔ˩高粱

黄豆 xuɑŋ˨˦ təu˦˨｜白豆 piəʔ˦˨ təu˦˨

望月花 uɑŋ˦˨ yəʔ˦˨ xuɑ˩˧｜ 葵花˦˨ k‘uei˨˦ xuɑ˩˧˥

洋葱 yɑŋ˨˦ ts‘uŋ˩˧

蒜 suɑŋ˧

菠菜 pə˥˧ ts‘æ˧˥

洋白菜 iɑŋ˨˦ piəʔ˦˨ ts‘æ˧˥

洋柿子 iɑŋ˨˦ sɿ˦˨ təʔ˥西红柿

茄子 tɕ‘iᴇ˨˦ təʔ˧˦

红薯 xuŋ˨˦˧˦ su˦˨˥白薯

地瓜蛋儿 ti˥˧ kuɑ˨˩˧ tɑr˥˧马铃薯

辣子 lə?˥˦˧ tə?˧˥

核桃 xə?˥˧ tʻɔ˨˦

栗子 liə?˥˦˧ tə?˧˥

莲菜 liɑŋ˨˦ tsʻæ˦˦˥藕

（十二）

事儿 sər˥˧

东西 tuŋ˨˩˧ ɕi˨˩˧˥

地场儿 ti˥˧˦ tsʻɑr˥˧˦˥｜地张儿 ti˥˧˦ tsɑr˨˩˧˥地方

时会儿 sɿ˥˧˦ xuər˥˧｜

缘故 iɑŋ˨˦ ku˦˦˥

味道 uei˥˧ tɔ˥˧

味儿 uer˥˧

颜色 iɑŋ˨˦ sə?˥˧

眉眼 mi˨˦˧ iɑŋ˥˧˦˥相貌｜眉□ mi˨˦ su˦˥有贬意

年纪 niɑŋ˨˦ tɕi˥˧年龄

生活 səŋ˨˩˧ xuə?˥˧

（十三）

我 uə˥˧˥

你 ni˥˧˥

他 tʻɑ˨˩˧

我家 nə?˥˧ tɕiE˨˩˧我们

咱家 tsə?˥˧ tɕiE˨˩˧咱们

你家 n˥˧˥ tɕiE˨˩˧你们

他家 tʻɑ˨˩˧ tɕiE˨˩˧他们

大伙儿 tɑ˥˧˦ xuər˥˧˦˥

谁来 suei˨˦｜læ˨˦˧谁呀

甚 səŋ˥˧｜什么 sə?˥˧˦ mɑ˧˥

（十四）

一个客人 iə?˥˦˧ kə?˦˥ kə?˥˧ iŋ˨˦

一对鞋 iəʔ˨ tuei˨ ɕiᴇ˩

一领席子 iəʔ˨˦ liŋ˥˦ ɕiəʔ˨ təʔ˦

一条被子 iəʔ˨ tʻiɔ˩ pi˨ təʔ˦

一挂车 iəʔ˨ kuɑ˥˦ tsʻə˩

一把刀 iəʔ˨˦ pɑ˥˦ tɔ˩

一杆笔 iəʔ˨˦ kɑŋ˥˦ piəʔ˨

一锭墨 iəʔ˨˦ tiŋ˥˦ miəʔ˨

一只牛 iəʔ˨˩ tsəʔ˨ iəu˩

一头猪 iəʔ˨ tʻəu˩ tsu˩

一只鸡子 iəʔ˨˩ tsəʔ˧ tɕi˩ təʔ˩

一条鱼 iəʔ˨ tʻiɔ˩ y˩

去一趟 tɕʻy˧ iəʔ˨ tʻɑŋ˥˦回去、进去的去音“器”

打一下 tɑ˥ iəʔ˨ ɕiɑ˨

（十五）

今年 tɕiŋ˥ niɑŋ˩

过年 kuəŋ˧ niɑŋ˩明年

年时 niɑŋ˩ sɿ˩去年

□儿年 uei˦ tɕi˥ niɑŋ˩前几年

今日个 tɕi˥ i˨ kəʔ˦

明日个 mi˩ i˨ kəʔ˦

后日个 xəu˨ i˨ kəʔ˦

大后天 tɑ˨ xəu˨ tʻiɑŋ˩ | 大后儿日个 tɑ˨ xər˨ i˨ kəʔ˦

夜来 iᴇ˨ læ˩昨天

前天 tɕʻiɑŋ˩ tʻiɑŋ˩ | 前儿 tɕiɑŋ˩

大前天 tɑ˨ tɕʻiɑŋ˩ tʻiɑŋ˩ | 大前儿 tɑ˨ tɕʻiɑr˩

前晌 tɕʻiɑŋ˩˦ sɑŋ˥˦

晚西 uɑŋ˥ ɕi˩下午

晌午 sɑŋ˥ u˥˩

清早儿 tɕʻiŋ˩˦ tsɑr˥˦

早起 tsɔ˥ tɕʻi˥˩

白天 piəʔ˥˧ t'iɑŋ˨˩˧

傍黑儿 pɑŋ˥˧˥ xɑr˦黄昏

黑来 xɑr˦˦ læ˨˦晚上

多会儿 tuə˥˧˥ xuər˥˧

（十六）

上头 sɑŋ˥˧ t'əu˨˩˧˦

上边儿 sɑŋ˥˧ piɑr˨˩˧˦

下头 ɕiɑ˥˧ t'əu˨˩˧˦

下边儿 ɕiɑ˥˧ piɑr˨˩˧˦

左边儿 tsuə˥˧˥ piɑr˨˩˧

右边儿 iəu˥˧ piɑr˨˩˧

当中儿 tɑŋ˨˩˧ tsuər˨˩˧˦

里头 li˥˧˥ t'əu˨˦ |

里边儿 li˥˧˥ piɑr˨˩˧

外头 uæ˥˧ t'əu˦˥

外边儿 uæ˥˧ piɑr˨˩˧˦

前头 tɕ'iɑŋ˨˦ t'əu˨˦ |

前边儿 tɕ'iɑŋ˨˦ piɑr˨˩˧

后头 xəu˥˧ t'əu˦˥ |

后边儿 xəu˥˧ piɑr˨˩˧˦

旁边儿 p'ɑŋ˨˦ piɑr˨˩˧

近处 tɕiŋ˥˧ ts'u˦˥

（十七）

吃饭 ts'əʔ˦˦ fɑŋ˥˧

喝茶 xəʔ˥˧ ts'ɑ˨˦

洗脸 ɕi˥˧˥ liɑŋ˥˧˥

洗澡 ɕi˥˧˥ tsɔ˥˧˥

拉闲话 lɑ˥˧˥ ɕiɑŋ˨˦ xuɑ˥˧

不吭气 pəʔ˧ k'əŋ˨˩˧ tɕ'i˦˥

没关系 məʔ˧ kuɑŋ˨˩ ɕi˧

碰着 p‘əŋ˦ tsəʔ˧

掉了 tiɔ˧˦ lɔ˦

找着啦 tsɔ˥˧ tsəʔ˧˦ lɑ˦

擦掉 ts‘əʔ˧ tiɔ˧

拾起来 səʔ˧˦ tɕ‘i˦˥ læ˨˩˦

提起 ti˨˩˦ tɕ‘i˦˥

挑 t‘iɔ˨˩选择

该（如该他十块钱）kæ˨˩

□买卖 tsʅ˧˥ mæ˧做买卖

□□tsʅ˧˩ tsʅ˧˥称称，～～这些儿梨有多重哩

拾掇 səʔ˧ tuəʔ˧

对（如酒里对水）tuei˦

丢开手 tiəu˥˧ k‘æ˥˧˦ səu˦˥撒手

搁 kəʔ˦

歇歇 ɕiəʔ˧˨ ɕiəʔ˧

打盹儿 tɑ˥˧˦ tuər˥˧

跌了一跤 tiəʔ˧˦ lɔ˦˥ iəʔ˧ tɕiɔ˨˩

耍 suɑ˥˧

知道 tsʅ˨˩ tɔ˧

懂得啦 tuŋ˥˧ tiəʔ˧˦ lɑ˦

操个心 ts‘ɔ˨˩ kəʔ˧˩ ɕiŋ˨˩ ｜

小心 ɕiɔ˥˧ ɕiŋ˨˩

结记 tɕiəʔ˧ tɕi˦˥

□ tɕ‘iəʔ˧指女性美

丑 ts‘əu˥˧

不歪 pəʔ˧ uæ˨˩不错，这人～

□贵 tɕ‘y˧˥ kuei˦指人品格高尚

要紧 iɔ˦˥ tɕiŋ˥˧

红活 xuŋ˨˦ xuəʔ˧热闹

结实 tɕiaʔ˧ səʔ˧

邋遢 ləʔ˧ tʻəʔ˧不洁

味重 uei˧ tsuŋ˧咸

味轻 uei˧ tɕʻiŋ˨不咸

稀 ɕi˨

稠 tsʻəu˩

肥 fei˨指动物

胖 pʻɑŋ˦指人

瘦 səu˦

舒坦 tsu˨ tʻuə˨˦舒服

迟 tsʻɿ˨

安生 ɑŋ˨ səŋ˨˦乖

□ fei˨˦｜淘力气 tʻɔ˩ liəʔ˧ tɕʻi˨˦顽皮

鼓 ku˨凸

窊 uɑ˨凹

跟 kəŋ˨和

被（被贼偷走）pi˨｜教 tɕiɔ˦

从（从那儿来）tsʻuŋ˨｜打 tɑ˨ ｜□i˨˦

替（替我写封信）tʻi˦

拿（拿毛笔写字）nɑ˧｜用 yŋ˧

故意儿（故意捣乱）ku˧ iər˧

才刚刚儿 tsʻæ˨ tɕiɑŋ˨ tɕiɑr˨刚才

刚（刚合适）tɕiɑŋ˨｜恰 tɕʻiɑ˨｜可 kʻə˨

亏是 kʻuei˨ sɿ˧幸亏

净（净吃米不吃面）tɕiŋ˧

（三千）左右 tsuə˨ iəu˧

（十八）

谁来呀？我来啊。我是老三。 suei˨ læ˨？ uə˨ læ˨。uə˨ sɿ˧ lɔ˨ sɑŋ˨。

老四哩呢？他正跟一个熟人说的话哩。

lɔ˨ sɿ˨˦ lei˦？tʻɑ˨ tsəŋ˦ kəŋ˨ iə˨ kəʔ˨ suəʔ˨ iŋ˨ suəʔ˧ tiəʔ˧ xuɑ˧

lei ˧。

他还没呐说完哩？t‘ɑ ˩ xɑŋ ˨ məʔ ˦ nəʔ ˧ suəʔ ˥ uɑŋ ˨ lei ˧？

没呐哩，也许再有一会儿就说完哩。

məʔ ˦ nəʔ ˦ lei ˧，iE ˥ ɕy ˥ tsæ ˦ iəu ˥ iəʔ ˥ xuər ˥ tɕiəu ˥ suəʔ ˥ uɑŋ ˦ lei ˧。

他说当下马上就走，怎呢，这半天了还在家里哩。t‘ɑ ˩ suəʔ ˥ tɑŋ ˩ ɕiɑ ˥，tɕiəu ˥ tsəu ˥，tsəŋ ˥ niE ˧ ，tsei ˥ pɑŋ ˧ t‘iɑŋ ˩ lɔ ˧ xɑŋ ˨ tsæ ˥ tɕiɑ ˩ li ˥ lei ˧。

你去哪儿？我进城。ni ˥ tɕ‘y ˦ nɑr ˥？uə ˥ tɕiŋ ˧ ts‘əŋ ˨。

在哪儿，不在这儿。tsæ ˥ niər ˥，pəʔ ˥ tsæ ˥ tsɑr ˥。

不是那样个□，这样个□哩。pəʔ ˥ sɿ ˥ niɑŋ ˦ kəʔ ˦ tsɿ ˦ tɕiɑŋ ˦ kəʔ ˦ tsɿ ˦ lei ˧。

太多啦，用不着威样多，只要这样些儿就够啦。

t‘æ ˧ tuə ˩ lɑ ˧，yŋ ˥ pəʔ ˦ tsuəʔ ˥ uei ˦ iɑŋ ˥ tuə ˩，tsɿ ˥ iɔ ˦ tsɑŋ ˦ ɕiɑr ˩ tɕiəu ˥ kəu ˧ lɑ ˧

啐个大，威个小，啐两哪个好些儿。

tsæ ˥ kəʔ ˦ tɑ ˥，uei ˩ kəʔ ˦ ɕiɔ ˥，tsæ ˥ liɑ ˥ nɑ ˥ kəʔ ˦ xɔ ˥ ɕiɑr ˩。

啐个比威个好。tsæ ˥ kəʔ ˦ pi ˥ uei ˩ kəʔ ˦ xɔ ˥。

啐些儿房子没有威些儿房子好。

tsæ ˥ ɕiɑr ˩ fɑŋ ˨ təʔ ˦ məʔ ˥ iəu ˥ uei ˩ ɕiɑr ˩ fɑŋ ˨ təʔ ˦ xɔ ˥。

啐话用长治话怎样说？tsæ ˥ xuɑ ˥ yŋ ˥ ts‘ɑŋ ˨ tsɿ ˨ xuɑ ˥ tɕiɑŋ ˥ suəʔ ˥？

他今年多大岁数啦？ t‘ɑ ˩ tɕiŋ ˩ niɑŋ ˨ tuə ˩ tɑ ˥ suei ˦ suə ˧ lɑ ˧？

大概有三十来岁吧。 t‘ɑ ˩ kæ ˧ iəu ˥ sɑŋ ˩ səʔ ˥ læ ˨ suei ˧ pɑ ˧。

这个东西有多重？ tsəʔ ˥ kəʔ ˦ tuŋ ˥ ɕi ˩ iəu ˥ təu ˩ tsuŋ ˥？

有五十斤重哩。 iəu ˥ u ˥ səʔ ˥ tɕiŋ ˩ tsuŋ ˥ lei ˧。

拿动了吧？ nɑ ˨ tuŋ ˥ lɔ ˥ pɑ ˧？

我拿动了，他拿不动。 uə ˥ nɑ ˨ tuŋ ˥ lɔ ˧，t‘ɑ ˩ nɑ ˨ pəʔ ˥ tuŋ ˥。

真不轻，重得连我也拿不动啦。

tsəŋ ˩ pəʔ ˥ tɕ‘iŋ ˩，tsuŋ ˥ tiəʔ ˥ liɑŋ ˨ uəʔ ˥ iE ˥ nɑ ˨ pəʔ ˥ tuŋ ˥。

你说得好，你还会说些儿甚哩？

ni ˥˧˥ suəʔ ˥˧ tiəʔ ˥˧ xɔ ˥˧˦，ni ˥˧˥ xɑŋ ˨˦ xuei ˥˧ suəʔ ˥˧ ɕiɑr ˨˩˧ səŋ ˥˧ lei ˧。

我嘴笨，我说不过他。uəʔ ˥˧˥˦ tsuei ˥˧˥ pəŋ ˥˧，uə ˥˧˥ suəʔ ˥˧ pəʔ ˦˦ kuə ˧ tʻɑr ˨˩˧。

说了一遍，又说了一遍。　suəʔ ˥˦˦ lɔ ˥˧˦ iəʔ ˦˦ piɑŋ ˧，iəu ˥˧ suəʔ ˥˦˦ lɔ ˧ iəʔ ˥˦˦ piɑŋ ˧。

你再说上一遍。　ni ˥˧˥ tsæ ˧ suəʔ ˥˧ sɑŋ ˥˧ iəʔ ˦˦ piɑŋ ˧。

不早啦，快去吧。　pəʔ ˥˦˦ tsɔ ˥˧˥ lɑ ˧，kʻuæ ˧˦ tɕʻy ˧ pɑ ˧。

嗱会儿还早哩，等会儿再去吧。　tsæ ˦˥ xuər ˥˧ xɑŋ ˨˦ tsɔ ˥˧˥ lei •|，təŋ ˥˧˥ xuər ˥˧ tsæ ˧˦ tɕʻy ˧ pɑ ˧。

吃了饭再去行吧？　tsʻəʔ ˥˦˦ lɔ ˥˧˦ fɑŋ ˥˧˥ tsæ ˧˦ tɕʻy ˧ ɕiŋ ˨˦ pɑ ˧？

慢慢底吃，不要急。　mɑŋ ˥˦˦ mɑŋ ˥˧ ti ˥˧˥ tsʻəʔ ˥˧，piɔ ˦˥ tɕiəʔ ˥˧。

坐的吃比站的吃好些儿。　tsuə ˥˧ tiəʔ ˥˧ tsʻəʔ ˥˧ pi ˥˧˥ tsɑŋ ˧ tiəʔ ˥˧ tsʻəʔ ˥˧ xɔ ˥˧˥ ɕiɑr ˨˩˧。

他吃了饭啦，你吃了没呐？　tʻɑ ˨˩˧ tsʻəʔ ˥˦˦ lɔ ˥˧˦ fɑŋ ˥˧ lɑ ˧，ni ˥˧˥ tsʻəʔ ˥˦˦ xɔ ˥˧˦ məʔ ˧ nəʔ ˥˧？

他去过上海，我没呐去过。　tʻɑ ˨˩˧ tɕʻy ˧˦ kuə ˧ sɑŋ ˥˦˦ xæ ˥˧˦，uə ˥˧˥ məʔ ˥˧ nəʔ ˥˧ tɕʻy ˧˦ kuə ˧。

来闻闻嗱花儿香不香。　læ ˨˦ uŋ ˨˦ uŋ ˥˦˦ tsæ ˥˧˥ xuɑr ˨˩˧ ɕiɑŋ ˨˩˧ pəʔ ˥˧ ɕiɑŋ ˨˩˧。

给我一本儿书。　kei ˥˧˥˦ uə ˥˧˥ iəʔ ˥˦˦ pər ˥˧˦ su ˨˩˧。

我实在没呐欸！　uə ˥˧˥ səʔ ˥˧ tsæ ˥˧ məʔ ˥˧˧ nəʔ ˥˧ ei •|！

你告诉他，好好底走，不要跑！　ni ˥˧˥ kɔ ˧˦ su ˧ tʻɑ ˨˩˧，xɔ ˥˧˥˦ xɔ ˥˧˥ ti ˥˧˥˦ tsəu ˥˧˥˦，piɔ ˦˥ pʻɔ ˥˧˥！

当心跌下去爬不上来。　tɑŋ ˨˩˧˦ ɕiŋ ˨˩˧ tiəʔ ˥˧ ɕiɑ ˥˧ tɕʻi ˥˧ pʻɑ ˨˦ pəʔ ˥˧ sɑŋ ˥˧ læ ˨˦。

医生教你多睡睡哩。　i ˨˩˧ səŋ ˨˩˧˥ tɕiɔ ˧˦ ni ˥˧˥ tuə ˨˩˧ suei ˥˦˦ suei ˨˦˥ lei •|。

吸烟喝酒都不行。　ɕiəʔi ˥˧ iɑŋ ˨˩˧ xəʔ ˥˦˦ tɕiəu ˥˧˥ təu ˨˩˧ pəʔ ˥˧ ɕiŋ ˨˦。

烟也好，茶也好，我都不喜欢。　iɑŋ ˨˩˧ iᴇ ˥˧˥˦ xɔ ˥˧˥，tsʻɑ ˨˦ iᴇ ˥˧˥˦ xɔ ˥˧˥，uə ˥˧˥ təu ˨˩˧ pəʔ ˥˦˦ ɕi ˥˧˦ xuɑŋ ˨˩˧。

不管你去不去，反正我是要去哩。　pəʔ ˥˦˦ kuɑŋ ˥˧˦ ni ˥˧˥ tɕʻy ˧ pəʔ ˥˧ tɕʻy ˧，fɑŋ ˥˧˥ tsəŋ ˥˧˥ uə ˥˧˥ sɿ ˥˧ iɔ ˧˦ tɕʻy ˧ lei ˧。　•|

我非去不行。　uəʔ ˥˧˥ fei ˨˩˧ tɕʻy ˧ pəʔ ˥˧ ɕiŋ ˨˦。

你是哪年来底？ ni ˥˧˥ sɿ ˥˧ nɑ ˥˧˥ niɑŋ ˨˦ læ ˨˦˥ ti ˥˧˥˥？

我是前年来底北京。 uə ˥˧˥ sɿ ˥˧ tɕʻiɑŋ ˨˦ niɑŋ ˨˦ læ ˨˦˥ ti ˥˧˥˥ pəʔ ˥˧ tɕiŋ ˨˩˧。

今日个开地谁底主席。 tɕi ˨˩˧ i ˥˧ kəʔ ˥ kʻæ ˨˩˧ xuei ˥˧ suei ˨˦˥ ti ˥˧˥˥ tsu ˥˧˥ ɕiəʔ ˥˧。

你得请我底客哩。 ni ˥˧˥ tiəʔ ˥˧ tɕʻiŋ ˥˧˥˥ uə ˥˧˥ ti ˥˧˥ kʻəʔ ˥˧ liə ˧。

一边走，一边说。 iəʔ ˥˧ piɑŋ ˨˩˧˥ tsəu ˥˧˥，iəʔ ˥˧ piɑŋ ˨˩˧ suəʔ ˥˧。

越走越远，越说越多。 yəʔ ˦˦˥ tsəu ˥˧˥˥ yəʔ ˦˦˥ yɑŋ ˥˧˥，yəʔ ˥˧ suəʔ ˥˧ yəʔ ˥˧ təu ˨˩˧。

把那个东西拿给我。 pɑ ˥˧˥ niᴇ ˥˧ kəʔ ˥ tuŋ ˨˩˧ ɕi ˨˩˧˥ nɑ ˨˦ kei ˥˧˥˥ uə ˥˧˥。

有些地张儿地方把太阳叫日头。 iəu ˥˧˥ ɕiᴇ ˨˩˧ ti ˦˦˥ tsɑr ˨˩˧˥ pɑ ˥˧˥ tʻæ ˧ iəŋ ˨˦ tɕʻiɔ ˧ i ˥˧ tʻəu ˨˦。

你贵姓？免贵姓王。

ni ˥˧˥ kuei ˧˥ ɕiŋ ˧？ miɑŋ ˥˧˥ kuei ˧ ɕiŋ ˧ uɑŋ ˨˦。

你姓王，我也姓王，咱家两人都姓王。

ni ˥˧˥ ɕiŋ ˧ uɑŋ ˨˦，uə ˥˧˥˥ iᴇ ˥˧˥ ɕiŋ ˧ uɑŋ ˨˦，tsəʔ ˥˧ tɕiᴇ ˥˧˥ liɑ ˥˧˥ iŋ ˦ təu ˨˩˧ ɕiŋ ˧ uɑŋ ˨˦。

你先去吧，我家等一会儿再去。

ni ˥˧˥ ɕiᴇ ˨˩˧ tɕʻy ˧ pɑ ˧，nəʔ ˥˧ tɕiᴇ ˨˩˧ təŋ ˥˧˥ iəʔ ˥˧ xuər ˥˧ tsæ ˧˥ tɕʻy ˧

三 长治话的内部差别

3.1 长治市区话在语音上的差别 长治市区话在语言上的差别见表三。

表三

	试：柿：示	发：福	夹：接	袜：物	爵：绝	人 软 润
汉老 / 回老	sɿ ˧≠sɿ ˥˧＝sɿ ˥˧	fɑʔ ˥˧≠fəʔ ˥˧	tɕiɑʔ ˥˧≠tɕiəʔ ˥˧	uɑʔ ˥˧≠uəʔ ˥˧	tɕyɑʔ ˥˧≠tɕyəʔ ˥˧	iŋ ˨˦ yɑŋ ˥˧˥ yŋ ˥˧
汉新 / 回新	sɿ ˥˧	fəʔ ˥˧	tɕiəʔ ˥˧	uəʔ ˥˧	tɕyəʔ ˥˧	ʐəŋ ˨˦ ʐuɑŋ ˥˧˥ ʐuŋ ˥˧

表上端是例字。例字分三栏，第一栏比较阴阳去。第二栏比较入声韵。第三栏比较“人软润”等一类字的声母。例字同音的只记一个字音。回民话以回民集中居住的铜锅街的话为准。

老派不论回汉去声分阴阳去两类。入声韵有八个。新派去声不分阴阳，入声韵只有四个。汉民老派无［ʐ］声母，汉民新派和回民读［ʐ］声母的字，汉民老派一律读为零声母［Ø］细脊。

3．2 汉民话回民话用词差异举例 竖线“｜”前头记的是汉民老派的说法，后头是回民老派的说法。少数汉民不说的条目用“——”号表示。音标下加浪线“～”表示读音特别。

爷爷 iE˩˧ iE˧˩˧ ｜爷爷 i˩˧ iE˧˩˧

爸爸 pa˥˩˥ pa˥˧˥ ｜□ ta˨˩，老□ lɔ˥˧ ta˨˩当面呼唤和对人称述

大爹 ta˥˧ tiE˧˩ ｜ 大爷 ta˥˧，iE˩˧ 伯父

大娘 ta˥˧ nia˩˧ ｜ 大大 ta˥˧˥ ta˥˧ 伯母

二爹 ər˥˧ tiE˧˩ ｜ 二大爷 ər˥˧ ta˥˧˥，iE˩˧ 二伯父

二娘 ər˥˧ nia˩˧ ｜ 二大大 ər˥˧ ta˥˧˥ ta˥˧ 二伯母

四爹 sɿ˥˧ tiE˧˩，四爸爸 sɿ˦ pa˥˩˥ pa˥˧˥ ｜ 四爸 sɿ˦ pa˥˩˥四叔

四娘 sɿ˦ nia˩˧ ｜ 四婶子 sɿ˥˧ səŋ˥˧ təʔ˥˧ 四叔母

小爸爸 ɕiɔ˥˧˥ pa˥˩˥ pa˥˧˥ ｜ 小爸 ɕiɔ˥˧ pa˥˩˥最小的叔叔

新娘 ɕiŋ˧˩ nia˩˧ ｜ 新婶子 ɕiŋ˧˩˧ səŋ˥˧ təʔ˥˧ 最小的叔母

老祖先 lɔ˥˧˥ tsu˥˧˥ ɕiaŋ˧˩ ｜ 老先人 lɔ˥˧ ɕiaŋ˧˩ ʐəŋ˩˧ 祖先

稠饭 tsʻəu˩˧ faŋ˩˧ ｜ 粥饭 tsuəʔ˥˧ faŋ˥˧ 用小米或玉米机煮的稠粥，早饭常吃

扯面 tsʻə˥˧ miaŋ˥˧ ｜拉面 la˧˩ miaŋ˥˧ ｜ 择面 tsuæ˥˧˥ miaŋ˥˧抻面

臊子 sɔ˦ təʔ˥˧ ｜ 卤 lu˥˧

饺子 tɕiɔ˥˧ təʔ˥˧ ｜ 扁食 piaŋ˥˧ səʔ˥˧

—— ｜ 油献 iəu˥˧˥ ɕiaŋ˥˧ 忌辰用的油炸食品

油 iəu˩˧ ｜ 漫水儿 maŋ˥˧˥ suər˥˧˥ 今晌午的菜～太少啦。

买 mæ˥˧ ｜ 朝发 tsʻɔ˩˧ faʔ˥˧ 汉民理发行、牙行也说“朝发”。例如：～些儿豆府。

肉 iəu˥˧ ｜ 锅食 kəu˧˩ səʔ˥˧ 多少钱一斤～？

□饭 tsɿ˥˧ faŋ˩˧ ｜ 做饭 tsuəʔ˥˧ faŋ˥˧

□鞋 tsɿ˦˨ ɕiE˧˩ | 做鞋 tsuəʔ˥˧ ɕiE˧˩

棉袄子 miaŋ˧˩ ɔ˥˧ təʔ˦˨ | 棉腰子 miaŋ˧˩ iɔ˨˩ təʔ˨˩棉袄

棉鞋 miaŋ˧˩ ɕiE˧˩ | 老鞋 lɔ˥˧ ɕiE˧˩

睡觉 suei˥˧ tɕiɔ˥˧ | 卧夜 uə˥˧ iE˥˧

新女房 ɕiŋ˨˩˦ ny˥˦ faŋ˧˩，新房 ɕiŋ˨˩˦ faŋ˧˩ | 新人房 ɕiŋ˨˩ ʐəŋ˧˩ faŋ˧˩

曲筋窝子 tɕʻyəʔ˥˧ tɕiŋ˨˩ uəʔ˨˩ təʔ˨˩ | 曲膝窝子 tɕʻyəʔ˥˧ tɕʻəʔ˥˧ uəʔ˨˩ təʔ˨˩膝盖内侧的凹肚儿

油懒筋 iəu˧˩ iaŋ˥˧ tɕiŋ˨˩ | 油懒筋 iəu˧˩ laŋ˥˧ tɕiŋ˨˩踝子骨

尿启 niɔ˥˧ tuəʔ˥˧ | 卧片儿 uəʔ˥˧ piɑr˥˧ 铺在婴儿屁股底下的棉垫儿

杀羊 sɑʔ˥˧ iaŋ˧˩ | 宰羊 tsæ˥˧ iaŋ˧˩

猪 tsu˨˩ | 黑牲口 xɑʔ˥˧ səŋ˨˩˦ kʻəu˥˦，黑货 xəʔ˥˧ xəu˥˦，黑滚滚 xɑʔ˥˧ kuŋ˥˦ kuŋ˥˦，亥 xæ˥˧

女猫儿 mi˥˧ mɑr˧˩ | 女猫儿 ny˥˧ mɑr˧˩母猫

玉茭子i˥˧ tɕiɔ˨˩ təʔ˨˩ | 玉茭子 y˥˧ tɕiɔ˨˩ təʔ˨˩玉米

傍黑儿 paŋ˨˩ xər˦ | 换黑儿 iE˨˩ xər˦

丑 tsʻəu˥˧ | 瘪 piɐ˥˧人貌不俊

结实 tɕiɑʔ˥˧ səʔ˥˧ | 结实实 tɕiɑʔ˥˧ səʔ˥˧ səʔ˥˧

嚣薄 ɕiɔ˨˩ pəʔ˥˧ | 嚣薄薄 ɕiɔ˨˩ pəʔ˥˧ pəʔ˥˧形容针织品薄

糟贬 tsɔ˨˩˦ piaŋ˥˦ | □□ xɑ˦ ti˦ 讽刺

今日个 tɕi˥˧ i˥˧ kəʔ˦ | 今儿 tɕiər˨˩明日个 mi˧˩ i˥˧ kəʔ˦ | 明儿 miər˧˩后日个 xəu˥˧ i˥˧ kəʔ˦ | 后儿 xər˥˧

知道 tsɿ˨˩ tɔ˥˧ | □得 tɕʻiəu˨˩ tiəʔ˥˧

真好 tsəŋ˨˩˦ xɔ˥˦ | 真□□ tsəŋ˨˩ tɕʻiəu˨˩ pɑ˦

串忙 tʂʻuaŋ˥˧ maŋ˦ | 帮忙儿 paŋ˨˩ mɑr˧˩帮忙

死啦 sɿ˥˦ lɑ˦ | 无常啦 u˧˩ tsʻɑŋ˧˩ lɑ˧ |

坟 fəŋ˥˧ maŋ˦ | 埋葬儿 mæ˧˩ tsɑr˥˧

上坟 saŋ˥˧ fəŋ˧˩ | 走坟 tsəu˥˧ fəŋ˧˩

—— | 明忌 miŋ˧˩ tɕi˥˧ 已亡人的生日，明日给老奶奶过～。

—— | □□ kʻæ˦ tɕʻi˦ 伙伴

—— | □□□ suæ˦ tæ˦ kæ˦ 施舍

——｜ 麻宁儿 mɑ˩˧ niər˥˧回民自称

——｜ 呆泥 tæ˨˩ mi˩˧回民对汉民的不敬称

3.3　回民话中的阿拉伯语借词　下列借词长治回民的老派、新派都说，汉民不说但也能听得懂。例词中的阿拉伯语用音标转写，外加方括号。借词先写本地同音字，后标音，一律记变调。

埋体 mæ˧˥ t‘i˥˦ [mɑuωɔtɑ] 杀害，弄死，剥夺生命

□梯 niᴇ˩˨ t‘i˩˨救济，心愿。给些儿～哇 | 我孩子病好啦大还～。[nijet] 心愿

尼□哈儿 ni˥˦ k‘ɑ˥ xɑr˥娶亲时诵的一种经。[niq‘ɑ:h] 婚姻

乃绥布 næ˥˦ suei˧˥ pu˥福气。人家才有～哩。[næsi:p] 福份；运气

利不利斯 li˧˥ pəʔ˥ li˩ sɿ˥ 鬼怪。他跟个～一样，妖里 妖鬼。[qifuri:t] 魔鬼，魔王

主麻儿 tsu˥ mɑr˧˥星期五出生者的教名。[tʃɛmuqɑh] 星期五；聚礼日

河儿瓦泥 xər˧˥ uɑ˥ ni˧˥不正派的人。你要喝酒就跟～厮跟（相跟）上啦。[hɑjɑωɑn] 动物

低鲁汉儿 ti˨˩ lu˥˦ xɑr˥i不顺眼的人。“鲁汉”阿语 [ruh] 生命借词。

附记　长治市地方志编写办公室李鑫，王怀忠同志为调查提供各种方便。北京语言学院施光亨同志转写阿拉伯语借词，对于他们的热诚帮助谨致谢忱。

（原载《方言》1983年第4期）

山西理发社群行话的研究报告

一 理发社群的概况

山西理发社群直到本世纪50年代初期多是本省东南地区长子县的人。据长子县地方志办公室提供的资料："长子的理发业是民间的传统技艺，已有几百年的历史，解放前和解放后的很长一段时间内，长子理发师遍及省内外。"① 据1953年的统计数，太原市城区的国营理发店有1700人，绝大多数是长子县人。② 长子县的河头村、南李村、夏河村家家户户都有理发的，往往一家不止一个人。③ 长子出了那么多理发的，究其原因，还是该县自然条件差，不利农事。据旧志记载，当地"气序多寒少暑，桃李迨初夏方华，而移春秋于六月，秋末禾黍始登，或摧残于霜雪，盖地处太行之巅，风猛气肃，即盛夏可不挥扇"。在这种自然条件下，学习本地的传统手艺——理发，就是一个相当好的谋生之道。据说理发业是"本钱不大，到处有活儿，随地吃饭，终生有靠"。就这样，以长子人为主体的理发社群，在几百年间得到很大的发展，这就为行话的产生与推广提供了极好的土壤。

山西的理发社群从本省东南部的长子县向外发展，到解放前，已经超出了本省。据说，河北省张家口地区及内蒙古、宁夏等西北地区都有山西的理

① 《山西概况》427页。山西省地方志编纂委员会办公室编，山西人民出版社，1985。

② 据被调查人郝师傅讲，1956年上海支援太原一百来位理发师，这些人不讲山西理发社群的行话，他们也说一些行话词语，例如：称"钱"作"把"。本文的讨论不包括这些人讲的行话。

③ 被调查人冯师傅提供。

发师。作者近几年，先后在山西省的长治市，太原市、平遥县及内蒙古的呼和浩特市调查，证实这些地方都有来自长子县的会说行话的理发师。

山西理发社群的发展和近几百年山西商人的活动及山西贫民的外流密不可分。明清以来，所谓西帮（山西）商人有了很大的发展。[①]“自明末以来，山西出身的商人已经行商于张家口。张家口自隆庆五年开设有马市后，山西商人又经常在此与蒙族和满族进行贸易。”[②]“从前，张家口有西帮茶商百余家，与俄商在恰克图易货。”[③]“八家商人者，皆山右人，明末时，以贸易来张家口。”“山西商人的足迹，还延伸到了所谓九边镇的西陲，即现在的甘肃地方。”[④] 山西贫民外流的情况《宣化府志》说：“土著之人，从来不习耕，凡戮力于南亩，皆山右之佣。秋去春来，如北塞之雁。”[⑤] 从山西去内蒙古垦地的贫民也很多，他们“从山西边境至归化城土默特部，逐渐伸展到鄂尔多斯及绥远城将军辖境的其他地方”。[⑥] 我们可以说，旧时山西理发社群的发展是近几百年山西经济向外发展的产物。

二 理发社群行话产生的社会历史条件

行话的产生依赖于一个相对稳定的社会群体。它是为满足这个群体的某种交际需要而产生的。

旧时，理发社群的社会地位相当低，坐商还好一些，众多的游商，即所谓的剃头挑子，经常受到官府，黑势力的欺压。为保护自身，求得生存，需

---

① 《文学报》(上海) 1987 年 9 月 10 日 2 版《民族工业商业者的开拓冒险生涯》一文说：“……尤其在清朝中叶，山西商人的足迹曾遍布全国。仅拿内蒙古地区来说，他们就控制整个草原的经济命脉……一些资力雄厚的旅蒙商号如‘大盛魁’、‘复盛公’，甚至左右过当时的政治生活。”

② 《山西商人研究》229、230 页。[日] 寺田隆信著，张正明等译，山西人民出版社，1986。

③ 转引自《山西省外贸志·上》41 页。山西省地方编纂委员会办公室，1984。

④ 《山西商人研究》229、230 页。[日] 寺田隆信著，张正明等译，山西人民出版社，1986，第 229 页。

⑤ 《宣化府志》卷三十七，艺文志。[清] 乾隆刊本。

⑥ 《内蒙古历史概要》121 页。余元盦，上海人民出版社，1960。

要一种社群外的人听不懂的话。比如，同行之间要说些有关顾客的话（诸如头型、发型、付现钱还是记账等），这些话自然要回避外人。可以说，理发社群的行话是为了满足理发社群成员之间的某种交际需要而产生的一种补充性的交际工具。

山西理发社群行话的普及，发展是由行话在社群中的重要地位决定的。旧时的理发社群可以况是一个乡帮结合体，带有相当大的排外性。行话是入门的必修课，是正规从师学艺的标志。当学徒的初级功课大概有两门，一是磨刀（这也要技术），二是学行话。如果不会行话，手艺再好，同行还是不承认，被视为“柳生手”（半路学艺的人），为此还要拜师学艺，补学行话。由于行话在山西理发社群中有如此重要的作用，行话自然得到不断丰富和发展。到本世纪 40 年代末期，理发社群的行话已发展到了它的顶峰。

到本世纪 50 年代初期，理发社群的社会地位大大提高了，理发社群已不再需要这种补充性的交际工具。不过，有些行话在社群里头作为一种语言习惯还在使用。比如：以说“浇龙棍”代替“热水”，以说“条儿”代替“毛巾”。但使用的范围和人数已大大减少了。新的一代学徒，已经不必再去学行话，更重要的是新一代学徒，多已不是长子县人，这种新老人员的自然交替，使得行话只在中年以上的老理发师中不同程度地保存着。在文革动乱中，理发社群的行话被看作封建的残余习惯受到冲击。

从上所述，可以看出，理发社群行活的产生、发展直至消亡完全是以社会的需求为决定条件的。理发社群的行话作为一种社会现象，是一定历史条件下的产物；作为全民语言的一种补充性交际工具为自己的社群服务，当社群不再需要这种补充性的交际工具时，行话也就完成自己的历史使命了。

三　理发社群行话的特点

1. 山西境内的各地行话用词基本相同，但在语音上，由于说话人基本上用的是各自音，所以差别明显。例如：

	长治	太原	平遥
灰子媳妇	˛xuei təʔ˒	˛xuei tsɤ˧	˛xuæ tsʌʔ˒ 本地理发师写作“妃子”
眉轮儿眼睛	˓mi ˓luər	˛mi ˛luər	˛mi ˛luər
条儿毛巾	˓t‘iɑr	˛t‘iaur	˛t‘iɔr
简割小、短	ˊtɕiɑŋ kəʔ˒	ˊtɕiɛ kɤ˧	ˊtɕiᴇ kəʔ˒

由上例可以看出，名词后缀“子”尾，行话有［təʔ˒ tsɤ˧ tsʌʔ˒］等不同的读音。这几种读是各地语音特点的反映。此外，“条”的儿化读法各地行话也不相同。长治方言［iɔ］韵的儿化与［iɑ iɑn］韵的儿化合流，都读［iɑr］，所以母语是长治话的说话人把“条儿”读成［˛t‘iɑr］。太原［iau］平遥［iɔ］的儿化不与［ia ian］韵的儿化合流，所以“条儿”的读音与长治不同。“简割”条的不同读音也是各地方音的反映。此外，长治平声分阴阳，太原、平遥平声不分阴阳。在行话中也有反映。这些说明各地行话并没有共同的语音标准，只不过是晋东南的长子县人当理发师的多，晋东南语音在山西理发社群行话中用得多罢了。

2. 行话用词多实词少虚词，虚词仅限于几个副词，没有介词，连词、助词等。

3. 行话的词语大多浅显易懂，形象具体。例如：

水上飘——茶叶　　　　漫水儿——油

汽轮——汽车　　　　咬牙——锁

行话词语的这个特点基于理发社群普遍文化水平低，其中还有不少文盲的缘故。

4. 有的行话词语有爱憎色彩。例如称“父亲”为“老实汉儿”。称“兄弟姐妹”为“一奶同”均带有尊重、喜爱色彩。又如称“警察”、“狗”为“嚎天的”，称“官吏”为“泥捏的”，则带有反感、憎恶的色彩。

四　理发社群行话的构词方式

总的说来，理发社群行话的构造比较简单，大致有联想构词、谐声构词、借用构词三种方式。

1.”联想构词：

联想构词是理发社群行话常用的构词方式。其中又可粗分为比形联想、比义联想和比音联想三类。

1）比形联想。例如：

苗儿——头发　　木耳——耳朵

条儿——毛巾　　气轮儿——女性乳房

长条细———面条；路　一般大——饺子

四方四——方的或指桌子、酱豆腐。豆腐干等方的东西。

圆上圆——圆的或指月饼．元宵等圆的东西。

2）比义联想。例如：

气筒——鼻子　　车轴——脖子

温台——炕　　涮茬儿——洗头

托掌的———手　　刻影儿——电影

顶盖儿——帽子　　磨茬儿——理发

3）比音联想。例如：

哨哨——钟

咯咯儿——鸡；引申指吹风机。大概以其声似鸡啼而成词。早先吹风机声音比较大。

哼哼———猪。以猪寻食声而成词。

绵绵——羊。以羊叫声而成词。

咪咪꜀mi꜀mi——猫。以猫叫声而成词。

2. 谐声构词。例如：

滴水儿——兵。此条谐“滴水成冰”的“冰”。

对口——碱。此条谐“剪刀”的“剪”。剪刀上下对口，对口才能“剪”。“剪”是“精”母字，“碱”是“见”母字，行话随长子话，也不分尖团。

探不着——糕。此条谐“高低”的“高”。（伸手够不着，自然是放“高”了。）

不透风——盐。此条谐“严密”的“严”。

捏不严——张姓。此条谐“张开”的“张”。

割不断——连姓。此条谐“连接”的“连”。

3. 借用构词

借用构词是指行话借用了长子话的某个现成说法而构成行话词。借用的词义（行话词义）与原词义（方言词义）多是相关连的。例如：

圪针——行话指“胡子”。长子话指枣树一类植物的针刺。

圪桩——行话指“人的躯体”。长子话指树的躯干。

蹲——行话指的是“坐”，长子话的意思是指两腿弯曲到尽头，但臀部不着地。

辣——行话指的是“痛”，长子话的意思是指姜、辣椒，蒜等有刺激性的味道。

箩框儿——行话指“腿”（不包括“脚”），长子话箩框儿是指箩面时支撑箩的长方横支架。此条需略作说明：“腿”支撑身体，“箩框儿”支撑“箩”，由此，行话以“箩框儿”表示“腿”的意思。

老昌　昌灰——“老昌”行话指中年以上的男人。“昌灰”指中年以上的女人。长子话指植物生长茂盛叫“昌”。行话借用来表示人过中年。“灰”指已婚妇女。这大概由当地已婚妇女多身著深色衣服而得名。“老昌”行话也可称作“老昌店”。

有些行话是如何构造的，目前还搞不清楚，例如，数目从 1—10 的说法。再如，称“剃头刀”为“清儿”，称母亲为“老灵山”等。

五　理发社群行话分类词表

本词表收录的条目约有二百条，按意义大致分为理发、身体、亲属、人物、姓氏、饮食、服装、居住、动作、性质状态、计数等十一类。每类条目先列出行话的说法，并标注国际音标，再列出普通话的相应说法。行话的本字往往不明，词表用同音字表示，下文不一一注明。有的条目后头还用按语的形式作了简要的说明。呼和浩特市的理发行话，北城与南城有些差别。南城的理发师多来自山西，南城理发行话与山西境内的理发行话用词没有什么差别。北城理发师多来自河北，有些行话的用词与南城的行话不同。词表随条注山。北城行话词汇很少，词表中的多数条目，北城行话都不说。

1. **理发**

磨荐儿 mə˞ ˛ts‘ar——理发。呼市北城行话叫“捏尖儿”。

扯茬儿 ˓ts‘ə ˛ts‘ar——剃光头

磨谷 ˓mə kuəʔ˒——推光头

岳谷 yəʔ˒ kuəʔ˒——长发

汪谷 ˛uan kuəʔ˒——平头、寸头。按：本条及上两条的谷，均是以“谷”表头发，“岳”是行话数词“二”，“汪”是“三”。故称长发为“岳俗”，称平头，寸头为“汪谷”。

偏圪亮 ˛p‘ian kəʔ˒ liaŋ˞——分头

后圪亮 xəu˞ kəʔ˒ liaŋ˞——背头

赶木耳 ˓kan məʔ˒ ˓l——刮耳朵。按：“本耳”指耳朵，想是以其形似得名，“赶”表示动作是一刀接一刀，全部刮到了。

赶碟子 ˓kan tiəʔ˒ təʔ˒——刮脸。按：“碟子”行话指脸。呼市北城行话叫作“勾盘子”。

量（苗）眉轮儿 ˛liaŋ (˛miɔ) ˛mi ˛luər——打眼。按：“眉轮儿”指睛睛，见下文解说。“打眼”是旧时理发师的额外服务项目。操作时将眼皮翻开，用专用的玉刀轻轻刮眼球。据说很舒服。

搬底儿 ˛pan ˓tiər——掏耳朵。按：“搬”指搬住（耳朵），“底”指到耳朵里头掏取耳垢。

加码 ˛tɕia ˓ma——捏肩。按：表示此项系额外的，故称之为“加码”。

涮荐儿 suan˞ ˛ts‘ar——洗头，按：张理发师说“搬荐儿”。呼市北城行话称“洗头”作“浇茬儿”。

冰苗儿 ˛piəŋ ˛miar——火烫。

扇苗儿 ˛san ˛miar——电烫。呼市北城行话叫作“烘茬儿”。

咯咯儿 kəʔ˒ ˛kər——吹风机。据郝理发师讲。此条由鸡啼“咯咯咯”而来。

磨子 mə˞ təʔ˒——推子

夹子　tɕiəʔ˳ təʔ˳——剪子。呼市北城行话称作“牙子”。

清儿　˳tɕ‘iər——剃头刀。

水鱼儿　‘suei ˳yər——刮胡子用的小刷子。

刷鱼儿　suəʔ˳ ˳yər——掸头发茬儿的长毛刷子。

钓鱼儿　tiɔ˺ ˳yər——刷洗鞋用的长把儿刷子，旧时刮脸前用其沾清水刷面。按：“刷子”用“鱼儿”来表示。据说是因其总在水里泡着，故此得名。

鐾条儿　p‘i˺ ˳t‘iar——鐾刀布。连理发师又叫“拉杖”。按“鐾”《集韵》去声霁韵蒲计切，“治刀使利”。今长子话及理发社群行话在刀布子上蹭刀使锋利均读“鐾”[p‘i˺]。声母送气，可能受晋南话的影响。

架鐾儿的　tɕia˺ p‘iər˺ tiəʔ˳——挑担子理发的。“架”有“挑”义，见下文。

盏　‘tsan——脸盆、碗。按：旧时理发用的盆，边沿宽大，故行话借“盏”来表示。

条儿　˳t‘iar——毛巾；围单。张理发师称“围单”作“肚帘儿”。

毛条儿　˳mɔ ˳t‘iar——乾毛巾

水条儿　‘suei ˳t‘iar——温毛巾

隔山照　kəʔ˳ ˳san tsɔ˺——镜子。张理发师称之为“对面儿”。

通枝　˳t‘uəŋ ˳tsɿ——梳子

玉刀　y˺ ˳tɔ——“打眼”用的器具

2. **身体**

圪桩　kəʔ˳ ˳tsuaŋ——人的身体。按：长子话“树干”叫“树圪桩”，行话借“圪桩”表人体。

仰尘檩　‘iaŋ ˳ts‘əŋ ‘liəŋ——头。按：长子话把房子的顶棚称作“仰尘”。檩条还在仰尘之上，以此表示“头”的意思，意义皆顺。

苗儿　˳miar——头发。呼市北城行话称“头发”作“草儿”。

盘子　˳p‘an təʔ——脸。连师傅又叫做碟子。

圪针儿　kəʔ˳ ˳tsər——胡子。按：长子话“圪针”指枣树一类的针刺。此条行话当由此借来。

眉轮儿 ꜀mi ꜀luər——眼睛；睛镜儿。按：眼睛在眉毛下头，眼睛珠儿能转动，联想为“轮儿”，故称之为眉轮儿。

眉轮儿苗儿 ꜀mi ꜀luər ꜀miɑr——眉毛；眼睫毛。

气筒 tɕʻi꜄ ꜂tʻuər——鼻子。呼市北城行话称“鼻子”作“嗅筒儿”。

合子 xeʔ꜆ təʔ꜆——嘴

磨赶 mə꜄ ꜂kɑn——牙

木耳 məʔ꜆ ꜂l——耳朵。呼市北城行话称作“听儿”。

托掌的 tʻuəʔ꜆ ꜂tsɑŋ təʔ꜆——手

气轮儿 tɕʻi꜄ ꜀luər——女性乳房

气盘儿 tɕʻi꜄ ꜀pʻɑr——男性乳房

沙包 ꜀sɑ ꜀pɔ——肚子

箩框儿 ꜀luə ꜀kʻuɑr——腿。

曲曲 tɕʻyəʔ꜆ tɕʻyəʔ꜆——脚；鞋

黑塔 xəʔ꜆ tʻəʔ꜆——屁股

把儿 pɑr꜄——男阴

捏的 ȵiəʔ꜆ təʔ꜆——女阴

硃砂 ꜀tsu ꜀sɑ——血

鼓啦 ꜂ku lɑ——病了

停啦 ꜂tʻiəŋ lɑ——死了 下了

烟瘴 ɕiɑ꜄ ꜂liɔ ꜀u ꜀iɑn tsɑŋ꜄ “乌烟瘴”是“气”的意思。详见下文“查乌烟瘴”条。

亲属

老实汉儿 ꜂lɔ səʔ꜆ xɑr꜄——父亲

老实汉儿 ꜀kɑn səʔ꜆ xɑr꜄——干爹

老灵山 ꜂lɔ ꜀liəŋ ꜀sɑn——母亲

一奶同 iəʔ꜆ ꜂næ ꜀tʻuəŋ——兄弟姐妹。按：此条取自俗语“一奶同胞”，藏尾字而成。

半升谷 pɑn꜄ ꜀səŋ kuəʔ꜆——内弟

小板凳儿 ꜂ɕiɔ ꜂pɑn tər꜄——尚未成年的儿子

抖子 ᶜtəu təʔ꜀——女儿。据郝理发师讲，女孩儿穿衣美丽轻飘，从衣裳抖动而联想成词。

灰子 ꜀xuei təʔ꜀——媳妇。据连理发师讲，已婚女性，不穿红、绿，习穿灰色，故称为“灰子”。此说似可信。

4. **人物**

份儿 fər꜄—— 人。据连理发师讲，俗话说“人人有份儿”，故以“份儿”代人。此说似可信。

工份儿 ꜀kuəŋ fər꜄——工人

农份儿 ꜀nəŋ fər꜄——农民

伴份儿 pɑn꜄ fər꜄——男人

小钵子 ᶜɕiɔ pəʔ꜀ təʔ꜀——男少年

小抖子 ᶜɕiɔ ᶜtəu təʔ꜀——女少年

抹箩 ᶜmə ꜀luə——理发师傅。按：“抹箩”是磨面完工时收拾箩的动作。“抹箩”即表示大功告成。以此比指师傅。呼市北城管师傅叫“老本”。

三身 ꜀sɑn ꜀sən——徒弟。按：徒弟学师三年，三年成正身。可能寓意于此。

罗祖 ꜀luə ᶜtsu——理发社群的祖师爷。其说不详。

老昌店 ᶜlɔ ꜀ts‘ɑŋ tiɑn꜄——中年以上男人。

昌灰 ꜀ts‘ɑŋ ꜀xuei——中年以上的女子

谷种份儿 kuəʔ꜀ tsuəŋ꜄ fər꜄——庄稼人

总份儿 ᶜtsuəŋ fər꜄——掌柜的

量啃的 ꜀liɑŋ ᶜk‘ən təʔ꜄——做饭的

倒啃的 tɔ꜄ ᶜk‘ən təʔ꜀——要饭的

嚎天的 ꜀xɔ ꜀t‘ian təʔ꜀—警察

滴水 tiəʔ꜀ ᶜsuei——兵。按：此条谐“冰”当无疑。

晒火啃的 sæ꜄ ᶜxuə ᶜk‘ən təʔ꜀——卖饭的

晒捏的 sæ꜄ ȵiəʔ꜀ təʔ꜀——妓女

杆儿上 ꜀kɑr sɑŋ꜄——妓院

泥捏的 ꜀mi ȵiəʔ꜀ təʔ꜀——官吏。晋东南有不少地方“泥”读双唇鼻音［m］。

望金份儿 uaŋ˒ ˓tɕiən fər˒——小偷儿

坷垃店儿 k'əʔ˒ ˓la tiar˒——指土里土气的人

查乌烟瘴（帐）的 ˓ts'a ˓u ˓ian tsaŋ˒ təʔ——指旧时官面上来店里查帐、查清洁的人。此条很可能是成语“乌烟瘴气”藏末字“气”，“瘴”谐“帐”，取“帐”的意思。以“乌烟瘴”表示“气”的意思。犹如以“猪头三”（省去末字“牲”）表示“生”的意思。《沪苏方言记要》“此为称初至沪者之名词。‘牲’‘生’谐音，言初来之人到处不熟也。”

架丝子 tɕia˒ ˓sɿ təʔ˒——抽香烟、抽水烟袋（的人）。呼市北城的行话称作“架熏根子”。

架飞子 tɕia˒ ˓fei təʔ˒——抽大烟（的人）

5. **姓氏**

虎头份儿 ˓xu ˓t'əu fər˒——王姓。按：以虎头上的似“王”字的花纹比附成词。“份儿”指人。

捏不严 ȵiəʔ˒ pəʔ˒ ˓iɛ——张姓。按：此条谐“张开”的“张”无疑。

灯笼腕儿 ˓təŋ ˓ləu uar˒——赵姓。“灯笼”照亮。“照、赵”谐声，故以“灯笼腕儿”称“赵”姓。长子及其他许多晋语地区“灯笼儿”的“笼”与“楼”同音。失掉鼻尾。

割不断 kəʔ˒ pəʔ˒ tuaŋ˒——连姓。按：“连接”的“连”与姓“连”的“连”同形，同音，以此谐声。

搬不动 ˓pan pəʔ˒ tuaŋ˒——程姓（沉）

粉箩白份儿 ˓fəŋ ˓luə ˓pæ fər˒——白姓。按：磨麦箩面，得白面粉，由此联想造词。

点滴墨份儿 ˓tian tiəʔ˒ məʔ˒ fər˒——黑姓。按：点墨自然要变“黑”，“份儿”指人。

6. **饮食**

龙棍儿 ˓lyəŋ kuər˒——1）水。按：“龙棍儿”大概是取自房簷的冰柱，弯曲似龙形，长子气候寒冷，由冰联想到水，成词可通。长子话，“龙”音［˓lyŋ］读撮口呼，音合。2）尿。

水上飘 ˓suei saŋ˒ ˓p'iɔ——茶叶。郝师傅又叫“圪飘飘”。

挫割 ts'uə˒ kəʔ˒——肉的总称。据郝师傅讲，长子话菜肉细切谓之“挫”。此条是以切肉的动作联想成词。

哼哼 ˓xəŋ ˓xəŋ——猎

绵绵 ˓mian ˓mian——羊

直条蹄儿 tsəʔ˒ ˓t'iɔ ˓t'iər——牛马骡驴。“直”是行话数词“四”。

抓不住 ˓tsua pəʔ˒ tsu˒——鱼

稀稀 ˓ɕi ˓ɕi——稀饭

圪翻翻 kəʔ˒ ˓fan ˓fan——烙饼（名词）

一般大儿 iəʔ˒ ˓pan tar˒——饼子

桔块儿 tɕyəʔ˒ k'uar˒——米

海式桔块 ˓xæ səʔ˒ tɕyəʔ˒ k'uær˒——大米。“海式”，大的意思。

扑尘 p'əʔ˒ ˓ts'ən——面粉

石头垒 səʔ˒ ˓t'əu ˓lei ˓san——小米饭

苗碎儿 ˓miɔ suər˒——菜（不分生熟）

颜光颗 ˓ian ˓kuaŋ ˓k'uə——茄子

刺条 ts'ɿ˒ ˓t'iɔ——黄瓜

辣圪瘩 ləʔ˒ kəʔ˒ təʔ˒——姜

霸王 pa˒ ˓uaŋ——辣椒

没水儿 man˒ ˓suər——油的总称。按：山西牙行，也称“油”为“浸水”，这大概是因为油飘于水面而得名的。

酱浸水儿 tɕiaŋ˒ man˒ ˓suər——酱油

火山 ˓xuə ˓san——酒。呼市北城行话称“酒”作“四五子”。

忌牛 tɕi˒ ˓tɕiəu——醋。据郝师傅讲，长子土话“忌牛”指不好对付的人，也有“酸”的意思。按：“牛”长子及晋东南不少地方读零声母的齐齿呼。此说存疑。

不透风 pəʔ˒ t'əu˒ ˓fən——严（盐）

对口 tuei˒ ˓k'əu——碱（剪）

探不着 t'an˒ pəʔ˒ tsɔ˒——糕（高）

7. **服装**

衣裳儿　iəʔ˒ ˓sar——衣服。按：此条把“衣”读成入声；用音变的方式把方言词构成行话词。

衩子　˓ts‘ɑ təʔ˒——裤子总称

海式衩　˓xæ səʔ˒ ˓ts‘ɑ——长裤

简圪衩　˓tɕian kəʔ˒ ˓ts‘ɑ——短裤

臭腿儿　ts‘əu˒ ˓t‘uər——袜子。呼市北城行话把“袜子”叫作“熏腿儿”。

卧撂儿　uə˒ luər˒——被子

皮皮　˓p‘i ˓p‘i——布；被单；床单

五德拉皮皮　˓u təʔ˒ ˓lɑ ˓p‘i ˓p‘i——花布。“五德拉”原指“理发烫出来的花”。

顶盖儿　˓tiəŋ kar˒——帽子。呼市北城行话称“帽子”作“顶天儿”。

8. **居住**

窑儿　˓iar——家；厂房；机关单位。如：“红～”指衙门。“法～”指法院。“漫水～”指酱油厂。“臭腿儿～”指袜厂。

壳壳儿　k‘əʔ˒ ˓k‘ar——屋

张移　˓tsɑŋ ˓i——门

亮子　liɑŋ˒ təʔ˒——窗

咬牙　˓iɔ ˓iɑ——锁

温台　˓uən ˓t‘æ——炕

四方四　sɿ˒ ˓fɑŋ sɿ˒——方桌、酱豆府、豆腐干一类方的东西。

温蹲子　˓uən ˓tuən təʔ˒——铁壶、瓷壶

龙儿盔　˓lyər ˓k‘uei——尿盆，按长子话有帽盔子（帽子）、尿盔子（尿盆）的说法。“龙儿”是“龙棍”（水）之省称。

臭窑儿　ts‘əu˒ ˓iar——厕所

圪桩窑儿　kəʔ˒ ˓tsuɑŋ ˓iar——澡塘子。“圪桩”是“身体”的意思。呼市北城行话称“澡塘子”作“涮窑儿”。

以下四条虽不属本类，入其他类或自成类都有困难，暂附于此：

皇天　˓xuɑŋ ˓t‘ian——天气；社会；春节

圪叉飞飞　kəʔ꜆　꜀tsʻɑ　꜀fei　꜀fei——报纸。按："圪叉"是字。可能立意于汉字的笔形点横叉等。"飞飞"是纸的意思。

喊声　ᶜxɑn　꜀səŋ——戏

刻影儿　kʻəʔ꜆ ᶜiər——电影

9. **动作**

扒货　꜀pɑ xuəᵓ——看。如：~喊声儿（看戏）、~刻影儿（看电影）

鐾　pʻiᵓ——把刀在布、皮上面反复磨擦，使锋利。如：~清儿

ᶜ片　ᶜpʻian——1）生（小孩儿）。如：~板凳儿（生小孩儿）。2）解（大便）。如：~糟儿。"糟儿"[꜀tsɑr]，指大便。

搬　꜀pɑn——娶。如：~灰子（娶媳妇）。

磨　məᵓ——推（头）；如：~茬儿。

发　fəʔ꜆——1）走。如：~窑儿（走回家）。2）生（气）。如：~鼓。"鼓"行话是指脾气。按：从生气联想到鼓，由此构成词。

蹲　꜀tuəŋ——坐。如：~下（坐下）。"蹲儿"。[꜀tuər]指"座位"。如：蹲~上（坐座位上）。

挡　ᶜtɑŋ——给。如：~了棍儿啦（给了钱啦）。"棍儿"指"钱"。

量　꜁liɑŋ——买。如：~衣裳。

溜　liəuᵓ——磨（剃头刀）。如：~清儿。

扇　꜀sɑn——（给头发）吹（风）。如：~苗儿。

筛　꜀sæ——撒（尿）。如：~龙棍。

晒　sæᵓ——卖。如：~火啃的（卖饭的）。

架　꜀tɕiɑ——1）吃。如：~丝子（抽烟）。"丝子"是纸烟的意思。2）喝。如：~龙棍儿（喝水）。3）坐。如：~汽轮（开汽车）。"汽轮儿"是汽车的意思。4）担。如：~鐾条儿（担理发挑子）。

圪载　kəʔ꜆ tsæᵓ——行走。轺：茬儿~啦（客人走啦），"茬儿"也指客人。

圪量　kəʔ꜆ liɑŋᵓ——1）挂。~衣裳儿（挂衣服）。2）买。如：~桔块儿（买米）。3）做。如：~啃儿（做饭、买饭）。

啃儿　ᶜkʻər——吃。如：~长条细（吃面条）。

合子亡梁　xəʔ꜆ təʔ꜆ ꜁uɑŋ ꜁liɑŋ——骂。"合子"是"嘴"的意思。

曲子亡梁 tɕʻyəʔ꜆ təʔ꜆ ꜀uaŋ ꜀liaŋ

托儿亡梁 ꜀tʻuər ꜀uaŋ ꜀liaŋ——打。如：叫茬儿～啦（叫顾客打了）。

10. **性质、状态**

喘干 ꜂tsʻuan ꜀kan——快。如：～圪载（快走）。按：喘着气干，很卖气力，自然快了。此条易于联想。

掩 ꜂ian——慢。如：～一点（慢一点儿）。按：长子话说人迟钝，性子慢叫"掩"。行话借指动作慢。

疲 ꜀pʻi——冷、湿。如：～龙棍儿（冷水）。晋中话称汤水不热谓"疲"。此条有可能借自晋中话。词义有引申。

辣 ləʔ꜆——疼。如：很～（很疼）。

叫 tɕiɔ꜄——热、烫。如：～龙棍儿（热水）、天～（天热）。

四方四 sɿ꜄ ꜀faŋ sɿ꜄——方的东西

圆上圆 ꜀yan saŋ꜄ ꜀yan——圆的东西

颜光 ꜀ian ꜀kuaŋ——（肉皮被刮破后的）红血道

粉箩白 ꜂fəŋ ꜀luə ꜀pæ——（似箩出的面粉那样的）白

点滴墨 ꜂tian tiəʔ꜆ məʔ꜆——（像点了墨那样的）黑

五德拉 ꜂u təʔ꜆ ꜀la——花（指颜色）。如："～片片"指花布。

照和 tsɔ꜄ ꜀xuə——好、漂亮。如：皇天不～（天气不好），"皇天"指天气。按：长子话"꜀和"读合口，"꜀河"读开口，介音不同，此处用"和"音义似通。

海式 ꜂xæ səʔ꜆——1）大。如：～盏儿（大碗）、～杆杆（大城市）。2）高。如：～圪桩（高个的）。3）胖。如：～挫割（人胖）。

简个 ꜂tɕian kəʔ꜆——1）小。如：～盏儿（小碗儿）。2）低、矮。如：～圪桩（矮个儿）。3）瘦。如：～挫割（瘦人）。按：长子话"个"音[kəʔ꜆]，此条用"人"字音顺。

11. **计数**

溜甘 liəu꜄ ꜀kan——一个。呼市北城行话"一个""两个"的"个"，音[kə꜆]。

岳甘 yəʔ꜆ ꜀kan——两个

汪甘 ꜀uaŋ ꜀kan——三个

则甘　tsəʔ꜆ ꜀kɑn——四个。呼市北城行话，“四个”叫［tsei꜄ kə꜄］。

总甘　꜂tsuəŋ ꜀kɑn——五个

省甘　꜂səŋ ꜀kɑn——六个

星甘　꜀ɕiəŋ ꜀kɑn——七个

张甘　꜀tsɒŋ ꜀kɑn——八个

矮甘　꜂næ ꜀kɑn——九个

泡甘　꜀p'ɔ ꜀kɑn——十个

溜乾溜　liəu꜄ ꜀kɑn liəu꜄——一毛一

溜丈儿溜　liəu꜄ ꜂tsɑr liəu꜄——旧指“一万一”，今指“一块一”。

一个楚（棍儿）　iəʔ꜆ kəʔ꜆ ꜂ts'u (kuər꜄)——一块钱

溜个楚（棍儿）　liəu꜄ kəʔ꜆ ꜂ts'u (kuər꜄)——按：从南方迁来的理发师把“楚（钱）”称作“把”［꜂pɑ］。这种说法山西本地的理发师也已习惯说了。

十个楚（提儿）　səʔ꜆ kəʔ꜆ ꜂ts'u(kuər꜄)——十块钱

泡个楚（棍儿）　꜀p'ɔ kəʔ꜆ ꜂tsu(kuər꜄)

简个楚（棍儿）　꜂tɕiᴇ kəʔ꜆ ꜂ts'u (kuər꜄)——小费

稿成之后承福建省建瓯县县志编纂委员会潘渭水同志告知，建瓯一带的商贩计数的说法与上列山西理发社群行话计数的说法基本相同。现转录潘渭水同志的记音如下：（括号里头的汉字写的是同音字，括号里头的数码表示调值，下同）

一（柳）	꜂liu (21)	二（月）	ŋyɛ꜄ (42)
三（汪）	꜀uaŋ (54)	四（则）	tsɛ꜆ (24)
五（申）	꜀tœyŋ (54)	六（神）	꜂seiŋ (21)
七（申）	꜀seiŋ (54)	八（张）	꜀tiɔŋ (54)
九（艾）	ŋyɛ꜄ (44)	十（柳）	꜂liu (21)

三十五　꜀uaŋ (54)　p'yɛ꜄ (33)

六百五十五　꜂seiŋ (21)　꜀tœyŋ (45)　p'yɛ꜄ (33)，[p'yɛ꜄] 音“破”，半也，即“五”。只限用于数末。

湖北武汉华中工学院语言研究所汪平同志告知，贵阳地区的商贩计数的说法与此也类似。山西、福建相距数千里，山西理发行话的计数说法竟然与福建一些地区商贩的说法大致相同，这的确是个很有意思的问题，值得深入研究。关于计数的说法，山西牙行另有一套，顺带列出，以便一并研讨。此处记录的是长治牙行的发音。

一（士儿）　sər^{2} (53)　　二（欠）　tɕʻiaŋᵓ (44)

三（又）　iəuᵓ (53)　　四（长）　tsʻɑŋ (24)

五（人）　꜀iŋ (24)　　六（上）　sɑŋ^{2} (53)

七（才）　tsʻæ (24)　　八（力）　liəʔ$_{2}$ (54)

九（五）　꜀uɑŋ (24)　　十（大一十）　tɑ^{2} (53) iəʔ͵ (54) səʔ$_{2}$ (54)

一块一（重一十）　꜀tsʻuŋ (24) iəʔ͵ (54) səʔ$_{2}$ (54)

山西牙行的计数说法的构成比较简单，一般是取相应数字大写形式的某一偏旁、构件而得名。如“一”牙行行话称作“士”，所取是大写“壹”的“士”字头。“二”称“欠”是取大写“贰”的俗写体“弍”，因为简俗体“弍”下缺“贝”，故叫作“欠”。“三”称“又”是取大写“叁”的俗写体的前两笔“又”。“四”称“长”是因为大写“肆”的左边部件，草体似“长”。“五”称“人”所取的是大写“伍”左边的立人旁，等等。总之，这些数字的口诀，多来自数字大写的草体或俗体。

附记：

为研究报告提供资料的有：长治市英雄台理发店冯宝山、张金龙、胡新爱师傅。太原市服务局连天财师傅。太原市按司街理发店郝根旺师傅。平遥县理发店孙永福、张桂兰师傅。呼和浩特市民族旅社理发部赵子贵师傅。

山西平遥中学任劳老师协助调查平遥理发师傅的发音。郝根旺师傅对一些行话词语所做的分析提出了宝贵意见。对于他们的热诚帮助，谨致由衷的感谢。本文的记音除说明者外均为冯宝山师傅的发音。

（原载《中国语文》1988 年第 2 期）

释"纠首"*

一 "纠首" 一词见于我国北方一些省区的碑铭和今山西省的方言，未见于辞书，其写法不一，主要有"紏首""糺首""乣首""糾首""纠首"。本稿除去在引文中照原样书写外，其他地方均写作"糾首"。

"纠首"旧说是"管边户之人"。[①] 近说是"当地驻屯部族军的头儿"，[②] "民间筹办修建寺庙、雕造经像所谓'功德事'的负责人名'纠首'，名'都纠首'，'副纠首'、'纠司'，他们有时与负责同类事业的'会长'、'副会长'、'提点'、'提控'、'助象'、'社长'、'都维那'、'维那'的姓名齐举并列，有时兼而为之。"[③] 或说纠首是"金代通行的名词。碑铭在坊巷街村等地名之下称糾首，而不称街坊的坊正或村社的里正等基层政权组织的头目职称……可见碑铭中糾首与《食货志》（《金史》）的主首相当，当与寨使同为基层政权组织的职事人员．碑铭中不用基层政权组织的坊正或里正为领头捐资人，应是糾首的任务包括有代募佛教寺院经费一项，所谓催督赋役也包含了这种意义，故又可兼为某一佛教社团的职事名称"。[④] 以上各说，或引文献，或举碑铭，但均未指出"纠首"，一词还见于当今的口语。

根据我们的初步调查，山西省的太原市、晋中地区的平遥县、忻县地区

---

* 本文曾在1981年10月中国语言学会首届年会上宣读。

① 《吉林通志·金石门》一二O卷33页下。光绪十七年（1891）刊本。

② 谔士：《跋黑龙江省泰来县塔子城出土的辽大安残刻》，《考古》1960年8期第41页。

③ 贾敬颜：《纠军问题刍议》，《中央民族学院学报》1980年1期7页。

④ 李逸友：《呼和浩特市万部华严经塔的金代牌铭》，《考古》1979年4期366页。

的定襄县的方言里都有“纠首”的说法。[①] 被调查者认为纠首是旧时村里的管事人，经管村里的公益事，诸如修桥、补路、组织传统节日的娱乐活动等。平遥的被调查者说，在民国初年还有“纠首”，他认识一个 当过“糺首”的人。另一位被调查者说，早年她在街上见两人争吵，其中一人说：“不用说你是‘九（糺）首’，就是‘十首’我也不怕。”我们把调查来的口语资料证之以当地的方志和碑记，被调查者提供的资料是可信的。

二　“纠首”见于山西地区的旧方志和碑记。“纠首”一词见于清光绪八年（1882）续修的《平遥县志》。摘录如下：

惠济桥在下东门外，道士刘真贵、郭清宁，纠首刘泽民、安尔邦等六百余人募缘创建……至康熙三十六年六月十九日冲坏沙堤……纠首赵达仕、范涵、监生郭柱础……道土侯冲麓等募化一千余金……再令住持纠首起工重修……纠首张荣显独助石工银叁百两。[②] 其余纠首施主工力匠作具列姓名于碑阴。[③]

“纠首”也见于山西地区的碑铭，请看下表。

字形	碑铭名称	碑铭年代
紇首[④]	平遥县冀壁村双林寺舍地碑记	明嘉靖四十三年（1564）拓片一
	平遥县永城村清凉寺重修清凉禅寺碑记	明隆庆五年（1571）
	平遥县郝同村镇国寺重修东廊碑记	清乾隆十七年（1752）
	平遥县城内清虚观重修清虚观碑记	清乾隆四十二年（1777）
	平遥县梁家滩村白云寺重修白云寺碑记	清嘉庆十四年（1809）
	平遥县冀壁村双林寺重修双林寺碑记	清道光十五年（1835）

① 会说这个词的多半是老年人。太原市找的是太原市通志编辑委员会的刘永德同志，六十九岁、平遥县找的是南政公社刘家庄的社员梁天润同志，八十岁；平遥县城内退休小学校长雷春兰同志，七十二岁。定襄县找的是山西省社会科学研究所的贾大武同志，二十三岁。

② 《平遥县志·建置志》卷二，10 页上、下。光绪八年（1882）刊本，下同。

③ 《平遥县志·艺文志》，（明）张廉：《清虚观重修玉皇楼记》卷十一，85 页。

④ “紇”是“糺”的别体。如：隋开皇十三年的诸葛子恒造象碑“糺糺之心”，有“紇”“糺”两种写法。参看［清］陆增祥：《八琼室金石补正》25.14 上，1925 年刘氏刊本。［清］汪鋆：《十二砚杰金石过眼录》8.6 上，光绪元年（1875）刊本。

续表

字形	碑铭名称	碑铭年代
糺首	平定县浮山寺钟识 平遥县城内清虚观第四碑记 交城县玄中寺重修龙山石壁东庙有感记	金大定六年（1166） 据当地文物管理委员会说是元碑 明嘉靖十六年（1537）
糺首	平遥县城内清虚观重修清虚观碑记	清乾隆四十二年（1777）
糾首	同上	同上
糾首	太原市晋祠重修晋祠碑记	明隆庆元年（1567）
纠首	平遥县冀壁村双林寺天王殿匾额	清道光十年（1830）

对上表有以下四点说明：

1 字形相同的碑铭列为一组，组与组之间用线隔开。每一组内的碑铭依碑铭的年代先后为序。

2 第一栏所列字形依照碑铭的写法。

3 平遥县重修清虚观碑记的两行文字有“糾首”、“糺首”、“糺首”等三种写法。这块碑记是清乾隆四十二年（1777）刻的，说明当时三种写法都有。

4 浮山寺钟识在山西省平定县。钟的八面有十六段文字，第六段摘录如下：

永安院住持僧善德童行普净糺首都维那张松男张诚妻王氏孙女唤儿孙男□□……①

三 “纠首”见于山西省以外地区的碑记。例如：

3.1 辽道宗大安七年（1091）泰州修河堤又建塔的一块碑记。碑出土于黑龙江省泰来县塔子城，字形作“糺首”，碑的正文已经佚失，仅存题名断

① （清）胡聘之：《山右石刻丛编》卷二十，34页上。光绪己亥年（1899）刊。

片，转引如下。□表示阙文，下同。

大安七年岁次辛□

紇首西头供奉官泰州河堤□　同建办塔事弟右班殿直□　提点塔事前管内僧政讲经沙门□　崔建　王惟则　田亨　张守元　王□……①

3.2 金大定十七年（1177）泰山重修法云寺碑，写作“紇首”，摘录如下：

蒙檀越厚助，俾衣钵有资；既而堂宇功毕，灯公与众纠首共口幸遇，昭代圣口复起……②

3. 3　永安四年（1199）道土曹道清碑，写作“紇首”。此碑见于《吉林通志》，又见于《满州金石志》，转录如下：

永安四年夏五月初五日太虚崇道邑纠首提点郭颜温等立石。

碑阴　纠首郭静　金源杨士才刊　提点郭颜温　玄菟进土赵元明书　邑长李敬夫　安东进士刘杰遗文③

按：《吉林通志》的“永安四年”，为“承安四年”，之误。从按语来看，此碑为金代之物，金无“永安”年号，当据《满州金石志·外编》作“承安”。

3.4　金代重修呼和浩特万部华严经塔（俗称“白塔”）写作“纠首”，摘录如下：

① 谔士：《跋黑龙江省泰来县塔子城出土的辽大安残刻》，《考古》1960年8期第41页。

② 张金吾：《金文最》卷七十一，18页下。光绪八年（1882）粤雅堂本。

③ 《吉林通志·金石门》一二O卷33页下。光绪十七年（1891）刊本。又，罗福颐校录《满州金石志·外编》39—40页。

……神山东西二村纟首李元刘仙……刘家庄纟首刘公才……（一号碑铭拓本）

……永兴庄纟首进义校尉罗斌勇松和……郎君庄纟首□□……（三号碑铭拓本）

……海口巷纟首高善显……（四号碑铭拓本）①

3.5 元世祖至元三十年（1293）三月义勇武安王庙碑，写作“糺首”。碑记见于辽宁《义县志》又见于《满州金石志》。碑阴文字据《满州金石志·外编》，现转录如下：

义勇武安王邑众

都糺首李肃容	副糺首张国卿	邑长李德昭
副邑长王资成	二官康闰口	副斑点张鹏翥
都邑症高峦	副邑证桑君璋	都邑录薄仲谦
副邑录韩□□	钱帛魏伯杰	副钱帛王著林
邑判李荣	邑催刘澄	看庙主刘荣
知州李武略	蒙古教授王政	监纳朱遏②

四 以上引用的材料可以说明以下几点：

4.1 一个村或镇可以有纠首多人。例如；太原晋祠的重修晋祠碑记落款有“本镇糾首”多人的名字。平遥县重修双林寺碑记有“阖村紒首耆宾王尔模，监生梁都晋，吏员曹景曾”，等十几人的名字，见文末拓片。众纠首之中，为首的称作“总理紒首”，例如平遥县郝同村镇国寺的重修东廊记有“总理紒首郝之才”的名字。

4.2 纠首指旧时村镇里的管事人。下列引文中的纠首都有这个意思。

① 李逸友：《呼和浩特市万部华严经塔的金代牌铭》，《考古》1979年4期，第367页，369页，370页。

② 《义县志·艺文志中》中卷之十四，8页上，1927年编修。《满洲金石志·外编》53页下。

庚寅春，有一野衲云游，偶见荒墟，心甚悯恻，劝化四方纠首施主义官房贵辈，发己囊，庀良材，鸠工……①

遂与门徒正海商确起工之由，……爰会众纠首叩祈云，此寺千门香火，忍使风雨不除，务虔心募建，勿俾佛境化乌……②

又如交城县玄中寺重修龙山石壁东庙有感记的碑阴有“功德主糺首宋文通双氏宋文立杨氏等多人的名字。这里的“糺首”也是村镇里管事人的头衔。

4.3 纠首可兼某项公益事业的经管人。例如平遥县城内清虚观重修清虚观碑记提到“修观糺首”，碑阴还刻有“督工糾首张天成”的名字。

4.4 “纠首”一词最早见于辽道宗大安七年（1091），写作“糺首”，最晚见于清道光十年（1830 年），写作“糾首”。这是就碑铭的年代而言。就地区而言，上面引的材料有山西、内蒙、黑龙江、吉林、辽宁、山东等地，以山西所见最多。

五 辽金史上有所谓“糺军”“乣军”，③ 辽史有“糺户”“糺辖”“糺将”“糺官”④ 金史还有“糺人”“糺贼”，⑤ 的记载。但是辽金史上却未见“糺首”“乣首”。自从钱大昕在《十驾斋养新录·余录》中提出“乣”字问题以来，“糺军”问题一直为中外学者所关注。这里有必要简单地介绍前人关于“糾”字的读音与字形的意见。

有人认为：“‘糺’即‘纠’字，非不见字书，《辽史》作‘糺’，而《金

① 《平遥县志·艺文志》，（明）张廉：《清虚观重修玉皇楼记》卷十一，84 页。

② 《平遥县志·艺文志》，（明）张廉：《清虚观重修玉皇楼记》卷十一，［明］魏云中《寿圣寺碑记》，卷十一，87 页。

③ 《辽史·百官志》741 页。《金史·兵志》996 页。中华书局。

④ 《辽史·营卫志中》377 页。《辽史·兵卫志》745 页。《辽史·食货志上》926 页。中华书局。

⑤ 《金史·襄传》2087 页。《金史·宣宗上》307 页。中华书局。

史》则作‘乣’，不知孰是。”[①] 王国维在《致藤田博士书·二》中说：“辽金元三史中之‘糺’字绝非误字，其或作‘乣’者，乃‘糺’字之省，其音当读居黝反，其或与主竹敌迪等字相通用者乃其讹变之音……[②]

有人认为：“至于黑龙江省泰来县塔城子（疑塔子城之误一引者）出土的辽代大安七年的汉文题名残刻上有‘糺首西头供奉官’字样，说明早在辽代，契丹大字‘乣’就已混入了汉字。”[③]

“在金代在元代，纠军的纠字和纠首的纠字又读作‘主因’，作‘主亦’，作‘主’……[④]”

意见之所以分歧，是有些人认为“乣”，不是汉字，是“契丹字”，[⑤] 是“契丹字和女真字的混合体”，[⑥] 是“参照汉字‘幼’或‘幺’而创制的一个读音为‘幼’的契丹大字”。[⑦]

说“纠首”，的“糾”读作“主”似欠妥。今太原、平遥、定襄等地的方言“纠”字读上声，“糾首”的“糾”，字也读作上声，平遥音［tɕiəu ⅄］。平遥等地读上声与来历一致。《广韵》上声黝韵居黝切：“糾……俗作‘乣’。”《集韵》上声黝韵吉酉切：“‘纠’或作‘糺’。”据此，我们认为碑铭中“纠首”的“糾”应读作“九”。这和来历一致，也和今山西方言的读音一致。至于“糺军”的“糺”字也应读作“九”的音。王国维“其音当读居黝反”的意见是可取的。

---

① 罗继祖：《辽史校勘记》，愿学斋丛刊第2集。后作者在1958年，上海人民出版社的该书平装本147页提出了新的看法：“‘糺’乃‘纠’之别体，字书非无此字，实则其字乃‘乣’而非‘糺’……窃疑‘乣’为契丹字之‘军’，辽亡契丹字仍得通行，故‘乣’亦沿袭未废，汉人不解其故，遂乃作‘糺’又有作‘纠’者。”

② 《海宁王静安先生遗书》卷十六，16页下。

③ 刘凤翥：《关于混入汉字中的契丹大字“乣”的读音》，《民族语文》1979年4期264页。

④ 贾敬颜：《纠军问题刍议》，《中央民族学院学报》1980年1期7页

⑤ 羽田亨：《读‘再论辽金时代之乣军’》，日本《史学杂志》第27编第1号，1916年1月。转引自刘凤翥文，267页注⑥。

⑥ 谔士：《跋黑龙江省泰来县塔子城出土的辽大安残刻》，《考古》1960年8期第41页。

⑦ 刘凤翥：《关于混入汉字中的契丹大字“乣”的读音》，《民族语文》1979年4期266页。

至于“糺”的字形，争论集中在“纟乚”字的写法。从本文一节所引山西地区的材料来看，这些材料中也有金代的，但未见“纟乚”的写法。上文三节所引山西以外地区的材料有五处：辽 1 金 3 元 1。其中，只是金有一处作“纟乚”，其他处作“糺”“纟乚”我们或可认为“纟乚”字乃“糺”字之省，从王国维氏的主张。

晋方言中的“纠首”一词很可能与我国北方少数民族有关系。上引碑铭所见的地区与碑铭的年代可以说明这一点。东北是辽金两代的发祥之地，自不必说。就以山西而论，在历史上有许多关于少数民族活动的记载。[①] 例如：早在公元 386 年拓跋鲜卑部的代国改国号魏，迁部山西北部的平城，即今山西省大同市。拿平遥县的名称来说，“平遥古陶地，尧初封于陶，即此。春秋时属晋，战国时属赵，秦汉始称平陶……后魏以太武帝名焘，改平陶为平遥。”[②]

拓片一

拓片二

① 谭其骧：《山西在国史上的地位》，《晋阳学刊》1981

② 《平遥县志·地舆志》卷一，1 页下。

（原载《中国语文》1982 年第 3 期）

平遥方言研究

两字组的连读变调

平遥县在山西省的中部，太原市望南约一百公里。本文根据的是平遥域内的方言，讨论的内容限于两字组。

一　平遥方言的声韵调

1.1　平遥方言有二十六个声母，包括零声母在内。例字下加单线表示白话音。

p	饱病八盆	p‘	配盘怕	m	门木米				
t	店刀读甜	t‘	偷土逃	n	脑怒内	l	路懒辣		
ts	支在捉慈	ts‘	采楚出	nz	暖腻女	s	松嫂时杀	z	如润入
ʈʂ	厢职张迟	ʈʂ‘	池陈尺	ŋ	扭碾镊～子	ʂ	手闪十寿	ʐ	染惹日
tɕ	加酒剧拳	tɕ‘	轻抢去	ȵ	牛年捏	ɕ	笑宣陷		
k	古官格柜	k‘	靠肯哭	ŋ	藕安鹅	x	厚黄飞		
ø	耳衣闻玉								

1.2　平遥方言有三十五个韵母，儿化韵在外。

ɑ	爬马榨	iɑ	架佳牙	uɑ	抓话瓦	yɑ	哕
ʅE	遮扯蛇	iE	写田渐			yE	靴泉
				uə	左祸黄	yə	墙像羊
æ	败开梅			uæ	坏拐罪		
ɔ	桃哥跑	iɔ	条巧妖				
ʅ	知致治	i	米弟明	u	富图	y	举去兄
ɿ	紫次师	ʮ	住如锄				
ər	儿而二						

ei 坡美妻		uei 追唾吕	
əu 头沟路	iəu 流秋		
ɑŋ 邦山占	iɑŋ 颜江碱	uɑŋ 广船范	
əŋ 能臻深	iŋ 林请进	uŋ 同滚顺	yŋ 云荣穷
ʌʔ 合八木	iʌʔ 跌结墨	uʌʔ 法术屋	yʌʔ 血局角

1.3 平遥方言有五个单字调。平声字单说不分阴阳平，但作为两字组的前字，在多数情况下可以分阴阳平，所以阴阳平各有代码。

代码	调类	例字	调值
0	平声	刀汤皮盆	˩˧ 13
1	阴平	刀汤	˩˧ 13
2	阳平	皮盆	˩˧ 13
3	上声	小打雨纸	˥˧ 53
4	去声	四看舅丈	˧˥ 35
5	阴入	不发踢曲	ʔ˨˧ 23 短调，为调号醒目起见，记作 ʔ˩˧ 13
6	阳入	毒熟入烈	ʔ˥˦ 54 短调，为调号醒目起见，记作 ʔ˥˧ 53

连读变调有九个：[꜖꜔] 13，[꜒꜔] 53，[꜔꜒] 35，[ʔ꜒꜓] 54，（记作 [ʔ꜒꜔] 53），[꜔꜖] 31，[꜓꜕꜔] 423（记作 [꜒꜖꜔] 513），[ʔ꜔꜕] 32（记作 [ʔ꜔꜖] 31，[ʔ꜓꜕꜔] 423（记作 [ʔ꜒꜖꜔] 513），[ʔ꜓꜒] 45（记作 [ʔ꜔꜒] 35）。前四个连读变调与单子调相同，后五个是连读后新出现的调值。单子调的竖线在右边，连读变调的竖线在左边。带喉塞音 [ʔ] 的字调都是短调。

二　阴平与阳平

平遥方言两字组的连读调和语法结构关系密切。请看表一。

表一

A 述宾式 开车 k'æ˧ tʂ'ʅɛ˧ 主谓式 砆高 xu˧ kɔ˧ 脚面高	B 偏正式 开车 k'æ˧˥ tʂ'ʅɛ˧˦ 旧时的木轮车 并列式 装穿 tsuə˧˥ ts'uaŋ˧˦ 给死人穿戴 谓补式 开开 k'æ˧˥ k'æ˧˦ 打得开 名叠式 开开 k'æ˧˥ k'æ˧˦ 主意 名儿式 开儿 k'æ˧˥ ʐʌʔ˧˦ 主意
C 动叠式 开开 k'æ˧˦ k'æ˧˥ 开一开	

两字组可以根据变调行为分成三类。A 类是述宾式、主谓式。B 类是偏正式、并列式、谓补式，名叠式（名词叠字、量词叠字、数词叠字）、名儿式（儿尾名词）也属于 B 类。C 类是动叠式（动词叠字）。但是“上声、阳入＋平声、阴入、去声”六种组合无论什么格式都不变调。

平遥方言的单字调平声不分阴平、阳平。例如：

妻=齐 [ts'ei˧]　荒=黄 [xuə˧]　刀=桃 [tɔ˧]　升=城 [ʂʅ˧]

平声字作为两字组的前一字，A 类不分阴阳平；B 类分阴阳平，名词叠字。儿尾名词属于 B 类，也分阴阳平；C 类动词叠字不分阴阳平。名词叠字前后字相同，前字分阴阳平，后字也分阴阳平。例字见表二。

形容词叠字地道的本地话不说，学生腔可以说。形容词叠字也分阴阳平。下列八组例字线条左边是阴平，右边是阳平。

稀稀 ɕi˧˥ ɕi˧˦	高高 kɔ˧˥ kɔ˧˦	甜甜 tiɛ˧ tiɛ˧	长长 tsuə˧ tsuə˧
香香 ɕiaŋ˧˥ ɕiaŋ˧˦	酸酸 suaŋ˧˥ suaŋ˧˦	稠稠 tʂəu˧ tʂəu˧	园园 yɛ˧ yɛ˧

形容词叠字的连续变调和名词叠字的连续变调一致

高高=哥哥 kɔ˧˥ kɔ˧˦ | 长长=肠肠肠子 tsuə˧ tsuə˧

副词叠字不分阴阳平。以下六组例字，连调相同。

轻轻 tɕ'iŋ˧˥ tɕ'iŋ˧˦	光光 kuaŋ˧˥ kuaŋ˧˦	明明 miŋ˧˥ miŋ˧˦
刚刚 tɕiaŋ˧˥ tɕiaŋ˧˦	偏偏 p'iɛ˧˥ p'iɛ˧˦	常常 tʂ'aŋ˧˥ tʂ'aŋ˧˦

副词叠字的连调与其他词类叠字不同。例如“光光”作副词，连调跟作形容词不同。“轻轻”跟“亲亲”同音，连调也不同。

光光副词 [⅄k ⅄r]：~来了块你　　　光光形容词 [⅄k ⅄r]：~底颗头

轻轻副词 [⅄k ⅄r]：~地挪过来　　　亲亲动词 [⅄r ⅄k]：~我

分别阴平、阳平要把连读变调和语法结构结合起来看。请看表二，A 类的连调和 B_2 类的连调完全一致。单纯就调值看，A 类不分阴阳平，B_2 类也不能分。从语法构造看，还是可以把 A 类和 B_2 类分别开来。拿 B_1 类同 B_2 类比，语法构造相同，连调不同，这就分出两字组前一字的阴阳平来了。

表二

B_1	蹬开开始蹬 təŋ⅄k k'æ⅄r	轻银铝 tɕ'iŋ⅄k ȵiŋ⅄r	铅笔 tɕ'iaŋ⅄k piʌʔ⅄r	东虹 tuŋ⅄ tɕyə˥ʟ	升起 ʂʅ⅄k tɕ'iɣ	风盒风箱 xuŋ⅄k xʌʔɣ
B_2	腾开开始腾 təŋ⅄ k'æ⅄	勤劳 tɕ'iŋ⅄ lɔ⅄	墙壁 tɕ'iaŋ⅄ piʌʔ⅄	铜匠 tuŋ⅄k tɕyə˥	盛起 ʂʅ⅄r tɕ'iɣɴ	红活热闹、兴旺 xuŋ⅄r xuʌʔɣɴ
B_1	丝丝一点儿 sʅ⅄k sʅ⅄r					
B_2		匙匙调羹 sʅ⅄ sʅ⅄				
A_0	翻车 xuaŋ⅄ tʂ'ʅɛ⅄	分粮 xuŋ⅄ 'luə⅄	修脚 ɕiəu⅄ tɕyʌʔ⅄	掏粪 t'ɔ⅄k xuŋ˥	搀水 ts'aŋ⅄r sueiɣɴ	诊脉 tʂəŋ⅄r miʌʔɣɴ
A_0	还车 xuaŋ⅄ tʂ'ʅɛ⅄	缝鞋 xuŋ⅄ xæ⅄	缠脚 tʂaŋ⅄ tɕyʌʔ⅄	逃难 t'ɔ⅄k naŋ˥	搽粉 tsa⅄r xuŋɣɴ	留学 liəu⅄r ɕiʌʔɣɴ
C_0	分分分一下 xuŋ⅄r xuŋ⅄k	缝缝 xuŋ⅄r xuŋ⅄k				

平声字作为两字组的后字，ABC 三类结构都不能区别阴阳平（名词叠字除外）。例如：

A类　浇花˨˧ ˨˧ tɕiɔ xuɑ　移花˨˧ ˨˧ i xuɑ　掐花ʔ˨˧ ˨˧ tɕ‘iʌʔ xuɑ　卖花˥˨˧ ˨˧ mæ xuɑ　买花˧˨ ˨˧ mæ xuɑ　拔花ʔ˧˨ ˨˧ pʌʔ xuɑ

开门˨˧ ˨˧ k‘æ məŋ　回门˨˧ ˨˧ xuæ məŋ　拍门ʔ˨˧ ˨˧ p‘iʌʔ məŋ　认门˥˨˧ ˨˧ ʐəŋ məŋ　捣门˧˨ ˨˧ tɔ məŋ　砸门ʔ˧˨ ˨˧ tsʌʔ məŋ

B类　葱花˨˦˧ ˨˧˦ ts‘uŋ xuɑ　梅花˨˧ ˨˧ mæ xuɑ　菊花ʔ˨˦˧ ˨˧˦ tɕ‘yʌʔ xuɑ　桂花˦ ˨˧˦ kuei xuɑ　纸花˧˨ ˨˧ tsɿ xuɑ　白花ʔ˧˨ ˨˧ piʌʔ xuɑ

风门˨˦˧ ˨˧˦ xuŋ məŋ　城门˨˧ ˨˧ tʂ‘əŋ məŋ　铁门ʔ˨˦˧ ˨˧˦ t‘iʌʔ məŋ　大门˦ ˨˧˦ tei məŋ　小门˧˨ ˨˧ ɕiɔ məŋ　阀门ʔ˧˨ ˨˧ xuʌʔ məŋ

花花花˨˦˧ ˨˧˦ xuɑ xuɑ　门门门˨˧ ˨˧ məŋ məŋ

C类　夸夸˨˧˦ ·˨˦˧ k‘uɑ k‘uɑ　蹬蹬˨˧˦ ˨˦˧ təŋ təŋ

注意，B类前字分阴阳平，后字调值随前字而定，不分阴阳平。“葱花[˦˧˧˦]”的“花[˧˦]”与“风门[˦˧˧˦]”的“门[˧˦]”同调。“梅花[˨˧˨˧]”的“花[˨˧]”与“城门[˨˧˨˧]”的“门[˨˧]”同调。

根据上述标准，两字组有些格式可以分别阴阳平，这种格式我们叫做区别式；有些格式不能分别阴阳平，这种格式叫做合并式。下文分别举例。举例先用代码标明调类，后标调值。“10”表示这种格式可以鉴别前字是阴平，后字不能分阴阳平。“20”表示这种格式可以鉴别前字是阳平，后字不能分阴阳平。“00”表示这种格式前字、后字都不能分阴阳平。“11”表示这种格式是叠字结构，可以鉴别前后字都是阴平。“22”，表示这种格式是叠字结构，可以鉴别前后字都是阳平。叠字前后字声韵相同，下文举例有时只标一个字音。各种组合的例外字集中放在区别式的末尾。

区别式举例（均为B类）

10[˨˦˧　˨˧˦]

肮脏 ŋɑ　tsɑ　摊开 t‘aŋ　k‘æ　庄稼 tsuə　tɕiɑ　枯干 k‘u　kaŋ
悲伤 pei　ʂaŋ　阴天 iŋ　t‘iᴇ　饥荒 tɕi　xuaŋ　西瓜 sei　kuɑ
番瓜 xuaŋ　kuɑ　鲜姜 ɕiᴇ　tɕiaŋ　灰渣 xuæ　tsɑ　冬瓜 tuŋ　kuɑ
金针 tɕiŋ　tʂəŋ　秋天 tɕ‘iəu　t‘iᴇ　中锋 tsuŋ　xuŋ　衣冠 i　kuaŋ

分开 xuŋ k'æ	生猪 səŋ tsɥ	猪鬃 tsɥ tsuŋ	春天 ts'uŋ t'iᴇ
腥荤 sei xuŋ	公鸡 kuŋ tɕi	今天 tɕiŋ t'iᴇ	香椿 ɕiaŋ ts'uŋ
秧歌 iaŋ kɔ	冰山 piŋ saŋ	蓑衣 suə i	三天 saŋ t'iᴇ
郊区 tɕiɔ tɕ'y	苏州 səu tʂəu	餐车 ts'aŋ tʂ'ʅᴇ	荆州 tɕiŋ tsəu
朱砂 tʂɥ sa	偷听 t'əu t'i	欧洲 ŋəu tʂəu	诗歌 sɿ kɔ
先生 ɕiᴇ səŋ	乡村 ɕiaŋ ts'uŋ	芭蕉 pa tɕiɔ	秋千 tɕ'iəu' tɕ'iᴇ
声音 ʂəŋ iŋ	乌鸦 u ia	鸳鸯 yᴇ' iaŋ	江山 tɕiaŋ saŋ
慌张 xuaŋ tʂaŋ	听开 t'i k'æ	烧开 ʂɔ k'æ	罅开 xa k'æ
稀开 ɕi k'æ	精明 tsei mi	恓惶 sei xuə	糟房 tsɔ xuə
花栏 xua laŋ	羝羊 ti yə	师婆 sɿ pei	书房 sɥ xuə
腮牙 sæ ȵia	商量 suə luə	沙罗 sa lei	清明 tɕ'iŋ miŋ
樱桃 iŋ t'ɔ	厢房 ɕiaŋ xuə	轻闲 tɕ'iŋ xaŋ	跟随 kəŋ ɕy
棺材 kuaŋ tsæ	砖窑 tsuaŋ iɔ	锅头 kuei təu	车头 tʂ'ʅᴇ təu
丫环 ia xuaŋ	山羊 saŋ iaŋ	伤亡 ʂaŋ uaŋ	缰绳 tɕyə ʂɿ
灯笼音楼 təŋ ləu	输赢 sɥ i	工人 kuŋ ʐəŋ	佳人 tɕia ʐəŋ
森林 səŋ liŋ	千年 tɕ'iᴇ ȵiᴇ	私人 sɿ ʐəŋ	犀牛 ɕi ȵiəu
专门 tsuaŋ məŋ	羔皮 kɔ p'i	鲨鱼 sa ȵy	东城 tuŋ tʂ'əŋ
归还 kuei xuaŋ	坚强 tɕiᴇ tɕ'iaŋ	忧愁 iəu tʂ'əu	穿成 ts'uaŋ ʂɿ
遮瞒 tʂʅᴇ maŋ			

饥荒：债务。番瓜：倭瓜。灰渣：垃圾。金针：黄花菜。衣冠：穿戴。生猪：未劁的猪。腥荤：肉食。听开：开始听。烧开：开始烧。稀开：开始溶化。恓惶：可怜。糟房：酒坊。花栏：院中摆花盆的矮墙。羝羊：配种的公羊。师婆：巫婆。书房：学校。沙罗：网眼最大的罗。锅头：灶。穿成：可以穿。遮瞒：掩盖。

15 [˨˦ʔ ˦˨] 名词尾"子"字读 [tsʌʔ˨]，阴入，和"则"字同音，本地人就写作"则"字，"子孙、子蝗蝗虫、棉子、莲子"的"字"读 [tsɿ ˧˦] 上声。

贞节 tʂəŋ tɕiʌʔ	晶珀 tɕiŋ p'iʌʔ	干骨 kaŋ kuʌʔ	狮子 sɿ tsʌʔ
仓猝 ts'aŋ ts'uʌʔ	钢铁 kaŋ t'iʌʔ	凶恶 ɕyŋ ŋʌʔ	冤屈 yᴇ tɕ'yʌʔ
撕掐 sɿ tɕ'iʌʔ	抠剥 k'əu pʌʔ	消失 ɕiɔ ʂʌʔ	催促 ts'uei ts'uʌʔ
雕刻 tiɔ k'ʌʔ	丢失 tiəu ʂʌʔ	香杀 ɕiaŋ sʌʔ	伸缩 ʂəŋ suʌʔ
亲戚 tɕ'iŋ tɕ'iʌʔ			

晶珀：琥珀。干骨：骨殖。抠剥：抠挖。香杀：香极。

14 [˨˩ ˦˨]

单裤 taŋ k‘u	豇豆 tɕyə təu	鞭炮 piᴇ p‘ɔ	丝线 sɿ ɕiᴇ
麸面 xu miᴇ	机器 tɕi tɕ‘i	青菜 ts‘ei ts‘æ	天气 t‘iᴇ tɕ‘i
耽误 taŋ u	背棍 pæ kuŋ	孤闷 ku məŋ	斤秤 tɕiŋ tʂ‘əŋ
兄弟 ɕy ti	光棍 kuə kuŋ	豌豆 uaŋ təu	丧事 saŋ sɿ
家具 tɕia tɕy	糕面 kɔ miᴇ	军队 tɕyŋ tuæ	膘肉 piɔ ʐəu
新旧 ɕiŋ tɕiəu	推刨 t‘uæ pɔ	妖怪 iɔ kuæ	针线 tʂəŋ ɕiᴇ
妻夫 ts‘ei xu	枪炮 tɕ‘iaŋ p‘ɔ	呜叫 u tɕiɔ	招待 tʂɔ tæ
捎带 sɔ tæ	妆扮 tsuə paŋ	颁布 paŋ pu	更替 kəŋ t‘i
遭下 tsɔ xa	居下 ŋiᴇ xa	鸧住 tɕ‘iaŋ tsʮ	

麸面：麦麸子。背棍：一种类似踩高翘的文娱活动。膘肉：肥肉。推刨：刨子。妻夫：夫妻。呜叫：招唤。遭下：遭到。鸧住：啄住。

13 [˨˦˨ ˦˨]

凶手 ɕyŋ ʂəu	仙女 ɕiᴇ ȵy	闺女 tɕy nzʮ	区长 tɕ‘y tʂaŋ
针颗 tʂəŋ k‘uei	牲口 səŋ k‘əu	瓜子 kua tsɿ	烧酒 ʂɔ tɕiəu
歌本 kɔ pəŋ	莴笋 uei suŋ	资本 tsɿ pəŋ	斑点 paŋ tiᴇ
僵死 tɕiaŋ sɿ	剜眼 uaŋ ȵiaŋ	蒸饼 tʂɿ pi	粗粉 ts‘əu xuŋ
鹦鹉 iŋ u	胭脂 iᴇ tsɿ	魁首 k‘uæ ʂəu	颠倒 tiᴇ tɔ
思忖 sɿ ts‘uŋ	舒敞 sʮ tʂ‘aŋ	羞耻 ɕiəu tʂ‘ʅ	俘虏 xu ləu
梳洗 sʮ sei	基础 tɕi ts‘ʮ	州府 tʂəu xu	蚯蚓 tɕ‘iəu iŋ
钟表 tsuŋ piɔ	珍宝 tʂəŋ pɔ	宽敞 k‘uaŋ tʂ‘aŋ	深浅 ʂəŋ tɕ‘iᴇ
真假 tʂəŋ tɕia	辛苦 ɕiŋ k‘u	丰广 xuŋ kuaŋ	多少 tei ʂɔ
肢解 tsɿ tɕiᴇ	加减 tɕia tɕiaŋ	驱赶 tɕ‘y kaŋ	追撵 tsuei ȵiᴇ
亏损 k‘uei suŋ	包裹 pɔ kuei	骚扰 sɔ ʐɔ	交往 tɕiɔ uə
扳倒 paŋ tɔ	飞起 xuei tɕ‘i	搬起 paŋ tɕ‘i	

“仙女、闺女”两“女”字音不同。针颗：针脚。剜眼：不满的眼神。思忖：思量。丰广：充足。追撵：追。

16 [˨˦˨ʔ ˦˨]

汤药 t‘uə yʌʔ	松木 suŋ mʌʔ	正月 tʂəŋ yʌʔ	葱白 ts‘uŋ piʌʔ
樟木 tʂaŋ mʌʔ	蜂蜜 xuŋ miʌʔ	威力 uei liʌʔ	赃物 tsaŋ uʌʔ
碑石 pei ʂʌʔ	音乐 iŋ iʌʔ	纲目 kaŋ mʌʔ	衰弱 suæ ʐʌʔ

兵卒 piŋ　tɕyʌʔ　　收拾 ʂəu　ʂʌʔ　　翻译 xuaŋ　iʌʔ　　呵着 xei　tsuʌʔ
烟突 iᴇ　t‘uʌʔ　　筋络 tɕiŋ　lʌʔ　　苍术 ts‘aŋ　tsuʌʔ

呵着：蒸气嘘着。烟突：烟囱。苍术：中药名。

1 1 名叠 [˩˧˩　˩˧]

灯灯 təŋ　孙孙 suŋ　刀刀 tɔ　坑坑 k‘əŋ　盅盅 tsuŋ　公公 kuŋ
缸缸 kaŋ　箱箱 ɕiaŋ　窗窗 suə　筐筐 k‘uaŋ　梯梯 t‘i　沟沟 kəu
渣渣 tsa　根根 kəŋ　心心 ɕiŋ　哥哥 kɔ　虾虾 ɕia　枧枧 səŋ
竿竿 kaŋ　弯弯 uaŋ　闩闩 suaŋ　钉钉 ti　驹驹 tɕy　坡坡 p‘ei
钩钩 kəu　星星 ɕiŋ　龛龛 k‘aŋ　鸡鸡 tɕi　靴靴 ɕyᴇ　双双 ts‘uə
杯杯 pei　尖尖 tɕiᴇ　爹爹 tiᴇ　堆堆 tuæ　枝枝 tsɿ

1 5 名儿 [˩˧˩ ʔ　˩˧] 关于儿尾和儿化，参看下文 13。

村儿 ts‘uŋ　ʐʌʔ　　胎儿 t‘æ　ʐʌʔ　　蛆儿 tɕ‘y　ʐʌʔ　　疮儿 suə　ʐʌʔ
锥儿 tsuei　ʐʌʔ　　肝儿 kaŋ　ʐʌʔ

2 0 [˩˧　˩˧]

皮车 p‘i　tʂ‘ʅᴇ　　农村 nəŋ　ts‘uŋ　　茶盅 ts‘a　tsuŋ　　邻家 liŋ　tɕia
重孙 tsuŋ　suŋ　　晴天 tɕ‘iŋ　t‘iᴇ　　闲书 ɕiaŋ　sʮ　　泥包 ȵi　pɔ
行家 xuə　tɕia　　油糕 iəu　kɔ　　洋烟 iaŋ　iᴇ　　桅灯 uei　təŋ
元宵 yᴇ　ɕiɔ　　人中 ʐəŋ　tsuŋ　　床单 ts‘uaŋ　taŋ　　燎支 liɔ　tsɿ
疲茶 p‘i　ts‘a　　麻球 ma　tɕiəu　　荷花 xei　xua　　棉花 miᴇ　xua
匀开 yŋ　k‘æ　　炉穿 ləu　ts‘uaŋ　　来开 læ　k‘æ　　蔓菁 maŋ　tsei
甜瓜 tiᴇ　kua　　抬筐 t‘æ　k‘uaŋ　　盟兄 məŋ　ɕyŋ　　连襟 liᴇ　tɕiŋ
捞挖 lɔ　ua　　揉搓 ʐəu　tɕ‘iᴇ　　茴香 xuæ　ɕiaŋ　　毛衣 mɔ　i
昙花 t‘aŋ　xua　　钳工 tɕiᴇ　kuŋ　　脓眵 nəŋ　ts‘ɿ　　元朝 yᴇ　tʂ‘ɔ
甜茶 tiᴇ　ts‘a　　留谈 liəu　t‘aŋ　　年成 ȵiᴇ　tʂ‘əŋ　　牙羊 ȵia　yə
瞒藏 maŋ　ts‘aŋ　　前年 tɕiᴇ　ȵiᴇ　　蛔虫 xuæ　tsuŋ　　房檐 xuə　iᴇ
牛郎 ȵiəu　laŋ　　银钱 ȵiŋ　tɕiᴇ　　详情 ɕiaŋ　tɕ‘iŋ　　年时 ȵiᴇ　sɿ
含糊 xaŋ　xu　　胡芹 xu　tɕiŋ　　游民 iəu　miŋ　　羊皮 yə　p‘i
常年 tʂ‘aŋ　ȵiᴇ　　鲇鱼 ȵaŋ　ȵy　　柔和 ʐəu　xuei　　红尘 xuŋ　tʂ‘əŋ
盘缠 paŋ　tʂaŋ　　煤油 mæ　iəu　　绵羊 miᴇ　yə　　葡萄 pu　tɔ
婆姨 pei　i　　调停 tiɔ　t‘iŋ　　棱条 ləŋ　t‘iɔ　　笼床 luŋ　suə
长柴 tsuə　sæ　　城墙 tʂ‘əŋ　tɕyə　　拳头 tɕyᴇ　təu　　谁们 suei　məŋ

衙门 ȵia maŋ　蛇皮 tʂʻʅᴇ pʻi　祠堂 sɿ tʻaŋ　淮河 xuæ xɔ
媒人 mæ ʐəŋ　零钱 liŋ tɕiᴇ　痰盂 tʻaŋ y　羚羊 liŋ iaŋ
旁人 pʻaŋ ʐəŋ　桐油 tʻuŋ iəu　棋盘 tɕʻi pʻaŋ　狼皮 laŋ pʻi
贤能 ɕiᴇ nəŋ　黄莲 xuə liᴇ　碱盐 ɕiaŋ iᴇ　玲珑 liŋ luŋ
常娥 tʂʻaŋ ŋiᴇ　琉璃 liəu li　繁荣 xuaŋ ʐuŋ　便宜 pʻiᴇ i
豺狼 tsʻæ laŋ　慈祥 tsʻɿ ɕiaŋ　源泉 yᴇ tɕʻyᴇ　顽皮 uaŋ pʻi
蚊蝇 uŋ iŋ　团圆 tʻuaŋ yᴇ

皮车：胶轮儿车。闲书：旧小说。泥包：盖房时装沙子灰的布兜。洋烟：鸦片烟。桅灯：手提式油灯。燎支：炉条。疲茶：不热的茶。麻球：女阴。炉穿：火通条。来开：开始来往。捞挖：捞。揉搓：揉。脓眵：眼屎。甜茶：带糖的油炒面。留谈：长时间闲谈。年成：年景。牙羊：公羊。瞒藏：瞒。年时：去年。胡芹：芹菜。红尘：儿女。婆姨：已婚妇女。棱条：蒸笼。长柴：高粱稭。

2 5［˩ʔ ˩］

牛骨 ȵiəu kuʌʔ　痕迹 xəŋ tɕiʌʔ　颧骨 tɕʻyᴇ kuʌʔ　头发 təu xuʌʔ
城廓 tʂʻəŋ kuʌʔ　神拍 ʂəŋ pʻiʌʔ　菱角 liŋ tɕyʌʔ　如适 ʐu ʂʌʔ
胡失 xu ʂʌʔ　严格 ȵiᴇ tɕʻiʌʔ　缝撮 xuŋ tsʻuʌʔ　淋湿 liŋ ʂʌʔ
缭擦 liɔ tsʻʌʔ　粘擦 ɳaŋ tsʻʌʔ　扬拍 yə pʻiʌʔ　藏拍 tsʻaŋ pʻiʌʔ
连接 liᴇ tɕiʌʔ　常客 tʂʻaŋ kʻʌʔ　储蓄 tsʻʯ ɕyʌʔ　纯洁 tsʻuŋ tɕiʌʔ
除法 tsʻʯ xuʌʔ　蓝色 laŋ sʌʔ　俄国 ŋɔ kuʌʔ　颜色 ȵiaŋ sʌʔ
猴子 xəu tsʌʔ　茬子 sa tsʌʔ　狐子 xu tsʌʔ　胡子 xu tsʌʔ
肠子 tsuə tsʌʔ　疤子 pa tsʌʔ　脯子 pu tsʌʔ　袍子 pʻɔ tsʌʔ
瘤子 liəu tsʌʔ　聋子 luŋ tsʌʔ　糜子 mi tsʌʔ　蹄子 ti tsʌʔ

神拍：神吹。如适：合适。胡失：粗疏。缝撮：大针脚缝住。缭擦：用针粗粗地斜着缝。“擦”是动词词尾，表示动作不认真。扬拍：宣扬。藏拍：随意藏起来。狐子：狐狸。疤子：麻子。

停战 t‘iŋ tsaŋ　讹骗 ŋiᴇ p‘iᴇ　鹅雁 ŋiᴇ ȵiaŋ　荞面 tɕiɔ miᴇ
强盗 tɕyə tɔ　知道 xuə tɔ　营幹 iŋ kaŋ　茔地 y ti
圆辨 yᴇ piᴇ　浮躁 xu ts‘ɔ　贻误 i u　存站 ts‘uŋ tsaŋ
时分 sɿ xuŋ　陪衬 p‘æ ts‘əŋ　条案 t‘iɔ ŋaŋ　拦住 laŋ tsʮ
蓝炭 laŋ t‘aŋ　难意 naŋ i　痨病 lɔ pi　铜器 tuŋ tɕ‘i
徒弟 t‘u ti　图案 t‘u ŋaŋ　祁县 tɕ‘i ɕiᴇ　槐树 xuæ sʮ
邮票 iəu p‘ɔ　原样 yᴇ iaŋ　缘分 iᴇ xuŋ　词汇 sɿ xuæ
邪气 ɕiᴇ tɕ‘i　榆树 y sʮ　帆布 xuaŋ pu　陵墓 liŋ mu
形状 ɕiŋ tsuaŋ　迟钝 tʂ‘ʅ tuŋ　愚笨 y pəŋ　劳动 lɔ tuŋ
残废 ts‘aŋ xuei　研究 ȵiᴇ tɕiəu　贫贱 p‘iŋ tɕiᴇ　勤奋 tɕ‘iŋ xuŋ
奴隶 nəu li　螃蟹 p‘aŋ ɕiᴇ　禽兽 tɕ‘iŋ ʂəu　容易 yŋ i
荣誉 yŋ y　材料 ts‘æ liɔ　憔悴 tɕ‘iɔ ts‘uei　蛮横 maŋ xəŋ
绸缎 tʂ‘əu tuaŋ　烦闷 xuaŋ məŋ　权利 tɕ‘yᴇ li　文字 uŋ tsɿ
沉重 tʂ‘əŋ tsuŋ　洪亮 xuŋ liaŋ　明亮 mi luə　嫌弃 ɕiᴇ tɕ‘i
谋划 mu xua　疼痛 təŋ t‘uŋ　悬挂 ɕyᴇ kua　泥住 ȵi tsʮ
糊住 xu tsʮ　颜料 ȵiaŋ liɔ　离转 li tsuaŋ　移转 i tsuaŋ
锄住 sʮ tsuaŋ

停战：停或站。鹅雁：大雁。和道：和气。营幹：活计。圆辨：开脱。浮躁：不细致。贻误：耽误。时分：时候。陪衬：陪伴。蓝炭：焦炭。难意：为难。谋划：谋算。泥住：用泥抹住。离转：移开。锄住：锄完。

2 3 [˧˩˧ ˥˦]

寻揣 ɕiŋ suæ　云采 yŋ ts‘æ　燃搅 ʐaŋ tɕiɔ　柔倒 ʐəu tɔ
平整 p‘iŋ tʂəŋ　赔补 p‘æ pu　牌九 p‘æ tɕiəu　弹腿 taŋ t‘uæ
腾倒 təŋ tɔ　凉粉 luə xuŋ　眉眼 mi ȵiaŋ　笤帚 tiɔ tsʮ
莲子 liᴇ tsɿ　犁耳 li ər　玩耍 uaŋ sua　长短 tʂ‘aŋ tuaŋ
旋转 ɕyᴇ tsuaŋ　齐楚 ts‘ei ts‘ʮ　熊掌 ɕyŋ tʂaŋ　芦苇 ləu uei
茅草 mɔ ts‘ɔ　筹码 tʂ‘əu ma　斜眼 ɕiᴇ ȵiaŋ　穷鬼 tɕyŋ kuei
馋嘴 ts‘aŋ tsuei　尘土 tʂ‘əŋ t‘u　言语 ȵiᴇ ȵy　锣鼓 lei ku
男女 naŋ ȵy　褴褛 laŋ luei　寒冷 xaŋ ləŋ　朋友 p‘əŋ iəu

寻揣：找寻。燃搅：化费。柔倒：软磨。赔补：赔。弹腿：抬腿。腾倒：倒腾。眉眼：容貌。齐楚：整齐。

2 6 [˨˦ ˥˧]

梅笛 mæ tiʌʔ　粮食 luə ʂʌʔ　萝菔 lei pʌʔ　桃棚 tɔ k'uʌʔ
岩石 ȵiE ʂʌʔ　檀木 t'aŋ mʌʔ　横木 xəŋ mʌʔ　垄实 tsʅ ʂʌʔ
铙钹 nɔ pʌʔ　巢穴 ts'ɔ ɕyʌʔ　垂直 ts'uei tʂʌʔ　忙碌 maŋ luʌʔ
辞别 ts'ʅ piʌʔ

梅笛：笛子。铙钹：比“镲儿”大，小的本地叫“水镲镲”

2 2 [˨˩ ˨˩]

苗苗 miɔ　球球 tɕ'iəu　船船 ts'uaŋ　泉泉 tɕyE　瓶瓶 p'iŋ　畦畦 tɕ'i
铃铃 li　姨姨 i　槌槌 tsuei　池池 tʂ'ʅ　盆盆 pəŋ　匙匙 sʅ
环环 xuaŋ　芽芽 ȵia　旗旗 tɕ'i　篮篮 laŋ　头头 təu　槽槽 tsɔ
蛾蛾 ŋiE　爷爷 iE　轮轮 luŋ　娘娘 ȵiaŋ　墙墙 tɕyə　绳绳 ʂʅ
亭亭 t'iŋ　虫虫 tsuŋ　瓤瓤 zuə　壕壕 xɔ　群群 tɕ'yŋ　层层 ts'əŋ
厘厘 li

2 5 名儿 [˨˩ ʔ˨˩]

耙儿 pa ʐʌʔ　瓢儿 p'iɔ ʐʌʔ　钱儿 tɕiE ʐʌʔ　蝉儿 ts'aŋ ʐʌʔ
猴儿 xəu ʐʌʔ　猫儿 mɔ ʐʌʔ

区别式例外——根据区别式分辨出来的阴阳平，阴平大致相当于古清平古平声清音声母字，今其他方言阴平，阳平大致相当于古浊平古平声浊音声母字，今其他方言阳平。但是有些例外，现在列举如下。

（一）古清平今区别式读为阳平——（1）两清平相连读 [˨˩ ˨˩]：肩窝 tɕiaŋ uei｜赊耽耽误 ʂʅE taŋ｜脏沙雀斑 tsaŋ sa｜砒霜 p'i ɕiŋ｜痂疤 tɕia pa｜芬芳 xuŋ xuaŋ｜蜘蛛 tʂʅ tsʯ｜蹊跷奇怪 tɕ'iɔ tɕ'i‖（2）清平加阴入读 [˨˩ ʔ˨˩]：浇足 tɕiɔ tɕyʌʔ‖（3）清平加去声读 [˥˧˥˧]：荒地 xuaŋ ti｜娇气 tɕiɔ tɕ'i｜枯燥 k'u tsɔ｜希望 ɕi uaŋ｜灾难 tsæ naŋ‖（4）清平名词叠字读 [˨˩ ˨˩]：猩猩 ɕiŋ ɕiŋ

（二）古浊平今区别式读为阴平——（5）浊平加清平读 [˥˧˥˧]：揩开 tsa k'æ‖（6）浊平加上声读 [˥˧ ˥˧]：屠宰 t'u tsæ｜宏伟 xuŋ uei｜培养 p'æ iaŋ‖（7）浊平阳入读 [˥˧ ʔ˥˧]：提拔 ti pʌʔ｜娱乐 y lʌʔ｜传达 ts'uaŋ tʌʔ‖（8）浊平名词叠字读 [˥˧ ˥˧]：馒馒馒头 mei mei

合并式举例（均为 A 类）

0 0 [˩˧　˩˧]

牵心 tɕ'iɛ ɕiŋ　通车 tuŋ tʂ'ʅɛ　登高 təŋ kɔ　超车 tʂ'ɔ tʂ'ʅɛ　操心 ts'ɔ ɕiŋ
温书 uŋ sʮ　晕车 yŋ tʂ'ʅɛ　抽签 tʂ'əu tɕ'iɛ　栓车 suaŋ tʂ'ʅɛ　贪污 t'aŋ u
趺高 xu kɔ　该钱 kæ tɕiɛ　关门 kuaŋ məŋ　披红 p'i xuŋ　龇牙 ts'ʅ ȵia
磨刀 mei tɔ　吟诗 iŋ sʅ　爬山 pa saŋ　填房 tiɛ xuaŋ

牵心：挂记。趺高：脚面高。

0 5 [˩˧　ʔ˩˧]

亡国 uaŋ kuʌʔ　挖錾 ua tɕiʌʔ 打坯

0 4 [˩˧˧　˧˥]

拼命 p'iŋ miŋ　搓背 ts'uə pæ　签字 tɕ'iɛ tsʅ　抽空 tʂ'əu k'uŋ　耕地 tɕiɛ ti
租地 tsəu ti　熩菜 ŋɔ ts'æ　家败 tɕia pæ　孵蛋 pu taŋ　掏粪 t'ɔ xuŋ
驮炭 tei t'aŋ　饶命 ʐɔ mi　朝道 tʂ'ɔ tɔ　刨地 pɔ ti　谈话 t'aŋ xua

家败：倒霉。朝道：走正路，几时你就～啦。

0 3 [˩˧˧　˧˩˧]

睁眼 tʂʅɛ ȵiaŋ　增产 tsəŋ ts'aŋ　关响 kuaŋ ɕiaŋ　春米 ts'uŋ mi　心短 ɕiŋ tuaŋ
逢五 xuŋ u　河涨 xei tsuə　骑马 tɕi ma

0 6 [˩˧˧　ʔ˧˩˧]

煎药 tɕiɛ yʌʔ　诊脉 tʂəŋ miʌʔ　瞑目 miŋ mʌʔ　还俗 xuaŋ ɕyʌʔ

三　两字组的连读变调

本节讨论的两字组不包括叠字式和儿尾名词，这两项在下节讨论。两字组连调如表三所示，表左标明前一字的调类，表头标明后一字的调类，表右标明 A 类 B 类。如上文所述，平声作为两字组的前一字，在大多数情况下分阴阳平，作为后一字不分阴阳平（名词叠字式除外）。因此，表里前字分七类：平声、阴平、阳平、阴入、去声、上声、阳入；后字分为五类：平声、阴入，去声，上声、阳入。平声和阴入的单字调都是［˩˧］13 调，上声和阳入都是［˥˧］53 调，变调行为分别大体一致，不同的是阴入、阳入是带喉塞音［ʔ］的短调。全表再依前后字的变调行为分成“可变两字组和“不变两字组”，后者包括“上声、阳入＋平声、阴入、去声”六种声调组合，其余是“可变两字组”。“不变两字组”无论 A 类 B 类前后字都不变调、表里用粗线把两组分开。

表三

	0 平声 ˩˧	5 阴入 ʔ˩˧	4 去声 ˦˥	3 上声 ˥˧	6 阳入 ʔ˥˧	
0 平声 ˩˧	拴车 该钱 抓山 财迷	修脚 流血	耕地 盛饭 ꜔꜖ ˦˥	睁眼 河涨 ꜓꜒ ꜒꜖꜔	心毒 还俗 ꜓꜒ ʔ꜒꜖꜔	A
1 阴平 ˩˧	偷听 新人 ꜔꜖ ꜓꜒	乾骨 丢失 ꜔꜖ ʔ꜓꜒	豇豆 翻转 ˩˧ ꜖꜕	伤损 搀起 ꜔꜖ ˥˧	三十 收拾 ꜔꜖ ʔ˥˧	B
2 阳平 ˩˧	洋鸡 桃红	痕迹 蓝色	迟钝 锄转 ꜔꜖ ˦˥	穷鬼 和起 ꜓꜒ ꜒꜖꜔	荞麦 鞋袜 ꜓꜒ ʔ꜒꜖꜔	B
5 阴入 ʔ˩˧	熄灯 刷牙	出血 剔骨	切菜 脚大 ʔ꜔꜖ ˦˥	揭瓦 割纸 ʔ꜓꜒ ꜒꜖꜔	积食 割麦 ʔ꜓꜒ ʔ꜒꜖꜔	A
	脚心 铁壶 ʔ꜔꜖ ꜓꜒	摘掐 叔伯 ʔ꜔꜖ ʔ˦˥	窄布 捉住 ʔ˩˧ ꜖꜕	搕打 夹剪 ʔ꜔꜖ ˥˧	失落 吃着 ʔ꜔꜖ ʔ˥˧	B
4 去声 ˦˥	纫针 进城 ꜖꜕ ˩˧	送客 降雪 ꜖꜕ ʔ˩˧	受气 害病 ꜔꜖ ˦˥	运土 瞪眼 ˦˥ ꜒꜖꜔	上学 面熟 ˦˥ ʔ꜒꜖꜔	A
	旧鞋 睡开 ˦˥ ꜒꜓	睡说 烂铁 ˦˥ ʔ꜒꜓	素淡 盖住 ˦˥ ꜒꜓	露水 住起	二十 碰着	B
3 上声 ˥˧	打更 手疼	洗脚 口涩	喘气 火旺	数九 耳软 ꜓꜒ ꜒꜖꜔	数伏 省力 ꜓꜒ ʔ꜒꜖꜔	A
	死灰 走成	洗刷 走彻	扁担 拐转	小米 理睬	纸活 抢夺	B
6 阳入 ʔ˥˧	读书 拔河	捏脚 鼻塞	立夏 食细	灭口 入耳 ʔ꜓꜒ ꜒꜖꜔	夺食 物博 ʔ꜓꜒ ʔ꜒꜖꜔	A
	铡刀 活灵	择剥 熟吃	集镇 白布	木偶 月饼 ʔ꜓꜒ ˥˧	集合 末伏	B

河涨：山洪。乾骨：骨殖。翻转：翻个儿。锄转：锄完。和起：和完（面、泥）。割纸：裁纸。夹剪：夹煤用的夹子。吃着：吃伤。睡开：睡得下。睡说：说梦话。住起：住得起。碰着：碰伤。死灰：捅炉子扬起的灰。走成：应该走了。走彻：走到尽头。拐转：拐过去。纸活：冥器。食细：挑食。活灵：灵活。

可变两字组在多数情况下 A 类、B 类连调不同，举例对比如下。每一行先列调类代码，再列 AB 两类连调差别，然后举例。因为 AB 两类例字虽然有同有异，但是前后字声韵母都相同，所以声韵母只标一次。

0 0　A [˨˦　˨˦] ≠　1 0　B [꜒꜔　꜔꜒]　推车 A ≠ 推车 B独轮车　[t‘uæ　tʂ‘ʅᴇ]
0 0　A [˨˦　˨˦] ≠　1 0　B [꜒꜔　꜔꜒]　装窑 A ≠ 砖窑 B　[tsuɑŋ　iɔ]
0 4　A [꜒꜔　˥] ≠　1 4　B [˨˦　꜖]　分菜 A ≠ 荤菜 B　[xuŋ　ts‘æ]
0 3　A [꜔꜒　꜔꜖꜔] ≠　1 3　B [꜒꜔　˨˩˨]　装瓦 A ≠ 砖瓦 B　[tsuɑŋ　uɑ]
5 0　A [ʔ˨˦　˨˦] ≠ B [ʔ꜒꜔　꜔꜒]　踢球A ≠ 铁球 B铅球　[t‘iʌʔ　tɕ‘iəu]
5 5　A [ʔ˨˦ ʔ˨˦] ≠ B [ʔ꜒꜔ ʔ꜔꜒]　剔骨A ≠ 铁刮 B平地农具　[t‘iʌʔ　kuʌʔ]
5 3　A [ʔ꜔꜒　꜔꜖꜔] ≠ B [ʔ꜒꜔　˨˩˨]　失脸A丢面子≠湿脸 B　[ʂʌʔ　liᴇ]
4 0　A [꜖　˨˦] ≠ B [˥　꜔꜒]　上坡A往坡上走≠上坡 B坡的高处　[suə　p‘ei]
4 5　A [꜖　ʔ˨˦] ≠ B [˥　ʔ꜔꜒]　唱曲A唱歌≠ 唱曲B 唱本儿　[tʂ‘ɑŋ　tɕ‘yʌʔ]
4 3　A [˥　꜔꜖꜔] ≠ B [˥　˨˩˨]　动手A ≠ 冻手 B　[tuŋ　ʂəu]
3 3　A [꜔꜒　꜔꜖꜔] ≠ B [˨˩˨　˨˩˨]　滚水A烧水≠ 滚水 B开的水　[kuŋ　suei]

可变两字组有时 AB 两类连调相同。(1) A 类 0X 和 B 类 2X 的前后字都同调。[X 是任何调类的代号。] (2) 63 的 A 类 B 类前字同调。(3) 50 阴入+平声本地有两种读法：甲种读法 AB 两类连调不同，如表三所列。乙种读法 AB 两类变调相同。例如：A"喝汤"[xʌʔ˨˦ t‘uə˨˦] 和 B"黑青碰撞后皮肤上留下的紫斑"[xʌʔ˨˦ ts‘əŋ˨˦] 连调相同。在前后字声母、韵母相同时，AB 完全同音。例如：A"怯针怕扎针"，B"七针"都读作 [tɕ‘iʌʔ˨˦ tʂəŋ˨˦]。这一类字的后字从来历和方言比较看是阴平，要是用于区别式的第一字也是阴平。本文依照甲种读法，乙种读法只在这里交代一下。

不变两字组 AB 两类都不变调。下列第一对例子连调相同，第二对例子完全同音。

3 5　A = B [˨˩˨ ʔ˨˦]　A 洗脚 [sei˨˩˨ tɕyʌʔ˨˦]　B 洗刷 [sei˨˩˨ suʌʔ˨˦]
6 4　A = B [ʔ˨˩˨ ˥]　A 赎地　= B 熟地中药名 [suʌʔ˨˩˨ ti˥]

两字组根据声调组合和结构（A 类 B 类），分为五十五组。前字、后字都不变调的有二十三组，前字变调后字不变调的有十一组，前字不变调后字变调的有七组，前字、后字都变调的有十四组。下面分项举例。

前字后字都不变调的二十三组

0 0 A	[˩˧ ˩˧]	丢跤 tiəu tɕiɔ	添油 t'iᴇ iəu	弹琴 taŋ tɕ'iŋ	财迷 ts'æ mi
0 5 A	[˩˧ ʔ˩˧]	修脚 ɕiəu tɕyʌʔ	留客 liəu k'ʌʔ	流血 liəu ɕyʌʔ	缠脚 tʂ'aŋ tɕyʌʔ
2 0 B	[˩˧ ˩˧]	平安 p'iŋ ŋaŋ	龙灯 luŋ təŋ	桃红 tɔ xuŋ	裁成 ts'æ ʂʅ
2 5 B	[˩˧ ʔ˩˧]	洋铁 iaŋ t'iʌʔ	牛角 ȵiəu tɕyʌʔ	撩拨 liɔ pʌʔ	缝擦 xuŋ ts'ʌʔ
5 0 A	[ʔ˩˧ ˩˧]	脱丝 t'uʌʔ sʅ	辑书 tɕ'iʌʔ sʮ	刷牙 suʌʔ ȵia	托人 t'ʌʔ ʐəŋ
5 5 A	[ʔ˩˧ʔ˩˧]	捉鳖 tsuʌʔ piʌʔ	发湿 xuʌʔ ʂʌʔ	摸黑 mʌʔ xʌʔ	出血 ts'uʌʔ ɕyʌʔ
4 3 B	[˦˥ ˦˧]	正手 tʂʅ ʂəu	背损 pæ suŋ	面屎 miᴇ sʅ	道起 tɔ tɕ'i
4 6 B	[˦˥ ʔ˦˧]	细活 sei xuʌʔ	菜绿 ts'æ luʌʔ	挂着 kua tsuʌʔ	面饽 miᴇ pʌʔ
3 0 A	[˦˧ ˩˧]	展腰 tʂaŋ iɔ	走星 tsəu sei	犟人 ȵiᴇ ʐəŋ	口甜 k'əu tiᴇ
3 0 B	[˦˧ ˩˧]	马蜂 ma p'əŋ	米黄 mi xuə	口唇 k'əu suŋ	子蝗 tsʅ xuə
3 5 A	[˦˧ ʔ˩˧]	走血 tsəu ɕyʌʔ	洗脚 sei tɕyʌʔ	绞脚 tɕiɔ tɕyʌʔ	口涩 k'əu sʌʔ
3 5 B	[˦˧ ʔ˩˧]	井索 tsei sʌʔ	拐尺 kuæ tʂ'ʌʔ	整肃 tʂʅ suʌʔ	洗刮 sei kuʌʔ
3 4 A	[˦˧ ˦˥]	喘气 suaŋ tɕ'i	顶事 ti sʅ	涨价 tsuə tɕia	砍地 k'aŋ ti
3 4 B	[˦˧ ˦˥]	扁担 paŋ taŋ	吼叫 xəu tɕiɔ	起座 tɕ'i tɕyᴇ	数话 sʮ xua
3 3 B	[˦˧ ˦˧]	小米 ɕiɔ mi	火纸 xuei tsʅ	卯榫 mɔ suŋ	打起 ta tɕ'i
3 6 B	[˦˧ ʔ˦˧]	捧盒 p'əŋ xʌʔ	摆落 pæ lʌʔ	草绿 ts'ɔ luʌʔ	捣着 tɔ tsuʌʔ
6 0 A	[ʔ˦˧ ˩˧]	读书 tuʌʔ sʮ	食粗 ʂʌʔ ts'əu	砸牙 tsʌ ȵiaʔ	月明 yʌʔ mi
6 0 B	[ʔ˦˧ ˩˧]	铡刀 sʌʔ tɔ	月蓝 yʌʔ laŋ	脖脐 pʌʔ tsei	拾开 ʂʌʔ k'æ
6 5 A	[ʔ˦˧ʔ˩˧]	捏脚 ȵiʌʔ tɕyʌʔ	鼻塞 piʌʔ sʌʔ	殨血 tuʌʔ ɕyʌʔ	
6 5 B	[ʔ˦˧ʔ˩˧]	十一 ʂʌʔ iʌʔ	熟吃 suʌʔ tʂ'ʌʔ	活作 xuʌʔ tsuʌʔ	择剥 tʂʌʔ pʌʔ
6 4 A	[ʔ˦˧ ˦˥]	读报 tuʌʔ pɔ	择铺 tʂʌʔ p'u	凿洞 tsʌʔ tuŋ	择菜 tʂʌʔ ts'æ
6 4 B	[ʔ˦˧ ˦˥]	直正 tʂʌʔ tʂʅ	实受 ʂʌʔ ʂəu	学扮 ɕiʌʔ paŋ	熟惯 suʌʔ kuaŋ

丢跤：摔跤。裁成：可以裁。缝擦：粗粗底缝。脱丝：脱扣。辑书：用针线装订书本。捉鳖：哄骗。背损：背地说坏话。面屎：作浆糊用的面糊。道起：传话。挂着：挂伤。面饽：饽面。走星：流星。犟人：给人分派活。口唇：嘴唇。子蝗：蝗虫。走血：妇科病。绞脚：缠脚。井索：井绳。拐尺：角尺。整肃：整理。洗刮：洗衣物。吼叫：召唤。起座：交际，交往。数话：申斥。火纸：点水烟用的纸媒子。捧盒：装送食品的盒子。摆落：陈设。捣着：捣伤。砸牙：吃食塞牙缝。食粗：不挑食。脖脐：肚脐。拾开：开始拾。殨血：小产出血。鼻塞：鼻子不通气。活作：把生菜切好后放开水里过一下。砸着：砸伤。

前字变调后字不变调的十一组

0 4 A [˥˧ ˥] 烧炭 ʂɔ t'aŋ 教坏 tɕiɔ xuæ 烟呛 iᴇ tɕ'yə 粮贱 liaŋ tɕiᴇ

1 3 B [˥˧ ˧˩] 孤拐 ku kuæ 亲友 tɕ'iŋ iəu 沙土 sa t'u 鸡腿 tɕi t'uæ

1 6 B [˥˧ ʔ˧˩] 青石 ts'ei ʂʌʔ 单薄 taŋ pʌʔ 生熟 ʂʅᴇ suʌʔ 吹着 ts'uei tsuʌʔ

2 4 B [˥˧ ˥] 茶饭 tsa xuaŋ 存站 ts'uŋ tsaŋ 名字 mi tsɿ 停住 t'iŋ tsʮ

5 4 A [ʔ˥˧ ˥] 脱帽 t'ʌʔ mɔ 削价 ɕyʌʔ tɕia 脚大 tɕyʌʔ tei 作醋 tsuʌʔ ts'əu

5 3 B [ʔ˥˧ ˧˩] 扎绑 tsʌʔ pɔ 豁挑 xuʌʔ t'iɔ 刹口 sʌʔ k'əu 哭起 k'uʌʔ tɕ'i

5 6 B [ʔ˥˧ ˧˩] 吃食 tʂ'ʌʔ ʂʌʔ 熄灭 ɕiʌʔ miʌʔ 湿毒 ʂʌʔ tuʌʔ 戳着 ts'uʌʔ tsuʌʔ

4 0 A [˩˧ ˧] 退班 t'uæ paŋ 下锅 xa kuei 压琴 ȵia tɕ'iŋ 院深 yᴇ ʂəŋ

4 5 A [˩˧ ʔ˧] 忘八 uə pʌʔ 向北 ɕiaŋ pʌʔ 间谷 tɕiaŋ kuʌʔ 冻脚 tuŋ tɕyʌʔ

4 4 A [˥˧ ˥] 败兴 pæ ɕiŋ 刺菜 ts'ɿ ts'æ 受治 ʂəu tʂʅ 过唱 kuei tʂ'aŋ

6 3 B [ʔ˦ ˧˩] 密虎 miʌʔ xu 立火 liʌʔ xuei 烙虎 lʌʔ xu 衲起 nʌʔ tɕ'i

孤拐：踝子骨。吹着：受风。茶饭：饭食。存站：住。扎绑：捆绑。豁挑：搅和。刹口：牲口嘴里的铁嚼子。湿毒：受潮气得的病。戳着：戳伤。退班：留级。压琴：弹琴。败兴：丢人；晦气。刺菜：切菜。受治：受憋屈。过唱：夏收后村里演戏。密虎：蚂蚁。立火：室外烧的灶。烙虎：点焊药的小烙铁。衲起：衲好（鞋底）。

前字不变调后字变调的七组

1 4 B [˧ ˩˧] 青带 ts'ei tæ 天地 t'iᴇ ti 包办 pɔ paŋ 穿扮 ts'uaŋ paŋ

5 4 B [ʔ˧ ˩˧] 结滞 tɕiʌʔ tʂʅ 鸭蛋 ŋʌʔ taŋ 瞎话 xʌʔ xua 削面 ɕyʌʔ miᴇ

4 0 B [˥ ˦] 大刀 tei tɔ 扣开 k'əu k'æ 怪奇 kuæ tɕ'i 杏黄 ɕiᴇ xuə

4 5 B [˥ ʔ˦] 配搭 p'æ tʌʔ 大雪 ta ɕyʌʔ 训斥 ɕyŋ tʂ'ʌʔ 饿杀 ŋiᴇ sʌʔ

4 4 B [˥ ˦] 病痛 pi t'uŋ 癞破 læ p'ei 问讯 uŋ ɕiŋ 慢待 maŋ tæ

4 3 A [˥ ˨˩˦] 下雨 xa y 动火 tuŋ xuei 戏眼 ɕi ȵiaŋ 上诺 suə ʐʅᴇ

4 6 A [˥ ʔ˨˩˦] 退学 t'uæ ɕiʌʔ 就业 tɕiəu ȵiʌʔ 上学 suə ɕiʌʔ 面熟 miᴇ suʌʔ

青带：海带。结滞：积食。饿杀：饿极。癞破：花柳病。戏眼：费眼。上诺：作揖。

前字后字都变调的十四组

0 3 A [˦ ˨˩˦] 丢顶 tiəu tiŋ 伸手 ts'ʮ ʂəu 厕屎 ŋiᴇ sɿ 弹腿 t'aŋ t'uæ

0 6 A [˦ ʔ˨˩˦] 开学 k'æ ɕiʌʔ 推麦 t'uæ miʌʔ 分药 xuŋ yʌʔ 心毒 ɕiŋ tuʌʔ

1 0 B [˥˧ ˦] 枯乾 k'u kaŋ 秧歌 iaŋ kɔ 衣袍 i pɔ 天蓝 t'iᴇ laŋ

1 5 B [˥˧ ʔ˦] 阴湿 iŋ ʂʌʔ 吹拍 ts'uei p'iʌʔ 丢失 tiəu ʂʌʔ 温擦 uŋ ts'ʌʔ

2 3 B	[˧˥ ˨˩˧]	红靡	xuŋ	iᴇ	黄米	xuə	mi	牛马	ȵiəu ma	重起	tsuŋ	tɕʻi
2 6 B	[˧˥ ʔ˨˩˧]	鱼白	ȵy	piʌʔ	鞋袜	xæ	uʌʔ	朋合	pʻəŋ xʌʔ	烦俗	xuaŋ	ɕyʌʔ
5 0 B	[ʔ˥˧ ˧˥]	八哥	pʌʔ	kiᴇ	黑青	xeiʔ	tsʻei	决开	tɕyʌʔ kʻæ	杀房	sʌʔ	xuə
5 5 B	[ʔ˥˧ ʔ˧˥]	黑铁	xʌʔ	tʻiʌʔ	七百	tɕʻiᴇʔ	piʌʔ	尻子	tuʌʔ tsʌʔ	摘掐	tʂʌʔ	tɕʻiʌʔ
5 3 A	[ʔ˧˥ ˨˩˧]	酌酒	tʂʌʔ	tɕiəu	出火	tsʻuʌʔ	xuei	得喜	tʌʔ ɕi	脚小	tɕyʌʔ	ɕiɔ
5 6 A	[ʔ˧˥ ʔ˨˩˧]	吃席	tʂʻʌʔ	ɕiʌʔ	啄食	tsuʌʔ	ʂʌʔ	割麦	kʌʔ miʌʔ	得力	tʌʔ	liʌʔ
3 3 A	[˧˥ ˨˩˧]	打顶	ta	tiŋ	买喜	mæ	ɕi	起草	tɕʻi tsʻɔ	耳软	ər	nzuaŋ
3 6 A	[˧˥ ʔ˨˩˧]	数伏	sʮ	xuʌʔ	创业	tsʻuaŋ	ȵiʌʔ	省力	səŋ liʌʔ	采药	tsʻæ	yʌʔ
6 3 A	[ʔ˧˥ ˨˩˧]	捩水	liʌʔ	suei	捋草	lyʌʔ	tsʻɔ	拔水	pʌʔ suei	折本	ʂʌʔ	pəŋ
6 6 A	[ʔ˧˥ ʔ˨˩˧]	拾麦	ʂʌʔ	miʌʔ	服药	xuʌʔ	yʌʔ	夺食	tuʌʔ ʂʌʔ	服役	xuʌʔ	iʌʔ

丢顶：打盹。弹腿：抬腿。衣胞：胎盘。温擦：好歹热一下。红靡：弘治。重起：摞起。朋合：合伙。烦俗：絮叨。杀房：屠杀猪羊处。尻子：屁股。《广韵》入声尾韵"尻，尾下的叟也。"丁木切，俗作尻。本地印行《方言杂字》"尻"，用"笃"字直音，注："出粪门也"。摘掐：摘。酌酒：斟酒。打顶：打盹。买喜：被人好言奉承，和"戴高帽子"的意思相仿。起草：母畜发情。捩水：拧水。捋草：捋草叶子。

四　叠字、儿尾名词的连读变调

表四

名			叠	名			儿	动			叠
								[˧˥ ˥˧]	xuŋ	xuŋ	分分 缝缝
[˥˧ ˧˥]	iɔ	iɔ	腰腰背心儿	[˥˧ ʔ˧˥]	iɔ	ʐʌʔ	腰儿				
[˩˧ ˩˧]	iɔ	iɔ	窑窑窑洞	[˩˧ ʔ˩˧]	iɔ	ʐʌʔ	窑儿				
[ʔ˥˧ ʔ˧˥]	xuʌʔ	xuʌʔ	豁豁小豁口	[ʔ˩˧ ʔ˩˧]	kuʌʔ	ʐʌʔ	谷儿	[ʔ˧˥ ʔ˥˧]	suʌʔ	suʌʔ	说说
[˥ ꜒]	sʮ	sʮ	树树小树	[˥ ʔ꜒]	sʮ	ʐʌʔ	树儿	[꜒ ˥˧]	uŋ	uŋ	问问
[˦˨ ˧˩]	ʂəu	ʂəu	手手	[˦˨ ʔ˩˧]	ʂəu	ʐʌʔ	手儿	[˨˩˧ ˦˨]	ɕiŋ	ɕiŋ	醒醒
[ʔ˦˨ ʔ˧˩]	xʌʔ	xʌʔ	盒盒	[ʔ˦˨ ʔ˩˧]	luʌʔ	ʐʌʔ	鹿儿	[ʔ˨˩˧ ʔ˦˨]	ȵiʌʔ	ȵiʌʔ	捏捏

本节讨论的叠字包括名词叠字和动词叠字。量词叠字和数词叠字的连读调和名词叠字一致，这里从略。叠字、儿尾名词的连读变调见表四。

4.1　平遥名词的儿尾自成音节，读作［ʐʌʔ˩˧］，阴入。与“热”字同音。儿尾在急读时往往成为前一字的卷舌成分，和前字合成一个音节。这就是说：“儿尾”急读，变成“儿化”。关于平遥的“儿化”准备另文讨论，这里只举几个例子。举例时儿化用小“儿”字，与“儿”尾的大“儿”字区别开来。例如：

腰儿 [iɔ˩˧˧˩ ʐʌʔ ˩˧˧˥] → 腰儿 [iɔr˧˩]　　窑儿 [iɔ˩˧ ʐʌʔ˩˧] → 窑儿 [iɔr˩˧]

树儿 [sɥ˧˥ ʐʌʔ˩˧˧˥] → 树儿 [sɥr˧˥]　　手儿 [ʂəu˥˧ ʐʌʔ˩˧] → 手儿 [ʂəur˥˧]

入声韵母儿化时失去喉塞音［ʔ］韵尾，阴入［ʔ˩˧］13 短调读作平声［˩˧］13 调。阳入［ʔ˥˧］53 短调读作上声［˥˧］53 调。请比较下列例字，由于入声韵母与舒声韵母儿化后的主要元音不同，只能找音近的字比较。

角儿饺子 [tɕyʌʔ˩˧ ʐʌʔ˩˧] → 角儿 [tɕyʌr˩˧]　　墙儿 [tɕyə˩˧ ʐʌʔ˩˧] → 墙儿 [tɕyər˩˧]

轴儿 [tsuʌʔ˥˧ ʐʌʔ˩˧] → 轴儿 [tsuʌr˥˧]　　主儿 [tsɥ́˥˧ ʐʌʔ˩˧] → 主儿 [tsɥr˥˧]

4.2　名词叠字、儿尾名词与偏正式、并列式、谓补式的连调相同。举例对比如下。

名叠	偏正	名儿	偏正
鸡鸡 ˧˩ ˧˥ tɕi	鸡心 ˧˩ ˧˥ tɕi ɕiŋ	鸡儿 ˧˩ ʔ˧˥ tɕi ʐʌʔ	鸡血 ˧˩ʔ˧˥ tɕi ɕyʌʔ
牛牛 ˩˧ ˩˧ ȵiəu	牛皮 ˩˧ ˩˧ ȵiəu p‘i	牛儿 ˩˧ ʔ˩˧ ȵiəu ʐʌʔ	牛骨 ˩˧ ʔ˩˧ ȵiəu kuʌʔ
路路 ˧˥ ˧˥ ləu	路费 ˧˥ ˧˥ ləu xuei	字儿 ˧˥ ʔ˧˥ tsɿ ʐʌʔ	字帖 ˧˥ ʔ˧˥ tsɿ t‘iʌʔ
贴贴 ʔ˧˩ ʔ˧˥ t‘iʌʔ	铁擦 ʔ˧˩ʔ˧˥ t‘iʌʔ ts‘ʌʔ	脊儿 ʔ˩˧ ʔ˩˧ tɕiʌʔ ʐʌʔ	脊骨 ʔ˧˩ʔ˧˥ tɕiʌʔ kuʌʔ

鸡鸡：赤子阴。贴贴：过年帖的字纸。铁擦：锉。脊儿：房脊。

上列例字只有第四行，前字是阴入的“名儿”和名叠、偏正的连调不同。

4.3　平遥方言名词叠字与动词叠字连读变调不同，从表四可以看出来，现在再举例对比如表五。同一横行的例字，无论用字是否相同，声韵母都是相同的，所以声韵母只标一次。

表五

			名叠	动叠
1 1	sæ	sæ	筛筛[˥˧　˧˥] 筛子	筛筛[˧˥　˥˧] 筛一下
2 2	xu	xu	糊糊[˩˧　˩˧] 糊状面食	糊糊[˧˥　˥˧] 糊一下
5 5	ts‘ʌʔ	ts‘ʌʔ	擦擦[ʔ˥˧ ʔ˧˥] 板擦儿	擦擦[ʔ˧˥ ʔ˥˧] 擦一下
4 4	uŋ	uŋ	瓮瓮[˥　˦] 瓮	问问[˦　˥˧] 问一下
3 3	ts‘ɔ	ts‘ɔ	草草[˧˩˧　˨˩˨] 草	炒炒[˧˥˧　˥˧] 炒一下
6 6	ɕiʌʔ	ɕiʌʔ	席席[ʔ˧˩˧ ʔ˨˩˨] 席子	学学[ʔ˧˥˧ ʔ˧˩˧] 学一下

4.4　叠字、儿尾名词连读变调举例

上面比较了名叠式与动叠式的连续变调，下面再把这两种结构与“名儿”式作一比较，例字排列依代码 0 1 2 5 4 3 6 的次序。

0 0动叠[˧˥　˥˧]	飞飞xuei　xuei	添添t‘iɛ　t‘iɛ	挑挑t‘iɔ　t‘iɔ	寻寻ɕiŋ　ɕiŋ
1 1名叠[˥˧　˧˥]	盔盔k‘uæ k‘uæ	衫衫saŋ　saŋ	瓯瓯ŋəu　ŋəu	三三saŋ　saŋ
1 5名儿[˥˧　ʔ˧˥]	锅儿kuei　ʐʌʔ	沟儿kəu　ʐʌʔ	猪儿tsɥ　ʐʌʔ	瓜儿kua　ʐʌʔ
2 2名叠[˩˧　˩˧]	群群tɕ‘yŋ tɕ‘yŋ	河河xei　xei	渠渠tɕy　tɕy	椽椽tsuaŋ tsuaŋ
2 5名儿[˩˧　ʔ˩˧]	犁儿li　ʐʌʔ	蚕儿tsaŋ　ʐʌʔ	鱼儿ȵy　ʐʌʔ	虫儿tsuŋ　ʐʌʔ
5 5名叠[ʔ˥˧　ʔ˧˥]	索索sʌʔ　sʌʔ	兀兀uʌʔ　uʌʔ	䠞䠞ʂʌʔ　ʂʌʔ	桌桌tsuʌʔ tsuʌʔ
5 5名儿[ʔ˩˧　ʔ˩˧]	鳖儿piʌʔ　ʐʌʔ	粥儿tsuʌʔ　ʐʌʔ	塔儿t‘ʌʔ　ʐʌʔ	榖儿kuʌʔ　ʐʌʔ
5 5动叠[ʔ˧˥　ʔ˥˧]	切切tɕ‘iʌʔ tɕ‘iʌʔ	搭搭tʌʔ　tʌʔ	戳戳ts‘uʌʔ ts‘uʌʔ	擦擦ts‘ʌʔ　ts‘ʌʔ
4 4名叠[˥　˦]	棒棒pɔ　pɔ	巷巷xuə　xuə	弹弹t‘aŋ　t‘aŋ	四四sɿ　sɿ
4 5名儿[˥　ʔ˦]	锯儿tɕy　ʐʌʔ	棍儿kuŋ　ʐʌʔ	杏儿ɕiɛ　ʐʌʔ	镜儿tɕi　ʐʌʔ
4 4动叠[˦　˥˧]	探探t‘aŋ　t‘aŋ	抱抱pu　pu	倒到tɔ　tɔ	串串ts‘uaŋ ts‘uaŋ
3 3动叠[˧˥˧　˧˩˧]	吼吼xəu　xəu	品品p‘iŋ　p‘iŋ	撵撵ȵiɛ　ȵiɛ	躲躲tuei　tuẹi
6 6名叠[ʔ˧˩˧　˨˩˨]	食食ʂʌʔ　ʂʌʔ	脖脖pʌʔ　pʌʔ	盒盒xʌʔ　xʌʔ	药药yʌʔ　yʌʔ
6 5名儿[ʔ˧˩˧　ʔ˩˧]	鹿儿luʌʔ　ʐʌʔ	活儿xuʌʔ　ʐʌʔ	轴儿tsuʌʔ　ʐʌʔ	凿儿tsʌʔ　ʐʌʔ
6 6动叠[ʔ˧˥˧　ʔ˧˩˧]	揧揧lʌʔ　lʌʔ	踅踅ɕyʌʔ　ɕyʌʔ	截截tɕiʌʔ tɕiʌʔ	捏捏ȵiʌʔ　ȵiʌʔ

盔盔：口大肚小的陶瓷器。衫衫：单上衣。瓯瓯：小碗儿。三三：第三个儿子。渠渠：渠。河河：河。索索：小绳儿。䠞䠞：碾碎的豆。兀兀：方凳。戳戳：图章。搭搭：往上搭（衣物）。棒棒：小棍儿。弹弹：圆球儿。巷巷：巷。探探：往上够。穗穗：高粱受病长的穗。《广韵》上声海韵：“穗，禾伤雨”，莫亥切。主主：财物的所有者。女女：女孩儿。吼

吼：叫。撵撵：驱赶。食食：饲料。脖脖：脖子。𥖁𥖁：以磨破豆。《广韵》入声曷韵："𥖁，研破"，卢达切。本地《方言杂字》"𥖁，研破也"。䟓：物色。

附　记

平遥方言［nz］［ɳ］两个声母要说明一下。［nz］是舌尖前的鼻擦音，［ɳ］是舌尖后的鼻音。这两个声母的字都很少。下面列举这两个声母的字，有的字后面还列出声母相近的字，放在圆括号里，以资比较。

[nzɿ˦] □细磨：把盐～烂些儿　　[nzɿ˥]腻

[nzʮ˧] 女（比较：[zʮ˧] 入：不敢把手～过来）

[nzɑŋ˦] 喃嚼：口儿[ʐʌʔ˦]～的是些甚（比较：男南难～易）

[nzɑŋ˥] □陷：把脚～进泥合里里头[xʌʔ˧ lei˧] 啦（比较[nɑŋ˥] 难～民）

[nzuɑŋ˧] 暖软

[ɳəu˧] 扭（比较：[ȵiəu˧] 纽，[ŋəu˧] 偶）

[ɳɑŋ˦] 黏鲇拈　　[ɳɑŋ˧] 碾～米　　[ɳɑŋ˥] 碾～子

[ɳʌʔ˧] 镊～子　□，玩闹：不敢可炕～不要在炕上打着玩

（原载《方言》1980 第 1 期）

三字组的连读变调

本文是《平遥方言的连读变调》（见《方言》1980 年第 1 期）的续稿。讨论专用式的四种三字组的连读变调：前叠式三字组，后叠式三字组，形容词三字组，副词三字组。三字组广用式的连调另行讨论；第四节跟第五节曾经在一九八一年十一月汉语方言学会第一届学术讨论会上宣读。

一 总 说

平遥有五个单字调，三长两短；有十个连读变调，五长五短，其中五个（三长两短）跟单字调相同，五个（两长三短）是连调后新出现的调值。平声跟阴入，上声跟阳入，调值虽有舒入之别（阴入阳入都带喉塞音，是短调），连调行为完全相同。现在不分舒声入声，只论调值的高低升降，喉塞音一律省去；不分本调变调，调值一律记在竖线的右边，就是说都用变调调号。十个调值可以归并成五种调型，对比如下。平遥单字调平声不分阴阳，连调有时可以分阴阳平，所以阴阳平各有代码。

本调调值及代码	连调调值	调型
0 平声 [˩˧] 1 阴平 [˩˧] 2 阳平 [˩˧]	[꜖꜔] [ʔ꜖꜔]	[꜖꜔] 低升
5 阴入 [ʔ˩˧]	[꜒꜔] [ʔ꜒꜔]	[꜒꜔] 高降
4 去声 [˧˥]	[꜔꜒] [ʔ꜔꜒]	[꜔꜒] 高升
3 上声 [˥˧]	[꜔꜖] [ʔ꜔꜖]	[꜔꜖] 低降
6 阳入 [ʔ˥˧]	[꜕꜓꜕] [ʔ꜕꜓꜕]	[꜕꜓꜕] 曲折

就五种调型出现的位置而论，升调［꜖꜔꜔꜒］和降调［꜒꜔꜔꜖］的出现位置没

有限制，曲折调［˥˩˥］不用于三字组的首字。

就五种调型出现的次第而论，曲折调［˥˩˥］的前字是高升调［˧˥］，后字是高降调［˥˩］；高升调的后字是降调［˥˩˧˩］或曲折调［˥˩˥］；高降调的后字没有限制，但是没有曲折调［˥˩˥］。

多数两字组的连调与语法结构关系密切。声调组合相同时，语法结构不同，连读变调可能不同。例如：

封门动宾[xuŋ˩˧ məŋ˩˧]≠风门偏正[xuŋ˩˧˩ məŋ˩˧˥]夏天用的纱门

下坡动宾[xɑ˥˧˩ p‘ei˩˧]≠下坡偏正[xɑ˥˧ p‘ei˩˧˥˩]坡的低处；我在～等你

前叠式三字组，后叠式三字组也是这样。例如：

温温水动宾[uŋ˩˧ uŋ˩˧˥ suei˧˩˨˩]热一热水≠温温水偏正[uŋ˩˧˩ uŋ˩˧˥ suei˧˩]温水

推车车动宾[t‘uæ˩˧ tʂ‘ʅɛ˩˧˩ tʂ‘ʅɛ˩˧˥]推车子 推车车偏正[t‘uæ˩˧˩ tʂ‘ʅɛ˩˧˥ tʂ‘ʅɛ˩˧˥˩]指部首“辶”

因此讨论平遥方言的连调要同时说明结构。前篇用AB分别表示影响连调的两类不同结构。本篇不用AB，直接写出结构的名称。并列式的连调行为与偏正式完全一致，例子又很少，归入偏正式内一并讨论，不另立名称。专用式三字组没有动补式。

二　前叠式三字组

前叠式三字组指前两字相同的三字组，如“人人书小人儿书，穗穗湿穗儿湿，传传忙帮忙”等。这类三字组的连调可以用表一跟表二来说明。

表一左边标明前两字（首字和中字）的调类，上头标明第三字（末字）的调类，右边标明三字组的结构是动宾、主谓还是偏正。表心罗列全部调类组合的连调，不变调的记本调调值，变调的记变调调值。

表一

	0　˩˧	5　ʔ˩˧	4　˦˥	3　˦˧	6　ʔ˦˧	
00　˩˧　˩˧	꜔꜓　꜒꜓　˩˧	꜔꜓　꜒꜓　ʔ˩˧	꜔꜓　꜒꜓　꜖꜕	˩˧　꜔꜓　꜓꜕꜔	˩˧　꜔꜓　ʔ꜓꜕꜔	动宾
	˩˧　˩˧　˩˧	˩˧　˩˧　ʔ˩˧	˩˧　꜔꜕　˦˥			主谓
22　˩˧　˩˧	˩˧　˩˧　˩˧		˩˧　꜔꜕　˦˥	˩˧　꜔꜓　꜓꜕꜔	˩˧　꜔꜓　ʔ꜓꜕꜔	偏正
11　˩˧　˩˧	꜔꜕　꜔꜓　꜒꜓	꜔꜕　꜔꜓　ʔ꜒꜓	꜔꜕　꜔꜓　꜒꜓	꜔꜕　꜔꜓　˦˧	꜔꜕　꜔꜓　ʔ˦˧	偏正
55　ʔ˩˧　ʔ˩˧	ʔ꜔꜓　ʔ꜒꜓　˩˧	ʔ꜔꜓　ʔ꜒꜓　ʔ˩˧	ʔ꜔꜓　ʔ꜒꜓　꜖꜕	ʔ˩˧　ʔ꜔꜓　꜓꜕꜔	ʔ˩˧　ʔ꜔꜓　ʔ꜓꜕꜔	动宾
	ʔ˩˧　ʔ˩˧　˩˧	ʔ˩˧　ʔ˩˧　ʔ˩˧	ʔ˩˧　ʔ꜔꜕　˦˥			主谓
	ʔ꜔꜕　ʔ꜔꜓　꜒꜓		ʔ꜔꜕　ʔ꜔꜓　꜒꜓	ʔ꜔꜕　ʔ꜔꜓　˦˧		偏正
44　˦˥　˦˥	꜒꜓　꜔꜕　˩˧	꜒꜓　꜔꜕　ʔ˩˧	꜒꜓　꜔꜕　꜖꜕	꜖꜕　˦˥　꜓꜕꜔	꜖꜕　˦˥　ʔ꜓꜕꜔	动宾
	˦˥　꜒꜓　˩˧	˦˥　꜒꜓　ʔ˩˧	˦˥　꜒꜓　꜖꜕			主谓
	˦˥　꜒꜓　꜔꜕	˦˥　꜒꜓　ʔ꜔꜕	˦˥　꜒꜓　꜔꜕	˦˥　꜒꜓　˦˧	˦˥　꜒꜓　ʔ˦˧	偏正
33　˦˧　˦˧	꜔꜓　˦˧　˩˧	꜔꜓　˦˧　ʔ˩˧	꜔꜓　˦˧　꜖꜕	꜖꜕　꜔꜓　꜓꜕꜔	꜖꜕　꜔꜓　ʔ꜓꜕꜔	动宾
	˦˧　꜖꜕　˩˧	˦˧　꜖꜕　ʔ˩˧	˦˧　꜔꜕　˦˥	˦˧　꜔꜓　꜓꜕꜔	˦˧　꜔꜓　ʔ꜓꜕꜔	主谓
	˦˧　꜔꜕　꜔꜓	˦˧　꜔꜕　ʔ꜔꜓		˦˧　꜔꜕　˦˧	˦˧　꜔꜕　ʔ˦˧	偏正
66　ʔ˦˧　ʔ˦˧	ʔ꜔꜓　ʔ˦˧　˩˧		ʔ꜔꜓　ʔ˦˧　꜖꜕	ʔ꜖꜕　ʔ꜔꜓　꜓꜕꜔		动宾
	ʔ˦˧　ʔ꜖꜕　˩˧	ʔ˦˧　ʔ꜖꜕　ʔ˩˧	ʔ˦˧　ʔ꜔꜕　˦˥	ʔ˦˧　ʔ꜔꜓　꜓꜕꜔	ʔ˦˧　ʔ꜔꜓　ʔ꜓꜕꜔	主谓
	ʔ˦˧　ʔ꜔꜕　꜔꜓			ʔ˦˧　ʔ꜔꜕　˦˧		偏正

表二

	0˩˧　5ʔ˩˧	4　˦˥	3˦˧　6ʔ˦˧	
00　˩˧　˩˧　55　ʔ˩˧　ʔ˩˧	꜔꜓　꜒꜓　꜖꜕		꜖꜕　꜔꜓　꜓꜕꜔	动宾
44　˦˥　˦˥				主谓
33　˦˧　˦˧　66　ʔ˦˧　ʔ˦˧				动宾
00　˩˧　˩˧　55　ʔ˩˧　ʔ˩˧	꜖꜕　꜖꜕　꜖꜕	꜖꜕　꜔꜕　꜔꜓		主谓
22　˩˧　˩˧				偏正
11　˩˧　˩˧　55　ʔ˩˧　ʔ˩˧	꜔꜕　꜔꜓　꜒꜓			偏正
44　˦˥　˦˥	꜒꜓　꜔꜕　꜖꜕		꜖꜕　꜔꜓　꜓꜕꜔	动宾
	꜔꜓　꜒꜓　꜔꜕		꜔꜓　꜒꜓　꜒꜓	偏正
33　˦˧　˦˧　66　ʔ˦˧　ʔ˦˧	꜒꜓　꜖꜕　꜖꜕	꜒꜓　꜔꜕　꜔꜓	꜒꜓　꜔꜓　꜓꜕꜔	主谓
	꜒꜓　꜔꜕　꜔꜓		꜒꜓　꜔꜕　꜒꜓	偏正

表一分舒声入声，分本调变调，从表一可以看出各个调类组合总的连调情况。表二不分舒入，不分本调变调，比表一要简单明白一点。从表二可以看出偏正式有八种连调型，主谓式有七种连调型，动宾式有三种连调型，减

去相同的六种连调型，前叠式三字组共有十二种连调型。现在先给每个连调型举一两个例子。

[˧˩ ˧˥ ˥]偏正　　刀刀心 [tɔ - ɕiŋ]刀子心
　　　　　　　　角角皮 [tɕyʌʔ - p‘i]豆壳儿

[˧˥ ˥ ˧˩]偏正　　料料客 [liɔ - k‘ʌʔ]吸毒者
　　　　　　　　岁岁钱 [suei - tɕiᴇ]压岁钱

[˧˥ ˥ ˥]偏正　　对对眼 [tuæ - ȵiɑŋ]对眼儿
　　　　　　　　面面药 [miᴇ - yʌʔ]药面儿

[˥ ˧˩ ˥]偏正　　水水眼 [suei - ȵiɑŋ]泪眼(眼疾)
　　　　　　　　橛橛眼 [tɕyʌʔ - ȵiɑŋ]针眼(眼疾)

[˩ ˧˩ ˧˥]偏正　　皮皮匠 [p‘i - tɕyə]皮匠
　　　　　主谓　　绳绳细 [ʂʅ - sei]绳儿细

[˥ ˧˩ ˧˥]偏正　　颗颗盐 [k‘uei - iᴇ]粒儿盐
　　　　　主谓　　底底厚 [ti - xəu]底儿厚

[˩ ˩ ˩]偏正　　牛牛车 [ȵiəu - tʂ‘ʅᴇ]牛车
　　　　主谓　　索索粗 [sʌʔ - ts‘əu]绳子粗

　　　　　偏正　　婆婆嘴 [pei - tsuei]嘴碎
[˩ ˧˥ ˨˩˧]主谓　　皮皮薄 [p‘i - pʌʔ]皮薄
　　　　　动宾　　蒸蒸米 [tʂʅ - mi]蒸饭

[˥ ˩ ˩]主谓　　齿齿宽 [sʅ - k‘uɑŋ](锯)齿儿稀
　　　　　　　　颗颗湿 [k‘uei - ʂʌʔ]子粒儿不干

[˥ ˧˥ ˨˩˧]主谓　　本本薄 [pəŋ - pʌʔ]本子薄
　　　　　　　　药药苦 [yʌʔ - k‘u]药苦

[˥ ˥ ˩]主谓　　穗穗湿 [ɕy - ʂʌʔ]穗儿不干
　　　　动宾　　打打醋 [tɑ - ts‘əu]打醋

[˥ ˧˩ ˩]动宾　　透透气 [təu - tɕ‘i]通风
　　　　　　　　刺刺柴 [ts‘ʅ - sæ]铡秫秸

以下依前叠式三字组的调类组合举例，和表一的次序相同。举例时先写三字组的调类和结构。例子的第二字声韵与第一字相同，用连字号“—”表示。注释放在末了。下节同。

000 动宾 ꜔꜒ ꜒꜓ ˩˧　操操心 ts‘ɔ - ɕiŋ
添添油 t‘iᴇ - iəu
抬抬花 t‘æ - xuɑ
缝缝鞋 xuŋ - xæ

000 主谓 ˩˧ ˩˧ ˩˧　身身宽 ʂəŋ - k‘uɑŋ
花花红 xuɑ - xuŋ
皮皮粗 p‘i - ts‘əu
苗苗稠 miɔ - tʂəu

005 动宾 ꜔꜒ ꜒꜓ ʔ˩˧　挖挖脚 uɑ - tɕyʌʔ
抬抬脚 t‘æ - tɕyʌʔ

005 主谓 ˩˧ ˩˧ ʔ˩˧　身身窄 ʂəŋ - tʂʌʔ
皮皮涩 p‘i - sʌʔ

004 动宾 ꜔꜒ ꜒꜓ ꜖꜕　挑挑刺 t‘iɔ - ts‘ɿ
和和面 xuei - miᴇ

004 主谓 ˩˧ ꜓꜔ ˦˥　尖尖细 tɕiᴇ - sei
墙墙厚 tɕyə - xəu

003 动宾 ˩˧ ꜔꜒ ꜓꜖꜔　烧烧火 ʂɔ - xuei
揉揉眼 ʐəu - ȵiɑŋ

003 主谓 ˩˧ ꜔꜒ ꜓꜖꜔　钉钉短 ti - tuɑŋ
濠濠浅 xɔ - tɕ‘iᴇ

006 动宾 ˩˧ ꜔꜒ ʔ꜓꜖꜔　抓抓药 tsua - yʌʔ
熬熬药 ŋɔ - yʌʔ

主谓　坡坡立 p‘ei - liʌʔ
皮皮薄 p‘i - pʌʔ

220 偏正 ˩˧ ˩˧ ˩˧　蛾蛾花 ŋiᴇ - xuɑ
驴驴皮 luei - p‘i

224 偏正 ˩˧ ꜓꜔ ˦˥　娘娘庙 ȵiɑŋ - miɔ

223 偏正 ˩˧ ꜔꜒ ꜓꜖꜔　铃铃枣 li - tsɔ

226 偏正 ˩˧ ꜔꜒ ʔ꜓꜖꜔　瓶瓶药 p‘iŋ - yʌʔ

110 偏正 ˦˨ ˧˥ ˥	蛛蛛窝	tsɥ	-	uei
	花花鞋	xuɑ	-	xæ
115 偏正 ˦˨ ˧˥ ʔ˥	灰灰色	xuæ	-	sʌʔ
114 偏正 ˦˨ ˧˥ ˥	汤汤饭	t'uə	-	xuɑɽ
113 偏正 ˦˨ ˧˥ ˥˧	鸡鸡眼	tɕi	-	ȵiɑŋ
116 偏正 ˦˨ ˧˥ ʔ˥˧	包包药	pɔ	-	yʌʔ
550 动宾 ʔ˧˥ ʔ˥ ˨˦	吃吃烟	tʂ'ʌʔ	-	iᴇ
550 动宾 ʔ˧˥ ʔ˥ ˨˦	喝喝茶	xʌʔ	-	ts'ɑ
550 主谓 ʔ˨˦ ʔ˨˦ ˨˦	豁豁深	xuʌʔ	-	ʂəŋ
	搢搢匀	tʂʌʔ	-	yŋ
550 偏正 ʔ˦˨ ʔ˧˥ ˥	楔楔书	ɕiʌʔ	-	sɥ
	角角皮	tɕyʌʔ	-	p'i
555 动宾 ʔ˧˥ʔ˥ʔ˨˦	出出血	ts'uʌʔ	-	ɕyʌʔ
555 主谓 ʔ˨˦ʔ˨˦ʔ˨˦	桌桌窄	tsuʌʔ	-	tʂʌʔ
554 动宾 ʔ˧˥ʔ˥ ˩˨	说说话	suʌʔ	-	xuɑ
554 主谓 ʔ˨˦ ʔ˦˨ ˥	角角奓	tɕyʌʔ	-	tsɑ
554 偏正 ʔ˦˨ ʔ˧˥ ˥	壳壳菜	k'ʌʔ	-	ts'æ
553 动宾 ʔ˨˦ ʔ˧˥ ˧˩˧	割割纸	kʌʔ	-	tsɿ
主谓	格格小	kʌʔ	-	ɕiɔ
553 偏正 ʔ˦˨ ʔ˧˥ ˥˧	豁豁碗	xuʌʔ	-	uɑŋ
556 动宾 ʔ˨˦ʔ˧˥ʔ˧˩˧	出出毒	ts'uʌʔ	-	tuʌʔ
主谓	壳壳薄	k'ʌʔ	-	pʌʔ
440 动宾 ˥ ˦˨ ˨˦	倒倒灰	tɔ	-	xuæ
	替替鞋	t'i	-	xæ
440 主谓 ˥ ˥ ˨˦	穗穗轻	ɕy	-	tɕ'iŋ
	袖袖长	ɕiəu	-	tʂ'ɑŋ
440 偏正 ˥ ˥ ˦˨	锭锭烟	tiŋ	-	iᴇ
	袋袋茶	tæ	-	ts'ɑ
445 动宾 ˥ ˦˨ ʔ˨˦	倒倒雪	tɔ	-	ɕyʌʔ
445 主谓 ˥ ˥ ʔ˨˦	穗穗湿	ɕy	-	ʂʌʔ

445 偏正 ˥ ꜒ ʔ꜓꜕	料料客	liɔ	-	k‘ʌʔ
444 动宾 ꜒ ꜓꜕ ꜕꜓	过过秤	kuei	-	tʂ‘əŋ
444 主谓 ˥ ꜒ ꜕꜓	带带细	tæ	-	sei
444 偏正 ˥ ꜒ ꜓꜕	豆豆菜	təu	-	ts‘æ
443 动宾 ꜕꜓ ˥ ꜓꜖꜓	换换水	xuaŋ	-	suei
主谓	炕炕暖	k‘uə	-	nzuaŋ
443 偏正 ˥ ꜒ ˦˨	绽绽碗	tsaŋ	-	uaŋ
446 动宾 ꜕꜓ ˥ ʔ꜓꜖꜓	灌灌药	kuaŋ	-	yʌʔ
主谓	被被薄	pi	-	pʌʔ
446 偏正 ˥ ꜒ ʔ˦˨	面面药	miᴇ	-	yʌʔ
330 动宾 ꜔꜒ ˦˨ ˩˧	点点灯	tiᴇ	-	təŋ
	品品茶	p‘iŋ	-	ts‘ɑ
330 主谓 ˦˨ ꜕꜓ ˩˧	颗颗干	k‘uei	-	kaŋ
	爪爪长	tsuɑ	-	tʂ‘aŋ
330 偏正 ˦˨ ꜓꜕ ꜔꜒	把把香	pɑ	-	ɕiaŋ
	桶桶茶	t‘uŋ	-	ts‘ɑ
335 动宾 ꜔꜒ ˦˨ ʔ˩˧	洗洗脚	sei	-	tɕyʌʔ
335 主谓 ˦˨ ꜕꜓ ʔ˩˧	板板窄	paŋ	-	tʂʌʔ
335 偏正 ˦˨ ꜓꜕ ʔ꜔꜒	伙伙吃	xuei	-	tʂ‘ʌʔ
334 动宾 ꜔꜒ ˦˨ ꜕꜓	写写信	ɕiᴇ	-	ɕiŋ
334 主谓 ˦˨ ꜓꜕ ˥	火火快	xuei	-	k‘uæ
偏正	块块炭	k‘uæ	-	t‘aŋ
333 动宾 ꜕꜓ ꜒ ꜓꜖꜓	滚滚水	k‘uŋ	-	suei
333 主谓 ˦˨ ꜔꜒ ꜓꜖꜓	胆胆小	taŋ	-	ɕiɔ
333 偏正 ˦˨ ꜓꜕ ˦˨	狗狗眼	kəu	-	ȵiaŋ
336 动宾 ꜕꜓ ꜔꜒ ʔ꜓꜖꜓	紧紧闸	tɕiŋ	-	tsʌʔ
336 主谓 ˦˨ ꜔꜒ ʔ꜓꜖꜓	本本薄	pəŋ	-	pʌʔ
336 偏正 ˦˨ ꜓꜕ ʔ˦˨	水水药	suei	-	yʌʔ
660 动宾 ʔ꜔꜒ ʔ˦˨ ˩˧	煠煠糕	tsʌʔ	-	kɔ
	拾拾柴	ʂʌʔ	-	sæ

660 主谓 ʔ˦ ʔ˪ ˩˧	轴轴粗	tsuʌʔ	-	ts‘əu
	脖脖长	pʌʔ	-	tʂ‘ɑŋ
660 偏正 ʔ˦ ʔ˦˨ ˫	月月鞋	yʌʔ	-	xæ
665 主谓 ʔ˦ʔ˪ʔ˩˧	鼻鼻泼	piʌʔ	-	p‘ʌʔ
664 动宾 ʔ˫ ʔ˦ ˪	续续假	ɕyʌʔ	-	tɕiɑ
664 主谓 ʔ˦ ʔ˦˨ ˥	叶叶嫩	iʌʔ	-	nəŋ
偏正	袜袜线	uʌʔ	-	ɕiᴇ
663 动宾 ʔ˪ ʔ˫ ˨˦˨	砸砸鼓	tsʌʔ	-	ku
663 主谓 ʔ˦ ʔ˫ ˨˦˨	药药苦	yʌʔ	-	k‘u
663 偏正 ʔ˦ ʔ˦˨ ˦	橛橛眼	tɕyʌʔ	-	ȵiɑŋ
666 主谓 ʔ˦ʔ˫ʔ˨˦˨	袜袜薄	uʌʔ	-	pʌʔ

身身宽：肩宽。　苗苗稠：苗密。　濠濠浅：濠沟浅。　坡坡立：坡徒。　蛾蛾花：纸或丝绢制成的花。　铃铃枣：一种圆形的枣。　瓶瓶药：瓶装药。　汤汤饭：汤饭。　鸡鸡眼：病愈后失神的眼睛。　楔楔书：闲书。楔楔话，闲话。　出出血：放血。　角角爹：角儿不平。　壳壳菜：有帮儿无心的菜。　割割纸：裁纸。　豁豁碗：边上有豁口的碗。　出出毒：排除有病部位的毒气。　壳壳薄：（饺子等的）皮儿薄。　替替鞋：换一下鞋。　锭锭烟：做成块状的烟丝。　袋袋茶：袋儿茶。　豆豆菜：有豆儿的熟菜。炕炕暖：炕热。　绽绽碗：有璺的碗。　颗颗干：子粒干。　把把香：论把儿的香。　桶桶茶：桶儿茶。　火火快：（炉）火急。　块块炭：块儿煤。　滚滚水：烧一下水。　狗狗眼：指小孩的眼小。水水药：药水儿。　脖脖长：器皿的颈部长。　月月鞋：只能穿一个月的鞋，形容人穿鞋费。　鼻鼻泼：（鞋）鼻儿宽。　袜袜线：袜子线。　砸砸鼓：捶一捶鼓。

以上所举偏正式三字组全是名词性的，动词性的偏正式例子不多，连调型也一样。

224 ˩˧ ˦˨ ˥	排排睡	p‘æ	-	suei	一个挨着一个睡
	横横睡	ɕyᴇ	-	suei	横着睡
223 ˩˧ ˫ ˨˦˨	头头起	təu	-	tɕ‘i	前头

三　后叠式三字组

后叠式三字组指后两字相同的三字组，如“蜜爷爷小儿喜欢的老头儿，磕头头磕头”。这类三字组的连调可以用表三跟表四来说明。

表三

	22 ˩˧ ˩˧	11 ˩˧ ˩˧	55 ʔ˩˧ ʔ˩˧	44 ˦˥ ˦˥	33 ˦˧ ˦˧	66 ʔ˦˧ ʔ˦˧	
0 ˩˧	˩˧ ˩˧ ˩˧	˩˧ ꜔꜖ ꜔꜒	˩˧ ʔ꜔꜖ ʔ꜔꜒	꜔꜖ ˦˥ ꜒꜓	꜔꜒ ˦˧ ꜖꜕	꜔꜒ ʔ˦˧ ʔ꜖꜕	动宾
2 ˩˧	˩˧ ˩˧ ˩˧	˩˧ ꜔꜖ ꜔꜒	˩˧ ʔ꜔꜖ ʔ꜔꜒	꜔꜖ ˦˥ ꜒꜓	꜔꜒ ˦˧ ꜖꜕	꜔꜒ ʔ˦˧ ʔ꜖꜕	偏正
1 ˩˧	꜔꜖ ꜔꜒ ꜒꜓	꜔꜖ ꜔꜒ ꜒꜓	꜔꜖ ʔ꜔꜒ ʔ꜒꜓	˩˧ ꜔꜖ ꜒꜓	꜔꜖ ˦˧ ꜔꜖	꜔꜖ ʔ˦˧ ʔ꜔꜖	偏正
5 ʔ˩˧	ʔ˩˧ ˩˧ ˩˧	ʔ˩˧ ꜔꜖ ꜔꜒	ʔ˩˧ ʔ꜔꜖ ʔ꜔꜒	ʔ꜔꜖ ˦˥ ꜒꜓	ʔ꜔꜒ ˦˧ ꜖꜕	ʔ꜔꜒ ʔ˦˧ ʔ꜖꜕	动宾
	ʔ꜔꜖ ꜔꜒ ꜒꜓		ʔ꜔꜖ ʔ꜔꜒ ʔ꜒꜓	ʔ˩˧ ꜔꜖ ꜒꜓	ʔ꜔꜖ ˦˧ ꜔꜖	ʔ꜔꜖ ʔ˦˧ ʔ꜔꜖	偏正
4 ˦˥	꜖꜕ ˩˧ ˩˧	꜖꜕ ꜔꜖ ꜔꜒	꜖꜕ ʔ꜔꜖ ʔ꜔꜒	꜔꜖ ˦˥ ꜒꜓	˦˥ ˦˧ ꜖꜕	˦˥ ʔ˦˧ ʔ꜖꜕	动宾
	˦˥ ꜒꜓ ꜔꜖	˦˥ ꜒꜓ ꜔꜖	˦˥ ʔ꜒꜓ ʔ꜔꜖	˦˥ ꜒꜓ ꜔꜖	˦˥ ˦˧ ꜔꜖	˦˥ ʔ˦˧ ʔ꜔꜖	偏正
3 ˦˧	˦˧ ˩˧ ˩˧	˦˧ ꜔꜖ ꜔꜒	˦˧ ʔ꜔꜖ ʔ꜔꜒	˦˧ ˦˥ ꜒꜓	꜔꜒ ˦˧ ꜖꜕	꜔꜒ ʔ˦˧ ʔ꜖꜕	动宾
	꜔꜖ ꜔꜒ ꜒꜓			꜖꜕ ꜔꜖ ꜒꜓	˦˧ ˦˧ ꜔꜖	˦˧ ʔ˦˧ ʔ꜔꜖	偏正
6 ʔ˦˧	ʔ˦˧ ˩˧ ˩˧	ʔ˦˧ ꜔꜖ ꜔꜒	ʔ˦˧ ʔ꜔꜖ ʔ꜔꜒	ʔ˦˧ ˦˥ ꜒꜓	ʔ꜔꜒ ˦˧ ꜖꜕	ʔ꜔꜒ ʔ˦˧ ʔ꜖꜕	动宾
	ʔ꜔꜖ ꜔꜒ ꜒꜓			ʔ꜖꜕ ꜔꜖ ꜒꜓	ʔ˦˧ ˦˧ ꜔꜖	ʔ˦˧ ʔ˦˧ ʔ꜔꜖	偏正

表四

	22 ˩˧ ˩˧	11˩˧˩˧ 55ʔ˩˧ ʔ˩˧	44 ˦˥ ˦˥	33˦˧˦˧ 66ʔ˦˧ ʔ˦˧	
0˩˧ 4˦˥ 5ʔ˩˧	꜖꜕ ꜖꜕ ꜖꜕	꜖꜕ ꜔꜖ ꜔꜒	꜔꜖ ꜔꜒ ꜒꜓	꜔꜒ ꜒꜓ ꜖꜕	动宾
2˩˧					偏正
1˩˧ 5ʔ˩˧	꜔꜖ ꜔꜒ ꜒꜓*		꜖꜕ ꜔꜖ ꜒꜓	꜔꜖ ꜒꜓ ꜔꜖	偏正
4˦˥	꜔꜒ ꜒꜓ ꜔꜖				偏正
3˦˧ 6ʔ˦˧	꜒꜓ ꜖꜕ ꜖꜕	꜒꜓ ꜔꜖ ꜔꜒	꜒꜓ ꜔꜒ ꜒꜓	꜔꜒ ꜒꜓ ꜖꜕	动宾
6ʔ˦˧ 6ʔ˦˧	꜔꜖ ꜔꜒ ꜒꜓		꜖꜕ ꜔꜖ ꜒꜓	꜒꜓ ꜒꜓ ꜔꜖	偏正

*　511 偏正式与动宾式连调型相同

关于表三的排列，表三与表四的关系，请参看上节表一与表二前头的说明。从表四可以看出后叠式三字组的动宾式有七种连调型，偏正式有九种连调型。减去两种格式都用的五种连调型，后叠式三字组共有十一种连调型。表四有一处要特别说明一下。表三里头，阴入 5［ʔ˩˧］开头的偏正式，连调型多数跟动宾式不同，只有 511 偏正式的连调型跟动宾式相同。如：“竹筛筛竹筛子”与“切丝丝丝丝儿”连调相同。表四是表三的简化，但是限于篇幅，无法表示 511 偏正式的连调型。所以在这里交代 511 偏正式的连调型不是［꜕꜓꜒］而是［꜖꜕꜓］。

现在先给每个连调型举一两个例子：

连调型	例词	音标			释义
[꜖ ꜕ ꜒]偏正	砖缝缝	[tsuɑŋ	xuŋ	-]	砖缝儿
	脚蹬蹬	[tɕyʌʔ	təŋ	-]	脚蹬子
[꜕ ꜒ ꜕]偏正	花袄袄	[xuɑ	ŋɔ	-]	花褂儿
	葱白白	[ts'uŋ	piʌʔ	-]	葱白
[꜓ ꜒ ꜕]偏正	树枝枝	[sɥ	tsɿ	-]	树枝儿
	菜角角	[ts'æ	tɕyʌʔ	-]	素馅儿饼
[꜒ ꜒ ꜕]偏正	小剪剪	[ɕiɔ	tɕiᴇ	-]	小剪子
	死叶叶	[sɿ	iʌʔ	-]	枯叶儿
[꜖ ꜖ ꜖]偏正	骡槽槽	[lei	tsɔ	-]	骡槽子
[꜖ ꜖ ꜖]动宾	跳房房	[t'iɔ	xuə	-]	儿童游戏
[꜖ ꜕ ꜓]偏正	茶汆汆	[ts'ɑ	ts'uɑŋ	-]	茶汆
[꜖ ꜕ ꜓]动宾	塞塞塞	[sʌʔ	sʌʔ	-]	塞木塞儿
[꜕ ꜓ ꜒]偏正	灯笼笼	[təŋ	ləu	-]	灯笼
[꜕ ꜓ ꜒]动宾	缠蛋蛋	[tʂɑŋ	tɑŋ	-]	缠线
[꜒ ꜕ ꜓]偏正	水虱虱	[suei	ʂʌʔ	-]	鱼虫儿
[꜒ ꜕ ꜓]动宾	摆摊摊	[pæ	t'ɑŋ	-]	摆摊儿
[꜓ ꜒ ꜖]偏正	活土土	[xuʌʔ	t'u	-]	暄土
[꜓ ꜒ ꜖]动宾	蒸卷卷	[tʂɿ	tɕyᴇ	-]	蒸花卷儿
[꜒ ꜖ ꜖]动宾	起头头	[tɕ'i	təu	-]	起头儿
	择苗苗	[tʂʌʔ	miɔ	-]	间苗儿
[꜒ ꜓ ꜒]动宾	拄棍棍	[tsɥ	kuŋ	-]	拄棍子
	拾豆豆	[ʂʌʔ	təu	-]	拣豆粒儿

以下依三字组的调类组合举例：

组合	调型	例词	音标		
022 动宾	˧ ˧ ˧	浇园园	tɕiɔ	yᴇ	-
		游回回	iəu	xuæ	-
011 动宾	˧ ꜕ ꜓	开方方	k'æ	xuə	-
		盛汤汤	ʂɿ	t'uə	-

055	动宾	˩˧	ʔ꜔꜖	ʔ꜔꜒	修桌桌	ɕiəu	tsuʌʔ	-
					量尺尺	luə	tʂʻʌʔ	-
044	动宾	꜔꜖	˥	꜒	梳辫辫	sʮ	piᴇ	-
					糊盖盖	xu	kæ	-
033	动宾	꜔꜒	˥˧	꜖꜔	收口口	ʂəu	kʻəu	-
					流水水	liəu	suei	-
066	动宾	꜔꜒	ʔ˥˧	ʔ꜖꜔	搽药药	tsɑ	yʌʔ	-
222	偏正	˩˧	˩˧	˩˧	门环环	məŋ	xuɑŋ	-
211	偏正	˩˧	꜔꜖	꜔꜒	横枝枝	ɕyᴇ	tsʅ	-
255	偏正	˩˧	ʔ꜔꜖	ʔ꜔꜒	牙刷刷	ȵiɑ	suʌʔ	-
244	偏正	꜔꜖	˥	꜒	咸菜菜	xɑŋ	tsʻæ	-
233	偏正	꜔꜒	˥˧	꜖꜔	洋锁锁	iɑŋ	ɕyᴇ	-
266	偏正	꜔꜒	ʔ˥˧	ʔ꜖꜔	红袜袜	xuŋ	uʌʔ	-
122	偏正	꜔꜖	꜔꜒	꜒	猪蹄蹄	tsʮ	ti	-
111	偏正	꜔꜖	꜔꜒	꜒	灰仓仓	xuæ	tɕʻyə	-
155	偏正	꜔꜖	ʔ꜔꜒	ʔ꜒	烟色色	iᴇ	sʌʔ	-
144	偏正	˩˧	꜔꜖	꜒	花裤裤	xuɑ	kʻu	-
133	偏正	꜔꜖	˥˧	꜔꜖	烟嘴嘴	iᴇ	tsuei	-
166	偏正	꜔꜖	ʔ˥˧	ʔ꜔꜖	灰勺勺	xuæ	suʌʔ	-
522	动宾	ʔ˩˧	˩˧	˩˧	剥皮皮	pʌʔ	pʻi	-
522	偏正	ʔ꜔꜖	꜔꜒	꜒	铁环环	tʻiʌʔ	xuɑŋ	-
511	动宾	ʔ˩˧	꜔꜖	꜔꜒	测音音	tsʻʌʔ	i	-
511	偏正	ʔ˩˧	꜔꜖	꜔꜒	侧刀刀	tsʌʔ	tɔ	-
555	动宾	ʔ˩˧	ʔ꜔꜖	ʔ꜔꜒	摘角角	tʂʌʔ	tɕyʌʔ	-
	偏正	ʔ꜔꜖	ʔ꜔꜒	ʔ꜒	脚束束	tɕyʌʔ	suʌʔ	-
544	动宾	ʔ꜔꜖	˥	꜒	结袖袖	tɕiʌʔ	ɕiəu	-
544	偏正	ʔ˩˧	꜔꜖	꜒	脚线线	tɕyʌʔ	ɕiᴇ	-
533	动宾	ʔ꜔꜒	˥˧	꜖꜔	缉口口	tɕʻiʌʔ	kʻəu	-
533	偏正	ʔ꜔꜖	˥˧	꜔꜖	窄板板	tʂʌʔ	pɑŋ	-
566	动宾	ʔ꜔꜒	ʔ˥˧	ʔ꜖꜔	摘叶叶	tʂʌʔ	iʌʔ	-

566	偏正	ʔ꜔꜖	ʔ˧	ʔ꜔꜖	竹叶叶	tsuʌʔ	iʌʔ	-
422	动宾	꜖	˨˧	˨˧	过河河	kuei	xei	-
422	偏正	˥	꜒	꜔꜖	杏仁仁	ɕiᴇ	ʐəŋ	-
411	动宾	꜖	꜔꜖	꜔꜒	钉锅锅	ti	kuei	-
411	偏正	˥	꜒	꜔꜖	菜摊摊	ts'æ	t'ɑŋ	-
455	动宾	꜖	ʔ꜔꜖	ʔ꜔꜒	压戳戳	ȵiɑ	ts'uʌʔ	-
455	偏正	˥	ʔ꜒	ʔ꜔꜖	炕桌桌	k'uə	tsuʌʔ	-
444	动宾	꜔꜖	˥	꜒	算数数	suɑŋ	sʮ	-
444	偏正	˥	꜒	꜔꜖	孝褂褂	xɔ	kuɑ	-
433	动宾	˥	˧	꜖	滤子子	ly	tsɿ	-
433	偏正	˥	˧	꜔꜖	哨马马	sɔ	mɑ	-
466	动宾	˥	ʔ˧	ʔ꜖	絮褥褥	ɕy	zuʌʔ	-
466	偏正	˥	ʔ˧	ʔ꜔꜖	慢食食	mɑŋ	ʂʌʔ	-
322	动宾	˧	˨˧	˨˧	买绳绳	mæ	ʂʅ	-
322	偏正	꜔꜖	꜔꜒	꜒	纸条条	tsɿ	t'iɔ	-
311	动宾	˧	꜔꜖	꜔꜒	摆摊摊	pæ	t'ɑŋ	-
	偏正				手巾巾	ʂəu	tɕiŋ	-
355	动宾	˧	ʔ꜔꜖	ʔ꜔꜒	撢桌桌	tɑŋ	tsuʌʔ	-
355	偏正	˧	ʔ꜔꜖	ʔ꜔꜒	手束束	ʂəu	suʌʔ	-
344	动宾	˧	˥	꜒	拣大大	tɕiɑŋ	tei	-
344	偏正	꜖	꜔꜖	꜒	老汉汉	lɔ	xɑŋ	-
333	动宾	꜔꜒	˧	꜖	剪锁锁	tɕiɔ	ɕyᴇ	-
333	偏正	˧	˧	꜔꜖	好主主	xɔ	tsʮ	-
366	动宾	꜔꜒	ʔ˧	ʔ꜖	打袜袜	tɑ	uʌʔ	-
366	偏正	˧	ʔ˧	ʔ꜔꜖	影活活	i	xuʌʔ	-
622	动宾	ʔ˧	˨˧	˨˧	择苗苗	tʂʌʔ	miɔ	-
622	偏正	ʔ꜔꜖	꜔꜒	꜒	麦鱼鱼	miʌʔ	ȵy	-
611	动宾	ʔ˧	꜔꜖	꜔꜒	捏餍餍	ȵiʌʔ	mei	-
611	偏正	ʔ˧	꜔꜖	꜔꜒	别针针	piʌʔ	tʂəŋ	-

655	动宾	ʔ˧	ʔ꜔	ʔ꜓	叠摺摺	tiʌʔ	tʂʌʔ	-
	偏正				白色色	piʌʔ	sʌʔ	-
644	动宾	ʔ˧	˦	꜒	拾豆豆	ʂʌʔ	təu	-
644	偏正	ʔ꜖	꜔	꜒	药面面	yʌʔ	miᴇ	-
633	动宾	ʔ꜓	˧	꜖	砸火火	tsʌʔ	xuei	-
633	偏正	ʔ˧	˧	꜔	袜底底	uʌʔ	ti	-
666	动宾	ʔ꜓	ʔ˧	ʔ꜖	拔橛橛	pʌʔ	tɕyʌʔ	-
666	偏正	ʔ˧	ʔ˧	ʔ꜔	活食食	xuʌʔ	ʂʌʔ	-

浇园园：浇菜园子。 游回回：抱着婴儿来回踱步。 开方方：开方子。 量尺尺：量尺寸。 收口口：收针。 流水水：流汤儿。 横枝枝：横长出来的枝杈儿。 牙刷刷：牙刷儿。 咸菜菜：咸菜。 洋锁锁：新式锁。 红袜袜：红色的袜子。 猪蹄蹄：堵蹄儿。 灰仓仓：(用矮墙圈起的) 倒炉灰的地方。 烟色色：烟色。 烟嘴嘴：烟嘴儿。 灰勺勺：掏炉灰的铁勺儿。 测音音：随声附和。 侧刀刀：部首“刂”。 摘角龟：摘豆角。 脚束束：脚镯。 结袖袖：织袖子。 脚线线：盯梢的人。 压戳戳：盖图章。 算数数：算数儿。 孝褂褂：孝衫。 滤子子：滗去洗瓜子儿的水。 哨马马：褡裢。 絮褥褥：絮褥子。 慢食食：不思饮食的人。 手束束：手镯。 拣大大：挑大个儿的。 剪锁锁：剪刘海儿（一种发型）。 好主主：好主顾。 打袜袜：织袜子。 影活活：影子。 麦鱼鱼：麦壳儿。 捏膺膺：揉馒头。 叠摺摺：摺个印儿。 色色：白色。 砸火火：修灶。 活食食：喂家禽的小虫儿。

以下十四个例子的连调型跟偏正式的三字组相同。“兄弟弟”等七例是由并列两字组扩展而成的。“喷壶壶”等七例也是偏正式，但首字是动词。

144	⅄	꜔	꜒	兄弟弟	ɕy	ti	-
				披挂挂	pʻi	kuɑ	-
133	꜔	˧	꜔	沙土土	sɑ	tʻu	-
544	ʔ⅄	꜔	꜒	媳妇妇	ɕiʌʔ	xu	-
444	˦	꜒	꜔	孝顺顺	xɔ	suŋ	-
355	˧	ʔ꜔	ʔ꜓	椅兀兀	i	uʌʔ	-
644	ʔ꜖	꜔	꜒	服侍侍	xuʌʔ	sʅ	-
122	꜔	꜓	꜒	喷壶壶	pʻəŋ	xu	-
111	꜔	꜓	꜒	推车车	tʻuæ	tʂʻʅᴇ	-

522 ʔ˥˧	˨˦	˥	发糊糊	xuʌʔ	xu	-
			吸壶壶	ɕiʌʔ	xu	-
533 ʔ˥˧	˧	˥˧	握ʿ片ʿ片	uʌʔ	p‘iᴇ	-
433 ˦	˧	˥˧	蘸水水	tsɑŋ	suei	-
333 ˧	˧	˥˧	走水水	tsəu	suei	-

兄弟弟：弟弟。　披挂挂：部首“厂”。　沙土土：沙土。　媳妇妇：媳妇。　孝顺顺：孝子。　椅兀兀：长方矮凳儿。　服侍侍：纸人。　喷壶壶：喷壶。　发糊糊：面月巴，有的方言叫“酵头”。　吸壶壶：旧时随身带的一种扁形的小酒壶。　握片片：一种面食。　蘸水水：吃饺子等的调料。　走水水：旧时的行商。

四　形容词三字组

本节讨论的形容词三字组，首字是单音形容词，连调型就由它决定；中字常常来历不明；末字是上声［ti˧］，写成底下的“底”。只有“通香底”单音形容词居中是例外，但是连调型仍由第一字决定。这种形容词三字组共有三种连调型。第一字是平声、阴入、去声时读［ti˨˦ ˥˧ ˥］，第一字是平声时有的又读［˩˨ ˩˨ ˥］，意思用法都没有区别。第一字是上声、阳入时读［˥ ˨˦ ˥］。以下举例，以首字调类 0 5 4 3 6 为序，先记三字组连调型，再举例子。然后在方括弧里记音，第一字记声韵及本调；中字来历不明时只记声韵不记调，知道来历的也记本调；末字都是［ti˧］，用连字号“—”表示。

［˨˦ ˥˧ ˥］　光单底［kuə˧˥　tɑŋ　-］　宽傻底［k‘uɑŋ˧˥　ʂɑ　-］

通香底［t‘uŋ˧˥　ɕiɑŋ˧˥　-］　红当底［xuŋ˧˥　tɑŋ　-］

蓝蔚底［lɑŋ˧˥　y˦　-］　甜熏底［tiᴇ˧˥　ɕyŋ　-］

黑油底［xʌʔ˧˥　iəu˧˥　-］　窄留底［tʂʌʔ˧˥　liəu　-］

硬巴底［ȵiŋ˦　pɑ　-］　臭洞底［tʂ‘əu˦　tuŋ　-］

肉囊底［ʐəu˦　nɑŋ　-］胖呼呼的

［˥ ˨˦ ˥］　苦巴底［k‘u˧　pɑ　-］　软留底［nzuɑŋ˧　liəu　-］

绿油底［luʌʔ˧　iəu˧˥　-］　白洞底［piʌʔ˧　tuŋ　-］

五　前叠式副词三字组

本节讨论的前叠式三字组都是副词，与上文第二节说的前叠式三字组不同。这类三字组的末字读 ti꜓ 或 ti꜒，现在写作土地的“地”。这种三字组共有四种连调型。每个三字组都有两种连调型，由首字的本调决定，意思和用法都没有区别。首字的本调与连调型的关系如下。

		[꜖ ꜖ ꜒]	[꜓ ꜒ ꜓]	[꜔ ꜒ ꜓]	[꜒ ꜔ ꜒]
00 地	高高地 低低地	+	+		
	松松地				
	迟迟地 常常地				
55 地	黑黑地	+	+		
44 地	快快地 重重地	+		+	
	硬硬地				
33 地	满满地 美美地		+		+
	款款地				
	浅浅地 早早地				
66 地	密密地		+		+

现在列举上列十五个三字组首字的音：

高[kɔ˨˦]　低[ti˨˦]　松[suŋ˨˦]　迟[tʂʅ˨˦]　常[tʂ‘ɑŋ˨˦]

黑[xʌʔ˨˦]　快[k‘uæ˦]　重[tsuŋ˦]　硬[ȵiŋ˦]　满[mɑŋ˧]

美[mei˧]　款[k‘uɑŋ˧]　浅[tɕ‘iᴇ˧]　早[tsɔ˧]　密[miʌʔ˧]

（原载《方言》1982.1）

广用式三字组的连读变调

本篇是《平遥方言两字组的连读变调》跟《平遥方言三字组的连读变调》的续稿。前两篇分别讨论两字组的连读变调跟三字组四种专用式（前叠式、后叠式、形容词三字组、副词三字组）的连调。本文讨论广用式三字组（一般简称三字组）的连读。所用调类的代码和前两篇同。

一　连调跟语法结构的关系

平遥方言三字组的连调跟两字组的连调有共同之处。两字组连调可以依据语法结构分成ABC三类。动宾式、主谓式属A类，偏正式、动补式、并列式属B类，动词重叠式属C类。三字组的动宾式属A类，动补式属B类，并列式属B类，都跟两字组相同。三字组的并列式是“一加一加一”，动宾式和动补式多是“一加二”。三字组偏正式和主谓式有“前一后二”和“前二后一”之分。前一后二的主谓式跟两字组主谓式相同，属于A类，前二后一的主谓式跟两字组主谓式不同，属于D类。前一后二的偏正式跟两字组偏正式相同，属于B类。前二后一的偏正式连调属A属B视前两字的结构而定，前两字是动宾、主谓式的三字组偏正式属于A类，前两字是并列、偏正式或其他格式的三字组偏正式属于B类。三字组里没有跟两字组动词重叠式相当的格式，两字组里没有跟三字组前二后一主谓式相当的格式。请对比下表一的两字组跟三字组。

表一

两字组			三字组				
动叠式	拨拨 点点	C	一				一
并列式	打扫 厚薄	B	并列式			甲乙丙 福禄寿	B
动补式	饿杀 吃足	B	动补式	前一后二 前二后一		走过来 收拾起	B
一		B	偏正式	前一后二		香胰子 铁扫帚	B
偏正式	酸菜 铡刀	B	偏正式	前二后一	前二是并列，偏正	是非人 杂货铺	B
一		一	偏正式	前二后一	前二是动宾，主谓	牵牛花 手勤人	B
动宾式	流血 吃席	A	动宾式	前一后二 前二后一		嫁闺女 掏挖火	A
主谓式	心毒 脚疼	A	主谓式	前一后二		病深厚 口不稳	A
一		一	主谓式	前二后一		用项大 心量窄	D

下列五对三字组用字分别相同，连调不同，最足以看出连调和语法结构关系之密切。

	动宾式		偏正式
[tʂʅ tɕiɛ tsʌʔ]	蒸茄子[˨˧ ˨˧ ʔ˨˧]	≠	蒸茄子[˨˧˨ ˨˧˦ ʔ˨˧˦]
[ʂʅɛ təu ȵia]	生豆芽[˨˧˨ ˦˥ ˨˧˦] 发豆芽	≠	生豆芽[˨˧ ˦˥˨ ˨˧˦]
[ɕy i suə]	絮衣裳[˦˥˧ ˨˧ ˨˧]给衣服絮棉花	≠	絮衣裳[˦˥ ˨˧˦ ˨˧˨]
[tuŋ təu xu]	冻豆腐[˦˥˨ ˦˥ ˦˧]	≠	冻豆腐[˦˥ ˦˥˦ ˦˧]
[nzuɑŋ mi t'uə]	暖米汤[˦˧˦ ˦˧ ˨˧]	≠	暖米汤[˦˧ ˦˧ ˨˧˨]热的稀饭

上文说过，并列式的连调属于 B 类，与 A 类不同，请对比下列两组例子。

B	心肝肺[ɕiŋ˨˧ kaŋ˨˧˨ xuei˦˥]	**B**	一二三[iʌʔ˨˧ ər˦˥˨ saŋ˨˧˦]
B	芭蕉扇[pa˨˧ tɕiɔ˨˧˨ ʂaŋ˦˥]	**B**	北路家[piʌʔ˨˧ ləu˦˥˨ tɕia˨˧˦]晋看北人
A	称青菜[tʂ'əŋ˨˧ ts'i˨˧ ts'æ˦˥˧]	**A**	吃旱烟[tʂ'ʌʔ˨˧˨ xaŋ˦˥ iɛ˨˧˦]

并列式的例子不多，除上面列举的以外，还有下列一些。

114 工青妇[kuŋ˦ tɕʻiŋ˦˥ xu˧]　　513 杀关管[sʌʔ˦ kuɑŋ˦˥ kuɑŋ˧]
414 上中下[suə˧ tsuŋ˦˩ xɑ˦˥]　　310 老中青[lɔ˧ tsuŋ˦˥ tɕʻiŋ˦˩]

二　连调跟调类组合的关系

从两字组的连调可以看出，上声、阳入（都是高降调）两个调类在连调上有特点。

两字组中，首字为上声、阳入，末字为非上声、阳入的属于不变两字组，其他为可变两字组。例如：

34AB	[˧ ˧]	捣炭 [tɔ tʻɑŋ] 砸煤块	火旺 [xuei uə]	扁担 [pɑŋ taŋ]
33A	[˩ ˥]	数九 [sɥ tɕiəu]	耍水 [suɑ suei] 游泳	手紧 [ʂəu tɕiŋ]
B	[˧ ˧]	卯榫 [mɔ suŋ]	捆绑 [kʻuŋ pɔ]	软米 [nzuɑŋ mi]

三字组中，首字为上声，阳入，中字为非上声、阳入（前两字为不变两字组），末字的调类不拘，首字一律不变调。首字为上声、阳入，中字为上声、阳入，末字非上声、阳入，中字一律不变调。例如：

323A	[˧ ˩ ˥]	起红薯	[tɕʻi xuŋ sɥ]
323B	[˧ ˩ ˧]	老朋友	[lɔ pʻəŋ iəu]
340A	[˧ ˧ ˩]	打喷嚏	[tɑ tʻi pʻəŋ]
340B	[˧ ˧ ˩]	老世交	[lɔ ʂʅ tɕiɔ]
354D	[˧ ʔ˥ ˧]	底子瘦	[ti tsʌʔ səu]
354B	[˧ ʔ˦ ˩]	粉笔字	[xuŋ piʌʔ tsʅ]
614A	[ʔ˧ ˦ ˩]	叠乾面	[tiʌʔ kaŋ miᴇ]
614B	[ʔ˧ ˦ ˩]	熟鸡蛋	[suʌʔ tɕi tɑŋ]
640A	[ʔ˧ ˧ ˩]	赎当头	[suʌʔ taŋ təu]
640B	[ʔ˧ ˧ ˩]	食字旁	[ʂʌʔ tsʅ pʻɑŋ]
654D	[ʔ˧ ʔ˥ ˧]	脖子细	[pʌʔ tsʌʔ sei]
654B	[ʔ˧ ʔ˥ ˧]	杂佮菜	[tsʌʔ kʌʔ tsʻæ]
334A	[˩ ˧ ˩]	手把电	[ʂəu pɑ tiᴇ]
334B	[˧ ˧ ˥]	米口袋	[mi kʻəu tæ]
334D	[˩ ˧ ˩]	嘴脸赖	[tsuei liᴇ læ]
334B	[˧ ˧ ˥]	古董铺	[ku tuŋ pʻu]

360A	[˦ ʔ˧ ˨]	拣麦根	[tɕiaŋ miʌʔ kəŋ]
360B	[˧ ʔ˧ ˦]	柳木柁	[liəu mʌʔ tʻei]
634A	[ʔ˦ ˧ ˩]	学买卖	[ɕiʌʔ mæ mæ]
634B	[ʔ˦ ˧ ˩]	十锦缎	[ʂʌʔ tɕiŋ tuaŋ]
634D	[ʔ˦ ˧ ˩]	石板厚	[ʂʌʔ paŋ xəu]
634B	[ʔ˦ ˧ ˩]	白小豆	[piʌʔ ɕiɔ təu]
660A	[ʔ˦ ʔ˧ ˨]	没钥匙	[mʌʔ yʌʔ sɿ]
660B	[ʔ˦ ʔ˧ ˨]	独活槽	[tuʌʔ xuʌʔ tsʻɔ]

起红薯：刨红薯。底子瘦：名词尾“子”读阴入，与“则”字同音。叠乾面（为使面又劲儿）揉面时往里头糅干面粉。杂佮菜：杂烩菜。手把电：手电筒。嘴脸赖：（因生气）脸色难看。独活槽：吃独食。

三字组的连调可以用表二和表三来说明。表二左边标明首字和中字的调类代码，上头标明末字的调类代码，右边用ABD标明三字组的结构。表心罗列全部调类组合的连调，不变调的记本调调值，变调的记变调调值。从表二可以看出各个调类组合总的连调情况。

表三不分舒入，不分本调变调，比表二要简单明白。从表三可以看出来，三字组的偏正式有十五种连调型，动宾式有十三种连调型，主谓式有八种连调型。减去三种格式相同的二十种连调型，三字组总共有十六种连调型。从表二还可以看出来，三字组连调型的第一字调型只有低升（1—8行）、高升（9—12行）、低降（13—15行）、高降（16—23行）四种。读低调［˩］［˦］的限于上声、阳入以外的调类。读高降调［˥˩］的限于上声、阳入调类。读高升调［˦］的多为上声、阳入以外的调类。

限于篇幅，有些调类组合的连调在表格里无法表示，用加注的方式说明。连调上的角码表示注文的次第。表三是表二的简化，表二的注表三不重复。

现将三字组的十六种连调型举例如下：

[˦ ˥ ˦]B	鸡嘴怪	[tɕi tsuei kuæ]	嘴尖的人
	七月菊	[tɕʻiʌʔ yʌʔ tɕʻyʌʔ]	
[˦ ˥ ˦]B	白乐班	[tsɿ lʌʔ paŋ]	业余演唱的班子
	大肚病	[tei tu pi]	

[꜒ ꜒ ꜔]B　稳实人　[uŋ ʂʌʔ ʐəŋ]　稳当人

纸活铺　[tsɿ xuʌʔ p'u]

[꜕ ꜔ ꜒]BA　川贝母　[ts'uaŋ pæ mu]

挂山药　[kua saŋ iʌʔ]　大量地购买马铃薯

[꜓ ꜒ ꜒]BA　油纸伞　[iəu tsɿ saŋ]

煮扁食　[tsɥ piᴇ ʂʌʔ]　煮饺子

[꜔ ꜓ ꜒]BA　黑国语　[xʌʔ kuʌʔ y]　谚语、歇后语

记墓石　[tɕi mu ʂʌʔ]　墓碑石

[꜒ ꜔ ꜒]BA　熟吃食　[suʌʔ tʂ'ʌʔ ʂʌʔ]　熟食

煠山药　[tsʌʔ saŋ iʌʔ]

[꜒ ꜓ ꜒]BA　白红薯　[piʌʔ xuŋ sɥ]　白瓤儿白薯

煠豆腐　[tsʌʔ təu xu]

[꜕ ꜕ ꜕]BA　牙茬骨　[ȵia sa kuʌʔ]　牙床

操闲心　[ts'ɔ ɕiaŋ ɕiŋ]

D　锅台低　[kuei t'æ ti]　灶矮

客人多　[tɕ'iʌʔ ʐəŋ tei]

[꜕ ꜓ ꜓꜕]BA　棉仁饼　[miᴇ ʐəŋ piŋ]　棉子饼

掏挖火　[t'ɔ ua xuei]　掏炉灰

D　帽子小　[mɔ tsʌʔ ɕiɔ]

做料少　[tsuʌʔ liɔ ʂɔ]

[꜕ ꜔ ꜓]BA　前家儿　[tɕiᴇ tɕia ər]　前妻的子女

说闲话　[suʌʔ ɕiaŋ xua]　搬弄是非

D　身子笨　[ʂəŋ tsʌʔ pəŋ]

寿数大　[ʂəu sɥ tei]　长寿

[꜒ ꜔ ꜓]BA　小舅子　[ɕiɔ tɕiəu tsʌʔ]

没骨头　[mʌʔ kuʌʔ təu]　没活计

D　力气大　[liʌʔ tɕ'i tei]

水汽重　[suei tɕ'i tsuŋ]

[꜒ ꜕ ꜕]BA　活人妻　[xuʌʔ ʐəŋ ts'ei]　旧称离婚妇女，贬意

拾蔓菁　[ʂʌʔ maŋ tsei]

D　老婆流　[lɔ pei liəu]　一种很软的甜瓜

舌头长　[ʂʌʔ təu tʂ'aŋ]

[꜈꜉ ꜊꜈ ꜊꜌꜊]BA	核桃木	[kʌʔ tɔ mʌʔ]	
	顶门拐	[ti məŋ kuæ]	顶门的木棍儿
D	底襟满	[ti tɕiŋ maŋ]	
	井绳短	[tsei ʂʅ tuaŋ]	
[꜊꜈ ꜈꜉ ꜌꜊]BA	脓水子	[nuŋ suei tsʌʔ]	窝囊废
	割纸刀	[kʌʔ tsʅ tɔ]	
D	出手快	[tsʻuʌʔ ʂəu kʻuæ]	手快
	井口大	[tsei kʻəu tei]	
[꜌꜊ ꜈꜉ ꜌꜊]AD	坐月子	[tɕyɛ yʌʔ tsʌʔ]	
	气性大	[tɕʻi sei tei]	气儿大，指人爱生气

表二上

	0 ˩˧	5 ʔ˩˧	4 ˦˥	3 ˥˧	6 ʔ˥˧	
0 1 ˩˧ ˩˧	˩˧ ꜊꜌ ꜊꜈	˩˧ ꜊꜌ ʔ꜊꜈	˩˧ ˩˧ ꜌꜊	˩˧ ꜊꜌ ˥˧	˩˧ ꜊꜌ ʔ˥˧	A
	˩˧ ˩˧ ˩˧	˩˧ ˩˧ ʔ˩˧	˩˧ ꜊꜌ ˦˥	˩˧ ꜊꜈ ꜊꜌꜊		D
0 2 ˩˧ ˩˧	˩˧ ˩˧ ˩˧	˩˧ ˩˧ ʔ˩˧	˩˧ ꜊꜌ ˦˥	˩˧ ꜊꜈ ꜊꜌꜊	˩˧ ꜊꜈ ʔ꜊꜌꜊	A D
0 5 ˩˧ ʔ˩˧	˩˧ ʔ꜊꜌ ꜊꜈①	˩˧ ʔ꜊꜌ ʔ꜊꜈	˩˧ ʔ˩˧ ꜌꜊	꜊꜌ ʔ꜊꜈ ˥˧	˩˧ ʔ꜊꜌ ʔ˥˧	A
	˩˧ ʔ˩˧ ˩˧	˩˧ ʔ˩˧ ʔ˩˧	˩˧ ʔ꜊꜌ ˦˥	˩˧ ʔ꜊꜈ ꜊꜌꜊	˩˧ ʔ꜊꜈ ʔ꜊꜌꜊	D
0 4 ˩˧ ˦˥	꜊꜌ ˦˥ ꜈꜉	꜊꜌ ˦˥ ʔ꜈꜉	꜊꜌ ˦˥ ꜈꜉	꜊꜌ ˦˥ ˥˧	꜊꜌ ˦˥ ʔ˥˧	A
	˩˧ ꜌꜊ ˩˧	˩˧ ꜌꜊ ʔ˩˧	˩˧ ꜊꜌ ˦˥	˩˧ ˦˥ ꜊꜌꜊		D
0 3 ˩˧ ˥˧	꜊꜈ ˥˧ ˩˧	꜊꜈ ˥˧ ʔ˩˧	꜊꜈ ˥˧ ꜌꜊	꜊꜈ ˥˧ ˥˧②	꜊꜈ ˥˧ ʔ˥˧③	A D
0 6 ˩˧ ʔ˥˧	꜊꜈ ʔ˥˧ ˩˧	꜊꜈ ʔ˥˧ ʔ˩˧	꜊꜈ ʔ˥˧ ꜌꜊			A D
2 1 ˩˧ ˩˧	˩˧ ꜊꜌ ꜊꜈	˩˧ ꜊꜌ ʔ꜊꜈	˩˧ ˩˧ ꜌꜊④	˩˧ ꜊꜌ ˥˧	˩˧ ꜊꜌ ʔ˥˧	
2 2 ˩˧ ˩˧	˩˧ ˩˧ ˩˧	˩˧ ˩˧ ʔ˩˧	˩˧ ꜊꜌ ˦˥	˩˧ ꜊꜈ ꜊꜌꜊	˩˧ ꜊꜈ ʔ꜊꜌꜊	
2 5 ˩˧ ʔ˩˧	˩˧ ʔ꜊꜌ ꜊꜈⑤	˩˧ ʔ꜊꜌ ʔ꜊꜈	˩˧ ʔ˩˧ ꜌꜊	꜊꜌ ʔ꜊꜈ ˥˧	˩˧ ʔ꜊꜌ ʔ˥˧	B
2 4 ˩˧ ˦˥	꜊꜌ ˦˥ ꜈꜉	꜊꜌ ˦˥ ʔ꜈꜉	꜊꜌ ˦˥ ꜈꜉	꜊꜌ ˦˥ ˥˧	꜊꜌ ˦˥ ʔ˥˧	
2 3 ˩˧ ˥˧	꜊꜈ ˥˧ ˩˧	꜊꜈ ˥˧ ʔ˩˧	꜊꜈ ˥˧ ꜌꜊	꜊꜈ ˥˧ ˥˧	꜊꜈ ˥˧ ʔ˥˧	
2 6 ˩˧ ʔ˥˧	꜊꜈ ʔ˥˧ ˩˧	꜊꜈ ʔ˥˧ ʔ˩˧	꜊꜈ ʔ˥˧ ꜌꜊	꜊꜈ ʔ˥˧ ˥˧		
1 1 ˩˧ ˩˧	꜊꜌ ꜊꜈ ꜈꜉	꜊꜌ ꜊꜈ ʔ꜈꜉	꜊꜌ ꜊꜈ ꜈꜉⑥	꜊꜌ ꜊꜈ ˥˧	꜊꜌ ꜊꜈ ʔ˥˧	
1 2 ˩˧ ˩˧	꜊꜌ ꜊꜈ ꜈꜉	꜊꜌ ꜊꜈ ʔ꜈꜉	꜊꜌ ꜊꜈ ꜈꜉	꜊꜌ ꜊꜈ ˥˧	꜊꜌ ꜊꜈ ʔ˥˧	
1 5 ˩˧ ʔ˩˧	꜊꜌ ʔ꜊꜈ ꜈꜉	꜊꜌ ʔ꜊꜈ ʔ꜈꜉	꜊꜌ ʔ꜊꜈ ꜈꜉	꜊꜌ ʔ꜊꜈ ˥˧	꜊꜌ ʔ꜊꜈ ʔ˥˧	
1 4 ˩˧ ˦˥	˩˧ ꜊꜌ ꜊꜈	˩˧ ꜊꜌ ʔ꜊꜈	˩˧ ꜊꜌ ꜊꜈			B
	˩˧ ꜊꜌ ꜈꜉	˩˧ ꜊꜌ ʔ꜈꜉	˩˧ ꜊꜌ ꜈꜉	˩˧ ꜊꜌ ˥˧	˩˧ ꜊꜌ ʔ˥˧	
1 3 ˩˧ ˥˧	꜊꜌ ˥˧ ꜊꜌	꜊꜌ ˥˧ ʔ꜊꜌	꜊꜌ ˥˧ ꜊꜌	꜊꜌ ꜊꜈ ˥˧	꜊꜌ ꜊꜈ ʔ˥˧	
1 6 ˩˧ ʔ˥˧	꜊꜌ ʔ˥˧ ꜊꜌	꜊꜌ ʔ˥˧ ʔ꜊꜌	꜊꜌ ʔ˥˧ ꜊꜌	꜊꜌ ʔ꜊꜈ ˥˧		
5 1 ʔ˩˧ ˩˧	ʔ˩˧ ꜊꜌ ꜊꜈	ʔ˩˧ ꜊꜌ ʔ꜊꜈	ʔ˩˧ ˩˧ ꜌꜊	ʔ˩˧ ꜊꜌ ˥˧	ʔ˩˧ ꜊꜌ ʔ˥˧	A B
	ʔ˩˧ ˩˧ ˩˧	ʔ˩˧ ˩˧ ʔ˩˧	ʔ˩˧ ꜊꜌ ˦˥	ʔ˩˧ ꜊꜈ ꜊꜌꜊	ʔ˩˧ ꜊꜈ ʔ꜊꜌꜊	D
5 2 ʔ˩˧ ˩˧	ʔ˩˧ ˩˧ ˩˧	ʔ˩˧ ˩˧ ʔ˩˧	ʔ˩˧ ꜊꜌ ˦˥	ʔ˩˧ ꜊꜈ ꜊꜌꜊	ʔ˩˧ ꜊꜈ ʔ꜊꜌꜊	A D
	ʔ꜊꜌ ꜊꜈ ꜈꜉	ʔ꜊꜌ ꜊꜈ ʔ꜈꜉	ʔ꜊꜌ ꜊꜈ ꜈꜉	ʔ꜊꜌ ꜊꜈ ˥˧		B
5 5 ʔ˩˧ ʔ˩˧	ʔ˩˧ ʔ꜊꜌ ꜊꜈⑦	ʔ˩˧ ʔ꜊꜌ ʔ꜊꜈	ʔ˩˧ ʔ˩˧ ꜌꜊	ʔ꜊꜌ ʔ꜊꜈ ˥˧	ʔ˩˧ ʔ꜊꜌ ʔ˥˧	A
	ʔ꜊꜌ ʔ꜊꜈ ꜈꜉	ʔ꜊꜌ ʔ꜊꜈ ʔ꜈꜉	ʔ꜊꜌ ʔ꜊꜈ ꜈꜉	ʔ꜊꜌ ʔ꜊꜈ ˥˧	ʔ꜊꜌ ʔ꜊꜈ ʔ˥˧	B
	ʔ˩˧ ʔ˩˧ ˩˧		ʔ˩˧ ʔ꜊꜌ ˦˥	ʔ˩˧ ʔ꜊꜈ ꜊꜌꜊		D

5 4 ʔ˩˧ ˦	ʔ꜔ ˦ ꜒	ʔ꜔ ˦ ʔ꜒	ʔ꜔ ˦ ꜒	ʔ꜔ ˦ ˧	ʔ꜔ ˦ ʔ˧	A
	ʔ˩˧ ꜔ ꜓	ʔ˩˧ ꜔ ʔ꜓	ʔ˩˧ ꜖ ꜖	ʔ˩˧ ꜔ ˧	ʔ˩˧ ꜔ ʔ˧	B
	ʔ˩˧ ꜖ ˩˧	ʔ˩˧ ꜖ ʔ˩˧	ʔ˩˧ ꜔ ˦	ʔ˩˧ ˦ ꜕	ʔ˩˧ ˦ ʔ꜕	D
5 3 ʔ˩˧ ˧	ʔ꜓ ˧ ˩˧	ʔ꜓ ˧ ʔ˩˧	ʔ꜓ ˧ ꜖	ʔ꜓ ˧ ˧⑧	ʔ꜓ ˧ ʔ˧	A D
	ʔ꜔ ˧ ꜔	ʔ꜔ ˧ ʔ꜔	ʔ꜔ ˧ ꜔	ʔ꜔ ꜓ ˧		B
5 6 ʔ˩˧ ʔ˧	ʔ꜓ ʔ˧ ˩˧	ʔ꜓ ʔ˧ ʔ˩˧	ʔ꜓ ʔ˧ ꜖	ʔ꜓ ʔ˧ ˧⑨		A D
	ʔ꜔ ʔ˧ ꜔	ʔ꜔ ʔ˧ ʔ꜔	ʔ꜔ ʔ˧ ꜔	ʔ꜔ ʔ꜓ ˧		B

①051A的连调不读［˩˧ ʔ꜔ ꜓］，而读［˩˧ ʔ˩˧ ˩˧］，与050 D的连调相同。②033 D的连调读［˩˧ ꜓ ꜕］与033 A不同。033 A读［꜓ ˧ ˧］ ③036 D的连调读［˩˧ ꜓ ʔ꜕］与036 A不同，036 A读［꜓ ˧ ʔ˧］。④214 B还有读［˩˧ ꜔ ˦］的。⑤251 B的连调不读［˩˧ ʔ꜔ ꜓］，而读［˩˧ ʔ˩˧ ˩˧］ ⑥114 B还有读［˩˧ ʔ꜔ ˦］的。⑦551 A不读［ʔ˩˧ ʔ꜔ ꜓］，而读［ʔ˩˧ ʔ˩˧ ˩˧］，与550 D的连调相同。⑧533 D不读［ʔ꜓ ˧ ˧］，而读［ʔ˩˧ ʔ꜓ ꜕］。⑨563 D的连调不读［ʔ꜓ ʔ˧ ˧］，而读［ʔ˩˧ ʔ꜓ ꜕］。

表二下

	0 ˩˧	5 ʔ˩˧	4 ˦	3 ˧	6 ʔ˧	
4 1 ˦ ˩˧	꜖ ꜔ ꜓⑩	꜖ ꜔ ʔ꜓	꜖ ˩˧ ꜖	꜖ ꜔ ˧	꜖ ꜔ ʔ˧	A
	꜖ ˩˧ ˩˧	꜖ ˩˧ ʔ˩˧	꜖ ꜔ ˦	꜖ ꜓ ꜕		D
	˦ ꜒ ꜔	˦ ꜒ ʔ꜔	˦ ꜒ ꜔	˦ ꜒ ˧	˦ ꜒ ʔ˧	B
4 2 ˦ ˩˧	꜖ ˩˧ ˩˧	꜖ ˩˧ ʔ˩˧	꜖ ꜔ ˦	꜖ ꜓ ꜕	꜖ ꜓ ʔ꜕	A
	˦ ꜒ ꜔	˦ ꜒ ʔ꜔	˦ ꜒ ꜔	˦ ꜒ ˧	˦ ꜒ ʔ˧	B
4 5 ˦ ʔ˩˧	꜖ ʔ꜔ ꜓⑪	꜖ ʔ꜔ ʔ꜓	꜖ ʔ˩˧ ꜖		꜖ ʔ꜔ ʔ˧	A
	꜖ ʔ˩˧ ˩˧	꜖ ʔ˩˧ ʔ˩˧	꜖ ʔ꜔ ˦	꜖ ʔ꜓ ꜕	꜖ ʔ꜓ ʔ꜕	D
	˦ ʔ꜒ ꜔	˦ ʔ꜒ ʔ꜔	˦ ʔ꜒ ꜔	˦ ʔ꜒ ˧	˦ ʔ꜒ ʔ˧	B
4 4 ˦ ˦	꜔ ˦ ꜒	꜔ ˦ ʔ꜒	꜔ ˦ ꜒	꜔ ˦ ˧	꜔ ˦ ʔ˧	A
	꜖ ꜖ ˩˧	꜖ ꜖ ʔ˩˧	꜖ ꜔ ˦	꜖ ˦ ꜕	꜖ ˦ ʔ꜕	D
	˦ ꜒ ꜔	˦ ꜒ ʔ꜔	˦ ꜒ ꜔	˦ ꜒ ˧	˦ ꜒ ʔ˧	B
4 3 ˦ ˧	꜖ ˧ ˩˧	꜖ ˧ ʔ˩˧	꜖ ˧ ꜖	꜖ ꜓ ꜕⑫	꜖ ꜓ ʔ꜕⑫	A D
	˦ ˧ ꜔	˦ ˧ ʔ꜔	˦ ˧ ꜔	˦ ˧ ˧	˦ ˧ ʔ˧	B
4 6 ˦ ʔ˧	꜖ ʔ˧ ˩˧	꜖ ʔ˧ ʔ˩˧	꜖ ʔ˧ ꜖	꜖ ʔ꜓ ꜕⑬	꜖ ʔ꜓ ʔ꜕⑬	A D
	˦ ʔ˧ ꜔	˦ ʔ˧ ʔ꜔	˦ ʔ˧ ꜔	˦ ʔ˧ ˧	˦ ʔ˧ ʔ˧	B
3 1 ˧ ˩˧	˧ ꜔ ꜓	˧ ꜔ ʔ꜓	˧ ˩˧ ꜖	˧ ꜔ ˧	˧ ꜔ ʔ˧	A B
	˧ ˩˧ ˩˧		˧ ꜔ ˦	˧ ꜓ ꜕	˧ ꜓ ʔ꜕	D
3 2 ˧ ˩˧	˧ ˩˧ ˩˧	˧ ˩˧ ʔ˩˧	˧ ꜔ ˦	˧ ꜓ ꜕⑭	˧ ꜓ ʔ꜕⑭	A B D
	˧ ꜔ ꜓	˧ ꜔ ʔ꜓	˧ ˩˧ ꜖			B
	˧ ꜓ ꜒	˧ ꜓ ʔ꜒	˧ ꜓ ꜒	˧ ꜓ ˧	˧ ꜓ ʔ˧	B
3 5 ˧ ʔ˩˧	˧ ʔ꜔ ꜓⑮	˧ ʔ꜔ ʔ꜓	˧ ʔ˩˧ ꜖	˧ ʔ꜔ ˧	˧ ʔ꜔ ʔ˧	A B
	˧ ʔ˩˧ ˩˧	˧ ʔ˩˧ ʔ˩˧	˧ ʔ꜔ ˦	˧ ʔ꜓ ꜕		D
3 4 ˧ ˦	˧ ˦ ꜒	˧ ˦ ʔ꜒	˧ ˦ ꜒	˧ ˦ ˧⑯	˧ ˦ ʔ˧⑯	A B
	˧ ꜖ ˩˧	˧ ꜖ ʔ˩˧	˧ ꜔ ˦	˧ ˦ ꜕		D
	˧ ꜔ ꜓	˧ ꜔ ʔ꜓	˧ ꜖ ꜖⑰	˧ ꜔ ˧	˧ ꜔ ʔ˧	B
3 3 ˧ ˧	꜓ ˧ ˩˧	꜓ ˧ ʔ˩˧	꜓ ˧ ꜖	꜓ ˧ ˧⑱	꜓ ˧ ʔ˧	A D
	˧ ˧ ꜔	˧ ˧ ʔ꜔	˧ ˧ ꜔	˧ ꜓ ˧	˧ ꜓ ʔ˧	B
3 6 ˧ ʔ˧	꜓ ʔ˧ ˩˧	꜓ ʔ˧ ʔ˩˧	꜓ ʔ˧ ꜖			A D
	˧ ʔ˧ ꜔	˧ ʔ˧ ʔ꜔	˧ ʔ˧ ꜔	˧ ʔ꜓ ˧		B
6 1 ʔ˧ ˩˧	ʔ˧ ꜔ ꜓	ʔ˧ ꜔ ʔ꜓	ʔ˧ ˩˧ ꜖	ʔ˧ ꜔ ˧	ʔ˧ ꜔ ʔ˧	A B
	ʔ˧ ˩˧ ˩˧	ʔ˧ ˩˧ ʔ˩˧	ʔ˧ ꜔ ˦	ʔ˧ ꜓ ꜕		D
6 2 ʔ˧ ˩˧	ʔ˧ ˩˧ ˩˧	ʔ˧ ˩˧ ʔ˩˧	ʔ˧ ꜔ ˦	ʔ˧ ꜓ ꜕	ʔ˧ ꜓ ʔ꜕	A B D
	ʔ˧ ꜓ ꜒	ʔ˧ ꜓ ʔ꜒	ʔ˧ ꜓ ꜒	ʔ˧ ꜓ ˧	ʔ˧ ꜓ ʔ˧	B
6 5 ʔ˧ ʔ˩˧	ʔ˧ ʔ꜔ ꜓⑲	ʔ˧ ʔ꜔ ʔ꜓	ʔ˧ ʔ˩˧ ꜖	ʔ˧ ʔ꜔ ˧	ʔ˧ ʔ꜔ ʔ˧	A B
	ʔ˧ ʔ˩˧ ˩˧	ʔ˧ ʔ˩˧ ʔ˩˧	ʔ˧ ʔ꜔ ˦		ʔ˧ ʔ꜓ ʔ꜕	D
6 4 ʔ˧ ˦	ʔ˧ ˦ ꜒	ʔ˧ ˦ ʔ꜒	ʔ˧ ˦ ꜒	ʔ˧ ˦ ˧	ʔ˧ ˦ ʔ˧	A B
	ʔ˧ ꜖ ˩˧	ʔ˧ ꜖ ʔ˩˧	ʔ˧ ꜔ ˦	ʔ˧ ˦ ꜕	ʔ˧ ˦ ʔ꜕	D
6 3 ʔ˧ ˧	ʔ꜓ ˧ ˩˧	ʔ꜓ ˧ ʔ˩˧	ʔ꜓ ˧ ꜖	ʔ꜓ ˧ ˧⑳	ʔ꜓ ˧ ʔ˧⑳	A B D
6 6 ʔ˧ ʔ˧	ʔ꜓ ʔ˧ ˩˧	ʔ꜓ ʔ˧ ʔ˩˧	ʔ꜓ ʔ˧ ꜖	ʔ꜓ ʔ˧ ˧		A B D

⑩410 A还有读[꜖ ˩˧ ˩˧]的。⑪451A不读[꜖ ʔ꜔ ꜓]。而读[꜖ ʔ˩˧ ˩˧]，与451D的连调相同。⑫433 A读[˦ ˧ ˧]。436 A读[˦ ˧ ʔ˧]。⑬463 A读[˦ ʔ˧ ˧]。466 A读[˦ ʔ˧ ʔ˧]。⑭323 B读[˧ ꜓ ˧]。326 B读[˧ ꜓ ʔ˧]。⑮351A与351B的连调不读[˧ ʔ꜔ ꜓]，而读[˧ ʔ˩˧ ˩˧]，与351D的连调相同。⑯343 B读[˧ ꜔ ˧]。346 B读[˧ ꜔ ʔ˧]。⑰344B还有读[˧ ꜔ ꜒]的。⑱333D的连调不读[꜓ ˧ ˧]而读[꜖ ꜓ ꜕]。⑲651A与651B不读[ʔ˧ ʔ꜔ ꜓]，而读[ʔ˧ ʔ˩˧ ˩˧]与651D的连调相同。⑳633D的连调读[ʔ꜖ ꜓ ꜕]。636D读[ʔ꜖ ꜓ ʔ꜕]。

表三

	0 / 5	4	3 / 6	
01 05 51 55 41 45	꜖꜕ ꜔꜖ ꜔꜒	꜖꜕ ꜖꜕ ꜖꜕	꜖꜕ ꜔꜖ ꜒꜒①	A
21 25 54				B
14	꜖꜕ ꜔꜖ ꜒꜒			B
14	꜖꜕ ꜔꜖ ꜔꜒			B
01 05 04 51 55 54 41 45 44	꜖꜕ ꜖꜕ ꜖꜕	꜖꜕ ꜔꜖ ꜔꜒	꜖꜕ ꜔꜒ ꜖꜔꜖	D
22				B
02 52 42				A D
43 46	꜖꜕ ꜒꜒ ꜖꜕			A D
03 06 53 56 63 66	꜔꜒ ꜒꜒ ꜖꜕		꜔꜒ ꜒꜒ ꜒꜒②	A D
23 26 63 66				B
33 36				A D
41 42 45 44 43 46	꜔꜒ ꜒꜒ ꜔꜖			B
04 54 44	꜔꜖ ꜔꜒ ꜒꜒			A
24 11 12 15 52 55				B
13 16 53 56	꜔꜖ ꜒꜒ ꜔꜖		꜔꜖ ꜔꜒ ꜒꜒	B
31 35 34 61 65 64	꜒꜒ ꜖꜕ ꜖꜕	꜒꜒ ꜔꜖ ꜔꜒	꜒꜒ ꜔꜒ ꜖꜔꜖	D
32 62				A B D
31 35 61 65	꜒꜒ ꜔꜖ ꜔꜒	꜒꜒ ꜖꜕ ꜖꜕	꜒꜒ ꜔꜖ ꜒꜒	A B
34				B
32				B
32 62	꜒꜒ ꜔꜒ ꜒꜒			B
34 64				A B
33 36	꜒꜒ ꜒꜒ ꜔꜖		꜒꜒ ꜔꜒ ꜒꜒	B

① 053A 553A 253B 的连调型不读 [꜖꜕ ꜔꜖ ꜒꜒]，而读 [꜔꜖ ꜔꜒ ꜒꜒]。

② D 类的连调型读 [꜖꜕ ꜔꜒ ꜖꜔꜖]。

三 三字组连调举例

以下依三字组的调类组合举例，和表二的次序相同。举例时先列三字组的调类和结构，每种调类组合和语法结构一般只举一例。* 号表示例外。

010A ˩˧ ˥˧ ˧˥ 分东西 xuŋ tuŋ sei
穿新鞋 ts'uɑŋ ɕiŋ xæ
迎春花 iŋ ts'uŋ xuɑ
抬棺材 t'æ kuɑŋ tsæ
D ˩˧ ˩˧ ˩˧ 腰身宽 iɔ ʂəŋ k'uɑŋ
浮襟宽 xu tɕiŋ k'uɑŋ
人中长 ʐəŋ tsuŋ tʂ'ɑŋ
015A ˩˧ ˥˧ ʔ˧˥ 推车子 t'uæ tʂ'ʅᴇ tsʌʔ
糊窗子 xu suə tsʌʔ
D ˩˧ ˩˧ ʔ˩˧ 腰身窄 iɔ ʂəŋ tʂʌʔ
窑坡窄 iɔ p'ei tʂʌʔ
014A ˩˧ ˩˧ ˨˦ 搬铺盖 pɑŋ p'u kæ
连刀货 liᴇ tɔ xuei
* ˩˧ ˥˧ ˥ 传开会 ts'uɑŋ k'æ xuæ
D ˩˧ ˥˧ ˥ 灰渣厚 xuæ tsɑ xəu
熬心大 ŋɔ ɕiŋ tei
013A ˩˧ ˥˧ ˥˧ 摊煎饼 t'ɑŋ tɕiᴇ pi
磨推剪 mei t'uæ tɕiᴇ
D ˩˧ ˧˥ ˧˥˧ 花椒少 xuɑ tɕiɔ ʂɔ
人中短 ʐəŋ tsuŋ tuɑŋ
016A ˩˧ ˥˧ ʔ˥˧ 浇山药 tɕiɔ sɑŋ iʌʔ
刨山药 pɔ sɑŋ iʌʔ
020A ˩˧ ˩˧ ˩˧ 挖茅根 uɑ mɔ kəŋ
推平头 t'uæ p'iŋ t'əu
填牙关 tiᴇ ȵiɑ kuɑŋ

	缝门帘	xuŋ məŋ liᴇ
D	交情深	tɕiɔ tɕʻiŋ ʂəŋ
	开怀迟	kʻæ xuæ tʂʅ
	红尘多	xuŋ tʂʻəŋ tei
	门牙长	məŋ ȵiɑ tʂʻɑŋ
025A ˨˦ ˨˦ ʔ˨˦	开条子	kʻæ tʻiɔ tsʌʔ
	移房子	i xuə tsʌʔ
024A ˨˦ ˦˨ ˥	翻闲话	xuɑŋ ɕiɑŋ xuɑ
	还魂觉	xuɑŋ xuŋ tɕiɔ
D	交情厚	tɕiɔ tɕʻiŋ xəu
	眉毛重	mi mɔ tsuŋ
023A ˨˦ ˧˥ ˦˨˦	烧柴火	ʂɔ sæ xuei
	刨红薯	pɔ xuŋ sɥ
D	生人少	səŋ ʐəŋ ʂɔ
	缝头浅	xuŋ təu tɕʻiᴇ
026A ˨˦ ˧˥ ʔ˦˨˦	梳头盒	sɥ təu xʌʔ
	锄荞麦	sɥ tɕiɔ miʌʔ
051A ˨˦ ʔ˨˦ ˨˦	听说书	tʻi suʌʔ sɥ
	移菊花	i tɕʻyʌʔ xuɑ
D	铅笔尖	tɕʻiɑŋ piʌʔ tɕiᴇ
	颧骨高	tɕʻyᴇ kuʌʔ kɔ
052A ˨˦ ʔ˦˨ ˧˥	修铁门	ɕiəu tʻiʌʔ məŋ
	寻铁匙	ɕiŋ tʻiʌʔ sʅ
D ˨˦ ʔ˨˦ ˨˦	头发黄	təu xuʌʔ xuə
055A ˨˦ ʔ˦˨ ʔ˧˥	修脚的	ɕiəu tɕyʌʔ tiʌʔ
	盘钵子	pɑŋ pʌʔ tsʌʔ
D ˨˦ ʔ˨˦ ʔ˨˦	颜色黑	ȵiɑŋ sʌʔ xʌʔ
054A ˨˦ ʔ˨˦ ˩˨	刀拨面	tɔ pʌʔ miᴇ
	量黑豆	luə xʌʔ təu
D ˨˦ ʔ˦˨ ˥	身子笨	ʂəŋ tsʌʔ pəŋ

	头发重	təu xuʌʔ tsuŋ
053A ˥˧ ʔ˧˥ ˧	修铁桶	ɕiəu tiʌʔ t'uŋ
	寻黑纸	ɕiŋ xʌʔ tsɿ
D ˨˦ ʔ˧˥ ˨˩˦	成色好	tʂ'əŋ sʌʔ xɔ
056A ˨˦ ʔ˥˧ ʔ˧	烧锡纸	ʂɔ ɕiʌʔ pʌʔ
	鞋结实	xæ tɕiʌʔ ʂʌʔ
D ˨˦ ʔ˧˥ ʔ˨˩˦	针脚密	tʂəŋ tɕyʌʔ miʌ
	颜色绿	ȵiaŋ sʌʔ luʌʔ
040A ˥˧ ˥ ˦	开汽车	k'æ tɕ'i tʂ'ʅᴇ
	穿旧鞋	ts'uaŋ tɕiəu xɛ
	抬嫁妆	t'æ tɕia tsuaŋ
	人细祥	ʐəŋ sei ɕiaŋ
D ˨˦ ˨˩ ˨˦	销路宽	ɕiɔ ləu k'uaŋ
	家教严	tɕia tɕiɔ ȵiᴇ
	门路宽	məŋ ləu k'uaŋ
045A ˥˧ ˥ ʔ˦	推胰子	t'uæ i tsʌʔ
	抬柜桌	t'æ kuei tsuʌʔ
045D ˨˦ ˨˩ ʔ˨˦	心量宽	ɕiŋ liaŋ tʂʌʔ
	羊粪缺	yə xuŋ tɕ'yʌʔ
044A ˥˧ ˥ ˦	收烂货	ʂəu laŋ xuei
	尝味气	suə uei tɕ'i
D ˨˦ ˥˧ ˥	家运顺	tɕia yŋ suŋ
	羊肉贵	yə ʐəu kuei
043A ˥˧ ˥ ˧	烧大火	ʂɔ tei xuei
	箩面雨	lei miᴇ y
D ˨˦ ˥ ˨˩˦	家道好	tɕia tɔ xɔ
	来路远	læ ləu yᴇ

046A ˥˦ ˦ ʔ˧˨	通气药	t'uŋ tɕ'i yʌʔ
	人壮实	ʐəŋ tsuaŋ ʂʌʔ
030A ˧˥ ˧˨ ˨˩	翻眼猴	xuaŋ ȵiaŋ xəu
	熬米汤	ŋɔ mi t'uə
D	肩膀宽	tɕiaŋ paŋ k'uaŋ
	儿女多	ər nzʮ tei
035A ˧˥ ˧˨ ʔ˨˩	担水的	taŋ suei tiʌʔ
034A ˧˥ ˧˨ ˨˧	栽柳树	tsæ liəu sʮ
	和起面	xuei tɕ'i miɛ
034D ˧˥ ˧˨ ˨˧	干屎臭	kaŋ sɿ tʂ'əu
	财礼重	ts'æ li tsuŋ
033A ˧˥ ˧˨ ˧˨	担好水	taŋ xɔ suei
	挨打虎	ŋæ ta xu
D ˨˩ ˧˥ ˨˦˧	音水好	iŋ suei xɔ
	牙口好	ȵiɑ k'əu xɔ
036A ˧˥ ˧˨ ʔ˧˨	开伙食	k'æ xuei ʂʌʔ
	寻眼药	ɕiŋ ȵian yʌʔ
D ˨˩ ˧˥ ʔ˨˦˧	针颗密	tʂəŋ k'uei miʌʔ
060A ˧˥ ʔ˧˨ ˨˩	抠木梳	k'əu mʌʔ sʮ
	分杂粮	xun tsʌʔ lian
	磨铡刀	mei sʌʔ tɔ
D	劳力强	lɔ liʌʔ tɕ'iaŋ
065A ˧˥ ʔ˧˨ ʔ˨˩	穿袜子	ts'uaŋ uʌʔ tsʌʔ
	抬石桌	t'æ ʂʌʔ tsuʌʔ
D	山药缺	saŋ iʌʔ tɕ'yʌʔ
064A ˧˥ ʔ˧˨ ˨˧	开药铺	k'æ yʌʔ p'u
	求学问	tɕ'iəu ɕiʌʔ uŋ
D	心术赖	ɕiŋ suʌʔ læ

浮襟（宽）：中式上衣、袍子的大襟儿。　窑坡（窄）：去窑顶的通道。　连刀货：指菜、肉等没有切开。　灰渣（厚）：炉灰。　熬心大：忍耐性大。　（磨）推剪：推子。　挖茅根：清理粪炕的底层。　填开关：塞牙缝。　开怀迟：生孩子晚。　红尘多：儿女多。　移房子：搬家。　翻闲话：搬弄是非。　还魂觉：清早醒后复入睡。　眉毛重：眉毛粗密。　烧柴火：以柴为燃料的灶。　枕头盒：放梳头用品的木匣儿。　（寻）铁匙：铁铲儿。　盘钵子：拔火罐儿。　刀拨面：一种面食。　头发重：头发厚。　人细详：人细心。　推胰子：擦肥皂。　（抬）柜桌：一种老式的桌子。　收烂货：收购废品。　箩面

雨：小雨。 来路远：物品等从远处运来。 翻眼猴：不知感恩的人。 （和）起面：发面。 干屎臭：做作。 （担）好水：甜水。 挨打虎：因淘气经常挨打的孩子。 音水好：嗓音悦耳。 开伙食：起伙。 针颗（密）：针脚。 红活（少）：高翘、龙灯等传统的娱乐项目。

210B	˩˧ ꜔꜕ ꜒꜓	连阴天	liᴇ iŋ t'iᴇ
		铜汆壶	tuŋ ts'uɑŋ xu
215B	˩˧ ꜔꜕ ʔ꜒꜓	牙关血	ȵiɑ kuɑŋ ɕyʌʔ
214B	˩˧ ˩˧ ꜖꜕	羊腥气	yə sei tɕ'i
	˩˧ ꜔꜕ ˦˥	甜根菜	tiᴇ kəŋ ts'æ
213B	˩˧ ꜔꜕ ˥˧	罗圈腿	lei tɕ'yᴇ t'uæ
*	˩˧ ꜒꜓ ꜓꜕꜓	洋烟鬼	iɑŋ iᴇ kuei
216B	˩˧ ꜔꜕ ʔ˥˧	捶敲石	tsuei tɕ'iɔ ʂʌʔ
220B	˩˧ ˩˧ ˩˧	油麻花	iəu mɑ xuɑ
		长眉毛	tsuə mi mɔ
225B	˩˧ ˩˧ ʔ˩˧	眉棱骨	mi luŋ kuʌʔ
224B	˩˧ ꜔꜕ ˦˥	榆皮面	y p'i miᴇ
223B	˩˧ ꜒꜓ ꜓꜕꜓	重茬碗	tsuŋ sɑ uɑŋ
226B	˩˧ ꜒꜓ ʔ꜓꜕꜓	胡萝卜	xu lei pʌʔ
251B	˩˧ ʔ˩˧ ˩˧	毛哔叽	mɔ piʌʔ tɕi
252B	˩˧ ʔ꜔꜕ ꜒꜓	穷骨头	tɕyŋ kuʌʔ təu
255B	˩˧ ʔ꜔꜕ ʔ꜒꜓	牙刷子	ȵiɑ suʌʔ tsʌʔ
254B	˩˧ ʔ˩˧ ꜖꜕	团桌面	t'uɑŋ tsuʌʔ miᴇ
253B	꜔꜕ ʔ꜒꜓ ˥˧	黏谷草	ɳɑŋ kuʌʔ ts'ɔ
256B	˩˧ ʔ꜔꜕ ʔ˥˧	黄锡箔	xuə ɕiʌʔ pʌʔ
240B	꜔꜕ ˦˥ ꜒꜓	南路家	nɑŋ ləu tɕiɑ
		黄豆芽	xuə təu ȵiɑ
*	˩˧ ꜖꜕ ˩˧	人字呢	ʐəŋ tsɿ ȵi
245B	꜔꜕ ˦˥ ʔ꜒꜓	头号脚	təu xɔ tɕyʌʔ
244B	꜔꜕ ˦˥ ꜒꜓	牛碎肉	ȵiəu suæ ʐəu
*	˩˧ ꜖꜕ ꜖꜕	平面柜	p'iŋ miᴇ tɕy
243B	꜔꜕ ˦˥ ˥˧	黄豆饼	uə təu pi
*	˩˧ ˦˥ ꜓꜕꜓	长命锁	suə mi ɕyᴇ
246B	꜔꜕ ˦˥ ʔ˥˧	前半月	ɕiᴇ pɑŋ yʌʔ

230B ˧˥ ˥˧ ˩˧	牛尾巴	ȵiəu i pa
B	牛马皮	ȵiəu ma p'i
235B ˧˥ ˥˧ ʔ˩˧	银手束	ȵiŋ ʂəu suʌʔ
234B ˧˥ ˥˧ ˨˩	红小豆	xuŋ ɕiɔ təu
233B ˧˥ ˥˧ ˥˧	凉滚水	luə kuŋ suei
236B ˧˥ ˥˧ ʔ˥˧	红板石	xuŋ paŋ ʂʌʔ
260B ˧˥ ʔ˥˧ ˩˧	油煠糕	iəu tsʌʔ kɔ
	牛舌头	ȵiəu ʂʌʔ təu
265B ˧˥ ʔ˥˧ ʔ˩˧	皮褥子	p'i zuʌʔ tsʌʔ
264B ˧˥ ʔ˥˧ ˨˩	茶叶铺	ts'a iʌʔ p'u
263B ˧˥ ʔ˥˧ ˥˧	茶叶水	ts'a iʌʔ suei
* ˩˧ ʔ˧˥ ˨˦˨	圆石板	yᴇ ʂʌʔ paŋ

铜佘壶：铜佘子。　牙关血：牙龈处的血。　甜根莱：根部可榨糖，叶可食用的一种菜。　羊腥气：羊膻味。　捶敲石：捶布的垫石。　油麻花：麻花。　眉棱骨：眉毛下的骨头。　重茬碗：用过的碗。　团桌面：方桌子面。　黏谷草：野草，子粒可食用。　南路家：晋南人。　牛碎肉：熟的碎牛肉。　平面柜：一种旧式的柜子。　凉滚水：冷开水。

110B ˥˦ ˧˥ ˥	金针花	tɕiŋ tʂəŋ xua
	西厢房	ɕi ɕiaŋ xuə
* ˩˧ ˩˧ ˩˧	清蒸鸡	tɕ'iŋ tʂəŋ tɕi
	灯心绒	təŋ ɕiŋ zuŋ
115B ˥˦ ˧˥ ʔ˥	朱砂笔	tsʮ sa piʌʔ
* ˩˧ ˩˧ ʔ˩˧	关东插	kuaŋ tuŋ ts'ʌʔ
114B ˥˦ ˧˥ ˥	山坡地	saŋ p'ei ti
B ˩˧ ˥˦ ˥˥	家机布	tɕia tɕi pu
113B ˥˦ ˧˥ ˥˧	粗干粉	ts'əu kaŋ xuŋ
* ˩˧ ˧˥ ˨˦˨	花椒水	xua tɕiɔ suei
116B ˥˦ ˧˥ ʔ˥˧	新山药	ɕiŋ saŋ iʌʔ
120B ˥˦ ˧˥ ˥	三轮车	saŋ luŋ tʂ'ʅᴇ
	山羊皮	saŋ iaŋ p'i
125B ˥˦ ˧˥ ʔ˥	葱胡子	ts'uŋ xu tsʌʔ
124B ˥˦ ˧˥ ˥	山梨树	saŋ li sʮ

* ˩˧ ꜔꜖ ˦˥	金钱豹	tɕiŋ tɕʻiᴇ pɔ
123B ꜔꜖ ꜔꜒ ˦˧	千层底	tɕʻiᴇ tsʻəŋ ti
* ˩˧ ꜔꜒ ꜓꜕꜓	仙人掌	ɕiᴇ ʐəŋ tʂɑŋ
126B ꜔꜖ ꜔꜒ ʔ˦˧	新萝卜	ɕiŋ lei pʌʔ
150B ꜔꜖ ʔ꜔꜒ ꜒	姣骨头	tɕiɔ kuʌʔ təu
155B ꜔꜖ ʔ꜔꜒ ʔ꜒	腰脊骨	iɔ tɕiʌʔ kuʌʔ
154B ꜔꜖ ʔ꜔꜒ ꜒	阴湿病	iŋ ʂʌʔ pi
153B ꜔꜖ ʔ꜔꜒ ˦˧	单搭耳	tɑŋ tʌʔ ər
156B ꜔꜖ ʔ꜔꜒ ʔ˦˧	灰骨殖	xuæ kuʌʔ ʂʌʔ
140B ˩˧ ꜔꜖ ꜔꜒	姑舅亲	ku tɕiəu tɕʻiŋ
	精细人	tɕiŋ sei ʐəŋ
B ˩˧ ꜔꜖ ꜒	新汽车	ɕiŋ tɕʻi tʂʻʅᴇ
145B ˩˧ ꜔꜖ ʔ꜔꜒	刀背子	tɔ pæ tsʌʔ
B ˩˧ ꜔꜖ ʔ꜒	花被子	xɔ pi tsʌʔ
144B ˩˧ ꜔꜖ ꜔꜒	光棍汉	kuə kuŋ xɑŋ
B ˩˧ ꜔꜖ ꜒	双挂号	tsʻuə kuɑ xɔ
* ꜔꜖ ˦˥ ꜒	豌豆面	uɑŋ təu miᴇ
143B ˩˧ ꜔꜖ ˦˧	川贝母	tsʻuɑŋ pæ mu
146B ˩˧ ꜔꜖ ʔ˦˧	新大麦	ɕiŋ tei miʌʔ
130B ꜔꜖ ˦˧ ꜔꜖	酥火烧	səu xuei ʂɔ
	灰鼠皮	xuæ sʮ pʻi
135B ꜔꜖ ˦˧ ʔ꜔꜖	蒸饺子	tʂʅ tɕiɔ tsʌʔ
134B ꜔꜖ ˦˧ ꜔꜖	酸枣树	suɑŋ tsɔ sʮ
133B ꜔꜖ ꜔꜒ ˦˧	烧饼佬	ʂɔ pi lɔ
136B ꜔꜖ ꜔꜒ ʔ˦˧	酸枣棚	suɑŋ tsɔ kʻuʌʔ
160B ꜔꜖ ʔ˦˧ ꜔꜖	新菠筛	ɕiŋ ɕyʌʔ sæ
	双立人	tsʻuə liʌʔ ʐəŋ
165B ꜔꜖ ʔ˦˧ ʔ꜔꜖	粗脖子	tsʻəu pʌʔ tsʌʔ
164B ꜔꜖ ʔ˦˧ ꜔꜖	中药铺	tsuŋ yʌʔ pʻu
163B ꜔꜖ ʔ꜔꜒ ˦˧	风盒火	xuŋ xʌʔ xuei

金针（花）：黄花菜。　关东插：旧时男子系于腰际的布制钱包。　粗干粉：粗粉丝。葱胡子：葱根部的须须。　腰脊骨：脊梁骨。　阴湿病：湿气。　单搭耳：部首“卩。

灰骨殖：骂小孩语，骨殖：干骨。 川贝母：中药名。 烧饼佬：死气沉沉不爱动的人。

（新）趯筛：簸粮食的筛子。 粗脖子：甲状腺肿。

515	A ʔ˧˥ ˥˧ ʔ˦˧	揭锅拍	tɕiʌʔ kuei p'iʌʔ
	B	夹生子	tɕiʌʔ ʂʅᴇ tsʌʔ
	D ʔ˧˥ ˧˥ ʔ˧˥	贴边窄	t'iʌʔ piᴇ tʂʌʔ
514	A ʔ˧˥ ˧˥ ˨˩	杀猪汉	sʌʔ tsʮ xaŋ
	B	血心话	ɕyʌʔ ɕiŋ xua
	* ʔ˥˧ ˦˧ ˧˨˧	湿铺盖	ʂʌʔ p'u kæ
	D ʔ˧˥ ˥˧ ˦˥	脚心凹	tɕyʌʔ ɕiŋ ua
513	A ʔ˧˥ ˥˧ ˧˨˧	喝烧酒	xʌʔ ʂɔ tɕiəu
	B	壁君眼	piʌʔ tɕyŋ ȵiaŋ
	D ʔ˧˥ ˦˧ ˧˩˧	贴边浅	tiʌʔ piᴇ tɕ'iᴇ
516	A ʔ˧˥ ˥˧ ʔ˧˨˧	喝汤药	xʌʔ t'uə yʌʔ
	B	黑膏药	xʌʔ kɔ yʌʔ
	D ʔ˧˥ ˦˧ ʔ˧˩˧	铁纱密	t'iʌʔ sa miʌʔ
520	A ʔ˧˥ ˧˥ ˧˥	结毛衣	tɕiʌʔ mɔ i
		出门人	ts'uʌʔ məŋ ʐəŋ
	D	客人多	tɕ'iʌʔ ʐəŋ tei
	B ʔ˥˧ ˦˧ ˦	黑毛衣	xʌʔ mɔ i
		铁茶壶	t'iʌʔ ts'ɑ xu
	* ʔ˧˥ ˧˥ ˧˥	一人班	iʌʔ ʐəŋ paŋ
		一团挠	iʌʔ tuaŋ nɔ
525	A ʔ˧˥ ˧˥ ʔ˧˥	刮头发	kuʌʔ təu xuʌʔ
	B ʔ˥˧ ˦˧ ʔ˦	脊梁骨	tɕiʌʔ luə kuʌʔ
	* ʔ˧˥ ˧˥ ʔ˧˥	脚脯子	tɕyʌʔ pu tsʌʔ
524	A ʔ˧˥ ˥˧ ˦˥	捉人货	tsuʌʔ ʐəŋ xuei
	D	急才大	tɕiʌʔ ts'æ tei
	B ʔ˥˧ ˦˧ ˦	羯羊肉	tɕiʌʔ yə ʐəu

523A ʔ˨˦ ꜓꜒ ꜓꜖꜔	辑鞋口	tɕ‘iʌʔ xai k‘əu
D	脚程远	tɕyʌʔ tʂ‘əŋ yᴇ
B ʔ꜓꜕ ꜓꜒ ˦˨˦	黑糖水	xʌʔ t‘ɑŋ suei
526A ʔ˨˦ ꜓꜒ ʔ꜓꜖꜔	切萝卜	tɕ‘iʌʔ lei pʌʔ
551A ʔ˨˦ ʔ˨˦ ˨˦	泼汁汤	p‘ʌʔ tʂʌʔ t‘uə
552A ʔ˨˦ ʔ꜓꜕ ꜓꜒	做，客人	tsuʌʔ tɕ‘iʌʔ ʐəŋ
550B ʔ꜓꜕ ʔ꜓꜒ ꜒	拍子灯	p‘iʌʔ tsʌʔ təŋ
	八尺椽	pʌʔ tʂ‘ʌʔ tsuɑŋ
D ʔ˨˦ ʔ˨˦ ˨˦	壁虱多	piʌʔ ʂʌʔ tei
555A ʔ˨˦ ʔ꜓꜕ ʔ꜓꜒	跌壳子	tiʌʔ k‘ʌʔ tsʌʔ
B ʔ꜓꜕ ʔ꜓꜒ ʔ꜒	说客子	suʌʔ k‘ʌʔ tsʌʔ
554A ʔ˨˦ ʔ˨˦ ꜖꜔	课，八字	k‘ʌʔ pʌʔ tsɿ
B ʔ꜓꜕ ʔ꜓꜒ ꜒	角子汉	tɕyʌʔ tsʌʔ xɑŋ
B ʔ꜓꜕ ʔ꜓꜒ ʔ˦˨˦	吃不着	tʂ‘ʌʔ pʌʔ tsuʌʔ
540A ʔ꜓꜕ ˧ ꜒	发睡遮	xuʌʔ suei tʂʅᴇ
	跌屁头	tiʌʔ p‘i təu
B ʔ˨˦ ꜓꜕ ꜓꜒	脚后跟	tɕyʌʔ xəu kəŋ
	黑豆芽	xʌʔ təu ȵiɑ
B ʔ˨˦ ꜓꜕ ꜓꜒	脚后跟	tɕyʌʔ xəu kəŋ
	黑豆芽	xʌʔ təu ȵiɑ
* ʔ˨˦ ꜖꜔ ˨˦	八字胡	pʌʔ tsɿ xu
D ʔ˨˦ ꜖꜔ ˨˦	色气轻	sʌʔ tɕ‘i tɕ‘iŋ
545A ʔ꜓꜕ ˧ ʔ꜒	植树节	tʂʌʔ sʮ tɕiʌʔ
B ʔ˨˦ ꜓꜕ ʔ꜓꜒	急性子	tɕiʌʔ sei tsʌʔ
D ʔ˨˦ ꜖꜔ ʔ˨˦	隔扇窄	tɕiʌʔ ʂɑŋ tʂʌʔ
544A ʔ꜓꜕ ˧ ꜒	削价货	ɕyʌʔ tɕiɑ xuei
B ʔ˨˦ ꜖꜔ ꜖꜔	剔沙货	tiʌʔ sɑ xuei
* ʔ˨˦ ꜓꜕ ꜒	黑裤带	xʌʔ k‘u tæ
D ʔ˨˦ ꜓꜕ ˧	色气艳	sʌʔ tɕ‘i ȵiᴇ

543A	ʔ˥˧ ˥ ˧	割豆腐	kʌʔ təu xu
B	ʔ˨˦ ˥˧ ˧	一刃斧	iʌʔ ʐəŋ xu
D	ʔ˨˦ ˥ ˦˨˦	识字浅	ʂʌʔ tsʅ tɕʻiᴇ
546A	ʔ˥˧ ˥ ʔ˧	压菜石	ŋʌʔ tsʻæ ʂʌʔ
B	ʔ˨˦ ˥˧ ʔ˧	黑夜日	xʌʔ iᴇ ʐʌʔ
D	ʔ˨˦ ˥ ʔ˦˨˦	脚面薄	tɕyʌʔ miᴇ pʌʔ
530A	ʔ˦˥ ˧ ˨˦	割纸刀	kʌʔ tsʅ tɔ
		磕响头	kʻʌʔ ɕiaŋ təu
D		托爪多	tʻʌ tsua tei
B	ʔ˥˧ ˧ ˥˧	一掌金	iʌʔ tʂaŋ tɕiŋ
		郭举人	kuʌʔ tɕy ʐəŋ
*	ʔ˦˥ ˧ ˨˦	柏子仁	piʌʔ tsʅ ʐəŋ
535A	ʔ˦˥ ˧ ʔ˨˦	缉本子	tɕʻiʌʔ pəŋ tsʌʔ
B	ʔ˥˧ ˧ ʔ˥˧	鐅母子	tɕiʌʔ mu tsʌʔ
534A	ʔ˦˥ ˧ ˩˧	出火菜	tsʻuʌʔ xuei tsʻæ
*	ʔ˥˧ ˧ ˥˧	擦屎布	tsʻʌʔ sʅ pu
D	ʔ˦˥ ˧ ˩˧	杀手重	sʌʔ ʂəu tsuŋ
B	ʔ˥˧ ˧ ˥˧	秃宝盖	tʻuʌʔ pɔ kæ
533A	ʔ˦˥ ˧ ˧	拔口奶	pʌʔ kʻəu næ
B	ʔ˥˧ ˦˥ ˧	屈死鬼	tɕʻyʌ sʅ kuei
533D	ʔ˨˦ ˦˥ ˦˨˦	尺码小	tʂʻʌʔ ma ɕiɔ
536A	ʔ˦˥ ˧ ʔ˧	吃死食	tʂʻʌʔ sʅ ʂʌʔ
560A	ʔ˦˥ ʔ ˨˦	擦铡刀	tsʻʌʔ sʌʔ tɔ
		割木头	kʌʔ mʌʔ təu
D		吃食多	tʂʻʌʔ ʂʌʔ tei
B	ʔ˥˧ ʔ˧ ˥˧	割截帮	kʌʔ tɕiʌʔ paŋ
		柏木材	piʌʔ mʌʔ sæ
565A	ʔ˦˥ ʔ˧ ʔ˨˦	克食的	kʻʌʔ ʂʌʔ tiʌʔ
565B	ʔ˥˧ ʔ˧ ʔ˥˧	铁脖子	tʻiʌʔ pʌʔ tsʌʔ
564A	ʔ˦˥ ʔ˧ ˩˧	摘绿豆	tʂʌʔ luʌʔ təu
B	ʔ˥˧ ʔ˧ ˥˧	恶极骂	ŋʌʔ tɕiʌʔ ma
563A	ʔ˦˥ ʔ˧ ˧	吸墨纸	ɕiʌʔ miʌʔ tsʅ

* ʔ˥˧ ʔ˧˥ ˦	切月饼	tɕʻiʌʔ yʌʔ piŋ
B ʔ˥˧ ʔ˧˥ ˦	雀目眼	tɕyʌʔ mʌʔ ȵiaŋ
D ʔ˨˩ ʔ˧˥ ˥˧	吃食广	tʂʻʌʔ ʂʌʔ kuə

揭锅拍：揭锅盖儿。 夹生子：（饭）夹生。 杀猪汉：人相貌凶。 血心话：心里话。 壁君眼：又小又瘪的眼睛。 壁君：蚂蚱。 铁纱（密）：铁丝织的窗纱。 结毛衣：织毛衣。 一人班：单人耍木偶。 一团挠：指面食软成一堆儿。 刮头发：头发去薄。 脚脯子：脚掌。 捉人货：质劣价高的商品。 急才大：随机应变的能力强。 羯羊肉：公羊肉。 脚程远：路远。 泼汁汤：沏葱花汤。 拍子灯：汽灯。 壁虱（多）：臭虫。 跌壳子：发吸声［t］。 说客子：说客。 课（阴入）八字：算八字。 角子汉：年纪大未娶亲的男人。 脱失大：因失水分而明显缺斤短两。 接骨草：野草名。 虱子鬼：吝啬人。 吃不着：吃不伤。“着”表结果的补语。 发睡遮：睡梦中的言语和动作。 跌屁头：说风凉话。 色气轻：颜色浅。 剔沙（去声）货：挑选后剩余的物品。 割豆腐：买豆腐。 一刃斧：木匠用的一种斧子。 黑夜日：晚上。 托抓多：门路多。 一掌金：相面术语。 柏子仁：去皮的柏树子儿。 缉本子：订本子。 墼母子：制土坯的木模。 墼：土坯。 出火菜：炒菜。 杀手重：给人办事索取的报酬太高。 拨口奶：婴儿的头口奶。 吃死食：贪吃没够。 割截帮：姘头。 割截，搞不正当的男女关系。 克食的：消食的。 铁脖子：形容脖子脏。 恶极骂：狠骂。 雀目眼：夜间视力极弱的眼睛。

410A ˩ ˥˧ ˧˥	唱秧歌	tʂʻɑŋ iaŋ kɔ
	剃光头	tʻi kuə təu
A ˩ ˨˩ ˨˩	放风筝	xuə xuŋ tsʻəŋ
B ˦ ˧˥ ˥˧	大兄哥	tei ɕy kiᴇ
	后天爷	xəu tʻiᴇ iᴇ
D ˩ ˨˩ ˨˩	裤腰深	kʻu iɔ ʂəŋ
415A ˩ ˥˧ ʔ˧˥	坐冬雪	tɕyᴇ tuŋ ɕyʌʔ
B ˦ ˧˥ ʔ˥˧	二标子	ər piɔ tsʌʔ
D ˩ ˨˩ ʔ˨˩	院心窄	yᴇ ɕiŋ tʂʌʔ
414A ˩ ˨˩ ˩	卖青菜	mɑ tsʻei tsʻæ
B ˦ ˧˥ ˥˧	印花布	iŋ xuɑ pu
* ˩ ˥˧ ˦	供销社	kuŋ ɕiɔ ʂʅᴇ
D ˩ ˥˧ ˦	靠山大	kɔ saŋ tei

413A ꜖꜕ ꜔꜕ ˥˧ 倒脏土 tɔ tsɔ t'u
B ˥˦ ꜒꜓ ˥˧ 亲家母 tɕ'iŋ tɕiɑ mu
* ꜖꜕ ꜔꜒ ꜓꜕꜓ 太师椅 t'æ ʂʅ i
D ꜖꜕ ꜔꜒ ꜓꜕꜓ 病斑少 piŋ pɑŋ ʂɔ
416A ꜖꜕ ꜔꜕ ʔ˥˧ 上中学 suə tsuŋ ɕiʌʔ
B ˥˦ ꜒꜓ ʔ˥˧ 大车轴 tei tʂ'ʅᴇ tsuʌʔ
420A ꜖꜕ ˩˧ ˩˧ 剃光头 t'i t'əu tɔ
挂人缘 kuɑ ʐəŋ iᴇ
B ˥˦ ꜒꜓ ꜔꜕ 半长针 pɑŋ tsuə tʂəŋ
420B ˥˦ ꜒꜓ ꜔꜕ 骆驼蹄 lɔ tei ti
* ꜖꜕ ˩˧ ˩˧ 自行车 tsʅ ɕiŋ tʂ'ʅᴇ
425A ꜖꜕ ˩˧ ʔ˩˧ 卖柴的 mæ sæ tiʌʔ
B ˥˦ ꜒꜓ ʔ꜔꜕ 醋罐子 ts'əu t'ɑŋ tsʌʔ
* ꜖꜕ ˩˧ ʔ˩˧ 袖头子 ɕiəu təu tsʌʔ
424A ꜖꜕ ꜔꜕ ˥˦ 剁羊肉 tuei yə ʐəu
B ˥˦ ꜒꜓ ꜔꜕ 豆茬地 təu sɑ ti
423A ꜖꜕ ꜔꜒ ꜓꜕꜓ 照羊狗 tʂɔ yə kəu
B ˥˦ ꜒꜓ ˥˧ 二镰韭 ər liᴇ tɕiəu
426A ꜖꜕ ꜔꜒ ʔ꜓꜕꜓ 闹红活 nɔ xuŋ xuʌʔ
B ˥˦ ꜒꜓ ʔ˥˧ 太阳穴 t'æ iɑŋ ɕyʌʔ
451A ꜖꜕ ʔ˩˧ ˩˧ 㩟剥鸡 t'uæ pʌʔ tɕi
D 捻子粗 ȵiᴇ tsʌʔ ts'əu
B ˥˦ ʔ꜒꜓ ꜔꜕ 太谷家 t'æ kuʌʔ tɕiɑ
* ꜖꜕ ʔ˩˧ ˩˧ 裤子腰 k'u tsʌʔ iɔ
452A ꜖꜕ ʔ꜔꜕ ꜔꜒ 道客人 tɔ tɕ'iʌʔ ʐəŋ
B ˥˦ ʔ꜒꜓ ꜔꜕ 外国人 uæ kuʌʔ ʐəŋ
D ꜖꜕ ʔ˩˧ ˩˧ 货色全 xuei sʌʔ tɕ'yᴇ
455A ꜖꜕ ʔ꜔꜕ ʔ꜔꜒ 唱黑的 tʂ'ɑŋ xʌʔ tiʌʔ
B ˥˦ ʔ꜒꜓ ʔ꜔꜕ 细吃的 sei tʂ'ʌʔ tiʌʔ
D ꜖꜕ ʔ˩˧ ʔ˩˧ 面子窄 miᴇ tsʌʔ tʂʌʔ
454A ꜖꜕ ʔ˩˧ ꜖꜕ 闹湿气 nɔ ʂʌʔ tɕ'i

454	B	˦ ʔ˦˥ ˧˦	皂角树	tsɔ tɕyʌʔ sʮ
	D	˨ ʔ˧˦ ˦	釉子重	iəu tsʌʔ tsuŋ
453	B	˦ ʔ˦˥ ˧	夜宿眼	iᴇ ɕyʌʔ ȵiɑŋ
	D	˨ ʔ˦˥ ˨˩˧	芯子眼	ɕiŋ tsʌʔ tɕiŋ
456	A	˨ ʔ˧˦ ʔ˧	绊脚石	pɑŋ tɕyʌʔ ʂʌʔ
	B	˦ ʔ˦˥ ʔ˧	旧吃食	tɕiəu tʂʻʌʔ ʂʌʔ
	D	˨ ʔ˦˥ ʔ˨˩˧	性子直	ɕiŋ tsʌʔ tʂʌʔ
440	A	˧˦ ˦ ˦˥	住地方	tsʮ ti xuə
			住栈房	tsʮ tsɑŋ xuə
	B	˦ ˦˥ ˧˦	二套车	ər tʻɔ tʂʻʅᴇ
			旧笊篱	tɕiəu tsɔ li
	D	˨ ˨ ˧˩	院舍宽	yᴇ ʂʅᴇ kʻuɑŋ
			路道长	ləu tɔ tʂʻɑŋ
445	A	˧˦ ˦ ʔ˦˥	下大雪	xɑ tei ɕyʌʔ
	B	˦ ˦˥ ʔ˧˦	赵字帖	tʂɔ tsɿ tʻiʌʔ
	D	˨ ˨ ʔ˧˩	道路窄	ləu tɔ tʂʌʔ
444	A	˧˦ ˦ ˦˥	闹世务	nɔ ʂʅ u
	B	˦ ˦˥ ˧˦	地道货	ti tɔ xuei
	D	˨ ˧˦ ˦	用顶大	yŋ ɕiɑŋ tei
443	A	˧˦ ˦ ˧	磨豆腐	mei təu xu
	B	˦ ˦˥ ˧	大砚瓦	tei ȵiᴇ uɑ
	D	˨ ˦ ˨˩˧	坐事稳	tɕyᴇ sɿ uŋ
446	A	˧˦ ˦ ʔ˧	记墓石	tɕi mu ʂʌʔ
	B	˦ ˦˥ ʔ˧	下半截	xɑ pɑŋ tɕiʌʔ
	D	˨ ˦ ʔ˨˩˧	寿器簿	ʂəu tɕʻi pʌʔ
430	A	˨ ˧ ˧˩	卖火烧	mæ xuei ʂɔ
			聚宝盆	tɕy pɔ pʻəŋ
	D		炕垄高	kʻuə luŋ kɔ
			后腿长	xəu tʻuæ tʂʻɑŋ
430	B	˦ ˧ ˧˦	夏景天	xɑ tɕiŋ tʻiᴇ
			后老人	xəu lɔ zʅəŋ

435A ˩˧ ˧ ʔ˧˩	闹火的	nɔ xuei tiʌʔ
D	菜˓蔬缺	ts‘æ sʮ tɕ‘yʌʔ
B ˥˧ ˧ ʔ˦˥	玉˒手束	y ʂəu suʌʔ
434A ˩˧ ˧ ˩˧	过水面	kuei suei miᴇ
D	分两重	xuŋ lia tsuŋ
B ˥˧ ˧ ˦˥	大脸架	tei liᴇ tɕia
* ˩˧ ˧ ˩˧	睡虎蛋	suei xu taŋ
433A ˥˧ ˧ ˧	跳井鬼	tɕ‘iɔ tsei kuei
B	二五眼	ər u ȵiaŋ
D ˩˧ ˧˥ ˧˩˧	外礼少	uæ li ʂɔ
436A ˥˧ ˧ ʔ˧	下马石	xa ma ʂʌʔ
B	柱底石	tsʮ ti ʂʌʔ
D ˩˧ ˧˥ ʔ˧˩˧	大米白	ta mi pʌʔ
460A ˩˧ ʔ˧ ˧˩	配钥匙	p‘æ yʌʔ sɿ
B ˥˧ ʔ˧ ˦˥	电石灯	tiᴇ ʂʌʔ təŋ
* ˩˧ ʔ˧ ˧˩	二截鞭	ər tɕiʌʔ piᴇ
465A ˩˧ ʔ˧ ʔ˧˩	扣麦子	k‘əu miʌʔ tsʌʔ
D	教席缺	tɕiɔ ɕiʌʔ tɕ‘yʌʔ
465A ˩˧ ʔ˧ ʔ˧˩	扣麦子	k‘əu miʌʔ tsʌʔ
D	教席缺	tɕiɔ ɕiʌʔ tɕ‘yʌʔ
B ˥˧ ʔ˧ ʔ˦˥	下脖子	xa pʌʔ tsʌʔ
464A ˩˧ ʔ˧ ˩˧	卖杂货	mæ tsʌʔ xuei
B ˥˧ ʔ˧ ˦˥	锯末面	tɕy mʌʔ miᴇ
463A ˥˧ ʔ˧ ˧	放十指	xuə ʂʌʔ tsɿ
B	半截枣	paŋ tɕiʌʔ tsɔ
D ˩˧ ʔ˧˥ ˧˩˧	枕席小	tʂəŋ ɕiʌʔ ɕiɔ
466A ˥˧ ʔ˧ ʔ˧	败毒药	pæ tuʌʔ yʌʔ
B	旧日历	tɕiəu ʐʌʔ liʌʔ
D ˩˧ ʔ˧˥ ʔ˧˩˧	寿木薄	ʂəu mʌʔ pʌʔ

大兄哥：内兄。　后天爷：月亮。　坐冬雪：冬至前后下的雪。　二标子：鲁莽的年轻人。　挂人缘：指人长相顺眼。　半长针：中号针。　骆驼蹄：指人脚大。　太谷家：太谷县人。　道客人：请客人。　唱黑的：山西梆子中花脸的一种。　细吃的：点心一类食品。　闹湿气：长湿疹、手癣、脚癣等。　夜宿眼：指喜早睡的人。　住地方：旧指在外

地当伙计。　住栈房：同上。　路道长：路远。　闹世务：经营家业。　坐事稳：遇事沉得住气。　记墓石：墓碑。　炕埪高：炕沿儿高。　夏景天：夏天。　后老人：后父或后母。　闹伙的：暗娼。　菜蔬（缺）：蔬菜。　睡虎蛋：好睡的人。　二五眼：指做客吃的不好（只一热一冷两个菜）。　外礼少：外财少。　扣麦子：铡麦穗儿。　教席缺：教师缺。　下脖子：下巴。　放十指：放指血。

310A ˧˩ ˥˧ ˦˥　顶新亲　tiŋ ɕiŋ tɕʻiŋ

B　水师婆　suei sɿ pei

D ˧˩ ˩˧ ˩˧　斗盔多　təu kʻuæ tei

耳朵聋　ər tuei luŋ

315A ˧˩ ˥˧ ʔ˦˥　起干骨　tɕʻi kaŋ kuʌʔ

B　火锅子　xuei kuei tsʌʔ

314A ˧˩ ˩˧ ˨˩　炒鸡蛋　tsʻɔ tɕi taŋ

B　老花镜　lɔ xua tɕi

314D ˧˩ ˥˧ ˦˧　养心大　iɔ ɕiŋ tei

313A ˧˩ ˥˧ ˧˩　滚开水　kuŋ kʻæ suei

B　老家雀　lɔ tɕia tɕʻiɔ

D ˧˩ ˦˥ ˨˩˧　嗓音好　saŋ iŋ xɔ

316A ˧˩ ˥˧ ʔ˧˩　起山药　tɕʻi saŋ iʌʔ

B　枣花窑　tsɔ xua miʌʔ

D ˧˩ ˦˥ ʔ˨˩˧　手心薄　ʂəu ɕiŋ pʌʔ

320A ˧˩ ˩˧ ˩˧　耍龙灯　sua luŋ təŋ

揽婆姨　laŋ pei i

B　美人蕉　mei ʐəŋ tɕiɔ

老羊皮　lɔ iaŋ pʻi

D　底茬多　ti sa tei

奶头长　næ təu tʂʻaŋ

B ˧˩ ˥˧ ˦˥　老时衣　lɔ sɿ i

屎爬牛　sɿ ma ȵiəu

B ˧˩ ˦˥ ˥˦　马莲花　ma liɛ xua

小婆姨　ɕiɔ pei i

325A ˧˩ ˩˧ ʔ˩˧　炒茄子　tsʻɔ tɕiɛ tsʌʔ

B　水牛角　suei ȵiəu tɕyʌʔ

B ˧˨ ꜔꜒ ʔ꜒꜔	腿蹄骨	t'uæ ti kuʌʔ
B ˧˨ ꜒꜔ ʔ꜒꜓	米黄色	mi xuə sʌʔ
324A ˧˨ ꜔꜒ ˦˥	哄人货	xuŋ ʐəŋ xuei
B	老和尚	lɔ xuei suə
D	脑油重	nɔ iəu tsuŋ
B ˧˨ ˨˩ ꜔꜖	早晨饭	tsɔ ʂʅ xuɑŋ
B ˧˨ ꜒꜔ ꜒꜓	母羊肉	mu yə ʐəu
323A ˧˨ ꜒꜔ ꜖꜕	顶门拐	ti məŋ kuæ
D	好人少	xɔ ʐəŋ ʂɔ
B ˧˨ ꜒꜔ ˧˨	狗皮癣	kəu p'i ɕiᴇ
326A ˧˨ ꜒꜔ ʔ꜖꜕	数头伏	sɥ təu xuʌʔ
D	口唇薄	k'əu suŋ pʌʔ
B ˧˨ ꜒꜔ ʔ˧˨	水萝卜	suei lei pʌʔ
351A ˧˨ ʔ˨˩ ˨˩	走雪山	tsəu ɕyʌʔ sɑŋ
B	野鹊花	iᴇ tɕiʌʔ xuɑ
D	嗓子粗	sɑŋ tsʌʔ ts'əu
352A ˧˨ ʔ꜔꜒ ꜒꜔	打竹帘	tɑ tsuʌʔ liᴇ
* ˧˨ ʔ˨˩ ˨˩	响忽雷	ɕiɑŋ xuʌʔ luæ
B ˧˨ ʔ꜔꜒ ꜒꜔	眼睫毛	ȵiɑŋ tsʌʔ mu
D ˧˨ ʔ˨˩ ˨˩	绞脚难	tɕiɔ tɕyʌʔ nɑŋ
355A ˧˨ ʔ꜔꜒ ʔ꜒꜔	讨吃的	t'ɔ tʂʌʔ tiʌʔ
B	小叔子	ɕiɔ suʌʔ tsʌʔ
D ˧˨ ʔ˨˩ ʔ˨˩	井索泼	tsei sʌʔ p'ʌʔ
354A ˧˨ ʔ˨˩ ꜔꜖	点黑豆	tiᴇ xʌʔ təu
B	粉笔字	xuŋ piʌʔ tsɿ
D ˧˨ ʔ꜔꜒ ˦˥	嗓子硬	sɑŋ tsʌʔ ȵiŋ
353A ˧˨ ʔ꜔꜒ ˧˨	打启板	tɑ tuʌʔ pɑŋ
B	好漆水	xɔ tɕ'iʌʔ suei
D ˧˨ ʔ꜒꜔ ꜖꜕	水色好	suei sʌʔ xɔ
356A ˧˨ ʔ꜔꜒ ʔ˧˨	洗脚石	sei tɕyʌʔ ʂʌʔ
B	假骨殖	tɕiɑ kuʌʔ ʂʌʔ

340A	˧	˦	꜒	扯大风	tʂ'ʅᴇ tei xuŋ
				砍楦头	k'ɑŋ øyᴇ təu
B				老会员	lɔ xuæ yᴇ
				老秀才	lɔ ɕiəu ts'æ
B	˧	꜔	꜓	扁担花	pɑŋ tɑŋ xuɑ
				暖炕头	nzuɑŋ k'uə təu
*	˧	꜖	˨	口岔窝	k'əu sɑ uei
D	˧	꜖	˨	颗数多	k'uei sʮ tei
345A	˧	˦	ʔ꜒	砍墓角	k'ɑŋ mu tɕyʌʔ
B				老妗子	lɔ tɕiŋ tsʌʔ
B	˧	꜔	ʔ꜓	小字帖	iɔ tsʅ t'iʌʔ
D	˧	꜖	ʔ˨	走道窄	tsɔ tɔ tʂʌʔ
344A	˧	˦	꜒	打散棍	tɑ sɑŋ kuŋ
B	˧	꜖	꜖	韭菜气	tɕiəu ts'æ tɕ'i
B	˧	꜔	꜒	野大夫	iᴇ tæ xu
D	˧	꜔	˦	忍耐大	ʐəŋ næ tei
343A	˧	˦	˧	炒豆腐	ts'ɔ təu xu
B	˧	꜔	˧	板凳狗	pɑŋ təŋ kəu
D	˧	˦	꜔	奶性好	næ ɕiŋ xɔ
346A	˧	˦	ʔ˧	碾大麦	ȵiᴇ tɑ miʌʔ
B	˧	꜔	ʔ˧	草大麦	ts'ɔ tɑ miʌʔ
330A	꜓	˧	˨	数九天	sʮ tɕiəu t'iᴇ
				洗澡塘	sei tsɔ t'ɑŋ
D				小腿粗	ɕiɔ t'uæ ts'əu
B	˧	˧	꜔	卤煮鸡	ləu tsʮ tɕi
				朽扁头	ɕiəu pɑŋ təu
*	꜓	˧	˨	老母猪	lɔ mu tsʮ
335A	꜓	˧	ʔ˨	剪指甲	tɕiɔ tsʅ tɕiʌʔ
335D	꜓	˧	ʔ˨	碗盏缺	uɑŋ tsɑŋ tɕ'yʌʔ
B	˧	˧	ʔ꜔	米等尺	mi təŋ tʂ'ʌʔ
334A	꜓	˧	꜖	耍手艺	suɑ ʂəu i
D				嘴码大	tsuei mɑ tei

B	˥˧ ˥˧ ˧˥	懒老病	laŋ lɔ pi
333A	˨˦ ˥˧ ˥˧	打火纸	tɑ xuei tsɿ
B	˥˧ ˨˦ ˥˧	母老虎	mu lɔ xu
D	˩˨ ˨˦ ˨˦˨	腿胯好	t‘uæ k‘uɑ xɔ
336A	˨˦ ˥˧ ʔ˥˧	打火石	tɑ xuei ʂʌʔ
B	˥˧ ˨˦ ʔ˥˧	小鬼日	ɕiɔ kuei ʐʌʔ
360A	˨˦ ʔ˥˧ ˨˩	数伏天	sʮ xuʌʔ t‘iɛ
		捣石头	tɔ ʂʌʔ təu
360D	˨˦ ʔ˥˧ ˨˩	柳木轻	liəu mʌʔ tɕ‘iŋ
B	˥˧ ʔ˥˧ ˧˥	广木香	kuaŋ mʌʔ ɕiaŋ
		伙立墙	xuei liʌʔ tɕyə
*	˨˦ ʔ˥˧ ˨˩	礼服呢	li xuʌʔ ȵi
365A	˨˦ ʔ˥˧ ʔ˨˩	打袼背	tɑ kʌʔ piʌʔ
D		枣木缺	tsɔ mʌʔ tɕ‘yʌʔ
B	˥˧ ʔ˥˧ ʔ˧˥	九月菊	tɕiəu yʌʔ tɕ‘yʌʔ
364A	˨˦ ʔ˥˧ ˩˨	洗鼻涕	sei pʌʔ t‘i
D		拣择大	tɕiaŋ tʂʌʔ tei
B	˥˧ ʔ˥˧ ˧˥	纸活铺	tsɿ xuʌʔ p‘u
363B	˥˧ ʔ˨˦ ˥˧	九月九	tɕiəu yʌʔ tɕiəu

顶新亲：给亲家吊唁。 水师婆：蜻蜓。 斗盔（多）：像瓦盆而略深的器皿。 （起）干骨：骨殖。 养心大：有涵养性。 滚开水：烧开水。 揽婆姨：年纪大的男人娶妻。 时衣：为死后准备的衣服，也叫“装裹衣”。 屎爬牛：屎克郎。 小婆姨：妾。 腿蹄骨：大腿骨、小腿骨的总称。 脑油重：头皮好出油。 野鹊花：野花名。 绞脚（难）：缠脚。 讨吃的：要饭的。 井索泼：井绳粗。 打启板：打屁股板儿。 好漆水：油漆漆得好。 扯大风：刮大风。 扁担花：野花名。 暖炕头：炕近火的一端。 口岔窝：嘴角。 砍墓角：耕地时侵蚀坟墓四周的土地。 打散棍：促使事情办不成。 韭菜气：韭菜味。 忍耐大：能忍耐。 板凳狗：身体长腿短的狗。 奶性好：奶水好。 朽扁头：笨脑袋瓜儿。 米等尺：米尺。 嘴码大：话多。 懒老病：懒病。 腿胯好：腰腿灵便。 小鬼日：清明的前一日或后一日。 广木香：中药名。 拣择大：蔬菜瓜果不能食用的部分多。

610A ʔ˧ ꜓ ꜒	闸鸡窝	tsʌʔ tɕi uei
	没交情	mʌʔ tɕiɔ tɕʻiŋ
B	月薪工	yʌʔ ɕiŋ kuŋ
	白包皮	piʌʔ pɔ pʻi
D ʔ˧ ˨ ˨	立春迟	liʌʔ tsʻuŋ tʂʅ
615A ʔ˧ ꜓ ʔ꜒	拾干骨	ʂʌʔ kaŋ kuʌʔ
B	实身子	ʂʌʔ ʂəŋ tsʌʔ
D ʔ˧ ˨ ʔ˨	石灰缺	suʌʔ xuæ tɕʻyʌʔ
614A ʔ˧ ˨ ꜕	学生意	ɕiʌʔ səŋ i
B	熟鸡蛋	suʌʔ tɕi taŋ
D ʔ˧ ꜓ ˥	铡刀快	sʌʔ tɔ kʻuæ
613A ʔ˧ ꜓ ˧	鼻通眼	piʌʔ tʻuŋ ȵiaŋ
B	白瓜子	piʌʔ kua tsʅ
D ʔ˧ ꜒ ꜔꜖	石灰少	suʌʔ xuæ ʂɔ
616A ʔ˧ ꜓ ʔ˧	合婚席	xʌʔ xuŋ ɕiʌʔ
B	学生服	ɕiʌʔ səŋ xuʌʔ
620A ʔ˧ ˨ ˨	没陪随	mʌʔ pæ ɕy
B	石榴花	ʂʌʔ liəu xua
	十来年	ʂʌʔ læ ȵiᴇ
D	熟人多	suʌʔ ʐəŋ tei
620B ʔ˧ ꜒ ꜒	独门星	tuʌʔ məŋ ɕiŋ
	熟麻油	suʌʔ ma iəu
625A ʔ˧ ˨ ʔ˨	赎房子	suʌʔ xuə tsʌʔ
B	白头发	piʌʔ təu xuʌʔ
B ʔ˧ ꜒ ʔ꜒	鼻梁骨	piʌʔ luə kuʌʔ
624A ʔ˧ ꜓ ˥	没营干	mʌʔ iŋ kaŋ
B	活咸菜	xuʌʔ xaŋ tsʻæ
D	麦茬重	miʌʔ sa tsuŋ
B ʔ˧ ꜒ ꜒	麦茬地	miʌʔ sa ti

623A	ʔ˦ ˧˥ ˧˥˧	没油水	mʌʔ iəu suei
B		蛤蟆口	kʌʔ mɑ k'əu
D		舌头短	ʂʌʔ təu tuɑŋ
B	ʔ˦ ˧˥ ˦	白云彩	piʌʔ yŋ ts'æ
626A	ʔ˦ ˧˥ ʔ˧˥˧	拔萝卜	pʌʔ lei pʌʔ
B		核桃木	kʌʔ tɔ mʌʔ
D		钥匙簿	yʌʔ sɿ pʌʔ
B	ʔ˦ ˧˥ ʔ˦	白萝卜	piʌʔ lei pʌʔ
651A	ʔ˦ ʔ˩˨ ˩˨	没足哥	mʌʔ tɕyʌʔ kiᴇ
B		白菊花	piʌʔ tɕ'yʌʔ xuɑ
D		脖子粗	pʌʔ tsʌʔ ts'əu
652A	ʔ˦ ʔ˦˨ ˧˥	没急才	mʌʔ tɕiʌʔ ts'æ
B		白靸鞋	piʌʔ sʌʔ xæ
655A	ʔ˦ ʔ˦˨ ʔ˧˥	没割杀	mʌʔ kʌʔ sʌʔ
B		活拍子	xuʌʔ p'iʌʔ tsʌʔ
D	ʔ˦ ʔ˩˨ ʔ˩˨	脖子黑	pʌʔ tsʌʔ xʌʔ
654A	ʔ˦ ʔ˩˨ ˩	没做项	mʌʔ tsuʌʔ ɕyə
B		栗子树	liʌʔ tsʌʔ sʮ
*	ʔ˦ ʔ˦˨ ˥	合作社	xʌʔ tsʌʔ ʂʅᴇ
D	ʔ˦ ʔ˦˨ ˥	脖子细	pʌʔ tsʌʔ sei
653A	ʔ˦ ʔ˦˨ ˦	没质品	mʌʔ tʂʌʔ p'iŋ
B		白铁嘴	piʌʔ t'iʌʔ tsuei
656A	ʔ˦ ʔ˦˨ ʔ˦	活血药	xuʌʔ ɕyʌʔ yʌʔ
B		独一席	tuʌʔ iʌʔ ɕiʌʔ
D	ʔ˦ ʔ˧˥ ʔ˧˥˧	褥子薄	zuʌʔ tsʌʔ pʌʔ
640A	ʔ˦ ˥ ˦˥	没病斑	mʌʔ piŋ paŋ
		赎当头	suʌʔ taŋ t'əu
B		独自家	tuʌʔ tsɿ tɕiɑ
		食字旁	ʂʌʔ tsɿ p'ɑŋ
*	ʔ˦ ˦˨ ˧˥	绿豆芽	luʌʔ təu ȵiɑ
D	ʔ˦ ˩ ˩˨	入步深	zuʌʔ pu ʂəŋ
645A	ʔ˦ ˥ ʔ˦˥	合线子	xʌʔ ɕiᴇ tsʌʔ

		kʌʔ ɕiᴇ tsʌʔ
B	席囤子	ɕiʌʔ tuŋ tsʌʔ
D ʔ˥˧ ˨ ʔ˩˧	绿豆缺	luʌʔ təu tɕʻyʌʔ
644A ʔ˥˧ ˦ ˦˥	没正经	mʌʔ tʂəŋ tɕiŋ
B	实大瓮	ʂʌʔ tei uŋ
D ʔ˥˧ ˧˨ ˦	力气大	liʌʔ tɕʻi tei
643A ʔ˥˧ ˦ ˥˧	截后尾	tɕiʌʔ xəu i
B	实受气	ʂʌʔ ʂəu ʂəu
643D ʔ˥˧ ˦ ˨˧˨	入步浅	zuʌʔ pu tɕʻiᴇ
646A ʔ˥˧ ˦ ʔ˥˧	叠面饽	tiʌʔ miᴇ pʌʔ
B	活壮药	xuʌʔ tsuaŋ yʌʔ
D ʔ˥˧ ˦ ʔ˨˧˨	木料薄	mʌʔ liɔ pʌʔ
630A ʔ˦˥ ˥˧ ˩˧	没养心	mʌʔ iaŋ ɕiŋ
B	实拣砖	ʂʌʔ tɕiaŋ tsuaŋ
	白府绸	piʌʔ xu tʂʻəu
* ʔ˦˥ ˥˧ ˧˨	立表砖	liʌʔ piɔ tsuaŋ
D ʔ˦˥ ˥˧ ˩˧	妯娌多	tsuʌʔ li tei
635A ʔ˦˥ ˥˧ ʔ˩˧	没攒杀	mʌʔ tsaŋ sʌʔ
B	活子子	xuʌʔ tsɿ tsʌʔ
D	石板窄	ʂʌʔ paŋ tʂʌʔ
634A ʔ˦˥ ˥˧ ˨	合伙计	kʌʔ xuei tɕi
B	十锦缎	ʂʌʔ tɕiŋ tuaŋ
D	石板厚	ʂʌʔ paŋ xəu
633A ʔ˦˥ ˥˧ ˥˧	没嘴码	mʌʔ tsuei ma
B	白领纸	piʌʔ liŋ tsɿ
D ʔ˨ ˦˥ ˨˧˨	妯娌少	tsuʌʔ li ʂɔ
636A ʔ˦˥ ˥˧ ʔ˥˧	没眼药	mʌʔ ȵiaŋ yʌʔ
D ʔ˨ ˦˥ ʔ˨˧˨	石板薄	ʂʌʔ paŋ pʌʔ
660A ʔ˦˥ ʔ˥˧ ˩˧	没铡刀	mʌʔ sʌʔ tɔ
B	独立墙	tuʌʔ liʌʔ tɕyə
D	学习差	ɕiʌʔ ɕiʌʔ tsʻa
665A ʔ˦˥ ʔ˥˧ ʔ˩˧	拾麦子	ʂʌʔ miʌʔ tsʌʔ

B	薄袜子	pʌʔ uʌʔ tsʌʔ
664 A ʔ˦˧ ʔ˧˨ ˩˨	拾绿豆	ʂʌʔ luʌʔ təu
B	独角兽	tuʌʔ tɕyʌʔ ʂəu
663 B ʔ˦˧ ʔ˧˨ ˧˨	薄劣子	pʌʔ liʌʔ tsɿ

闸鸡窝：垒鸡窝。　实身子：不生育的妇女。　鼻通眼：鼻孔。　（没）赔随：嫁妆。　独门星：不合群的人。　（没）营干：营生。　活咸菜：暴腌咸菜。　麦茬重：麦茬多。　没足哥：没够的人。　（没）割杀：了结。　活拍子：能吹善拍的人。　（没）做项：活儿。　没质品：品质不好。　白铁嘴：瓷茶壶后配的白铁嘴子。　独一席：独食。　合线子：把多股线并为一股。　实大瓮：装满东西的大瓮。　截后尾：扒车。　实受手：受累的人。　叠面馍：揉面时往里头揉干面。　活壮药：壮阳的药。　（没）养心：耐心。　实拣砖：全部用砖（的墙）。　立表砖：砌墙时砖立着摆放。北京叫“立砖”。　没攒杀：没计划。　活子子：活泼过分的人。　（没）嘴码：是非，口舌。　薄劣子：二流子。

（原载《方言》1982 年第 2 期）

文白异读

文白异读是指同一个字在不同的语言环境中读音不同说的。例如：平遥话“茶叶”的“茶”读［ts‘ɑ˩˧］[①]，“茶盅”的“茶”读［tsɑ˩˧］。两个“茶”字，声母不同。一个送气，一个不送气。又如：“人强马壮”的“强”读［tɕ‘iɑŋ˩˧］，“强盗”的“强”读［tɕyə˩˧］。两个“强”字的声母、韵母不同。又例如：“苇”的单字音［uei˥˧］。但“苇子地”的“苇”读［y˥˧］，与单字音的韵母不同。我们把近于北京语音的一种读音叫文读，把远于北京语音的一种读音叫白读。有的字有文读，也有白读。如上文所举。但多数字只有文读。如：“图”［t‘u˩˧］。下文举例从略。极少数字，只有白读。如：“刨”［pɔ˩˧］。（有些青年人受普通话影响把“刨”读［p‘ɔ˩˧］，暂不宜算）根据共时的和历时的比较，我们可以分辨出“图”［t‘u˩˧］是文读，“刨”［pɔ˩˧］是白读。

文白异读不能简单地看作是“读书音”和“说话音”的差别。有的文白异读是“词汇层次的差别”（张盛裕，1979）。“文白异读和词的历史层次也有关系，白读反映较早的层次，文读反映较晚的层次。”（温端政1985）平遥方言的白读往往保存在一些使用年代比较久远的的常用词语里头。例如：“盘缠”［pɑŋ˩˧ tsɑŋ˩˧］两个字都读白读，声母都不送气。

科学术语、外来事物的名称及一些使用年代比较久的书面语词多保留文读音。例如：“核潜艇”的“核”［xʌʔ˥˧］（比较：核桃的“核”［kʌʔ˥˧］），“能工巧匠”的“匠”［tɕiɑŋ˧˥］（比较：木匠的“匠”读［tɕyə˧˥］）都用文读音。大致可以说，白读音保留早期本地方言的读音，也就是说反映

---

① 平遥方言的单字调有五个：（为印刷方便，入声记作长调）
平声［˩˧］13　上声［˥˧］53　去声［˧˥］35　阴入［ʔ˩˧］13　阳入［ʔ˥˧］53

深一个层次的读音。

一 平遥方言文白异读的主要类型有以下三种

（一）文读送气声母，白读不送气声母

例字	文读	白读
婆	p'ɔ˩˧	pei˩˧~姨：已婚妇女
脯	p'u˩˧	pu˩˧ ~子：胸脯
菩	p'u˩˧	pu˩˧ ~萨
牌	p'æ˩˧打~	pæ˩˧ ~~：围嘴
陪	p'æ˩˧~ 件	pæ˩˧ ~随：嫁妆
赔	p'æ˩˧~ 礼道歉	pæ˩˧ ~子²：商业亏损
疲	p'i˥˧~倦	pi˩˧ ~茶水：温的茶水
皮	p'i˩˧~科	pi˩˧ ~~，如：饺子~~。
刨	——	pɔ˩˧ ~地
盘	p'aŋ˩˧~山公路	paŋ˩˧ ~~：盘子：~缠
盆	p'əŋ˩˧~地	pəŋ˩˧ ~~：盆子；洗脸~
棚	p'əŋ˩˧ 工~	piᴇ˩˧ ~子

——古並母字

例字	文读	白读
驼	t'uə˩˧骆~（新）	tei˩˧ 骆~（老）；~炭
台	t'æ˩˧ ~湾	tæ˩˧ ~~：台阶
桃	t'ɔ˩˧~ ~花扇	tɔ˩˧ ~儿；~核
调	t'iɔ˩˧ ~解	tiɔ˩˧ ~和；作料
条	t'iɔ˩˧ ~条块块	tiɔ˩˧ ~带
头	t'əu˩˧带~	təu˩˧ ~发
甜	t'iᴇ˩˧ ~言密语	tiᴇ˩˧ ~的；~茶
弹	t'aŋ˩˧ ~簧	taŋ˩˧ ~风琴
田	t'iᴇ˩˧ ~地	tiᴇ˩˧ ~家铺：地名
填	t'iᴇ˩˧ ~空	tiᴇ˩˧ ~住

团	t ‘uaŋʎ ~长	tuaŋʎ ~圪~住：轻轻~到一起。
糖	t ‘aŋʎ ~果	taŋʎ 黑~：红糖
疼	t ‘əŋʎ	təŋʎ头~
誊	t ‘əŋʎ ~写	təŋʎ~下底底：留底儿。
腾	t ‘əŋʎ ~空	təŋʎ~房子
铜	t ‘uŋʎ ~铁	tuŋʎ~的

——古定母字

财	ts ‘æʎ ~政	tsæʎ ~主
脐	tɕ ‘iʎ ~带	tseiʎ 肚脖~:肚脐
瓷	ts ‘ɿʎ	tsɿʎ ~器
槽	ts ‘ɔʎ 水~	tsɔʎ 驴~~
樵	tɕ ‘iɔʎ 刘海砍~	tɕiɔʎ ~夫
蚕	ts ‘aŋʎ 春~	tsaŋʎ~儿
钱	tɕ ‘iᴇʎ 向~看	tɕiᴇʎ ~儿
前	tɕ ‘iᴇʎ 向~看	tɕiᴇʎ ~头
泉	tɕ ‘yᴇʎ ~水	tɕyᴇʎ东~镇
藏	ts ‘aŋʎ ~书	tɕyəʎ~到门后头
墙	tɕ ‘iaŋʎ 铜~铁壁	tɕyəʎ~~：墙
晴	tɕ ‘iŋʎ ~天	tseiʎ 天~了[2]

——古从母字

缠	tʂ ‘aŋʎ ~住	tʂaŋʎ ~住
椽	——	tsuaŋʎ ~儿
尘	tʂ ‘əŋʎ ~土，灰~	tʂəŋʎ 刮风扬~
长	tʂ ‘aŋʎ ~方形	tsuəʎ ~的
肠	tʂ ‘aŋʎ 香~	tsuəʎ ~子
场	tʂ ‘aŋʎ 操~	tsuəʎ ~~：场院。
虫	ts ‘uŋʎ 蛔~	tsuŋʎ ~~：小虫儿
重	ts ‘uŋʎ ~复	tsuŋʎ ~起来

搽	ts‘ɑ˨˩	tsɑ˨˩ ~抹；~粉
茶	ts‘ɑ˨˩ ~叶	tsɑ˨˩ ~盅
除	ts‘ʮ˨˩ ~法	tsʮ˨˩ 年~下：除夕
储	ts‘ʮ˨˩ ~蓄（新）	tsʮ˨˩ ~蓄（老）
厨	ts‘ʮ˨˩ ~房（新）	tsʮ˨˩ ~房（老）
迟	tʂ‘ʅ˨˩ ~到	tʂʅ˨˩ ~了[2]
槌	ts‘uei˨˩ 铁~	tsuei˨˩ 头子：拳头
稠	——	tʂəu˨˩ ~的

——古澄母字

渠	tɕ‘y˨˩ 水~	tɕy˨˩ 瞿：姓
骑	tɕ‘i˨˩ ~兵	tɕi˨˩ ~马
棋	tɕ‘i˨˩ 下~	tɕi˨˩ 斜~~：一种菱形
荞	——	tɕiɔ˨˩ ~麦
钳	tɕ‘iᴇ˨˩ ~工	tɕiᴇ˨˩ ~子
芹	tɕ‘iŋ˨˩ 小~：名字	tsei˨˩ 胡~：芹菜
强	tɕ‘iɑŋ˨˩ ~马壮	tɕyə˨˩ ~盗
穷	tɕ‘yŋ˨˩ 一~二白	tɕyŋ˨˩ ~的利害

——古群母字

（二）文读韵母是鼻尾韵，白读韵母是开尾韵

忙	mɑŋ˨˩ 帮~	mɔ˨˩ ~的利害
芒	mɑŋ˨˩ ~种	uə˨˩ 麦~
躺	t‘ɑŋ˦˥ ~倒不干了	t‘uə˦˥ ~下哇
烫	t‘ɑŋ˥˧ ~伤	t‘əu˥˧ ~人咧
仓	ts‘ɑŋ˨˩ ~库	tɕ‘yə˨˩ 炭~：围起来堆
桑	sɑŋ˨˩ 姓	ɕyə˨˩ ~葚树
糠	k‘ɑŋ˨˩ 吃~烟菜	k‘uə˨˩ ~疮：麻疹
炕	k‘ɑŋ˥˧ （新）	k‘uə˥˧ 暖~头
量	liɑŋ˥˧ （重）	luə˥˧ ~~：量一量
亮	liɑŋ˥˧ 灯~了[2]	luə˥˧ ~白日：白天

浆	tɕiaŋʎ 纸~	tɕyəʎ ~衣裳
酱	tɕiaŋ1 ~油	tɕyə1 黑~
抢	tɕ'iaŋY~劫	tɕ'yəY ~东西
匠	tɕiaŋ1 能工巧~	tɕyə1 木~
厢	ɕiaŋʎ 西~记	ɕyəʎ 住两家~：住两间
想	ɕiaŋY 思~	ɕyəY ~吃甚咧
像	ɕiaŋ1 ~…一样	ɕyə1 厮~
丈	tsaŋ1 两~	tsuə1 ~人
张	tʂaŋʎ 姓	tsuəʎ ~村
当	taŋʎ ~中（新）	tuəʎ中（老）
汤	t'aŋʎ 姓	t'uəʎ 清~寡水
疮	——	suəʎ孤儿~：脖子上的疮
晌	ʂaŋY~午（新）	suəY ~午（新）
尝	ts'aŋʎ ~试	suəʎ ~~
上	ʂaŋ1 ~级	suə1 ~头
瓤	ʐaŋʎ	zuəʎ 瓜~
缰	——	tɕyəʎ ~绳
秧	iaŋʎ 扭~歌	yəʎ ~~：秧儿
羊	iaŋʎ ~羶气	yəʎ ~子：羊
养	iaŋY 疗~	yəY ~孩儿
样	iaŋ1 榜~	yə1 ~~：样子
光	kuaŋʎ ~明	kuəʎ ~溜溜底
广	kuaŋY ~东	kuəY 丰~：丰富
黄	xuaŋʎ 姓	xuəʎ ~的
晃	xuaŋY 摇~	xuəY ~的利害
王	uaŋʎ 姓	uəʎ ~子：蜂王
房	xuaŋʎ ~管会	xuəʎ ~子
放	xuaŋ1 解放军	xuə1 ~下

忘	uaŋ˥ ~想	uə˥ ~了[2]
旺	uaŋ˥ 兴~	uə˥ 火~不~

——宕摄

棒	paŋ˥ 哨~	pə˥ ~~：小木条
窗	ts'uaŋ˨˩ ~户	suə˨˩ ~子
双	suaŋ˨˩ ~林寺	ts'uə˨ ~对对
豇	——	tɕyə˨˩ ~豆
巷	ɕiaŋ˥ ~战	xuə˥ ~~：胡同

——曾摄

猛	məŋ˧˥ 勇~	mɔ˧˥ ~力
打	——	ta˧˥
冷	ləŋ˧˥ ~冻	lia˧˥ ~水
生	səŋ˨˩ 学~	ʂʅɛ˨˩ ~日
甥	——	ʂʅɛ˨˩ 外~子
硬	ȵiŋ˥ ~木	ȵiɛ˥ ~黄米
杏	ɕiŋ˥ ~花村	ɕiɛ˥ ~儿
行	ɕiŋ˨˩ ~为	ɕia˨˩ 不~
映	iŋ˥ 反~	i˥ ~镜儿：照镜子
饼	piŋ˧˥ 月~	pi˧˥ ~~小饼子：
併	piŋ˥ 吞	pi˥ 合~
名	miŋ˨˩ ~人	mi˨˩ ~~：名字
领	liŋ˧˥ ~导	li˧˥ ~子
精	tɕiŋ˨˩ ~神圣	tsei˨˩ ~明
井	tɕiŋ˧˥ ~水	tsei˧˥ ~儿：井里头
睛	tɕiŋ˨˩ 火眼金~	tsei˨˩ 眼~仁仁
清	tɕ'iŋ˨˩ ~明	ts'ei˨˩˩ ~汤寡水
性	ɕiŋ˥ ~别	sei˥ 急~子
正	tʂəŋ˥~大光明	tʂʅ˥ ~面面

整	tʂəŋ˧˩˧ ~数	tʂʅ˧˩˧ ~束：教训
声	ʂəŋ˩˧ ~着	ʂʅ˩˧ 不作~：不吭声
棚	p'əŋ˩˧ 牛~，喜~	piᴇ˩˧ ~~：棚子
迸	piŋ˦˥ ~裂	piᴇ˦˥ ~开
睁	tʂəŋ˩˧	tʂʅᴇ˩˧ ~眼
耕	kəŋ˩˧ 刀~火种	tɕiᴇ˩˧ ~地
病	piŋ˦˥ ~号	pi˦˥ 寒~
明	miŋ˩˧ 光~	mi˩˧ 第一明天
镜	tɕiŋ˦˥ ~子	tɕi˦˥ ~儿
影	iŋ˧˩˧ 电~	i˧˩˧ ~活活：皮影
成	tʂ'əŋ˩˧ 年~：灾	ʂʅ˩˧ 穿~：可以穿
城	tʂ'əŋ˩˧ ~门	ʂʅ˩˧ 石~：村名
赢	——	i˩˧ 输~
钉	tiŋ˩˧ 碰~子	ti˩˧ ~~：小钉子
听	t'iŋ˩˧ 差~	t'i ~见
铃	liŋ˩˧ 人名中用字	li˩˧ ~~：小铃儿
青	tɕ'iŋ˩˧ ~年人	ts'ei˩˧ ~颜色
星	ɕiŋ˩˧ 织女~	sei˩˧ ~宿
腥	ɕiŋ˩˧ 血~	sei˩˧ 鱼~气
横	xəŋ˩˧ ~行霸道	ɕyᴇ˩˧ ~~放下
兄	ɕyŋ˩˧ ~长	ɕy˩˧ 大~歌：妻兄
永	yŋ˧˩˧ ~久	y˧˩˧ ~城村：村名
茔	yŋ˩˧	y˩˧ ~地

——梗摄

（三）文读［uei］韵母，白读［y］韵母

例字	文读	白读
闺	kuei˨˩ ~房	tɕy˨˩ ~女

——蟹摄

例字	文读	白读
髓	suei˨˩ 精~	ɕy˨˩ 牛骨~
喂	uei˥ ~养	y˨˩ ~吃的
柜	kuei˥ 大衣~	tɕy˥ ~~：柜子
穗	suei˥ 广州别称	ɕy˥ ~~：穗儿
慰	uei˥ ~问信（新）	y˥ ~问（老）

——止摄

（四）文读［i］白读［ei］韵母，文读［uə］、［ɔ］韵母，白读［ei］、［uei］韵母

例字	文读	白读
挤	tɕi˥˧	tsei˨˩ ~住
剂	tɕi˥	tsei˥ —~药
妻	tɕ‘i˨˩	ts‘ei˨˩ ~夫
砌	tɕ‘i˥	ts‘ei˥ ~墙墙
西	ɕi˨˩	sei˨˩ ~门
洗	ɕi˥˧	sei˥˧ ~涮
细	ɕi˥	sei˥ ~的
婿	——	sei˨˩ 女~子

——蟹摄（开口四等齐韵）

例字	文读	白读
拖	t‘uə˨˩	t‘ei˨˩ ~住
驼	t‘uə˨˩	tei˨˩ 骆~
挪	nuə˨˩	nei˨˩ ~动
箩	luə˨˩	lei˨˩ ~下
簸	pɔ˥˧	pei˥˧ ~~（动叠）

破	p'ɔ˥	p'ei˥
磨	——	mei˥ ~面
躲	tuə˦ ~避	tuei˦ ~开
剁	——	tuei˥ ~肉
唾	——	t'uei˥ ~痰
骡	luə˨	luei˨ ~子
锅	kuə˨ 大~饭	kuei˨ ~儿
过	kuə˥ 蒙混！关	kuei˥ ~生日
果	kuə˦ 苹~	kuei˦~子沟：地名
颗	k'uə˨	k'uei˦—~
火	xuə˦ 打~机	xuei˦ 烧~
货	xuə˥ 百~	xuei˥ 杂~铺

——果摄开合口

（五）文读［uə］或［ɔ］韵母，白读［iE］或［yE］韵母

例字	文读	白读
搓	ts'uə˨	tɕ'iE˨ 把手~~
左	tsuə˦ ~右	tɕiE˦ ~手
坐	tsuə˥	tɕyE˥ ~下
锁	suə˦	ɕyE˦ ~门
哥	kɔ˨ ~~：兄	kiE˨ 后~,继父
可	k'ɔ˦ ~以	k'iE˦ ~些儿：轻些
鹅	ŋɔ˨ 白天~	ŋiE˨ 养~
饿	ŋɔ˥ 饥~	ŋiE˥ 不~

——果摄开合口

此外还有一些零星的文白异读现象，其中值得注意的有"毛"效开一文读［mɔ˨］，白读：［mu˨］；（如：把身上的线～～捏下来）"抱"效开一文读［pɔ˧］，白读［pu˨］（如：～住些儿。）

二 文白异读与古音的关系

（一）上文列出了平遥方言文白异读的五种主要类型。这五种类型的文白异读与古音的关系如下表一。

表一

文白异读类型		与古音的关系
Ⅰ	文读声母送气，白读声母不送气	古平声全浊声母今读塞音、塞擦音
Ⅱ	文读韵母是鼻尾韵，白读韵母是开尾韵	宕江曾梗四摄舒声字
Ⅲ	文读韵母［uei］，白读韵母是［y］	蟹四等止两摄合口
Ⅳ	文读韵母［i］、白读韵母是［ei］； 文读韵母［uə］、［ɔ］白读韵母［ei］［uei］	蟹四等开口、果摄开合口
Ⅴ	文读韵母蟹［uə］［ɔ］，白读韵母［iᴇ］［yᴇ］	果摄开合口

从表一可以看出，就韵母而言，有文白异读的韵摄仅限于果、蟹、止、宕、江、曾、梗等七个摄。加上上文还讨论到的效摄少数唇音字也有文白异读，这样，也只有八个摄有文白异读。从表二可以看出，Ⅰ型白读限于［p t ts ʈʂ tɕ］没有舌根的［k］。这可能是因为群母洪音平声字很少的缘故。

还应该说明，以上所说的文白异读与古音的关系只是对上文所列的五种类型的例字从来历上所做的解释。不能逆推，即不能说某类古声韵的字今都有某种类型的文白异读。平遥方言文白读声韵母的对应关系见下表二。

（二）梗摄舒声二等与三、四等白读今韵母不同。二等韵的主要元音往往比三、四等主要元音的舌位低些，开口度也大些。二等韵多是复合元音，三、四等韵多是单元音。梗摄今白读韵母见下表三。

表二

文读	白读		型
pʻ tʻ	p t	盆～ ～铜 ～壶	Ⅰ
tsʻ tʂʻ tɕʻ	ts tʂ tɕ	瓷～器 迟～早 钱～儿	
ɑŋ	uə	芒麦～ 肠～子	Ⅱ
	yə	藏～起	
iɑŋ	uə	芒麦～ 肠～子	
	yə	藏～起	
uɑŋ	uə	光～的双——～	
əŋ	ʅ	蒸～饺子	
	iɑ	冷～的	
	ʅE	生～日 甥外～子	
	iE	耕～地	
	yE	横～～放	
iŋ	iE	杏～儿	
iŋ	i	凌冻～ 饼～子	
	ei	青～的	
yŋ	y	兄～弟 茔～地	
uei	y	闺～女	Ⅲ
uei	y	髓牛骨～ 穗～～	
i	ei	挤～住	Ⅳ
uə		拖～开	
ɔ		坡土～～	
uə	uei	躲～开	
uə	iE	搓～抹；～手	Ⅴ
	yE	坐～下	
ɔ	iE	蛾扑灯～	

表三

	梗					摄				
	开二庚	开二耕	开三庚	开三清	开四青	合二庚	合二耕	合三庚	合三清	合四清
帮组		iE 棚	i 病	i 饼						
端泥组	iɑ 冷			i 领	i 铃					
精组				ei 井	ei 青					
知系	ʅE 生	ʅE 睁		ʅ 城						
见系	iE 杏	iE 耕	i 镜	i 赢		yE 横		y 兄	y 莹	

以上所举例字出现的语言环境：

开口：冷～的｜生～的｜杏～核｜棚～子｜睁～眼｜耕～地｜病生～｜镜～儿｜饼烧～｜领～口｜井～儿｜城～壕儿｜赢～家｜铃～～：铃儿｜青～颜色

合口：横～～放｜兄～弟｜莹～地

（三）宕江曾梗通五个收舌根鼻音韵尾［－ŋ］的摄，宕江两摄舒声白读合流，丢失鼻音韵尾（如："放巷"都读［xuə˧˥］）。曾梗两摄舒声白读合流，也丢失鼻音韵尾如："蝇、赢"都读［i˩˧］）。唯独一个通摄，还没有见到白读丢失鼻音韵尾的例子。晋中地区的多数县市也是这样。有的学者认为，汉语方言中鼻音韵尾的消失"最保守的是这组后高（圆唇）元音后附舌根鼻音韵尾的韵母：＊oŋ ＊ioŋ"（张琨 1983，38 页）。平遥及晋中多数地区通摄字未见丢失鼻音韵尾的白读现象是支持这种看法的。

通摄字未见白读（丢失鼻音韵尾型）现象还可以从其他方面得到解释。台湾学者龚煌城先生的《十二世纪末汉语的西北方音（韵尾问题）》一文，在论及鼻音韵尾的消失问题时，注意到通摄字不同于其他收［－ŋ］尾韵摄。他指出："经过上面的解释，对音上的问题（指利用《番汉合时掌中珠》里的汉夏对音资料——引者）应该都已解决，可是由此达成的结论（即认为［－ŋ］韵尾已消失，而元音并不鼻化），却仍然有无法克服的困难，因为依我们的假设，像汉语 tuŋ（东），xuŋ（红）、tsung（宗）这样的音节，应该已经变成［tu、xu、tsu］了，可是很奇怪的是西夏韵书平声九十六韵（即综合韵 R104，此韵无相对的上声韵）只含三个字，而且正是东、红、宗三字的汉语借词。……

此事之所以不寻常是因为：一、西夏韵书《文海》竟然为了三个汉语借词而专设一韵。二、依我们的看法，[－ŋ] 韵尾已经消失了，已变成极普通的 [u] 或 [o] 元音了，应该并入相当的西夏韵里才对，不该单独成立一韵。但这也不是孤立的现象，与此相关的是《掌中珠》里有七个这一类型的汉字，特别用西夏反切来注音。如：（引文只列七个汉字，其余从略——引者）通、统、桶、同、铜、动、葱。

值得注意的是，一、这一现象所牵涉到的汉字‘冬、东、宗、红、虹、洪、通、统、桶、同、铜、动、葱、松、送’等都是通摄的字；……

“我们原先的假设是，所有的 [－ŋ] 韵尾都消失，而前面的元音都不鼻化，所以才能够用于注各种西夏语的韵母。现在修改为除了通摄字以外的元音都不鼻化，而通摄字是例外。”（龚煌城 1986，32—33 页）龚文的“通摄字是例外”的结论，说明通摄字没有与开尾韵合流，通摄字的这种不同于宕江曾梗四摄字的特点为现代晋语通摄字几乎没有白读（丢失鼻音韵尾型）找到一些历史依据。

（四）咸深山臻四个摄没有成系统的文白异读现象。

（五）入声韵的文白异读很少，而且不成系统。如，“北”文读 [piʌʔ ʎ]～京堡：巷名。白读 [pʌʔ ʎ]～门。

三　少数字声母的文白异读

（一）文读送气塞擦音，白读擦音。或个别文读擦音，白读送气塞擦音。

例字	文读	白读
窗初	ts ‘uaŋ˨～户	suə˨～子
疮初	ts ‘uaŋ˨	suə˨孤儿～：脖颈上的疮
床祟	ts ‘uaŋ˨沙发～	suə˨～～：小板凳。笼～：蒸笼
称昌	tʂ ‘əŋ˥弹簧～	ʂʅ˥钩子～
城禅	tʂ ‘əŋ˨～门	ʂʅ˨～壕儿
双生	suaŋ˨	ts ‘uə˨一～筷子

这些字是庄章组的字，知组宇未见这种类型的文白异读。

（二）文读舌根擦音 [x]，白读舌根塞音 [k k‘]。

例字	文读	白读
核	xʌʔ˥˦～潜艇	k‘ʌʔ˥˦枣～　kʌʔ˥˦～桃
(榾)		k‘uʌʔ˥˦桃～
合	xʌʔ˥˦～作	kʌʔ˥˦～群。杂～：羊杂碎汤 ～拍地：板结了的耕地
护	xu˧˥～理	k‘u˧˥～子：嵌木板、玻璃用的细条木
喉	xəu˩˧咽～	kuʌʔ˥˦～咙：喉咙
蛤	xʌʔ˥˦	kʌʔ˥˦～蟆；～铺：蛤蟆

这类字都是匣母字，此类现象晋中的一些县市也都有。匣母读舌根塞音的例子，闽语比较多。厦门话“喉寒”文读 [h]，白读 [k]。（周长楫1983）福州话“猴寒厚糊怀含舷悬行下滑合”文读 [h]，白读 [k]。（梁玉璋 1934）北方话很少有这种情况。河北省秦皇岛市“螃蟹”的“蟹”读 [k‘] 声母（“虾兵蟹将”的“蟹”读 [ɕ] 声母）。大概可算作一个例子。可惜是个孤证。

四 “帮、棒、忙”的白读音

“帮”文读 [paŋ˩˧]，白读 [pɔ˩˧]（鞋～子）。“棒”文读 [paŋ˥˧]，白读 [pɔ˥˧]（～～，小木棍）。“忙”文读 [maŋ˩˧]，白读 [mɔ˩˧]（～咧不～?）。“帮忙”是宕摄字，“棒”是江摄字。宕江两摄的字舒声今白读为 [uə yə]（例如：房 xuə˩˧羊 yə˩˧）而“帮、棒、忙白读 [ɔ] 韵，比较特殊。平遥话效摄字今读 [ɔ iɔ]。“帮、棒、忙”白读 [ɔ] 则与效摄合流。（平遥方言除去这三个字以外，还有“梆”文读 [paŋ˩˧] 白读 [pɔ˩˧]～骨碌：梆子。“膀”文读 [paŋ˩˧]，白读 [pɔ˩˧]翅～。考虑到这两个字是后起的，只在这里顺便说一下，做个旁证。）王洪君在《山西闻喜方言的白读层与宋西北方音》一文指出“据黄文（指黄振华《〈文海〉反切系统的初步研究》——引者）收集的材料……江摄舒、入声字与效摄及宕摄的庄组及明母字同注一韵。”[①] 平遥话“帮、棒、忙”白读［ɔ］韵与效摄合流，似与此一致。很可能是早期读法的残存。下面引黄文第五十韵为例。

“第五十韵（汉字注音：角）——共七组，各组所切西夏字的汉字注音如下：

一、豹（效摄效韵）　　二、貌（效摄效韵）

三、角（江摄角韵）　　四、——

五、浊（江摄觉韵）　窗（江摄江韵）　床（宕摄阳韵）　疮（宕摄唐韵）

六、朔（江摄觉韵）　霜（宕摄阳韵）　七、——

上列一至七组的反切下字有系联关系（见第三节第五十韵），所切西夏字的汉字注音主要属于效摄效韵，江摄觉韵和宕摄唐阳韵”。[②] 对照以上材料，今平遥方言“帮、棒、忙”读［ɔ］韵，同效摄合流，也许可溯源于此。这里还可再补一旁证。平遥境内有“三狼村”［sɑŋ ˩˧ lɔ ˩˧ tsʻuŋ ˩˧］，“狼”读［lɔ ˩］。值得注意的是，“帮、棒、忙”三个字都是唇音字，从本地音韵来看，唇音字不拼合口（以［u］做韵母的除外）、撮口。这可能是“帮、棒、忙”三个唇音字保留同效摄字合流读法的原因。（而不像唇音字以外的声母，白读韵母为［uə yə］与果摄一些字合流）顺便提一下，据白滨说：（《文海》）对“羊的种类区分则更细，有绵羊、山羊、羖糎、一岁大的羊、守羊等畜名”[③] 现代晋语方言关于羊的方言词很多，不同种类的羊都盲不同的叫名，分别也很细，这种社会背景的一致性也是不可忽视的。

① 史金波、白滨、黄振华：《文海研究》，中国社会科学出版社，1983。“《文海》大约成书于十二世纪中期，即西夏中期的乾顺至仁孝时代。”（《文海研究》32 页。）

② 史金波、白滨、黄振华：《文海研究》，中国社会科学出版社，1983。“《文海》大约成书于十二世纪中期，即西夏中期的乾顺至仁孝时代。”（《文海研究》108 页。）

③ 同上书，34 页《〈文海〉所反映的西夏社会》。

五 说“打”字音

“打”字平遥只有［ta˧］一种读音。“打”梗摄开口二等端母今读［ta˧］，的确很特别。但就韵母来看，“打”读［a］在梗摄庚韵并非只此一例。平遥还有“冷、行”两个字。“冷”梗摄开口二等庚韵来母字，平遥方言白读［lia˧］。例如：我觉见冷［lia˧］咧？你不冷［lia˧］？“行”梗摄开口二等庚韵匣母字，平遥方言白读［ɕia˦］例如：炉子上[2]蒸的黄儿（发糕）行［ɕia˦］了[2]没啦？不行［ɕia˦］咧。（行了[2]没啦：熟了没有。不行咧：没熟呢）“打”的读音与“冷行”的白读韵相同，说明“打”［ta˧］也可能是白读音。是早期白读音的保留。值得注意的是，“打、冷、行”都是极常用的口语词，也许正是这个原因，白读音的地位至今仍旧很稳定。梗摄开口二等舒声白读主要元音是［a］的在山西南部方言还有，现举万荣、临猗两地的读音为证。这两地“生”读［ʂa］，“冷”读［lia］，“杏”读［xa］。万荣“棚”读［pʻia］。（王洪君 1987）

参考文献

温端政 《忻州方言志》，语文出版社 1985 北京。

张盛裕 《潮阳方言的文白异读》，《方言》，1979.4。

张 琨 《汉语方言中鼻音韵尾的消失》，《中研院历史语言研究所集刊》 第五十四本第一分册 1983，台湾。

周长楫 《厦门话文白异读的类型》，《中国语文》 1983.5—6。

梁玉璋 《福州话的文白异读》，《中国语文》 1984.6。

王洪君 《山西闻喜方言的白读层与宋西北方音》，《中国语文》 1987. 1。

龚煌城 《十二世纪末汉语的西北方言（韵尾问题）》，第二次国际汉学会议论文 1966，台北《语文研究》1988・2。

（原载《语文研究》1988 年第 2 期）

代　　词

本文讨论平遥方言的人称代词、指示代词和疑问代词。

一　人称代词

1. 第一人称的单数是“我”[ŋiE˧]，第二人称单数是“你”[ŋ̍˧]，第三人称单数有“兀家”[uʌʔ˩ tɕiɑ]“他”[tʻɑ˩]两种说法。“他”是后起的。

人称代词的复数形式就其构成来说，有两种形式：一是合音式，一是加“们”式。

甲、合音式

第一人称合音式有“咂”[ŋɑ˧]，“咂□”[ŋɑ˧ miɑ˩]两种说法。

“咂”[ŋɑ˧]是“我家”[ŋiE˧ tɕiɑ˩]的合音。

“咂□”[ŋɑ˧ miɑ˩]的“□”[miɑ˩]是“们家”[məŋ˧ tɕiɑ˩]的合音。即：ŋɑ˧ miɑ˩<ŋɑ˧ [məŋ˧ tɕiɑ˩]。第二人称合音式有“年”[ȵiE˩]、“年□”[ȵiE˩ miɑ˩]两种说法。

“年”[ȵiE˩]是“你家”[[ŋ̍˩ tɕiɑ˩]的合音。合音后韵母的主要元音由[ɑ]变[E]。声调读平声，是“家”的调子。“年□”的“□”[miɑ˩]也是“们家”的合音。

第三人称的复数只有“兀家□”[miɑ˩]一种说法。“兀家□”的“□”[miɑ˩]也是[məŋ˧ tɕiɑ˩]的合音。

人称代词合音式指的都是一个家庭范围。请比较下列同数码例句：

①你住到咂哅儿哇。(你住到我们家吧)

①你住到我哅儿哇。(你住到我那里吧)

②年不买哧录音机。（你们家不买那录音机）

②你不买哧录音机。（你不买那录音机）

上列例句的“咂”［ŋɑ˧］可以自由换成“咂□”［ŋɑ˧ miɑ˩］的说法。“年”［ȵiE˨］，可以自由换成“年□”的说法。意思不变。“咂”有时可用作昵称。（参看（敬称、昵称、禁忌词）一文）

乙、加“们”式

人称代词加后缀“们”表示复数的说法，乎遥话和北京话相同。这点不必再讨论。举例如下：

第一人称复数：我们ŋʌʔ˧ məŋ˨˦

第二人称复数：年们ȵiE˨˦ məŋ˨˦

第三人称复数：兀家们uʌʔ˨ tɕiɑ˨˦ məŋ˦

加“们”式与合音式所表示的复数范围不同。合音式所表示的复数范围仅限于一个家庭，而加“们”式所表示的范围一定要超出一个家庭。平遥话人称代词的复数形式比北京话要丰富。人称代词合音式北京话没有。

合音式与加“们”式的比较。例如：

例①②只能用合音式，例③④只能用加“们”式。

①咂房买下二百斤白菜。（咂房：我们家。）

＊我们家买下二百斤白菜。

②咂院儿有棵枣树。

＊我们院儿有棵枣树。

③我们厂儿夜来黑间演电影来。（我们工厂昨天晚上演电影了。）

＊咂厂儿夜来黑间演电影来。

④我们学校来了块新老师。

＊咂学校来了块新老师。

2. 人家 咱们

“人家”既可指复数也可以活用指单数第一人称。含有撒娇的意味。例如：

①～想去的利害，叫～去哇。

②～晓不得。（有时可以加在第二人称的前头，略含亲近意味。）

例如：

①～你好的多咧。(你的生活比我好的多)

②～年是块甚活项，哑是块甚活项，差不下天和地。（活项：活计、收入。）

“咱们”指说话和听话的双方，与北京话相同。但可活用为第一人称单数，含亲近义，与对方套近乎。例如：

①给～掇的碗碗茶来。

②叫～也去看看。

二　指示代词

1. 嗻儿　㖞儿

嗻儿［tsær˧˩］是“这块儿”［tsʌʔ˧˩ xuær˧˩ ʐʌʔ˨˩］的合音儿化，近指处所词。也可说“底下”［tei˧˩ xɑ˧˥］”这底下”［tsʌʔ˧˩˧˩ tei˧˩ xɑ˧˥］。“下”［xɑ˧˥］也可以说成［kɑ˧˥］。擦音［x］与塞音［k］可以自由变读。

㖞儿［uær˧˦］是“兀块儿”［uʌʔ˨˩˧˦ xuæ˧˩ ʐʌʔ˨˩］的合音儿化，远指处所词。也可说“兀底下”［uʌʔ˨˩˧˦ tei˧˩ xɑ˥˧˨］，“下”也可以说成［kɑ˧˥］。

“嗻”、“㖞”在句中可做主语。“这”“兀”不能做主语。例如：

①嗻（这块）是谁的咧？

＊这是谁的咧？

②㖞（兀块）是谁的咧？

＊㖞兀是谁的咧？

吕叔湘先生说：“指物的这、那用作主语……早期多带‘个’，现代不带个字的较多。”①

梅祖麟先生更加明确地指出：“唐朝、五代‘这、那’不单用作主语。”他认为“这种情形在北方一直维持到元末。”“现代汉语方言里面，广东话和客家话还是不能用单音节的近指词或远指词作为主语……这种不

① 吕叔湘：《近代汉语指代词》，上海：学林出版社1985年版，第223页。

单用指代词作为主语的语法规律是继承唐代北方方言的遗风。”① 平遥及其他一些山西方言“这、兀”不能做主语的事实说明，唐朝、五代“这、那”不单用作主语的现象一直留存到现代晋语。这是个很有意思的问题。

2. 这底块 兀底块

“这底块”是“这样”的意思。“兀底块”是“那样”的意思。用以表示动作、行为的方式。回答“咋底块”提出的问题。例如：

①就这底块做哇，兀底块做不行。

②这底块写哇。

③兀底块走就不对了。

3. 这来 兀来

“这来”是“这么”的意思，“兀来”是“那么”的意思。“这来”“兀来”的语法功能是修饰形容词。

重叠形式是“这来来”“兀来来”。重叠后有“这么一点”的意思。例如：

①这来重我搬不动（这么重我搬不动）。

②这来来重我搬动了（这么一点分量我能搬动）。

③这来粗的椽儿行了（这么粗的椽子可以用）。

④这来来粗的椽儿不顶行行［xaŋ⅄ xaŋ⅄］（这么一点粗的椽子不顶用）。

4. 这阵阵 兀阵阵 这般阵儿 兀般阵儿

这阵阵 兀阵阵 这般阵儿 兀般阵儿都是时间词，但都有指代作用，也都是代词。这阵阵、兀阵阵指的是个短暂的时间点。“这阵阵”是“这时”的意思，“兀阵阵”是“那时”的意思。“阵阵”重叠表示时间的短暂。因此，“这阵阵”不能说成“这阵”。“兀阵阵”不能说成“那阵”。平遥话指示代词的重叠表时间的短暂与平遥话名词重叠指小称的作用是一致的。“这阵阵”也能说成“这营喒番”（疑为“这一早晚”的音变）。“兀阵阵”也能说成“兀营喒番”，意思相同。

① 梅祖麟：《唐、五代“这、那”不单用作主语》，《中国语文》1987 年第 3 期，第 207 页。

这般阵儿是指现在的一段时间，兀般阵儿是指过去的一段时间。

平遥话“这阵阵与这班阵儿；兀阵阵与兀般阵儿在意义上的这种区别在北京话里头是没有的。例如：

①这阵阵雨下的紧了。

②这般阵儿烫头发的多了。

③兀阵阵我肚儿疼咧。

④兀般阵儿顿顿吃䅟黍面。（䅟黍：高粱。）

三　疑问代词

1. 指人的疑问代词有单复数的不同。“谁”是单数，“谁们”是复数。参看《关于谁们的说法》一文（见拙著《现代晋语的研究》第208页），此处从略。

疑问代词的复数形式也有合音式和加“们”式两种。合音式有“□”[ɕyɑ˪]、“□□”[ɕyɑ˫ miɑ˪]两种说法。这两种说法可以自由换读，意思不变。“□”[ɕyɑ˪]是“谁家”[suei˨˦ tɕiɑ˨˦]的合音。即：ɕyɑ˪＜suei˨˦ tɕiɑ˨˦由于受第二个音节是细音的影响，合音后韵母由合口变撮口，声母也随之由[s]变作[ɕ]。

和人称代词的合音式相同，疑问代词的合音式也限于一家人的范围。例如：

①□[ɕyɑ˪]有骡子咧？（谁家里有骡子？）

②这挂车是□[ɕyɑ˪]的咧？（这辆大车是谁家的？）

加“们”式疑问代词所表示的复数超出一个家庭的范围。

合音式与加“们”式的比较。例如：

①谁[ɕyɑ˪]住在南街上？（谁家住在南街？）

＊谁们住在南街上？

②谁们去看电影？（那些人去看电影？）

＊谁[ɕyɑ˪]去看电影？

“谁”[ɕyɑ˪]的回答是“咂”[ŋɑ˧˥˧]我家。“谁们”的回答是“我们”。“谁”[suei˨˦]的回答是“我”。（以上问话均以第一人称回答）

关于“们”的用法还可参看《后缀“们”》一文。（见拙著《现代晋语的研究》第208页）

2. 哪儿 哪底下

哪儿［lar⅄］是问处所的疑问代词。哪儿的声母是边音［l］，而不是鼻音［n］，这很特别，山西中部好几个县也读成边音［l］。

哪儿也可以说成“哪底下”［la˧ tei˧ xa˦］，意思相同。

3. 咋底块

咋底块是“怎么样”的意思，是问方式的疑问代词。往往用来修饰动词。例如：

①你啐衣裳是～剪的来？

②兀块事情到底～办咧？

4. 多来 多来来

多来是问状态或程度的疑问代词。往往用来修饰形容词谓语。例如：

①去太原有～远咧？

②哕塔儿有～高咧？

③年哕小子有～重咧？

重叠形式“多来来”是“多来”的小称。例如：

①照全身相要站～远唧？

②兀圪瘩布儿有～宽咧？

5. 哪阵阵 甚嗒番

哪阵阵［la˧ tʂəŋ˦˨ tʂəŋ˦˨］问的是短暂的时间点。例如：

①兀家是～走的唧？

②风是～停的？

哪阵阵也可以说成“甚嗒番”，意思不变。例如：

①兀家是～走的唧？

②风是～停的？

（原载《晋语研究》1989）

平遥方言代词表

					疑问代词	
人称代词	单数	我 ŋiᴇ˥˧	你 n˥˧	兀家 uʌʔ˩˧ tɕia˩˧　他 tʻa˩˧	谁 suei˩˧	单数
	复数	咝 ŋa˥˧ 咝□ ŋa˧˥ mia˧˩ 我们 ŋʌʔ˥˧ məŋ˩˧˧˥	年 ȵiᴇ˩˧ 年□ ȵiᴇ˩˧˥˧ mia˧˥ 年们 ȵiᴇ˩˧˥˧ məŋ˩˧˧˥	兀家□ uʌʔ˩˧ tɕia˩˧˥˧ mia˧˥ 兀家们 uʌʔ˩˧ tɕia˩˧˥˧ məŋ˧˥	□ ɕya˩˧ □□ ɕya˥˧ mia˧˥ 谁们 suei˩˧ məŋ˩˧	复数
		人家 ʐəŋ˩˧ ȵia˩˧；ȵa˩˧（合音形式）咱们 tsʌʔ˩˧˥˧ məŋ˩˧˧˥				
	单数	自家 tsɿ˥ tɕia˩˧˧˥　人家 ʐəŋ˩˧ ȵia˩˧；ȵa˩˧				
指示代词	处所	嗥儿 tsæ˥˧ ʐʌʔ˩˧ | 这底下 tsʌʔ˧˥ tei˥˧ xa˥	吻儿 uæ˥ ʐʌʔ˩˧˧˥ | 兀底下 uʌʔ˩˧˧˥ tei˥˧ xa˥		哪儿 la˥˧ ʐʌʔ˧˥ | 哪底下 la˥˧ tei˥˧ xa˥	
	方式	这底块 tsʌʔ˥˧ ti˥˧ xuæ˥˧	兀底块 uʌʔ˩˧˧˥ ti˥˧ xuæ˥˧		咋底块 tsa˥˧ ti˥˧˥˧ xuæ˥˧	
		这来(来) tsʌʔ˥˧ læ˩˧（læ˩˧）	兀来(来) uʌʔ˩˧˧˥ læ˩˧（læ˩˧）		多来(来) tei˩˧ læ˩˧˥˧（læ˩˧˧˥）	
	时间	这阵阵 tsʌʔ˥˧ tʂəŋ˥˩˧˥˧ tʂəŋ˩˧˧˥ 这营嗒番 tsʌʔ˥˧ iŋ˩˧˧˥ tsaŋ˥˧ xuaŋ˩˧ 这般阵儿 tsʌʔ˥˧ paŋ˩˧˥˧ tʂəŋ˥ ʐʌʔ˩˧˧˥	兀阵阵 uʌʔ˩˧˧˥ tʂəŋ˥˥˧ tʂəŋ˥˧˥ 兀营嗒番 uʌʔ˩˧˧˥ iŋ˩˧˧˥ tsaŋ˥˧ xuaŋ˩˧ 兀般阵儿 uʌʔ˩˧˧˥ paŋ˩˧˥˧ tʂəŋ˥ ʐʌʔ˩˧˧˥		哪阵阵 la˥˧ tʂəŋ˥˥˧ tʂəŋ˥˧˥ 甚嗒番 ʂəŋ˥ tsaŋ˥˧ xuaŋ˩˧˥˧	
					甚 ʂəŋ˥	

状态形容词

形容词可分为性质形容词与状态形容词两类。从语法意义上来看，性质形容词单纯表示属性。状态形容词则带有明显的描写性。本文主要讨论平遥方言的状态形容词。

平遥方言的状态形容词必须带助词［ti］，舒声字。本地人写作‘底’。例如：

白洞洞底　假溜薄吃底（类似北京话的‘假了巴即’）

酸溜溜底　碎离圪捣底（说话办事罗嗦：～的块老婆婆）

状态形容词可以做谓语，状语，补语。例如：

肚儿满满底　　恓恓惶惶底（走了）　　吃得饱饱底

平遥方言的状态形容词不能直接作定语，必须在状态形容词后边加上‘的’才能作定语。‘的’音［tiʌʔ］，入声。即只有‘（状态）A＋底＋的’的格式才能作定语。‘（状态）A＋底’不能作定语。例如：

黑洞洞底的间居舍　　　　　＊黑洞洞底间居舍

假溜巴吃底的块人（块：个）＊假溜薄吃底块人

平遥方言性质形容词作定语，可以有带‘的’不带‘的’两种格式。但不能带‘底’。例如：

白布　白的布　＊白底布　　红颜色　红的颜色　＊红底颜色

平遥方言状态形容词词作定语必须是‘A＋底＋的’格式。这跟山西文水话的情形相似。与广州话‘X 哋’不能作定语，只在后边再加上‘哋’才能作定语的情形也相似。（朱德熙 1980）

平遥方言状态形容词的构成格式有以下四种。

1. A ＋ X

单音形容词 A 加形容词后缀“X”。如，白刮底。

2. A＋B B

单音形容词 A 加叠音后缀 BB。如，光油油底。(漆面，头发等光亮)

3. A＋XYZ

单音形容词 A 加后缀 XYZ。如，穷极圪潦底（形容寒酸的样子）

4. A A B B

双音形容词 AB 的重叠。如舒舒服服底

以下分别讨论。

一、A＋X

后缀“X”读作［kua］，从变调看为上声字，只用于形容词之后，褒义，本字不明。我们写作“刮”。后缀“刮”在任何调类的后头都变读535调。这个调值在平遥方言只用于形容词的单音后缀或单音拟声词，不出现在其他组合，“刮”的意义相当于北京话的程度副词“很，非常”或形容词后缀，“……极了”。例如：

白刮底：～的些儿面　　旺刮底：火火生的～（火火，炉火）

甜刮底：～的些枣儿　　顺刮底：从这儿走，～

精刮底：～的块人　　对刮底：打的数数，～（数数：数目）

横刮底：放到角落落儿～（角落落儿，角落）

上例“白刮底的些儿面。是“白极了的一些面粉”，“甜刮底的些儿枣儿”是“甜极了的一些枣儿”。表褒义的形容词后缀“刮”粘合力不很强，有一些形容词不能带“刮”。例如：

*红刮底　*绿刮底　*黑刮底　*苦刮底　*酸刮底　*香刮底

二、A＋B B

A＋BB格式的状态形容词在平遥方言里头非常丰富。参看附录‘A＋B B状态形容词表’。

A＋BB格式状态形容词中心意思是第一字，即形容词 A，叠音后缀 BB只表示褒义、贬义或中性义。最常见的表褒义的叠音后缀有“（绿）油油、（酸）淋淋、（嫩）水水”。最常见的表贬义的叠音后缀有“（软）渣渣、（凉）寡寡”。这几条形容词的解释请看本文附录的该条释义。下面举例说明。

低油油底　形容低的适度　　短油油底　形容短的合适

麻油油底　女子身材苗条　　　　浅油油底　形容浅的适当

黑油浊底　黑而有光泽

酸渣渣底　形容酸的倒牙　　　　湿渣渣底　形容衣物等很很湿

粘渣渣底　食品粘的不当　　　　黑渣渣底　形容人或物过黑

软渣渣底　形容食品等过软

ABB 格式的状态形容词有极少数 AB+B。如，

明亮亮底　形容光线好　　　　齐整整底　形容东西摆放整齐

稀溜溜底　形容粥稀，褒义

ABB 格式的状态形容词的连调有如下两条规律：

1. 形容词 A 及叠音后缀 BB 为平声、去声、阴入的。连调型有以下三种。这三种连调型可以自由变读。三种连调型举例，声韵相同的用"〃"号代替，下同。

低油油底　tiʎ　iəuʎ　iəuʎʎ　tiɣ　　黑瞎瞎底　xʌʔʎ　ɕiʌʔʎ　ɕiʌʔʎʎ　tiɣ

〃ʎ　〃ʎ　〃ʎɣ　〃ɣ　　〃ʎ　〃ʎ　〃ʎɣ　〃ɣ

〃ʎɣ　〃ʎɣ　〃ʎɣ　〃ɣʎ　　〃ʎɣ　〃ʎɣ　〃ʎɣ　〃ɣʎ

乱纷纷底　luaŋ˥˩　xuŋʎ　xuŋʎʎ　tiɣ

〃˥˩　〃ʎ　〃ʎɣ　〃ɣ

〃ʎɣ　〃ʎɣ　〃ʎɣ　〃ɣʎ

2. 形容词 A 读上声、阳入，叠音盾缀 BB 读平声、去声、阴入。连调型有两种。如：

浅油油底　tɕʻiɛɣ　iəuʎ　iəuʎʎ　tiɣɣ　形容容器过浅

〃ɣ　〃ʎ　〃ʎɣ　〃ɣ

薄离离底　pʌʔɣ　liʎ　liʎʎ　tiɣɣ　形容纸布等过薄

〃ɣ　〃ʎ　〃ʎɣ　〃ɣ

有少数 A+BB 式叠音后缀"BB"也可以不重叠，读作单音后缀"B"。即"A BB"与"A B"可以自由换读。不问本字调类如何，单音后缀"B"的调值，一律变作 535。即与第一类"AX"式的后缀"刮"调值相同。如：

白洞［$tuŋ^{535}$］底/白洞洞底（=白刮［$kuɑ^{535}$］底）

硬巴［$pɑ^{535}$］底/硬巴巴底

油滚［$kuŋ^{535}$］底/油滚滚底

齐整［$tʂʅ^{535}$］底/齐整整底（=齐刮［$kuɑ^{535}$］底）

有少数A＋BB式的状态形容词，在单音形容词A与叠字后缀BB之间可以加衬音“圪”［kʌʔ˦］，阳入。“圪”可有可无。加“圪”以后意义没有什么改变。如：

白（圪）洞洞底：形容面粉、面食品等颜色很白，褒义。

硬（圪）巴巴底，面食品等不柔软，贬义。

短（圪）寸寸底：穿着过短，贬义。

猴（圪）蛋蛋底：形容人或日用物品小巧，褒义。

三、A＋XYZ

先看例子。

乱离圪捣底　　形容事情无头绪：～的些事

碎离圪捣底　　说话办事罗唆：～的块老婆婆

冷哇圪吃底　　形容食物温度过低：～的些儿水

死蔫圪吃底　　形容人性子慢：～的块人

穷极圪潦底　　衣着寒酸的样子：兀家常是～（兀家，他）

早麻圪裂底　　形容外地人难听的口音：说的咻～话实在难听咧（咻：那个，‘兀块’的合音）

AXYZ格式的状态形容词的XY有如下几个特点：

1　XYZ的‘Y’很多都是‘圪’。

2　YZ很多都有意义，如，乱离圪捣的‘圪捣’是‘烦（人）’的意思。穷极圪撩的‘圪撩’是‘（棍棒）不直’的意思。早麻圪裂的‘圪裂’是‘因某种声音而产生的难言不适’的意思。

3　后缀XYZ的X有的大概是衬音，如上例‘乱离圪捣’‘碎离圪捣’的‘离’，‘冷哇圪吃’的‘哇’。

有的X是名词，与前面的形容词粘合。如：

单枝圪撩底　　形容衣单受冷冻：看你咻～的样子

老皮巴叉底　　形容蔬菜不新鲜，～的些儿青菜

老树圪叉底　　形容老年人的外貌：～，概走不动（概：总也）

撩脸圪叉底　　形容人过高：～的块人

四、ABAB

双音形容词重叠构成的状态形容词多表示褒义。如：

齐齐整整底　　形容东西摆放整齐，把东西放得～。“齐”白读［ts‘eiʎ］，‘整’白读［tʂʅ˧］。

四四整整底　　形容东西摆放合适，把书放得～

凉凉快快底　　～底的间居舍‘凉’白读［luoʎ］。

恓恓惶惶底　　可怜的样子；～的块孩儿

参考文献

朱德熙：《语法讲义》，商务印书馆1984年版。

朱德熙：《北京话、广州话、文水话和福州话里的“的”字》，《方言》1980年第3期。

附录

A十BB状态形容词表

下表的方框“□”表示写不出的字。

一、形容词A读平声、去声、阴入。叠音后缀BB读上声。

凉寡寡底　　形容天气很凉

红冷冷底　　形容手因冷冻面变成的红色，把手也冷的～了。‘冷’白读［lia˧］

稠攮攮底　　形容稀饭稠　　稠蒲涌底

油滚滚底　　食物油过大

肯死死底　　地方偏僻

笨醒醒底　　说话粗，体态笨

闷□□底　　“□”音［xua˧］形容一个人非常孤单寂寞

淡寡寡底　　形容菜汤无味

亮瓦瓦底　　形容玻璃等光亮

乱懂懂底　　东西杂乱

硬爪爪底　　东西质地硬的不当

艳呆呆底　　形容花朵鲜艳

肉崴崴底　“崴”音［uæ˧］形容人畜肥胖可爱
肉攮攮底　形容小儿胖
肉□□底　“□”音［ɕyŋ˧］
饿合合底　形容过饥
黑敏敏底　形容毛皮一类东西黑而有光泽
憋鼓鼓底　形容生气或囊状容器装满东西
嫩水水底　蔬莱很新鲜的样子

二、形容词 A 读平声、去声、阴入，叠音后缀 BB 读平声、去声，阴入。

糟脏脏底　形容衣物，身体肮脏。糟：不洁的样子。“脏”白读［tsa˩˧］
松溜溜底　衣带等宽松
嚣离离底　片状物薄而锋利，嚣，薄
嚣拍拍底　形容布过薄
稀歪歪底　形容和的面过软
灰烧烧底　形容天气等灰暗
灰亮亮底　专指天气灰蒙蒙
麻流流底　形容女人身材苗条
　　麻油油底
油淋淋底　形容食品油大，有喜爱义
明亮亮底　形容光线很强
甜熏熏底　形容枣儿等极甜
蓝蔚蔚底　形容天气蓝而清砌，“蔚”音［yi］
蓝□□底　“□”音［ʂa］，上声
瓷牛牛底　形容小儿肌肉结实
黏渣渣底　东西过黏，有嫌恶义
黏胶胶底　形容泥等黏，有喜爱义
黏歪歪底　形容粥等黏，有喜爱义
红登登底　形容脸色等光亮，有喜爱义
红朴朴底　形容人面孔红润，有喜爱义
黄朗朗底　形容烤的食品呈金黄色
秃梢梢底　形容秃
窄溜溜底　街巷，衣服等过窄，有嫌弃义
油煎煎底　身上的油腻气味
乱纷纷底　头发等杂乱

瘦壳壳底　　形容脸庞干瘦
细仁仁底　　形容绳索极细
细□□底　　“□”音［mia］，本调不明
臭渣渣底　　形容臭味
肉洞洞底　　幼儿或小的猫狗肥胖
怪色色底　　形容声音尖刺耳
窄油油底
湿曲曲底　　土地湿润，有喜爱义
屈材材底　　形容脸色哭丧
屈零零底　　萎靡不振
黑油油底　　物黑而有光泽，有喜爱义
黑麓薰底　　形容皮肤脏，有嫌弃义
黑渣渣底　　形容肤色黑
黑淋淋底　　黑洞洞底　　无光泽
黑乌乌底　　光线暗
黑瞎瞎底　　形容不了解情况
三、形容词 A 读上声、阳入。重叠后缀读上声
土□□底　　“□”音［lia˦］形容尘土满身
绿水水底　　形容蔬菜鲜嫩，水灵
四，形容词 A 读上声、阳入，叠膏后缀 BB 读平声、去声、阴入
土塌塌底　　尘土很多
软脓脓底　　形容东西质量不好
软囊囊底　　形容人软弱无能
广□□底　　“□”［la˦］形容吃，喝的品类很多
薄离离底　　东西很薄
白刷刷底　　形容面粉等很白
白奶奶底　　形容食品色不佳，有嫩弃义
绿□□底　　“□”音［zɥ˦］，形容器物颜色绿得可爱
实滕滕底　　食过量引起胃有满胀感

（原载《语文研究》1982 年第 2 期）

拟声词

平遥方言的拟声词大致分为以下五类：1. 单音拟声。2. 叠音拟声。3. 带词缀“圪、不、忽”拟声。4. 交叉拟声。5. 儿化词拟声。

一　单音拟声

保底　pɔ˦˥ ti˧˩　骨头的响声。如：把我的胳臂拽的～了$_1$一下

叭底　pɑ˥˧ ti˧˩　折断声。如：～就折了

啪底　p‘ɑ˥˧ ti˧˩　跌倒的响声。如：～就跌到哧儿了$_2$

砰底　p‘əŋ˥˧ ti˧˩　重重地关门声。如：～就把门子关住了$_2$

噗底　p‘u˥˧ ti˧˩　吹灭灯火的响声。如：～就把灯吹熄了$_2$

蹬底　təŋ˥˧ ti˧˩　跌倒的响声。如：～就跌倒了$_2$；～就跌倒，发了$_1$羊角儿疯了$_2$

泰底　t‘æ˥˧ ti˧˩

团底　t‘uaŋ˥˧ ti˧˩　重物落地声

通底　t‘uŋ˥˧ ti˧˩　如：～就站起来。｜～就扔到地下

□底　luɑ˥˧ ti˧˩　如：～就响了一声炸雷。｜一就塌了一堵墙墙。

隆底　luŋ˥˧ ti˧˩　墙壁倒塌声。如：听见～一声，出来一看，茅墙墙塌了$_2$。茅墙墙：厕所的墙

乱底　luaŋ˥˧ ti˧˩　大而重的物体落地声

吱底　tsɿ˥˧ ti˧˩　尖叫声。如：～叫了一声就看不见了$_2$

踹底　tsuæ˥˧ ti˧˩　软物落地声。如：～就从房上$_2$跌下来了$_2$

□底　ts‘uɑ˥˧ ti˧˩　下雨声，泼水声等。如：～就下将来了$_2$。｜～就把一盆水倒了$_2$

粗底 ts'əuɴ tiɣ 如：～就把疙瘩馍馍叨的吃了
人底 zəŋɴ tiɣ蚊子等飞舞的响声。如：兀块蚊子～就飞上$_2$走了$_2$
嘎底 kaɴ tiɣ汽车停车的响声。如：～车就站住了$_2$
轰底 xuŋɴ tiɣ如：～就着起火来了$_2$
哗底 xuaɴ tiɣ如：～就来了$_1$电了$_2$
呼底 xuɴ tiɣ如：～就把灯吹谢了$_2$
哇底 uaɴ tiɣ哭声。如：兀块孩儿见他妈一进门子，～就哭了$_2$
耳底 ərɴ tiɣ如：～就飞上$_2$走了$_2$。

二 叠音拟声

□□底 piaʟ piaɴ tiɣ 放鞭炮的响声。如：～放了$_1$半黑夜
保保底 pɔʟ pɔɴ tiɣ 敲门声。如:～敲了$_1$好几下下
叭叭底 paʟ paɴ tiɣ 鞭炮及枪的响声。如:枪响的～
本本底 pəŋʟ pəŋɴ tiɣ 鸡啄食声。如:鸡儿鸰的～

□□底p'iaʟ p'iaɴ tiɣ 水或其他液体装满容器后晃动时发出的音响。如:盛的米汤(稀饭)～,还得给你捏堰堰咧。也读作[p'iaɴ p'iaɴ tiɣ]

铺铺底 p'uʟ p'uɴ tiɣ 雪片落地的响声。如：雪下的～
□□底 p'iaʟ p'iaɴ tiɣ 猪、狗等的吃食声。如：吃的～，一时时(一会儿)就吃了$_1$一桶
蹬蹬底 təŋʟ təŋɴ tiɣ 硬底皮鞋走路的响声。如：～走进一块当兵的
哒哒底 taʟ taɴ tiɣ 跑步的声音。如：跑的～，实在快咧
太大底 t'æʟ t'æɴ tiɣ 摔倒的响声，如：～跌倒好几块
通通底 tuŋʟ tuŋɴ tiɣ 人自高处落地的响音。如：～从房上：跳下几块人水
团团底 t'uaŋʟ t'uaŋɴ tiɣ 脚步响声。如：兀块人走的～
□□底 t'uaʟ t'uaɴ tiɣ 水烧开的响声。如：炉子上$_2$的水开的～
□□底 t'ɑʟ t'ɑɴ tiɣ 狗吃食的响声。如：兀块狗儿吃的～

□□底 luɑ˩ luɑ˧ ti˥ 锅里头煮食物以及大声儿说话的响声，如：锅儿滚的～。｜兀块人说话～

隆隆底 luŋ˩ luŋ˧ ti˥ 雷声。如：～干响了一阵雷

雷雷底 luæ˩ luæ˧ ti˥ 说话发音含混声。如：说话～谁也听不清楚

乱乱底 luaŋ˩ luɑŋ˧ ti˥ 重重地拍打大门的声音。如：夜来晚西不晓得谁～捣大门咧。晚西：晚上

喳喳底 tsɑ˩ tsɑ˧ ti˥ 说活响声的贬称。如：兀家（他）可真正的和块野鹊子（喜鹊）一样，～

践践底 tsuæ˩ tsuæ˧ ti˥ 如：吃的～｜跌的～

抓抓底 tsuɑ˩ tsuɑ˧ ti˥ 如：雨下的～。｜说嘴～。（吹牛皮很利害）

嘈嘈底 ts'ɔ˨ ts'ɔ˧ ti˥ 连续不断说话响声的贬称。如：兀家（他）在～告拍（背后说）人家咧

□□底 ts'uɑ˩ ts'uɑ˧ ti˥ 水声、哭声。如：哭的～。｜～ 洗脸咧

呲呲底 ts'ɿ˩ ts'ɿ˧ ti˥ 摩擦的响声。如：人家把兀家（他）生硬～拖上$_2$走了$_2$

初初底 ts'ɥ˩ ts'ɥ˧ ti˥ 稀饭、面汤等的溢锅响声。如：锅儿溢的～

粗粗底 ts'əu˩ ts'əu˧ ti˥ 快速吃饭的响声。如：～就吃了$_2$

潺潺底 ts'uɑŋ˩ ts'uɑŋ˧ ti˥ 流水的响声。如：水流的～

楚楚底 ts'ɥ˩ ts'ɥ˧ ti˥ 哭的～

喃喃底 nzɑŋ˩ nzɑŋ˧ ti˥ 低语含胡说话声。如：你～喃甚咧

筛筛底 sæ˩ sæ˧ ti˥ 哭声。如：这块孩儿不奇特（不乖），～尽哭

桑桑底 sɑŋ˩ sɑŋ˧ ti˥ 苍蝇飞舞的响声。如：兀些些蝇子～飞咧

人人底 zəŋ˩ zəŋ˧ ti˥ 蚊虫及远处飞机的响声。如：夜来晚西（晚上）～飞机响来。｜地儿蚊子多咧～

□□底 ʂɑ˩ ʂɑ˧ ti˥ 急促地脚步声。如：～就进来了

□□底 tɕ'yɑ˩ tɕ'yɑ˧ ti˥ 咳嗽声。如：～咳的实在利害

嘎嘎底 kɑ˩ kɑ˧ ti˥ 笑声。如：一笑甚咧，招呼（小心）破了$_1$肚$_2$

乖乖底 kuæ˩ kuæ˧ ti˥ 比“嘎嘎底”要小的笑声。如：兀家们笑的～

刮刮底 kuɑ˩˧ kuɑ˧˥ ti˥˧　硬底皮鞋的走路响声。如：兀块人（那个人）～走的实在快咧

咯咯底 kʌʔ˩˧ kʌʔ˧˥ ti˥˧　多指年轻妇女的笑声。如：兀儿块婆姨笑的～，也不晓的笑块甚咧

哗哗底 xuɑ˩˧ xuɑ˧˥ ti˥˧　急湍的流水声以及快速动作引起的响声。如：渠渠儿的水还流的～，｜～吃（穿、睡）哇，不用摆筛了$_2$。摆筛：做事拖拉，蘑菇

烘烘底 xuŋ˩˧ xuŋ˧˥ ti˥˧　旺火燃烧声。如：火着的～

嚎嚎底 xɔ˩˧ xɔ˧˥ ti˥˧ 很多人行动的嘈杂声。如：～来了兀些些（那么多）人

哇哇底 uɑ˩˧ uɑ˧˥ ti˥˧　哭声、唱声、吼叫声等。如：～在哭咧｜～在唱咧｜～吼叫甚咧。吼叫：叫唤

歪歪底 uæ˩˧ uæ˧˥ ti˥˧　小孩儿哭的声音。如：兀块孩儿～在哭咧

呜呜底 u˩˧ u˧˥ ti˥˧　小声儿的哭声。如：～哭了一后晌儿。后晌儿：下午

三　带词缀“圪、不、忽”拟声

圪把底 kʌʔ˥˥ pɑ˧˥ ti˥˧　骨头响声。如：闪下手腕子来了$_2$（手腕子脱臼），大夫～就上$_1$ 上$_2$ 了$_2$

圪保底 kʌʔ˥˥ pɔ˧˥ ti˥˧　乒乓球破裂声。如：～一下就把块乒乓球踩烂了^2

圪本底 kʌʔ˥˥ pəŋ˧˥ ti˥˧　咬硬物的响声。如：人家吶牙好，～就把块核桃咬开。吶：“兀块”的合音

圪嚓底 kʌʔ˥˥ ʈʂʻ ɑ˧˥ ti˥˧　木板类的折断声。如：把只凳凳腿腿～就折了$_2$

圪楚底 kʌʔ˥˥ tsʻʮ˧˥ ti˥˧　突发性的笑声。如：兀家（他）～就笑了$_2$

圪等底 kʌʔ˥˥ təŋ˧˥ ti˥˧　突然中断行为、动作的声音。如：～一就站住不走了$_2$

不踹底 pʌʔ˥˥ tsuæ˧˥ ti˥˧　同“踹底”条

不泰底 pʌʔ⅄ tʻæ˦ ti˧ 同“泰底”条

不□底 pʌʔ⅄ ʈʂɑ˦ ti˧ 如：～就把块碗打了₂

不叉底 pʌʔ⅄ tsʻɑ˦ ti˧ 如：～就倒在咐儿了₂。咐儿：那儿

不楚底 pʌʔ⅄ tsʻʮ˦ ti˧ 如：～就笑出来了₂

不通底 pʌʔ⅄ tʻuŋ˦ ti˧ 物件落地声。如：～从房上跌下来了₂

不腾底 pʌʔ⅄ tʻəŋ˦ ti˧ 入水的响声。如：～跳到水合里（里头）了₂

忽□底 xʌʔ⅄ tuɑŋ˦ ti˧ 重物落地声。如：～就跌下去₂了₂

忽刺底 xuʌʔ⅄ lɑ˦ ti˧ 开中式门的响声。如：～就把门 子打开。

忽隆底 xuʌʔ⅄ luŋ˦ ti˧ 开旧式大门的响声。如：～就把街门打开了₁

忽乱底 xuʌʔ⅄ luɑŋ˦ ti˧ 倒塌声。如：～就塌了₂

四 交叉叠声

圪□圪□底 kʌʔ˧ pʻiɑ˪ kʌʔ˧ pʻiɑ˪ ti˧ 赤脚踏水声

圪乌圪乌底 kʌʔ˧ u˪ kʌʔ˧ u˪ ti˧ 快速喝水声

圪初圪初底kʌʔ˧ tsʻʮ˪ kʌʔ˧ tsʻʮ˪ ti˧ 呜咽声。如：～闹了₁一黑夜。一黑夜：一晚上

圪保圪保底 kʌʔ˧ pɔ˪ kʌʔ˧ pɔ˪ ti˧ 如：～吃了多少瓜子

圪叭圪叭底 kʌʔ˧ pɑ˪ kʌʔ˧ pɑ˪ ti˧ 如：穿的对皮鞋，走路～（穿的对：穿着（一）双）

圪践圪践底 kʌʔ˧ tsuæ˪ kʌʔ˧ tsuæ˪ ti˧ 如：吃的～｜～ 走将来了₂

圪吱圪吱底 kʌʔ˧ tsɿ˪ kʌʔ˧ tsɿ˪ ti˧ 如：挑的扁担还～ 咧

不踐不踐底 pʌʔ˨ tsuæ˪ pʌʔ˨ tsuæ˪ ti˧ 泥路粘鞋声。如：刚刚下了₂雨，路路（路）上² 不好走，！倒没啦多来难走。（倒没啦：倒没有）

不泰不泰底 pʌʔ˨ tʻæ˪ pʌʔ˨ tʻæ˪ ti˧ 如：～从房上跌下好几块人来

不楞不楞底 pʌʔ˨ ləŋ˪ pʌʔ˨ ləŋ˪ ti˧ 如：下的咐冷弹子，敲的房上₂的瓦还～。冷弹子：冰雹

不拉不拉底 pʌʔ˨ lɑ˪ pʌʔ˨ lɑ˪ ti˧ 炒豆子的响声。如：～做甚咧？炒

豆子咧

不沓不沓底 pʌʔ˧˦ t'ʌʔ˨˩ pʌʔ˧˦ t'ʌʔ˨˩ ti˥˧ 拖着鞋走路的响声

不擦不擦底 pʌʔ˧˦ ts'ʌʔ˨˩ pʌʔ˧˦ ts'ʌʔ˨˩ ti˥˧

纷嘈纷嘈底 xuŋ˧˦ tsɔ˨˩ xuŋ˧˦ tsɔ˨˩ ti˥˧ 人多嘈杂声

出溜山溜底 ts'uʌʔ˧˦ liəu˨˩ ts'uʌʔ˧˦ liəu˨˩ ti˥˧ 快速吃面条声

希茶希茶底 ɕi˨˩ ts'ɑ˨˩ ɕi˨˩ ts'ɑ˨˩ ti˥˧ 声泪俱下的悲泣声。如：兀块婆姨～在哭咧

喝噜喝噜底 xʌʔ˨˩ ləu˨˩ xʌʔ˨˩ ləu˨˩ ti˥˧ 鼾声。如：睡的～

跌顿跌顿底 tiʌʔ˨˩ tuŋ˨˩ tiʌʔ˨˩ tuŋ˨˩ ti˥˧ 车辆颠簸的响声

五 儿化词拟声

叭儿底 pɑr˧˥ ti˥˧ 如：～一声就拗折

保儿底 pɔr˧˥ ti˥˧ 如：～一声就炸了

吱儿底 tsər˧˥ ti˥˧ 如：～叫了一声

抓儿底 tsuɑr˧˥ ti˥˧ 如：～一声炸雷

呲儿底 ts'ər˧˥ ti˥˧ 如：～就□[t'iəu˥˧](滑)了一下下。一下下：一下

呜儿底 ur˧˥ ti˥˧ 如：～就飞将来了$_2$

句首语气词四条，暂附于此

热热热 ʐʌʔ˨˩ ʐʌʔ˦˥ ʐʌʔ˨˩ 表示惊讶，男性用。如：～，吃了兀些些。兀些些：那么一些，表其多。

哟哟哟 iɔ˨˩ iɔ˦˥ iɔ˨˩ 表示惊讶，女性用

热儿 ʐʌʔ↓ 表示惊讶，比“热热热”程度要轻

罢罢罢 pɑ˨˩ pɑ˦˥ pɑ˦˥ 表示如愿以偿，使用不分性别。如：～，总算养下块小子。｜～，总算找下块做的。｜～，总算下了$_1$ 雨了$_2$

参考文献

侯精一：1982，《平遥方言简志》《语文研究》增刊，太原。

侯精一：1989，《晋语研究》，日本東京外国语大学アシア・アフリカ言语文化研究所，東京。

——：1993，〈关于晋语研究〉，《中国语文研究四十年纪念文集》，北京语言学院出版社，北京。

（原载《平遥方言民俗词汇》语文出版社 1995 年 4 月）

四字格释例

本文收录了平遥方言的四字格近四百条，这些条目大都是北京话不说的。所录条目依第一字的字调分阴平、阳平、上声、去声、阴入、阳入六类排列。平遥方言的单字调只有一个平声，不分阴阳平。连读调在多数情况下分阴阳平。多数条目，平声字作为四字格的第一字分阴阳平，阴平读31调，阳平读13调，所以本文阴平、阳平分开排列。考虑到印刷上的问题，四字格条目都没有标音。有些四字格的字音不同于单字的读音，我们在字下加浪线表示，并在该条的末尾标注国际音标，音标外面加方括号。条目下面一般是先做简要的注释，后举例句。少数不必加注解的条目，只举例句不加注。对例句中的一些不大好懂的词（下加着重号）第一次出现时，随文作了必要的解释，并且用圆括号括出来。有些四字格还可以有另外的说法，在第一种说法的下面列出第二种说法。如：“多言撕舌”条下又列出“多嘴偏舌”。

阴平

抛米洒面　兀家（他）～底就不仔细。

漂汤圪溢　形容汤水过满：还能把米汤盛的～底。“飘”音［pʻia］或［pʻiɔ］平声。

铺展叠被　睡觉舒服貌：人家常是～底。

颠三二倒　颠三倒四：做甚也是～。又：颠二倒三

多言撕舌　多嘴状：实在好～咧。又：多嘴偏舌

丢盔撂甲　看看你～，遗下一世界。

单枝圪撩　冷天衣单状：～底，你不冷。

冬寒时月　～实在冷咧。
听人道说　听话、驯服：～底块孩儿。
天反世乱　不太平状：～底不用去啦。
天寒日短　～底，一时时就黑将来啦。
汤里格水　～些儿饭，没拉吃饱。
挑匙拣碗　挑食：～底概不好好吃饭。
推磨滚碾　天每（每天）～底忙杀啦。
推奸滑懒　教做些甚也～底不想做。
拖脚磨手　行动迟缓不灵便：作甚也是～底。
拉六扯八　针脚过稀：衣裳作的～倒开（线）啦。
猪眉畜眼　貌丑：～底块（个）孩儿丑杀啦。
抓七舀八　东扯西拉：～底告了我一顿。又：抓货里刀
张牙拨口　甚也的～问人家要。
精眉炯眼　眉眼俊秀：～底块孩儿。
精眉怪眼　精灵状：～底块人。
炯牙拖嘴　龇牙咧嘴：痛的兀家～底。
伸手没脚　打人状：这块人就好～。“伸”音［ts‘ɥ］，平声。
清汤寡水　～底些儿米汤。又：澄清寡水
粗罗五丝　粗鲁：哟（那）是些～人。
穿门踏窗　形容爱串门：天每～底就不在家。
撕牙八怪　小儿哭状：～底块孩儿。
私病短头　短处：咱在他手儿又没拉些～。
三跌六垂　衣不整状：衣裳常是穿的～底。“垂”音［suei］，上声。
三八两句　话少而快：说了～就走啦。
三八六九　经常状：～就见兀家来啦。
三班两样　饭食不止一种：要吃甚全吃甚，不用～。
丧官吊唁　说话不实：手儿有钱还～哭穷咧。
山猫儿眼　贼眉贼眼：～底不是块好人。
松离五三　不紧状：包包绷不紧，～底快开啦。
睁眼巴武　态度蛮横：动不动就和人家～。

鸡鸣弄鼓　大张声势：悄些儿说不要～底。

坚皮圪韧　韧而不脆：乾面火烧冷了就～底。

筋眉连胯　走路无力，启：屁股。“启”音［tuʌʔ］，阴入。《广韵》入声屋韵“豚，尾下窍也。”丁木切，俗作启。本地印行的《方言杂字》“启”，用“笃”字直音，注云“出粪门也”。又：筋腿连胯。

觑眉弄眼　眯缝眼：～底甚也看不清楚。“觑”音［tɕʻy］，平声。

敲猪拨狗　形容人心不好：咻人～底，不用朝理。

虚弄挖虎　虚而不实：～底一碗面。

鲜艳滴色　这疙瘩布儿～底好看。

羞大面软　人脸皮薄：兀家～见了生人不说话。

香汤辣水　今晌午格～底吃了一顿。

瓜葛水清　指经济上两清：咱们两块是～。

锅锅老球　形容驼背：～底块老婆。

乾子牙稠　形容粥稠：～底些儿粥儿。

乾巴硬正　不认错状：兀家偷了嘛，～说没啦。

乾饕食呛　～底就吃了两块火烧。

亏情栖惶　凄惨事：又磨念（念叨）你的～来啦。

宽眉大眼　俊秀貌：～底块好后生。

屙屎盼伴　喻人懒惰：教兀家敞甚也是～。

挨情擦理：人家说甚也～。

挨拢靠壁　东西放置贴四壁状：～底放下哇。

挨七挨八　愿意买了咱们就～底搞议价哇。

花狸活哨　穿戴色艳，有贬意：～底块女人。

花红油绿　色艳：穿的～底。

化子烂气　褴褛貌：穿的～底块人。

灰土麻虎　灰尘满身貌：耍的～底。

欢眉俊眼　这两天看见看上去～啦。

哼哈二将　形容凶相：～底怕杀怕死人。“哈”音［xʌʔ］，阴入。

浑家老小　一家大小：～身体都好。

烟屎烂气　形容抽烟的气味：浑身～底。

妖魔古怪　形容女人搬弄是非：～底圪节一个老婆。

阴凉细稍　形容暑天的阴凉地方：树儿底下～。

歪流打垮　无力状：把我今天～底概没劲儿。

歪挪摩擦　形容屁股在炕上擦着挪动：快些儿下炕哇，不用～啦。

歪流扯眉　不正状：兀家写的字～底不照正直。

下列四字格第一字的连读调是 13，从来历和分阴阳平的方言来看，这些字也是阴平字，故附于此。

粗茶盆饭　家常饭：一块庄稼人，谁家也是～。

加官进禄　乱七八糟的东西：把你这些～收了哇。

惊心胆战　想起咻事还～咧。

心宽洒落　无忧愁：人家格～好活咧。

光棍石汉　形容老光棍可怜：～底没人伺候。

锅背折腰　腰不展状：兀家老的～底。

宽袍大袖　～底块袄儿。

凶邪霸道　～底块人，谁家也不敢理。

阳　平

爬锅爬腰　做饭弯腰状：天每～地作饭。

爬针咬线　形容针线活粗糙：人老啦，作下甚也是～底。

皮眉瞪眼　不愿做某事，有意拖拉的样子：告教作甚也～底，再早咧。

疲温圪吃　形容饮食不热：～不大暖啦。

明昼黑夜　白天晚上：这些儿活害的我～地作。

明灯腊烛　形容灯火通明：过灯节街上［hɔ˧˥］～底。

眉三眼四　待理不理：见了块人～，谁也不和兀家来往。

麻鸡圪瘦　形容女人瘦小：～底块媳妇子。

麻连圪絮　棉布等破烂的样子：被子也烂的～啦。

麻连圪撮　形容线缠绕到一起：把线也都～啦。又：麻撮水观

麻薄条条　苗条：人家～底身子。
麻粈圪卷　身上搓下的泥儿：有日子不洗澡，搓下多少～来。
绵流圪斜　悄悄地：～独自家就回来啦。又绵流绵斜　绵流圪出
毛腰老鼠　腰不展状：～底块老婆婆。
猫眉蛇眼　别有用心看人的样子：进来了就～地不知道看甚咧。又：三猫二眼。
描花剪样　人家咻媳妇子（[tsʌʔ]，阴入）～底实在巧咧。
蛮人异马　形容家中奴仆多：人家是～地伺候的（着）活出来的人。
门疼肚胀　肚胀疼状：～底实在难受。
调泥烂水　形容道路泥泞：今日雨下的大咧，～地不好走。
铜包铁底　形容家道殷实：～的人家。
拿妖捉怪　蹑手蹑脚，有贬意：～地就进来啦。
拿脚盘手　悄悄地：没拉听见兀家～底就进来啦。
能言快舌　能说会道：人家格～底实在能说咧。
缭边活沿　形容针线活的针脚靠外：作的～底还要开了咧。
獠牙撕嘴　～底实在难看咧。
獠脸圪叉　形容人过高：～底块人不好看。
来三动静　举止行动：看见兀家咻～还可以。
瘤子孤拐　多形容头脸上的疙瘩：把头还搕碰的～底。
溜皮倒蛋　调皮：这孩儿不认生～底实在奇特咧。
流垂圪瘩　兀家布袋合里里面～底装的是甚咧。
爁油炒爆　形容炒菜花样多：人家房常是～底。“爁”音[laŋ]，单字调平声。
临紧上马　紧要关头：早些儿去医院哇，不要等的～了再走。
临梢末尾　最后：吃的倒～，兀家又回来啦。
垐眉疤眼　发面食品不展貌：一底些黄儿发糕。“垐”音[tsɿ]，平声。《广韵》平声脂韵“垐，以土增道”。疾资切。
霁红牙天　形容天气晴朗：～底块天气。
时分舀节　时节：过（到）了～再吃哇。
陈设摆落　陈设：居舍的～好看。

黏淋糊洒　形容黏东西弄得满处：～吃下一世界。“洒”音［ts‘a］上声。
人红体面　形容人长的体面：看见人家～底。
人来理客　来往客人：兀家房的～实在多咧。
人惯马熟　比喻因久住而熟悉：这地现在格在这儿住的～啦。
穷毛鬼胎　形容人小气：～底甚也舍不得吃。
穷极心短　形容因贫困产生嫉妒：兀家这是～。
穷极圪缭　形容人衣着寒酸：恓惶常是～底。
牙缝口缝　人家格～没拉露下。
悬饥吊渴　形容不饱：在人家房～老吃不如适。
斜溜不偏　不正状：铺的疙瘩单子床单～底。
闲游细摆　缓慢状：作甚也是～底概不急赶。
闲口没谈　表示说话随便：～说了句，兀家就当真了。
熬眉扯眼　形容熬夜不睡的样子：～还在写咧。
胡拍流洗　游手好闲地：～底块人不用朝理。
胡支扯野　东拉西扯：～底没甚正经话。
胡梢末尾　形容东西不值钱貌：～底些儿东西给了人哇。
胡说三道　胡说八道：兀家最好～。
胡招掩饰　说话不老实：没说的了就～咧。
胡收乱拾　做零碎活计：尽～了一天。
胡七麻烦　杂乱地：～底摆了一桌子。
浮游失骗　招摇撞骗：正经营干咧没拉，就是～。
嚎嚎打闹　又哭又闹：～地吵咧。“闹”音［lɔ］，去声。
黄皮搭连　有病状：病的～底。
黄明朗朗　黄而可爱的样子：～底些儿小米。
黄痨鬼气　面黄肌瘦状：～底倒象有了病。
黄尘黑暗　大风状；今日的风大咧，刮的～底。
黄昏乌气　不务正业，东游西串：～底块孩儿不朝道不走正路。
回言咧舌　辩解：大人说了，还敢～。
河劳床床　指家具活动状：这块凳凳也坐成～底啦。

和泥搅水　当泥匠一天起来断不了～。
咸里倒碜　肮脏貌：～底块孩儿。
混汤切水　家务纠纷貌：混家儿闹的～底。
缝针撮线　缝缝补补：教兀家给你～。
红团火烟　形容日子过得兴盛：人家浑家老小～底过年咧。
红尘世务　指生儿育女事：这家人家正在闹～咧。
红黑不挡　不畏状：人家㖞兀块人唧～。
摇门筛窗　风大貌：～地刮了一黑夜。“筛”音［sæ］，上声。
油鬓水刮　形容头发整齐，衣服干净：人家常是切理收拾的～底。
油条瓠子　形容人白胖：吃的～家地。
油脂抹奈　污垢貌：～底件衣裳。又：油腻背滚。
油腻方僧　肮脏貌：～底也不洗涮。又：游方僧道。
油腥烂气　油炸东西的气味：～底不知道吃甚来。
扬名海鼓　形容名声大：～底谁不晓的。
扬风搽抹　小孩高兴貌：这孩儿～底实在高兴咧。
无远尺近　形容很远：～底些儿亲戚，不大来往。
圆头大脑　形容小儿头圆，有喜意：～底块孩儿长的好看。又：圆头怪脑
云雾扫道　不洁状：玻璃没拉擦干净，～底。
言和气颐　和气状：兀家概不和人～底说话。

上　声

饱茶饱饭　～倒吃了还要帮吃吃零食。
免不挡防　冷不防：～就跑进来啦。“挡”音［tʻuə］，平声。
短圪寸寸　形容衣物短：～底块裤儿。
土模化样　形容人灰尘满身：兀块人浑身～底。
躺倒郭骡　形容和衣而卧：时时分分～。“躺”音［tʻei］，上声。
呆而不醒　形容人胡涂：～底块人。“呆”音［tʻəŋ］。训读，上声。
暖月时天　热天：～不用出门。

冷洼圪吃　形容吃喝的东西不热：～些儿饭不敢吃。

脸流没淡　待人不热情：兀家对人老是～底。

老皮巴叉　青菜不鲜貌：～底些儿青菜。

老树圪叉　年老行动不便貌：～底哪儿也去不了。

咋长么短　从头至尾：兀家来了，～底告了我一顿。

早麻圪裂　形容外地人说话难听：说的、咻兀块话～底，实在难听咧。又：早麻圪柳。

仔细克俭　～底家人家。

嘴尖毛长　形容说话不知轻重：～底甚也敢给人家说。

肿眉泡眼　兀家这一向一阵病的～底。

死把荆州　形容拿住东西不撒手：～底也不放下歇歇。

死皮烂掌　慢慢腾腾：作甚也是～底。

死磨黏牙　死气白赖：说了好一阵阵（阵），～底不走。

死烂扎实，形容东西重：这些儿东西～底实在重咧。

死将吃来　口头语，该死了：兀家～尽和人闹。

死颜倒色　颜色不好看：～底圪瘩布儿。

死牙挽糟　形容睡觉手脚不规矩：看兀家～底睡下啦。

死灰扑烟　炉灰飞扬状：看看～地透下落下。（“透”音［təu］，不送气）多少死灰炉灰啦咧。

死蔫圪擦　形容人性子慢：～底块人，实在叫人着急。

死气背力　形容拿不动东西硬拿：～底强强搬过来。

软薄贴贴　形容说话柔和：人家咻兀块人说话～底实在好听。

扯尿不谎　形容人说话不老实：～底慨没句实话。

丑支八怪　貌丑状：兀块孩儿～底概没人喜。

扭头活耳　交头接耳：先生讲书不好好听、则只见～咧。

少调没和　缺作料：～底些儿饭不好吃。

少主没意　作甚也～底。

少材没料　～底咋作咧。

少家没什　缺少灶具：～还要什么好看。

少颜没色　形容颜色单调：～底圪瘩布儿。

少手没理　形容光棍生活；没拉块家小～底。

少人没手　缺劳力：～底还种白留地作甚。

少功没夫　没功夫：～底还去街儿游逛咧。

闪眼不见　形容很快：～走啦。“见”音［ɕiᴇ］，去声。

惹是搬非　搬弄是非：这人最好～。

假留拨吃　装假貌：教吃些儿老是～底不吃。

假眉三道　弄虚做假，装腔做势：～装好人咧。

拣近截说　说话快，说话短：没时分啦～哇。

抢死背活　说话急促：慢些儿说哇，不用～底。

巧脚蹑手　～底块闺女实在俏皮咧。

咬牙并脖　咬牙切齿：看咻～底样子。

眼上十行　形容小儿馋别人的吃食：不用在孩儿跟前吃，招呼兀家～咧。

显情卖乖　显示自己：人家到有啦～底又给送了些儿。

显贼卖舌　卖弄聪明：～底块婆姨。

小模作样　不大方貌：～底连句话也不敢说。

小样薄吃　形容人小气：～底块女人。

朽扁得老　形容人无能：“得老”是头的意思。～底甚也不会做。

古董玩器　古董：兀家房的～实在多咧。

古时不变　过时的：～底些儿样子实在难看咧，“变”音［p‘ie］，去声。

生七马八　形容东西玻烂：把兀些儿那些～底东西送给兀家哇。

寡滋油水　饭食无味：～底些儿饭不好吃。

寡妇幼子　～们谁家管咧。

拐溜折腿　形容腿病人的走路：你～还能走快了。

鬼屃圪捣　鬼鬼祟祟：～底甚也怕人看见。

鬼怕恶人　欺软怕硬：兀家咻是～。

鬼眉溜眼　鬼头鬼脑：～地看准咧。

可恶渣渣　形容面貌和声音凶恶：～底还要吃人咧。

苦言辣语　形容骂人利害：把孩儿们骂的～底。

砍天弄地 东一句，西一句：兀家咻说话～底又没底子。
抠烟闭火 形容久不旺：～地作熟一顿饭。“炬”音［ŋəu］，上声。
拗腰折背 形容做市勉强：作甚也是～底。
姫焦物烂 形容烧焦的气味：～底实在难闻。
虎雄塌拉 神气状：看人家穿嚎（穿上）～底。
伙家伙计 伙计：过年了～们都要拜年来咧。
野猫直挖 冒失状：回来了就是～底。
舀二搁三 形容人做作：兀家常是～。又：舀油搁水
以规合矩 规规矩矩：～底家人家。
倚老负实 老老实实：～底块人。
五明大亮 光明正大：～地荷将来（拿过来哇。
枉言作实 说话不真实：兀家咻说话尽是～。
雨布天气 连阴天：～不敢下城（进城）。

去 声

半大不小 都是几块～的孩儿靠不住。
半通不达 形容似通未通：看封信还～底看不通咧。
半精不明 形容头脑不清楚：～底块人。又：不精半明
半死落活 病的～底。
半生潦熟 半生不熟：～底你就吃咧。
面鼻眼花 形容面子上过不去：人家没拉（没有），你唧穿嚎，～不好看。
面糊薄吃 形容人随和：～底块人作甚也投主意。
冒离薄搧 形容被子未盖严实：把被子盖好了，不要～底。
冒离失砍 冒冒失央：～底把碗也打啦。
大明白眼 眼睁大状，～就把块瓶瓶踢倒。
大打开交 形容天冷门大张，闭住些儿门子哇～不燃冷。
淡疲寡水 味淡：～底些儿茶，倒了哇。
淡流寡水 色淡：这圪瘩布儿～底，颜色不大好。

澄清寡水　形容稀饭太稀：～些儿米汤（稀饭）。又：清汤寡水

跳起失座　形容人不安分：～底作甚也长不了。

闹饥别荒　形容家庭纠纷：兀家房天每～底。

烂衣破裳　破烂衣服：穿下的～们还一堆咧。“破”音［p‘ʌʔ］，阴入。

烂鞋破脚　鞋袜破烂：这块孩儿～底。“破”音［p‘ei］，去声。

乱离格倒　乱七八糟：～底嫌麻烦人咧。

乱薄纷纷　乱纷纷：头发还是～底就出去$_2$［tiʌʔ］（出去）了。

愣眉死眼　痴呆貌：兀块人生来是～底。

弄枪舞剑　作甚也是～底概不安摆（没有条理）。

上庙击鼓　去某处评理；不拘咋地哇省的和兀家～。

上衙下府　去打官司，人家要通说（劝说）不下来了还的和兀家～咧。

碎离圪捣　比喻人啰嗦：～底块老婆婆。

照正格水　毕直状：～底条路路路。

暗陷暗掠　形容继母虐待前房子女：把人家咻前家孩儿常是～底。“掠”音［lye］，上声。

肉不瓤瓤　形容小儿胖：一底块孩儿。“瓤”音［nɑŋ］，上声。

架汉偷盗　女人不正当地找男人。“偷”音［t‘ʌʔ］，阴入。

气粗霸道　要强称霸：这人在家儿～底。

见景作法　随机应变：你去了就～哇。

尽水和泥　反正咱这是～都打折（用光）啦。

禁杀无名　顶多：怕甚咧～兀家嚷给你一顿。

气装逼肚　不遂心状：人家房还～咧不用去。

俏圪蹑蹑　俏皮状：常扎刮打扮的～底。

硬格邦邦　形容坚固结实：这只箱箱钉的～。“邦”音［pɑ］，平声。

挂口不提　闭口不说：有人来问了你就～。

怪眉色眼　形容面部表情不同于平常：兀家进来了说话还～底。

怪色老哇　形容声音刺耳：～底实在难听咧。又：怪色猴（儿）家

跪膝马爬　爬跪在炕上：～底不知道作甚咧。“跪”音［k‘uæ］，

去声。

过河隔道　形容行路不便：～底，实在不方便咧。

棍剑叉爪　棍棒一类的东西：把这些儿～荷出去₂［tiʌʔ˨˩］拿出去。“叉”音［ts‘ʌʔ］，阴入。“爪”音［tsuʌʔ］，阳入。

下马威风　凶言恶态貌：～底，尽欺侮老实人。

夏月时天　热天：～底，洗涮的乾净些儿。

画眉刻鬓　描眉搽粉：天每～底，去街嚎串去（玩儿去）。

放横打马　无约束状；～底，想作甚就作甚。“横”音［ɕye］，平声。

要紧三关　要紧时刻：到了哳～了就走啦。

恶神拍马　凶恶利害貌：～底，进来了闹了一顿。“恶”音“［u］，去声。与“可恶”的“恶”字同音。

阴　入

不平不整　看铺的单子床单，～底

不逗不断　连续不断：人家房常是～底人。

不利斯落　碍事状：椅子（“子”音［tsʌʔ］，阴入）放到这儿，～底。

不成烂气　形容不象样子：～底块袄儿不好看。

百条四整　形容样样都行；你管的这些儿孩儿们实在～。

百列巴叉　乾脆痛快状：～底给兀家们说了哇。

百国六州　形容会胡说八道：～底哳胡说。又：百花九样

跌交骨罗　行动不便状：刚刚病好了～底还能走动。

遢邋流水　衣冠不整状：～底块人。又：邋遢流水“流”音［ləu］，平声。与“楼”字同音。

铁巴老硬　极硬貌：和的～底圪瘩面。

作活作计　做活计：人家媳妇子格常是～。

作饭打连　做饭：～底忙杀啦。

说话不急　形容时间快：～就作熟饭啦。

吃皮耐厚　形容人皮实：～底块人好交往。

失寡霁天　天气突然转晴：刚刚还下咧这倒～啦。

失笑人人　微笑状：人家的眉眼常是～底。
急抢连忙　匆促状：～地吃了顿饭就走啦。
隔二撇三　不连贯状：～地看了看信。
脚臭烂气　脚臭气：臭的把坐舍（家）还～底了咧。
切脖脐脐　形容上衣短。脖脐，肚脐儿：～底块袄儿。
七病八痛　多病状：～底块人。
七打八兑　勉强：～底就去了太原。
七颠八倒　颠二倒三：人老了作事～底。
七长二短　长短不齐：穿的衣裳常是～底。
七除八扣　七折八扣：领下些儿钱来～就快没啦。
七齐八楚　不整齐状：穿的衣裳常是～底。
七安八摆　形容给人使坏：兀家的心实在不好咧，尽～人家。
吸骨顶凉　透骨冷：～底坐到兀儿那里作甚。
隔山探海　隔着东西取物：你不用～去荷（拿）兀盆盆。
圪团躨曲　形容地方窄小不舒展：这圪瘩地方～底睡不着。“躨”音[uei]，平声。
圪撩不直　不直状：看兀圪瘩板板～底。又：圪流歪腿
圪留拐弯　不直：～底根棍棍（棍儿）
圪流烂堆　一堆玻烂（东西）：～不知道是些甚咧。
圪裂三四　形容不投合：两块人～概说不到一带儿一块儿。
圪堆冒尖　形容盛物过满：～地盛了一碗米饭。
圪擻筛糠　发抖状：冷的～底。
圪啾马爬　蹲下状：～底扫脚底扫地。
郭雷抱蛋　矮胖人走路摇摆状：～底走的实在慢咧。
刮风扬尘　～底刮下一坐舍家土。
圪豆牛牛　形容小儿胖得可爱：～底块孩儿实在奇特咧。
瞌睡模糊　瞌睡貌：今日把我～底心里还胡涂咧。
鸭子践蛋　形容人走路慢：走道道路赛如～咧
黑灯谢火　漆黑状：～底甚也看不见。
黑眉怪眼　形容面孔不清洁：～底块人。

黑铁烂片 形容炒菜色不正：把些茄子还炒成～底。

黑青巴烂 蔬菜有病斑：把两颗瓜儿也冻的～啦。

喝噜搜洒 形容吃饭快：～底就吃了一碗面。

瞎失盲碰 行事冒失：作甚也没准儿，尽是～底。

忽雷爆阵 （暴雨、脾气）突然发作：说话间雨就～下将来啦

一明两白 一清二楚；兀家的咻人，咱是～。

一模二样 一模一样：兄弟两块～。又：一模一样

一没净光 净光：变卖的把居舍～底。

一躺心肝 安心状：等他走了我就～底作咧。

一沾混水 形容衣袜长年不洗：把块～底袄儿就穿了。

一齐乎子 一起、全部：～吃了哇。

一时一霎 一会儿：～的块事，将就的穿哇。

一掌名声 名声大貌：兀家～谁家也知道。

一磕两响 形容事情一说就成：十保二十保（十分把握）能办到了，咻还不是～的事。

一海二楞 形容债务多：饥荒兑下（债务欠下了）～了，概也还不了人家。

一赫威震 独断专行：作甚也是～，甚也不和人商量。

齷里齷齪 不洁状：看看兀家作下～些儿饭。

五离海散 形容衣裳宽大：穿的衣裳不合适，～底。“五”音［uʌʔ］，阴入，下同。

五马六盗 形容胆子大：走到那儿也是～底，甚也不怕。

五截六兽 形容品行不端：来往的尽是些一底人。

阳 入

鼻涕落泪 形容鼻涕眼泪满脸：兀家哭的～底。“鼻”音［pʌʔ］，阳入。

薄皮片片 极薄状：～底些板子用不成。

薄计连串 物长串状：～底不知道吊的是些甚咧。

薄人瓦瓦　形容很冷：～底两只手。

白圪洞洞　形容白：～底块孩儿。

白眉怪眼　色彩单调：这圪瘩布儿～底不好看。

白说九道　胡说八道：一天起来～。

没油倒水　毫无道理：～底说了一顿。

没劲圪擦　没精神状：饥的我走路还～咧。

没精倒神　无精打彩：～底块孩儿。

跌溜打连　形容提的东西摇晃：～提的是些甚咧。

杂零古董　东西杂乱：～底摆下一桌子。"子"读阴入。

贼眉怪眼　贼里贼气：～底进来了块孩儿。"贼"字也可以读［tsei］，平声。

直猫野撤　不好好作事～底。

直酸扑落　形容酸味不正：这些儿醋～底不好吃。

十八把稳　形容有把握：这块事情～能办到了。

十面埋伏　形容拥着被子坐着：甚也不作就兀样样（那样）～底坐的（坐着）。

折腰马蜂　腰细而弯：～底颗腰看见也走动不得手（不便）。

日夜打垮　无精打彩：～底甚也没拉作下。又：日要打垮、

日利倒脏　肮脏状：～底圪瘩肉。

日明尽夜　黑夜白天：～底实在忙咧。

又：明尽黑夜

截眉撩胯　上衣过短貌：兀块袄儿～地穿、也不嫌冷。

蹑脚搬手　做事缓慢状：作块甚也是～底。又：拿脚搬手

踅门料户　形容寻人家饭吃：守到人家房～底想吃些儿。

活拍流洗　流里流气：～底块人，不用朝理。

糊里大涂　胡涂状：～底甚也不想作。"糊"音［xuʌʔ］，阳入。"涂"音［tuʌʔ］，阳入。

（原载《语文研究》1980年第1期）

重叠式

平遥方言的重叠式非常丰富。名词、量词、动词、形容词、副词、象声词都有重叠形式。此外，个别数词也有重叠形式。本文讨论的内容限于重叠式的构成和意义。关于重叠式的连读变调，请参看本书：《平遥方言两字组的连读变调》、《平遥方言三字组的连读变调》，这里不专门讨论。

一 名词重叠

名词重叠式可以分为以下两类。

1. 1单音名词或带“子”尾名词的重叠式。例如：

刀——刀刀小刀儿

虾——虾虾小虾

衫——衫衫小孩儿穿的单上衣

草——草草小草

手——手手小孩儿的手

碟子——碟碟小碟儿

裙子——裙裙小孩穿的裙子

棍子——棍棍小棍儿

珠子——珠珠小珠子

椅子——椅椅小椅子

瓯——瓯瓯小盅儿

渠——渠渠小渠

河——河河小河

碗——碗碗小碗儿

案——案案小菜板儿

盒子——盒盒小盒儿

桌子——桌桌小桌儿

渣子——渣渣碎屑

罐子——罐罐小罐儿

钵子——钵钵小盆儿

以上例子，单音名词或子尾名词多是统称或泛指，重叠式多是小称或专指。

有些重叠式名词的词义与单字的词义有明显的不同。例如：

a. 票：买～没啦｜票票钞票 例：手儿没～，甚也作不了[1]。

b. 火：着了[1] 火[2] 了[2]。｜火火炉灶 例：这～不好使唤。

c. 牛：买了[1] 一头牛。｜牛牛小虫儿总称 例：在地儿捉了兀些些～。

d. 面：买了[1] 二千斤好面。｜面面末儿 例：药～。

e. 女：～人心细。｜女女小姑娘 例：兀块～姓甚咧？

f. 腿：我～疼咧。｜腿腿器具下部起支撑作用的部分 例：椅子～折啦。

g. 水：挑上两挑子甜～。｜水水菜汤等 例：把兀些菜～们都吃了[2]。

h. 锁：大门上[2] 的～放的哪儿了[2]？｜锁锁幼儿颈上带的银制饰品，幼儿的一种发型 例：给咱孩儿买上块～｜给孩儿留上块～哇。

有些重叠式名词不是小称，也非专指，构成此种重叠式的名词词素不能单说。例如：

蛛蛛蜘蛛　腰腰贴身背心　爷爷　格格格子　谱谱门道　料料海洛因

少数单音儿尾名词的重叠式有小称或专指的意思。例如：

椽儿——椽椽小的椽子

泡儿——泡泡肥皂泡

1.2 名词性三字组有后叠 ABB 式与前叠 AAB 式两类。

后叠式三字组。

毛巾巾	ʂəu˧˩ tɕiŋ˩˧˧˨ tɕ'iŋ˩˧˧˦	洗脸毛巾	门环环	məŋ˩˧ xuaŋ˩˧ xuaŋ˩˧	门环
沾水水	tsaŋ˥˧ suei˧˩ sue˧˩˧˨	吃饺子等蘸的作料	兄弟弟	ɕy˩˧ ti˥˧˧˨ ti˥˧˧˦	兄弟
脚束束	tɕyʌʔ˩˧˧˨ suʌʔ˩˧˧˦ suʌʔ	脚镯	葱白白	ts'uŋ˩˧ piʌʔ˧˩ piʌʔ˧˩	葱白

前叠式三字组。例如：

汤汤饭	t'uə˩˧˧˨ t'uə˩˧˧˦ xuaŋ˥˧˧˦	汤饭	驴驴皮	luei˩˧ luei˩˧ p'i˩˧	驴皮
桶桶菜	t'uŋ˧˩ t'uŋ˧˩˧˨ ts'a˥˧	成桶儿的菜	帽帽铺	mɔ˥˧ mɔ˥˧˧˦ p'u˥˧˧˨	帽子铺
格格纸	kʌʔ˩˧˧˨ kʌʔ˩˧˧˦ tsɿ˧˩	有格子的纸	橛橛眼	tɕyʌʔ˧˩ tɕyʌʔ˧˩˧˨ ȵiaŋ˧˩	针眼

后叠式三字组的数量大大超过前叠式三字组。少数后叠式三字组（ABB 式）的意思与重叠前的二字组（AB 式）有了明显的引申、发展。例如：

耳朵朵冬天戴的护耳套≠耳朵

衣裳裳汉字偏旁“衣”≠衣裳

手巾巾手绢儿≠手巾

兄弟弟年纪最小的弟弟≠兄弟弟弟

地方方座位或较小的空间。如：找块～坐下哇。≠地方

后叠式三字组的前二字（AB）往往有比较完整、独立的意思。例如：

羊羔｜羔　骡驹｜驹　黄昏｜昏　麦秸｜秸　别针｜针

花栏｜栏放花盆的矮墙　单辕｜辕　猪娃｜娃　荫凉｜凉荫凉地儿

这类三字组的叠字（BB）有些是不能独立使用的。如“羔羔”“驹驹”“昏昏”“秸秸”“针针”等。

前叠字（AAB式）三字组的叠字（AA）往往是能够独立使用的。前叠式三字组的末字（B）一般都有比较完整的意思。例如：

面面｜炭面儿煤　蛛蛛｜窝蜘蛛窝　毛毛｜雨

温温｜水温水　对对｜眼逗眼儿　婆婆｜嘴碎嘴的人

窝窝｜面做“窝窝”的面，“窝窝”玉米面，豆面等左的蒸食品。

上列例子的末字：“炭、窝、面、水、雨、嘴、眼”都有完整的意思。各例的叠字：“面面、蛛蛛、毛毛、温温、对对、婆婆、窝窝”也都可以独立使用。

二　量词重叠

多数量词都有重叠式，有的重叠式与单用式意思相同。例如：

堆堆一～屎，一～粪　对对一～胆瓶，一～鞋样样

匙匙一～药，一～油　沓沓一～票票，一～纸

把把一～面，一～绳绳　截截一～院子，一～木头

北京话量词的重叠式有“每”的意思。例如：个个都是棒小伙子。指的是每一个人都是棒小伙子。平遥方言的量词重叠式不表示“每”的意思。“一堆堆屎、一匙匙药”就是“一堆屎、一匙药”的意思。

决定量词单用还是叠用，在很大程度上要看后头跟什么样的名词。平遥方言不能说“一把把尺，一把把木锨、一把把撅子、一把把伞”。在这些例子里头，量词只能单用，不能叠用。可是平遥方言却可以说“一把把筷子、一把把面、一把把炭（“炭，指煤末儿）一把把绳绳”，又如，平遥方言口语不能况，“一片肉、一片菜”，却可以说：“一片片肉、一片片菜”。

从这些例子来看，在数量可以分到很少的具体名词前头（如：肉、菜、炭、面、油、辣椒面、纸）可以用重叠量词。这只是就多数而言，也不是绝对的。上列例子“一截截院子”“一对对胆瓶”，量词是重叠式，但“院子、胆瓶”不能再往小里细分了。

有少数量词重叠表示“又”的意思。例如，

一笔笔钱儿（一笔又一笔钱儿）　　一座座山（一座又一座山）

一顶顶帽子（一顶又一顶帽子）

这类重叠量词前头的数词限于“一”。

动量词也有重叠形式。例如：

打了三下下　去了两遍遍　买了两件件　喝了一口口

煮了两开开　睡了两觉觉　蒸了三屉屉　提了一瓶瓶

三　动词重叠

动词重叠可以分为以下几类。

3.1　单音节动词的重叠式。例如：

搬搬　pɑŋ˩˧˧ pɑŋ˩˧˥　　谋谋　mu˧˥ mu˧˥˧ 想一想

尝尝　suə˩˧˧ suə˩˧˥　　切切　tɕʻiʌʔ˩˧˧ tɕʻiʌʔ˩˧˥

躲躲　tuəi˥˧ tuəi˥˧˩　　择择　tʂʌʔ˥˧ tʂʌʔ˥˧˩

3.2　双音节动词的重叠。双音节动词的重叠形式是间接重叠 ABAB 式。例如：

开导开导　kʻæ˩˧˩ tɔ˥˧ kʻæ˩˧˩ tɔ˥˧　　问讯问讯　uŋ˧˥ ɕiŋ˥˧ uŋ˧˥ɕiŋ˥˧ 打听打听

提拔提拔　ti˩˧˧ pʌʔ˥˧ ti˩˧˧ pʌʔ˥˧　　掐算掐算　tɕiʌʔ˩˧˩suaŋ˧˥ tɕiʌʔ˩˧˩suau˧˥

洗刷洗刷　sei˥˧ suaŋ˧˥ sei˥˧suaŋ˧˥　　拾掇拾掇　ʂʌʔ˥˧tuʌʔ˩˧ ʂʌʔ˥˧tuʌʔ˩˧

单音节或双音节动词的重叠形式均表示动作延续时间的短暂或动作反复的次数很少。换句话，平遥动词重叠的语法作用是表示动作的时量短和动作的动量小。动词重叠式前头可以加“多”。例如：你多开导开导我｜多听听人家是咋说的。加“多”以后，动词重叠形式仍然表示动作延续的时间短暂或动作的反复次数少。平遥话和北京话动词重叠式的语法功能大致相当。由于重叠式表示时量的“短暂”和动量的小，所以，在祈使句里显得口气缓和，有亲切意味。

单音节动词的重叠式中间往往可嵌“一”。例如：看一看｜问一问。“一”可省去。加“一”后意思不起变化。

动词重叠式的否定式只出现在反问句里。例如：你不看看兀家他去？｜你不搓抹搓抹用湿布多次擦坐舍家？

3.3 圪A圪A式。本式由词缀“‘圪’＋单音动词”的隔字重叠构成。例如：

圪搬圪搬 kʌʔ˧ paŋ˩ kʌʔ˧ paŋ˩˥　　圪谋圪谋 kʌʔ˧ mu˦ kʌʔ˧ mu˦˥

圪尝圪尝 kʌʔ˧ suə˩ kʌʔ˧ suə˩˥　　圪切圪切 kʌʔ˧ tɕʻiʌʔ˩ kʌʔ˧ tɕʻiʌʔ˧

圪躲圪躲 kʌʔ˧ tuei˧ kʌʔ˧ tuei˧　　圪择圪择 kʌʔ˧ tsʌʔ˧ kʌʔ˧ tsʌʔ˧

圪A圪A式和双音节动词重叠式（AA）的语法意义相当，圪A圪A式也是表示动作时量短暂和动作反复次数少。圪A圪A式和“圪A＋补语＋时量/动量词”的语法意义也大致相当。例如：

圪吃圪吃就行了＝吃吃就行了＝圪吃上[2]几口就行了。

圪看圪看哇＝看看哇＝圪看上[2]几眼哇　有些动词的重叠形式后头往往可以加宾语，圪A圪A式则不能带宾语。例如。

去洗洗碗　　＊去圪洗圪洗碗

拾掇拾掇厨房　　＊圪拾掇圪拾掇厨房

3.4 单音节动词重叠构成名词。例如：

开开主意如：谋下块～～了[2]。　　锁锁小锁头如：买下两把～

擦擦小擦子如：新买的～，好使唤。　　塞塞小塞子如：用～堵住

顺便说一下，平遥方言名词重叠与动词重叠的变调不同。上例的“开开”“擦擦”从变调上可以判断是名词。比较下列两组例子：

开开名叠 kʻæ˩˥ kʻæ˩˧主意 ≠ 开开动叠kʻæ˩˧ kʻæ˩˦

擦擦名叠 tsʻʌʔ˩˥ tsʻʌʔ˩˧擦子≠擦擦动叠 tsʻʌʔ˩˧ tsʻʌʔ˩˦

少数双音节动词重叠末字，构成ABB式名词。例如

拨拉 pʌʔ˧ la˨ 例:把几碗面~开

拨拉拉 pʌʔ˧ la˨˩ la˨˦ 拨鱼儿，面食一种。由“拨拉”动作引申成名词

薄来 pʌʔ˧ læ˧“摆”的分音词。例：鱼儿还~咧，没啦死了

薄来来 pʌʔ˧ læ˧ læ˨˦孑孓。孑孓游的时候身体要摇摆，由此引申成名词

孝顺 xɔ˥ suŋ˥˦ 有时可做动词。例：以前～过，现在不～了

孝顺顺 xɔ˥ suŋ˥˦suŋ˥˩ 挠痒痒的挠子，东北话叫“老头儿乐”

四 形容词重叠

4．1单音形容词重叠形式。例如：

美 mei˧ 例：~吃

美美底 mei˧˩ mei˧ ti˧ 例：~睡了一觉

密 miʌʔ˧ 例：针颗~针脚密

密密底 miʌʔ˧˩ miʌʔ˧ ti˧ 例：~疑上²两针

黑 xʌʔ˨ 例：没明没~的做

黑黑底 xʌʔ˨ xʌʔ˨˦ ti˧ 例：~就走了

单音形容词的重叠形式在乎遥方言里头数量很有限。远不如单音名词、单音动词的重叠形式丰富。

4．2 单音形容词重叠可以构成名词。重叠后词义也有了扩展。比较下列六组例子。

尖 tɕiE˨ 例：～的

尖尖 tɕiE˨˩ tɕiE˦ 尖儿。例：笔～，针～

红 xuŋ˨˩ 例：～的

红红 xuŋ˨ xuŋ˨ 胭脂。 例：把脸上² 抹上² 些～

甜 tiE˨ 例：～的

甜甜 tiE˨ tiE˨ 鲜玉米秸、高粱秸的有甜味儿的心 例：给我些～吃

大 tei˥ 例：～的。

大大 tei˥ tei˥˦ 排行第一的孩子。例：年˦～是女子还是小子（你们家的大孩

子是女的还是男的?)

猴 xəu˩很小的意思。例：～门门：很小的小门儿 ～手手：很小的小手

以上两例“门门”“手手”已有“小门儿、小手儿”的意思。加“猴”有“更小”的意思。

猴猴 xəu˩ xəu˩排行最末的一个孩子。

例：哑我家兀块那个～ 是女子。

五、副词重叠。

单音节副词重叠很少见。例如：

刚 tɕiaŋ˩ 例：兀家～走了。

刚刚 tɕiaŋ˩˥ tɕiaŋ˩˥ 例：～走了，你就来了。

单音节形容词重叠构成副词。这种形式也很少见。例如：

白 piʌʔ˧ 例：～的、～布。

白白 piʌʔ˧ piʌʔ˧ 例：～（地）等了半天。

单音节副词的重叠形式的语法意义在于加重单音节副词的意思。“刚刚走了”比“刚走了”的时间更要短暂。

六、象声词的重叠形式

有些单音节象声词可以重叠。重叠形式表示声音的连续不断。例如：(象声词很多无本字可言，所以例字下头干脆不加浪线，以利排版)

拐底 kuæ˥ ti˧ 例：～就笑了。

拐拐底 kuæ˥ kuæ˦ ti˧ 例：笑的～。

有些象声词只有重叠式，并无单音节形式，这类象声词仍然表示声音的连续不断。例如：

嘈嘈底 tsɔ˪ tsɔ˦ ti˧ 高声喧闹声

初初底 ts'ʮ˪ ts'ʮ˩ ti˧汤类溢出，汤水扑火声。

□□底 tɕ'ya˪ tɕ'ya˩˦ ti˧连续咳嗽声。

附说：文中“了[1]”老派读〔lɔ˧〕上声。新派有读〔liɔ˧〕的，动词后

缀，表示动作处于完成的状态。“了^{2}”读〔lia˦˨˦〕，语气词，表示新情况的出现。“上^{2}”读〔xɔ˧˥˧〕去声，方位词。“上^{1}”读〔suə˧˥˧〕动词。“上^{1}”本文未见，一并附此说明。

（原载《语文研究》1988 年第 4 期）

补 语

本文讨论平遥方言的结果补语、趋向补语、可能补语和程度补语。

一 结果补语

有些结果补语，平遥话与北京话的用法没有什么不同，可以不讨论：例如：

长 （拉～ 放～） 短 （截～ 剪～）

尽 （吃～ 说～） 满 （添～ 舀～）

倒 （推～ 砍～） 通 （买～ 闹～）

破 （说～ 挂～） 断 （掐～ 拽～）

本节讨论的“着、见，住”三个结果补语和北京话用法差别较大，以下分别讨论。

表一

平遥	结果补语	着	见	住
	意义	损伤	（看、听）到	牢，稳
北京		—	＋（少）	＋（少）

1 着［tsuʌʔ˧］

“V＋着”表示动作造成某种轻微的损伤。例如：

① 裂～脖子了。（裂～：扭伤。）

② 狗儿叼住我的裤褪褪，好悬番没啦咬～。（裤腿腿：裤腿儿，好悬番：好危险。咬～：咬伤。）

“V＋着”形式使用的很广。例如：

吹～　　打～　　捣～　　碾～　　敲～　　挂～

饿～　　夹～　　扎～　　切～　　踢～　　跌～

吓～　　戳～　　呵～　　砸～　　晓～　　冻～

少数形容词也可以加补语“着”。例如：

热～　　冷～　　暖～　　偏～　　歪～

“热～、冷～，暖～”的“着”表示”热、冷，暖”造成了某种轻微的损伤。“偏～、歪～”的“着”相当于北京话的“了”。例如：画儿钉得偏一点点了。

平遥的“V＋着”，北京话是“V＋伤”。如：平遥的“戳着”北京话是“戳伤”。

少数几个“V＋着”没有“伤”的意思。“着”仍读阳入。例如：

③走着哑门前了进来串串。（哑 ŋa˧ 我家”的合音。）

④去着了去不着？（值得去不值得去？）

⑤烧着火啦。（火点着了。不同于“教火烧着了”中的“烧着”。后者是烧伤的意思。）

例 3 的“着”是到的意思。例 4 用于反复问句，全句的意思是“值得去不值得去?”例⑤中的“着”大致相当于北京话表结果的“着”tsɑu˦。例③④⑤一类例子不多见。

2　见

“V＋见”的；‘见”是看到、听到、感觉到的“到”。例如：

① 家儿烧的实在暖咧，脸还觉见扑红咧。（家儿：家里。扑红咧：发烧呢。）

② 兀块事我思忖见不对了。（思忖见：捉摸到。）

“觉见”是感觉到，“思忖见”是捉摸到。北京话也有类似的说法。如：看见，听见。但数量比平遥话要少得多。平遥话说“吃见，扫见（用眼角看到），穿见、寻见、问见”等，北京话都不说。“吃见”是吃当中感觉到。“寻见”是寻到。“问见”是问到。

3　住

“V＋住”多用来表示动作结果的牢稳。例如：

①　单子上的血教滚水烧～啦（单子上：床单上。）

②　不是我喝叫～兀家倒走啦。（喝叫：叫。兀家：他。）

③　老婆在闺女家房住～了。

“烧住，住住”都表示动作的牢稳。“喝叫住”是叫住的意思。这里“住”表示“停止”。

“V＋住”的形式北京话也有。如：站住、糊住，逮住，绑住，盖住、卡住。但是平遥话“V＋住”用得更多。像下面的例子平遥话可以说，北京话不能说。如：说住、闹住、串住、讹住、爬住，寻住，捣住，挑拣住。

有少数“V＋住”表示动作的完结。“住”可以换成“起²”，（参看下文“起²”）例如：

④　写住（起²）些儿，不敢教忘了¹（不敢：不可。）⑤第明就把鞋口口给你缉住（起²）了（第明：明天。鞋口口：鞋口。）

表结果动补式的否定形式是在动补式的前头加副词“没啦”mʌʔ˧ lɑ˩或“没”mɑ˧（“没拉”的合音）或者是在动词与补语中间加副词“不”。例如：

没啦（没）吹着　　　　吹不着

没啦（没）问见　　　　问不见

没啦（没）喝叫住　　　喝叫不住

表结果动补式的宾语都放在补语的后面。

例如：

①　夹着我的手了。

②　看见倒像兀家回来了。

③　兀家倒又拍住人家了。（拍住：巴结上。）

有的宾语也可以用把字提前。例①③可以说：

④　把我的手夹着啦。

⑤　兀家倒又把人家拍住啦。

二 趋向补语

本节讨论的趋向补语有：

来　　去

上来　　下来　　过来　　将来　　起来

上去[2]　　下去[2]　　过去[2]　　将去[2]　　起去[2]

起　　上　　下

1. 来［læ˩˧］去[2]［tiʌʔ˩˧］①

“来”作趋向补语的用法和北京话相同。

“去[2]”只作趋向补语用，不能作谓语动词。作谓语动词的“去”，我们写作“去[1]”［tɕʻy˧˥］。“去[2]”在动词后表示动作的方向是背着说话的人与趋向补语“来”的方向正好相反。作动词谓语的“去[1]”与表趋向的补语“去[2]”不仅读音不同，用法也分得很清楚，绝不能互相替换。如“我去[1]串串门子”（我去串个门儿）中的“去[1]”，绝不能改用“去[2]”。“你去[1]唤兀家去[2]”（你去叫他去）的“去[2]”不能说成“去[1]”。

平遥的“V＋去”’式用得很多。例如：

起～　　问～　　尿～　　吼～　　买～　　撵～　　回～　　拍～（吹牛拍马去）

2. 上来［suə˥ læ˩˧˥］　下来［xa˥ læ˩˧˥］　起来［tɕʻi˧ læ˩˧］
过来［kuei˥ læ˩˧˥］　将来［tɕyə˥ læ˩˧˥］

“上来　下来　起来”的用法与北京活大致相同。讨论从略。有一点要说的是，“起来”也可换说“起”，不加“来”。例如：

搀起来（起）　　梳起来（起）

端起来（起）　　飞起来（起）

掀起来（起）　　勒起来（起）（勒：紧扎）

---

① 把［tiʌʔ˩˧］看作“去”，从音上看，还需要论证。但考虑到乎遥话存在比较丰富的变音现象，故不妨也可看作变音。

贴起来（起）　　　　　重起来（起）（重：叠置）

“过来　将来”过来北京话也说，意思相同。“将来”北京话不能作补语。“将来”有过来的意思。在许多例句里，“将来”与“过来”可以换用。例如：

① 兀些些人一下下就拥将（过）来了。（兀些些：那么多。一下下：一下子。）

② 舞将（过）股子黑风来。

③ 串将（过）根蛇来了。

④ 日头爷落将（过）来了。（太阳要落了。）

⑤ 不用点灯了，你摸揣将（过）来哇。（摸揣：摸索。）

苏轼有“刚被太阳收拾去，却教明月送将来”（《花影》）的名句。平遥话可以说“送将来”。如：他送将兀些些枣儿来。｜把筛筛送将来啦。“将来，过来”用得很广。例如：

搬将（过）来　唱将（过）来　拖将（过）来　担将（过）来

动弹将（过）来（动弹：干体力活。）　吃喝将（过）来

上列例子，“将来”与“过来”可以互换。但不能都用。不能说“打将过来”。《西游记》中“提将过来”“拿将过来”的用法，平遥话没有。

与“过来”的“过”比，“将来”的“将”意思要虚得多。尽管如此，“将”字绝不能省略，例如：

① 妈甚也给百百般般安排将来。（百百般般：百般。）

② 想将来也认不的兀块人，（兀块人：那个人。）

③ 拾掇将来的车子倒又坏啦；

④ 兀家能咧，甚也能谋将来，（谋：谋划。）

“过来”还可以用来表示动作方向的改变，“过”的意思比较实一些。这类例子只能用“过来”，不能用“将来”，例如：

① 把被子翻过来盖哇。

② 掉过你的得老来。（得老：头。）

还有一点不同。“将来”的“将”不能作谓语动词，不说“你将来”。“过来”的“过”可以作谓语动词。可以说，“你过来”。“将去^{2}”与“过去^{2}”也有这种分别，在此总提一下，下文不再重复。

3. 上去[2] [suə ˧ tiʌʔ ˦˨] 下去[2] [xɑ ˧ tiʌʔ ˦˨] 过去[2] [kuei ˧ tiʌʔ ˦˨] 将去[2] [tɕyə ˧ tiʌʔ ˦˨] 起去[2] [tɕʻi ˥ tiʌʔ ˦˨]

"上去[2]，下去[2]"和北京话用法大致相同。"起去[2]"可以单说"起[1]"，不加"去[2]"。例如：

① 你坐起去[2]（你坐起）

② 把椅子扶起去[2]（把椅子护起）

例①北京话说"你坐起来"，例②北京话说"把椅子扶起来"，平遥话和北京话的说法不同。

"将去[2]、过去[2]"常常可以自由换用，意思不变。

跳将去[2]＝跳过去[2]　　滚将去[2]＝滚过去[2]

打将去[2]＝打过去[2]　　抓将去[2]＝抓过去[2]

"将去[2]"的"将"不能省略，否则，整句话的意思就变了。例如：

① 买将些儿炭去[2]。（买些煤送过去。）

② 买些儿炭去[2]。（买些煤去。）

③ 盛将碗面去[2]（盛碗面送过去。）

④ 盛碗面去[2]。（盛确面去。）

例①③强调给谈话中提到的某个人去办事。例②④只是单纯的命令句。

下列例句的"将"如果省略就不成话了。

① 把这瓶瓶醋提将去[2]。

* 把这瓶瓶醋提去[2]。（这瓶瓶：这瓶。）

② 把兀担担水担将去[2]。

* 把兀担担水担去[2]。（兀担担：那担。）

有些例子只能说"过去"不能说"将去"，例如：

① 刚挤过去[2]就卖完啦。

② 你把腿来弹过去[2]。（弹：去声，迈。）

③ 裂过脸去[2]。（转过脸去。裂音 liʌʔ 阳入：）

④ 悄悄底就钻过去[2]了。

⑤ 转过身子去[2]。

⑥ 躲过去[2]倒没事啦。

4. 起［tɕʻi˨］　上²［xɔ˦］　下［xɑ˦］

“起”有两个意思，我们用“起¹、起²”分别表示。

“起¹”，与“起去²、起来”的意思相同，可以换用，上文已有交代。

“起²”表示的意思要虚得多，不能与“起去²，起来”替换。“起²”表示动作的完结。例如：

① 给你的袄儿夜来才赶起²。（夜来：昨天。）

② 你的咻信写起²啦，（咻：“兀块”的合音，“那个”的意思。）

③ 兀瓶瓶酒早就喝起²啦。（兀瓶瓶：那瓶。）

“上²”［xɔ˦］表示动作的方向往上。“下”表示动作的方向往下。有些动词加“上²”“下”趋向不明显，“上²”，“下”的意思较虚。例如：

哭上²　闹上²　说笑上²　闭拍上²（关闭上）

看下　买下　站下　听下

如同作补语的“去²”不单用一样，作补语的“上²”也不能单用。作动词的“上”音［suə˦］去声。我们写作“上¹”。作动词的“上¹”与表示趋向的“上²”读音明显不同。

作动词的“上¹”也可以带趋向补语“上²”。例如：

① 上¹上²［suə˦ xɔ˦˥］门子（门子：门。）

② 上¹上²［suə˦ xɔ˦˥］圪瘩玻璃。

5. 平遥方言带趋向补语的动补式，宾语的位置是在补语中间。这从上文所举的例子可以看出来，下面再补充几条例句：

① 买回两颗蔫茄子来了。

② 溅过点子滚油来。（滚油：烧开的油。）

③ 盛起启子去²。（盛：抬。启子：屁股。）

④ 下城去²。（进城去）

宾语的位置也可以用把字提前，例如：

① 把两颗蔫茄子买回来啦。

② 把启子盛过去²。

北京话的说法和平遥话不太一样，北京话宾语的位置比较活动，可以像平遥话那样，宾语放在补语中间，也可以放在补语的后头。北京话可以说“你认出来我啦”，地道平遥话不说。

北京话甚至可以把宾语放在补语前头。如："买俩烂茄子回来"，地道平遥话也不能说。

6. 转［tsuɑŋ˦˩］开［k‘æ˩˧］

"转"有两个意思，用"转[1]、转[2]"分别表示。

"开"也有两个意思，我们用"开[1]、开[2]"，分别表示。

转[1]、开[1]的意思相同，都有表示"（分、离、展）开"的意思。多数"V＋转[1]"的例子可以换用"V＋开[1]"，例如：

搬转[1]（开[1]）　拖转[1]（开[1]）　拉转[1]（开[1]）　提转[1]（开[1]）

跑转[1]（开[1]）　起转[1]（开[1]）　走转[1]（开[1]）　躲转[1]（开[1]）

喊转[1]（开[1]）　打转[1]（开[1]）　撵转[1]（开[1]）　吼转[1]（开[1]）

有些"转[1]"意思较实，和开[1]意思不同。下列例句的"V＋转[1]"不能换成"V＋开[1]"。

① 去把钉钉捏转[1]。（捏转：捏起来放到别处。）（捏：用两指尖拿细小东西。）去把钉钉捏开[1]。（捏开：桉大小分开）② 把碗儿的面拨拉转[1]。（拨拉转[1]：折到别处。）把碗儿的面拨拉开[1]。（拨拉开[1]：分开，以免凝住。）

"转 2"表示旋转，倒转。"转[2]"仍读去声。例如：

① 把油瓶瓶栽转教空的哇。（油瓶瓶：油瓶子。空的：空着。"空"读去声。）

② 掉转[2]启子走了。

③ 把兀些碗碗扣转[2]（兀些：那些。碗碗：小碗儿。）

④ 转转[2]锅儿（转转[2]：旋转。"转转[2]"，此处不是动叠，从变调与意义看都是动补。）

"开 2"表示动作的开始。例如：

① 看见啐天气退开了啦。（乌云开始退了。）② 节气到啦，树叶叶落开啦：（树叶儿开始落了。）

"V＋开[2]"的用法北京话也有。如：冷得哆嗦开了。但平遥话用得要多。像下列例子平遥话说，北京话不说：

楞开　搽开　来开　耍开　吃开　眼奇开（开始羡慕）

三 可能补语

北京话的可能补语肯定式是“V＋得十补语”。如：搬得开、坐得下。平遥方言的可能补语肯定式是“动词＋补语＋了^1”。了^1 音 lɔ˥˧新派多读 liɔ˥˧“搬转了^1”是说能搬开，“坐开了^1”是说能坐得下，“夹着了^1”是说能夹伤，“担将去^2 了^1”是说能担过去。平遥话的说法与北京话不同。

不带补语动词的可能式是“动词十了^1”。如问：“这碗面你吃了^1 吃不了^1?”答：“吃了^1”。有些上了年纪的人也可以说：“吃了^1 了^1”。

可能补语的否定式和北京话的说法相同，都是“动词＋不＋补语”。例如：挪不转　睡不开　用不起　走不过去^2　寄不将来　拉不过来。

“动＋补＋了^1”构成的反复问句，“了^1”字可用可不用，意思都一样，例如：

① 窗子糊住（了^1）糊不住?

② 算将来（了^1）算不将来?

“动十了^1”构成的反复问句，“了^1”字一律不能省。例如：

① 去了^1 去不了^1?

② 拾掇了^1 拾掇不了^1?

不管是问句，是肯定句还是否定句，平遥话的可能补语郡不用“得”

顺带说一下平遥方言还有“V＋成＋了^1”的形式。“成”是补语。这种形式用得很广。例如：

① 袄儿穿成（了^1）穿不成?或袄儿穿成了^1?　（上衣可以穿不可以穿?）

② 穿成^2 了　穿不成^2。

“V＋成^2＋了^1”的问句形式是问可否（问是否具备条件，动作可以不可以进行），不是问能力，也不是问情况。如：“吃了^1 吃不了^1”是问能力。（肯定回答：吃了^1，否定回答：吃不了^1）“吃咧不吃”是问情况。（肯定回答：吃。否定回答：不吃）。

“V＋成^2＋了^1”中的补语“成^2”音［ʂʅ˩˧］。作谓语动词的“成^1”音［tʂʻəŋ˩˧］，作补语的是白读，我们写作“成^2”。作谓语用的是文读，写作

“成[1]”。分得很清楚。例如：

① 你成[1]［tʂ‘əŋ˩˧］不了[1]块魁气。（魁气：出息、作为。）

② 你去不成[2]［ʂʅ˩˧］。

四 程度补语

本节讨论六组八个程度补语。参看下表。

表 2 程度补语

程度补语	表示意义	例　句
煞	……的很利害	这顿饭把我吃～了（撑得利害）
美，可意，到家	……的很舒服	这顿饭把我吃～了
足意	够	今晌午格吃一了
彻[1]	透	村儿的地浇～了没啦
彻头（彻[2]）	……到尽头	村儿的地浇～了没啦
彻底	……到底	井儿的绳绳下一了没啦

1. 煞［sʌʔ˩˧］，阴入。用于动词和形容词后，表示程度之深，相当于北京话的“……死了”、“……的很利害”的意思。“闹煞”是闹死了或闹的很利害的意思。“动”或“形”＋煞的例子很多。例如：

拖～　　骂～　　挤～　　哭～　　笑～　　打～

气～　　想～　　痛～　　吃～　　冷～　　暖～

香～　　臭～　　干渴～　恓惶～

“煞”作为加强程度补语，后头还可以带宾语，宾语多为人称代词。例如：

挤～我了　想～兀家了　冷～你了　臭～人了

“煞”在近代汉语里头用得很多。平遥话的“煞”保存了近代汉语的一些用法。

2. 美［mei˥˧］、可意［k‘iᴇ˧˥ i˧˥˧］、到家［tɔ˧˥˧ tɕiɑ˩˧］意思差不多，可放在一起讨论。三个程度补语多用在动词后头，均表示“……的很舒服”：

例如："吃美了/吃可意了/吃到家了"都是吃的很舒服的意思。用例很多，例如：

睡美（可意、到家）　　唱美（可意，到家）

听美（可意，到家）　　喂美（可意、到家）

3. 足意［tɕyʌʔ ˦˥ i ˦］多用在动词后头，表示动作或行为"足够"了。与"美"（可意、到家）不同的是，"足意"强调的是"够"，没有"舒服"的意思。比较下列例句：

睡美≠睡足意　　唱美≠唱足意

听美≠听足意　　喂美≠喂足意

"V＋美＋了"有时表示与"美"完全相反的意思。"走美了"是走得要累死人的意思，"累美了"是要累死人的意思。"问美了"是问（路，或了解其他情况）得大辛苦了。

4. 彻^{1}［ʈʂʻʌʔ］阴入。"透"的意思。"浇彻"是"浇透"。例如：

① 雨下～了。（雨下透了。）

② 把兀疙瘩布儿泂～哇。（把那块布泡透吧。）

5. 彻头［ʈʂʻʌʔ ˨˩ təu ˨˩］、彻底［ʈʂʻʌʔ ˨˩˨ ti ˧˨］

"V＋彻头"可以省作"V＋彻^{2}"。意思是动作或行为到了尽头。"彻^{2}"是到尽头的意思，与彻^{1}表"透"的意思不同。例如：

放彻^{2}（头）　　看彻^{2}（头）　　告彻^{2}（头）　　说彻^{2}（头）

油彻^{2}（头）

"彻底"的结合能力很强。例如：

放彻底　翻彻底　告彻底　烧彻底　挖彻底

"彻头"与"彻底"的区别是"彻头"多是就平面讲；"彻底"多是就纵面讲。

动词带程度补语，宾语可以放在补语的后面，也可以用把字提到动补式的前头，比较下列同码例句。

① 你一口就想骂煞我咧。

① 你一口就想把我骂煞咧？

② 兀块孩儿打美哑孩儿啦。（哑："我家"的合音）

②　兀块孩儿把哑孩儿打美啦。

③　你要奶足意咱孩儿。

③　你要把咱孩儿奶足意。

④　夜来可［kʌʔ˧˥］浇彻（头）地儿的麦子了！

④　夜来可把地儿的麦子浇彻（头）了。

⑤　你告彻底兀家。(你详尽地讲给他)

⑤　你把兀家告彻底。

以上讨论了平遥方言的四种类型的补语，正如上文所说，我们所讨论的动补式是不能扩展的，中间一般不能嵌入其他成分。这是就绝大多数情况而言，有些带结果补语的动补式中间可以嵌入“擦”［tsʻʌʔ˧˥］，“拍”［pʻiʌʔ˧˥］两个表音中缀。此外，少数带趋向补语“上”“下”“转”“开”的动补式也可以嵌入“擦”、“拍”例如：

嵌“擦”：烧～着　粘～住　骂～开

缝～上²　拖～下　搬～转

嵌“拍”：惊～着　闭～住　瞭～见

垫～上²　藏～下　包～转

以上多数例句“拍、擦”两个中缀可以换用意思不变。例如：“粘擦住、缝擦上、拖擦下、搬擦转、骂擦开”的“擦”可以自由换用“拍”。“闭拍住。垫拍上、藏拍下、包拍转、揭拍开”的“拍”也可以自由换读“擦”。

动补式中的表音中缀“擦”、“拍”可以有也可以没有。“烧擦着”与“烧着”,“包拍转”与“包转”都可以说，意思相同。有些动补式加“擦”给动作带上一点儿粗粗的，随便的色彩；如：别擦住，缝擦上。

（原载《晋语研究》1989）

札记四则

敬称　昵称　禁忌词

1. 敬称

晚辈对长辈的敬称有：

你老人家 ŋ̍˥˧ lɔ˥˧ ʐəŋ˩ tɕia˩

兀家老人家　uʌʔ˩ tɕia˩ lɔ˥˧ ʐəŋ˩ tɕia˩ 说快了末两个音节［ʐəŋ˩ tɕia˩］音变为［ɳa˩］。“你老人家”也可以简称“你老”。

对女性老年人的敬称有：

你老儿娘　ŋ̍˥˧ lɔr˥˧ ȵia˩˩

兀家老儿娘　uʌʔ˩ tɕia˩ lɔr˥˧ ȵia˩˩

例如：

① 你老（人家）慢些儿走：

② 你老娘咬动了？

2. 昵称

长辈对晚辈（多指未成年的）的昵称用“哑”［ŋa］。例如：

① 哑［ŋa˥˧］睡哇。

② 哑［ŋa˥˧］把椅兀兀掇过来。（椅兀兀：有靠背的旧式椅子。掇：端。）

长辈对晚辈训斥时绝不能用哑［ŋa˥˧］。上两个例的“哑”都得换用重读的“你”［ŋ̍］。

3. 禁忌词

《晋语的变音》一文指出的因避讳而引起的变读。本文拟作进一步的讨论。

对汉语方言禁忌语的研究近年更多的引起人们的兴趣。例如对北京禁忌语“人”字的研究。[①] 对上海郊区崇明方言的“雀、卵”等字读音的研究。[②] 古人说：“入竟（境）而问禁，入国而问俗，入门而问讳。”是很有道理的。李荣先生指出：“就学问本学说，这类禁忌的字眼常常造成字音的更改，词汇的变化，对认识语言的现状跟历史，都是很重要的。”[③]

下面请看在平遥方言里因禁忌而引起字音更改的例子。

1. 对拍 tuei ˧˥ p‘iʌʔ ˩˧˥ 禽。有人单说个“对 tuei ˧˥”，读去声，两种说法意思一样。

“对”是蟹摄合口一等去声端母。同组声母的字今韵母读 [uæ]。如：堆 [tuæ ˩˧] 推 [t‘uæ ˩˧] 腿 [t‘uæ ˥˧] 退 [t‘uæ ˧˥] 队 [tuæ ˩˧]。“对拍”的“对“韵母 [uei] 不合乎演变规律。“对不对”的“对”音 [tuæ ˩˧]。合乎演变规律。“对” [tuæ ˩˧] 是通用字音。“对” [tuei ˧˥] 是禁忌字音。

2. 透 t‘əu ˧˥

“透”音 [t‘əu ˧˥] 合乎演变规律，是禁忌字音。平遥方言“透气”的“透”音 [təu ˧˥]，读不送气声母，不合乎演变规律，是个通用字音：北京话说“把地浇透”，平遥话说“把地浇彻”，北京话说“透雨”，平遥话说“彻雨”。这是由禁忌而引起用词上的差别。

3. 片 p‘iᴇ ˧˥ 女阴

“片”是古去声字，今平遥方言读去声，合乎演变规律。但由于这是个禁忌字音。作名词（禁忌义以外的）、量词用的“片”就改读上声 [p‘iᴇ ˥˧]。读上声是通用字音。但不合乎语音演变规律。比较下例：

片片 p‘iᴇ ˧˥ p‘iᴇ ˧˥˥ 女阴 ≠ 片片 p‘iᴇ ˥˧ p‘iᴇ ˥˧˧ 名词，（纸）片儿

≠ 片片 p ‘iᴇ ˥˧ p‘iᴇ ˥˧˧ 量词，～～树叶叶

① 李荣：论“人”字的音。《方言》1982 年第 4 期。

② Hui ying, Zhang *Irregular sound chang and tabon in Chinese*: Computational Analyses of Asian & African languane, March, 1985.

③ 李荣：论“人”字的音。《方言》1982 年第 4 期。

4. 堆儿 tuær 睾丸

“堆儿”作“睾丸”解必定要儿化。由“堆儿”引申出来的骂人话”地堆儿”［ti˧ tuær˨˦］（指个头很矮的人）也必须儿化。作量词，名词（睾丸义以外的）或重叠或不重叠，但均不可儿化，如：一堆土（一堆堆土）｜一堆炭（一堆堆炭）｜土堆堆（*土堆儿）｜分开堆堆。此例是用儿化（或儿尾）表示禁忌字音，不儿化（或无儿尾）表示通用字音。

5. 埋 pæ˨ 死人入土

“埋”是明母字，平遥今读［m］声母。如：把兀只死猫挖块坑埋［mæ˨］了哇｜种树了多埋［mæ˨］上些土。读［m］声母为通用字音，合乎古今语音演变。

“埋”用于死人入土，一定说［pæ˨］，声母是［p］。平遥方言把人死后埋在非正式的墓穴（便于以后“合葬”）叫做“寄埋”［tɕi˧ pæ˨˦］“埋”也读塞音［p］。“埋”读［p］声母为禁忌字音。

平遥话因避讳原因而改变用词的例子很多。例如：

忧事（丧事）

人没了（人死了）

少亡了（未成年亡故）

老杀了（上年纪亡故）

丢了孩儿了（死了出生不久的婴儿）

身上的（月经）

走了身子了（遗精）

上面举的词语都很文，但都是口语经常使用的。

（原载《现代晋语的研究》1989/2008）

分音词与合音词

在平遥方言里头有一批分音词。所谓分音词是把一个字分成两个音节来说。假如本字的声韵是CV，构成分音词的公式就是：

本　字		分　音　词	
CV	＝	C＋Λʔ	L＋V
		（前音节）	（后音节）

例如：

本　字		分　音　词	
杆 kaŋ	＝	圪 kʌʔ	懒 laŋ
		（前音节）	（后音节）
拌 paŋ	＝	薄 pʌʔ	浪 laŋ
		（前音节）	（后音节）

以上例子，平遥只说分音词。请看例句：

①　烧上些玉茭圪懒哇（烧点儿玉米秸吧）

*　烧上些玉茭杆哇

②　把兀些菜薄浪起哇（把那些菜拌起来吧）

*　把兀些菜拌起哇

具体地讲，分音词的构造有如下规律：

1. 前音节的声母（C）是本字的声母。通常是塞音［p t k；pʻ tʻ kʻ］由于古今声母的演变，前音节声母是［k kʻ］的，本字声母有的是腭化的［tɕ tɕʻ］。

2. 前音节的韵母是入声韵母［ʌʔ　iʌʔ　uʌʔ］。

3. 后音节的声母是［l］。因此有人称分音词为“嵌 l 词”。①

---

①　赵秉璇：《晋中话“嵌 l 词”汇释》，《中国语文》1979年第6期。

4. 后音节的韵母（V）和声调是本字的韵母和声调：

平遥方言的分音词与南宋洪迈《容斋随笔》记载的以“蓬”为“勃笼”，以“盘”为“勃阑”，以“团”为“突栾”的诸多切脚词是一回事。其中，如：以“团”为“突栾”的说法，今天的平遥方言里头还说。平遥方言不说“把纸团［tuɑŋ˨˩］）住”，而说“把纸突栾［tuʌʔ˨˩ luɑŋ˨˩］住”。

晋语地区多有分音词，构造的方式大致相同，只是分音词的数量多少各地不同。

平遥方言的分音词举例如下：（横杠前是分音词，横杠后头是本字。）

pʌʔ˥˧ lɑ˨˩ —— 扒［pɑ˨˩］。如：把苗根根上的土～开些儿。

pʌʔ˥˧ lɑ˨˩ 薄来——摆（pæ˥˧）。如：叫风吹的来回～咧。

pʌʔ˥˧ læ˨˩ læ˥˧˧ 薄来来，孑孓。、“孑孓”游动总是摆身子，由此引申成词。ɕin˩˧ pʌʔ˥˧˧ læ˨˩ 心薄来，心脏超出正常的运动的感觉。

pʌʔ˥˧ li˨˩ tsʌʔ˨˩ 薄离子——秕子［pi˥˧ tsʌʔ˨˩］。如：麦子～、䅟黍～。

pʌʔ˥˧˧ lɑŋ˥˧ lɑŋ˥˧ ku˥˧ 薄懒懒鼓——扁鼓［pɑŋ˥˧ ku˥˧］

pʌʔ˥˧ lɑŋ˧˥ 薄浪——绊［pɑŋ˧˥］。如：叫兀块事情～住了没拉走了。

pʌʔ˥˧ lɑŋ˧˥ 薄浪——拌［pɑŋ˧˥］。如：把鸡食～起哇。

pʌʔ˥˧ ləŋ˧˥ 薄楞——［pəŋ˧˥］。（多指动物死前挣扎，有时可用以指人行走，有贬义）如：你往哪儿～咧。

pʌʔ˥˧ ləŋ˧˥ tsʌʔ˨˩˧ 薄楞子——［pʌʔ˥˧ ləŋ˧˥］是象声词“嘣”［pəŋ˧˥］的拟声。“嘣子”是剃头挑子招来顾客的唤头，因拨动后其声“嘣嘣”而得名。

tsʻei˨˩ tʌʔ˥˧ lɑŋ˥˧˥ ti˥˧ 清达烂底。形容水至清，又可说成［tsʻei˨˩ lɑŋ˥˧˥ ti˥˧］）清胆底。由又读可证［tʌʔ˥˧ lɑŋ˥˧˥］是“胆”［tɑŋ˥˧］的分音词。此条本字不明，暂写同音字。

tʌʔ˥˧ ləŋ˧˥ 得楞——瞪［təŋ˧˥］。在两个支撑点上平放的意思。如：荷棍棍把兀根杆杆～住。

tiʌʔ˥˧ li˨˩ 滴离——提［ti˨˩］。如：把醋瓶瓶～开。

tiʌʔ˥˧ liɔ˧˥ 滴料——吊［tiɔ˧˥］。如：电管儿在兀儿～的咧。

tʻʌʔ˥˧ lʌʔ˥˧ 特勒——搭［tʌʔ˥˧］。如：电线也～到树儿上[2]了[2]。

t‘ʌʔ˧ lei˧ 特罗——拖［t‘ei˧］。如：～的尾巴。

kuʌʔ˨ lɑ˨ 郭拉——刮［kuʌʔ˨］。如：把锅儿～干净。

kʌʔ˧ lɔ˦ 圪牢——角［tɕiɔ˧］。如：门～放的块瓶子。

kʌʔ˧˥ lɔ˧ 圪老——搅［tɕiɔ˧］。如：你在锅儿～甚咧。

kʌʔ˧˥ lɔ˧ 圪老——□［kɔ˧］柳条编的水斗。此条是否为分音词，可疑。暂附于此。

kʌʔ˧ liɔ˦ 圪溜——钩［kəu˨］。如：棍棍不直～的咧。

kʌʔ˧ liɔ˦ 圪料——翘［tɕiɔ˦］如：～起腿来了。榆次话音“刻撩”，第一音节声母送气，与所切之字声母相合。

kʌʔ˧ lɑŋ˧ 疙懒——杆［kɑŋ˧］。荷过些儿玉茭～来。（“荷”拿的意思。）

tɕiʌʔ˧ kʌʔ˥ lɑŋ˧ tsʌʔ˨ xuɑ˦ 截圪懒子：夹杂有别处口音的话。［kʌʔ˥ lɑŋ˧］是“杆”［kɑŋ˧］的分音词。

kʌʔ˧ ləŋ˧ 割冷——埂［kəŋ˧］如：兀来高的～，你能下去了。

kuʌʔ˨˥ læ˧ 郭来——块［k‘uæ˧］把菜切成小块，用干面搅拌，蒸食。此条分音词的前头一个音节的声母与本字声母发音方法不同，有些特殊。类似的还有～两条。

kuʌʔ˨˥ lyE˧ 骨联——卷［tɕyE˧］如：把兀张画～住。

kuʌʔ˧ luɑŋ˦ 谷乱——□［kuɑŋ˦］。如：一～屎：晋中榆次等地说“突恋”，本字为“团”：符合分音词的构成方式，意义切合。

k‘uʌʔ˨ lyE˨ 窟联——圈［tɕ‘yE˨］。如：风～｜屎～｜日～｜月～。也可以说“窟联联”。

k‘uʌʔ˨ lɑŋ˨˩ lɑŋ˨˥ 窟郎郎——框［k‘uɑŋ˨］。如：喂了块千～猪。“窟郎郎”猪指只有猪的“框架”而无肉的瘦猪。

k‘uʌʔ˨˥ luŋ˧ 窟窿——孔［k‘uŋ˧］。如：裤儿上也烧了块～了。

kuʌʔ˨˥ luŋ˧ 郭拢——滚［kuŋ˧］如：～上走哇。

k‘uʌʔ˨˥ luŋ˧ 哭拢——（随便）捆［k‘uŋ˧］。如：～住些儿再荷哇。

kuʌʔ˨˩骨力——羯［tɕiʌʔ˧］。分音词“骨力”专指山羊，而“羯羊”专指阉割了的公羊。

合音词是指把双音节词合成一个单音节词说的：平遥方言的合音词不多，但使用的频率很。例如：(＜“号”前是合音词)。

啐 tsæ˥˧＜tsʌʔ˩˧ xuæ˥˧ 这块（这个）例：把～盆盆搬开。

哝 uæ˧˥＜uʌʔ˩˧ xuæ˥˧ 兀块（那个）例：把～炉子生着。

□ɳɑ˩˧＜ʐən˩˧ tɕiɑ˩˧ 人家（前音的声母［ɳ］加后音的韵母）例：～房有钱儿好活。～房：人家的家里。

哑 ŋɑ˥˧＜ŋiᴇ˥˧ tɕiɑ˩˧ 我家　例：～房没钱儿不好活。～房：我家里。

□ɕyɑ˩˧＜suei˩˧ tɕiɑ˩˧ 谁家。

男□nɑŋ˩˧ tiɑ˩˧＜nɑŋ˩˧ tiʌʔ˩˧ tɕiɑ˩˧ 男的家。

媳妇□ɕiʌʔ˥˦ xu˧˥ tsɑ˧˥˧＜ɕiʌʔ˥˦ xu˧˥ tsɑ˧˥˧ 媳妇子家。“口”是“子家”的合音。

（原载《现代晋语的研究》1989/2008）

说“们”

平遥方言的“们”是人称代词，疑问代词和名词的后缀，表示复数。北京话的“们”，限于作人称代词和指人的名词的后缀。疑问代词和指物的名词后头不能加“们”。平遥方言“们”的用法要宽得多。例如：

① 大人们的话分文根本是不听。

② 寡妇幼子们再早就没人管。

③ 兀家妻夫们夫妻实在好咧。

④ 鬼们才信你的话咧。

⑤ 兀些绸绸水水们穿的实在凉快咧。

⑥ 这些汤汤水水们就是不好掇端。

⑦ 把地下们指室内的地扫簸了。

⑧ 把兀些烂东西们给了人哇。

⑨ 圪□［tɕi⅄］疙撮们放的一世界到处。

平遥方言的“们”不仅可以加在指人的名词后头，也可以加在指物的名词后头。上面举的九个例句中，前三例，“大人们、寡妇幼子们、妻夫们”均指人，都是复数。后六例“鬼们、绸绸水水们、汤汤水们、地下们、烂东西们、圪□圪撮们”均指物，也用加“们”来表示复数。这在北京话里是不行的。例④“鬼们”指的是各种鬼，复数。例⑤“绸绸水水们”指丝绸织品一类的东西。例⑥“汤汤水水们”指米汤、菜汤一类的东西。例⑦“地下们”指与扫地相关的事，如擦桌椅、洗茶具等。比较下面一组例子。

A. 把地下们扫簸了。

B. 把地下扫簸了。

A句的范围要大得多，不限于扫地一件事。B句的范围要小，仅限于扫地。例⑧“烂东西们”指烂鞋破袜子、破桌椅板凳等。例⑨“圪□圪撮们”指分别放有小米、杂豆、绿豆等各色粮食的小布袋儿（不止一个）。以上九例“们”的用法在北京话里头都没有。

平遥方言后缀“们”的用法可溯源于元代。在元人的作品里，有在指物名词后边加“每”表示复数的例子。在元代文献里表示复数的“们”一般写作“每”下列例句的“每”相当于“们”。例如：

若论今日，索输与这驴群队。果必有征敌，这驴每怎用的！
（刘时中《新水令·得胜令》《代马诉冤》）

“驴每”表示驴的复数，由上文的“驴群队”可以看得出来。

窗隔每都飕飕的飞，椅桌每都出出的走，金银钱米都消为尘垢。（钱素庵《哨遍·三煞》）

从“窗隔每”之后的“都”、“椅桌每”之后的“都”来看，可知所指的不是一个窗隔、一把椅子，一张桌子。此条例句里的两个“每”也是用来表示复数的。[①] 吕叔湘先生指出：“在朝鲜旧时学习汉语的两种书《老乞大》和《朴通事》里，有在动物名词后边用们表示复数的例子。”“这是否反映元末明初的北京口语，还需要有其他材料来证实。”[②] 摘两例如下：

这般时，马们分外吃得饱。

两个汉子，把那驴骡们喂的好着。[③]

上例中的“马们”今平遥话仍说。“驴骡们”今平遥话不说，但有“驴驴们”的说法。指驴、骡等牲口。日本学者太田辰夫先生认为：“在《老乞大》中有诸如‘马们’‘头口们’等‘们’在动物中使用的例子”，“在‘马’这个词上用复数形式的方言还是存在的。”山西方言和河北方言（如：藁城）[④] 在指物名词的后头可以加“们”的用法可以说是保留早期的说法。再次证明现代方言是古代语言的话化石。

① 参看陈治文《元代有指物名词加“每”的说法》，《中国语文》1988年第1期。
② 吕叔湘著、江蓝生补：《近代汉语指代词》，学林出版社1985年7月版，第67页。
③ 同上。
④ 杨耐思、沈士英：《藁城方言里的“们”》，《中国语文》1958年第6期。

疑问代词“谁”的复数形式是“谁们”，此处不讨论。参看《现代晋语的研究》（侯精一 1999/2008 商务）《关于“谁们”的说法》一文。

（原载《晋语研究》1989）

“‘敢’犹可也”补例

“敢”有“可”义，旧诗词曲中用例很多。张相《诗词曲语词汇释》说“‘敢’，犹可也”（上册，33页）。转录张书两例如下：

《㑳梅香》剧三：“白敏中云：‘小生敢去也不敢去’，正旦云：‘先生，你去不妨。’”此犹云可去不可去也。

《罗李郎》剧三，“正末云：‘我待舍些饭与他每吃，哥哥，可是敢么？’甲头云：‘那里不积福处，则(只)管舍，不妨事。”此敢么之敢，即可否之可。

山西中部一些方言，“敢”有“可”义。平遥话助动词“敢”［kaŋ］，即有“可”的意思。例如：

（1）不敢叫卖鸡蛋的进院子儿。

（2）小心些儿，不敢快走，路路路不好走。

（3）敢是兀家他来了。

上例的“不敢”，是“不可”，“敢是”即“可是”。“敢”作“可”解甚为贴切。

（原载《中国语文》1987.3）

官话方言研究

试论现代北京城区话的形成*

本文讨论北京话与东北话的一致性与北京—东北官话的历史形成。分析了从辽代以来，北京地区与东北地区历史人口的变化，指出东北—北京两个地区的历史人口大量“相向型”流动是北京—东北官话历史形成的重要原因。文章考察北京历史人口的结构变化，提出北京城区话形成于清代的中期，约从清康熙朝开始，满族从使用单一满语到兼用满汉双语。汉语作为一种通用语进入满族社会标志现代北京城区话的形成。北京的原住民所说的北京话以及随同满人进关的汉人所说的北京—东北官话是形成现代北京城区话的基础。

关于北京城区话的大致范围

“城区”指北京的内外城地区。北京城分内外城，沿袭历史上的说法。北京城为“凸”型，其中内城周长约45里，面积36.6平方千米；外城周长约28里，面积为25.4平方千米。内外城合计62平方千米。清代又混内外两城，按方位分为东西南北中五城。（韩光辉：5、40、42、44页）文中还提及“城属”，是指北京的郊区，不含州县。（通州、昌平州，大兴、宛平、良乡、房山、顺义、怀柔、密云、平谷等县）参看文末所附图。

一　现代北京话与东北话的一致性及北京—东北官话的历史形成

北京话与东北话的一致性表现在北京型字调分布于北京至东北，一直延展到黑龙江的黑河、佳木斯的广大地区。而北京的东南、西南、西北方向的地区一般都没有北京型字调。参看文末北京型字调分

* 此文是在日本中国语学会第50回全国大会（2000神户）的发言，后刊于日本《中国语学》248期。

布图。在儿化韵类、特殊字音等方面北京话与东北话也存在明显的一致性。北京话与东北话的一致性，有其历史上的原因。从辽代以来，北京地区与东北地区长期的、大量“相向型”的人口流动，是导致北京话与东北话具有明显一致性的原因，也是形成北京—东北官话的历史原因。

1.1　北京型字调的分布

1.1.1　北京话与周边方言调型的比较

表1

	阴平[梯]	阳平[题]	上声[体]	去声[替]	入声[剔]
北京	55	35	214	51	
承德北京东北	55	35	214	51	
唐山北京东	55	22	213	52	
天津北京东南	21	35	113	53	
保定北京南	45	22	214	51	
石家庄北京西南	23	53	55	31	
张家口北京西北	42		55	213	3

上列北京周边六个城市，只有东北方向的承德属于北京型字调。非东北方向的唐山、天津、保定、石家庄、张家口不属北京型字调。

1.1.2　北京话与东北话调型比较，参看表2。

表2

	阴平	阳平	上声	去声
北京	55	35	214	51
哈尔滨	44	24	213	52 以下黑龙江
黑河	44	24	213	52
齐齐哈尔	44	24	213	52
佳木斯	44	24	213	52
长春	44	24	213	52 以下吉林
白城	33	24	213	52
通化	323	24	213	52
沈阳	33	35	213	53 以下辽宁
锦州	44	34	213	53
大连	312	34	213	53
丹东	312	24	214	52

东北话总共选列 11 点。黑龙江 4 点，吉林 3 点，辽宁 4 点。多数点字调型与北京话字调型一致，都是平、升、降升、降型。通化、大连、丹东 3 点（内数字带底纹的）阴平均为降升调，与北京话调型不同。[①]

1.1.3 北京型字调的分布

以北京为出发点，北京型字调分布于北京的东北方向，一直扩展延伸到黑龙江的黑河，佳木斯，内蒙古的海拉尔，涉及河北、辽宁、吉林、黑龙江、内蒙古等五个省区的一大片地区。从分布图来看，北京类

① 东北话材料取自陈章太《普通话基础方言基本词汇》，语文出版社 1996 年版。

型四声调型与非北京类型四声调型的大致分儿界线主要是在北京东边儿的天津、昌黎、大连、营口、抚顺、丹东、通化。①“山东省不少方言阴平读降升调。例如：济南（山东中西部）阴平213、济宁（山东省西南部）阴平213、青岛（山东省东南部）阴平213、阴平读降升调看来是山东移民的语音。进入东北的移民，多为河北、山东人。从山东来的移民走海路，从胶东跨渤海，大连登陆，定居在大连或辽宁、吉林、黑龙江东部。从陆路来的燕赵移民，路线是出山海关，沿辽西走廊，或定居在辽宁、吉林西部地区，或北上黑龙江。”（孙维张等1986）北京型字调的地理分布见文末图2。

据《河北方言概况》66页与承德调值相同的还有北京以北的滦平、平泉、丰宁、隆化、围场。（承德以北地区）；北京以东的三河、大厂、香河，北京以南的固安、武清、涿县、涞源；东南的昌黎、唐山、天津调型与北京不一致。北京正南的保定的调值［45 22 214 51］与北京也不一致）。北京东北的青龙（《河北方言概况》66页）、卢龙、抚宁（《昌黎方言志》117页卢龙、抚宁四声是44 24 213 53）与北京调型一致。

1.2　北京型儿化韵分类

北京型儿化韵是指［a ai an］三个韵母儿化后合流，与［ɑŋ］韵字儿化不混。（以开口呼为例，其他呼同此）东北话的儿化韵分类一般是北京型的。天津、济南儿化韵分类与北京不同。天津型的儿化韵分类表现为［a ai an ɑŋ］四个韵母儿化后合流，济南话儿化韵分类，表现为［a］［ã ɛ］［ɑŋ］儿化后合流分为三个儿化韵母。举例如表3：

1.3　特殊字音

1.3.1　“和”字的读音

连词“和”读［han^{51}］的音在如今北京话里头已近于消失（详见本书《北京话连词和“和”读“汉”的微观分布》一文），《现代汉语词典》就没有收录这个读音。在早先的北京话里头有这个音。当年陆志韦先生写

① 通化片10个县市：通化市、通化县、柳河、梅河口、浑江、靖安、安图、抚松、集安、长白阴平读424或313。（孙维张1986）

《北京话单音词汇》(陆志韦 1956),请了一位姓赵的老先生做北京话的发音人,就会说[和 han^{51}],台湾的国语现在还是说[和 han^{51}]。早先出的词典以及近些年海峡两岸出版的辞书也都收录了[和 han^{51}]。如:《国音常用字汇》(中国大词典编纂处 1949 商务印书馆)《汉语词典》(中国大词典编纂处 1995 商务)以及《大辞典》(台湾三民书局 1985)。《大辞典》举的例子是:"当下杨志和[han^{51}]索超这两个斗到五十余合,不分胜负。"

表 3

	基本韵母	儿化韵母	例词
北京话/东北话	a ai an	ar	那儿 盖儿 伴儿
北京活/东北话	ɑŋ	ɑ̃r	(小)胖儿
天津话	a ai an ɑŋ	ar	那儿 盖儿 伴儿(小)胖儿
济南话	a	ar	那儿
济南话	ā ɛ	ɛr	伴儿 盖儿
济南活	aŋ	ār	(小)胖儿

台湾的[和 han^{51}]是保留老国音的读法。《广韵》"和"作为连词只有"户戈"一个反切,今读平声。看看东北话连词"和"字的读音或许对说明这个问题有一些帮助。

《哈尔滨话音档》(尹世超 1998)说:连词"和"读去声[$xə^{53}$],参看96页。

《普通话基础方言基本词汇集》:指出:黑河(22页)、齐齐哈尔(544页)、哈尔滨(566页)、佳木斯(589页)"和"在阴平、阳平、上声(即非去声字)前变读去声调。例如:在"你和他""你和谁""他和你"的句中,连词"和"都读去声。

笔者行文时曾请吉林师范学院中文系马思周教授调查,吉林市连词

"和"的读音。回音是本地有一位 80 多岁老者说《子弟书》（本地名为子弟段）时"和"读［han^{51}］。此外，本地人都读［xə^{24}］的音了。

连词"和"读去声，北京话与东北话可以说是有一致性。①

1.3.2 "允"字的读音 近十几年"允"字突然在城区里流行起一个［ʐun^{214}］的音。这是受东北方向方言的影响（余敏，1984），"和"读去声是否也可以认为是受东北话的影响，表明两地所存在的一致性。连词"和"是早期的例子，"允"是晚近的例子。

二 北京地区与东北地区历史人口的"相向型流动"与北京—东北官话的历史形成

2.1 考察北京与东北历史人口的意义。探求现代北京话的历史形成至为重要的资料是考察北京的历史人口变迁。即研究在历史上，北京人口的迁入与迁出。考察东北地区人口在历史上的迁入与迁出也很重要，因为北京的历史人口中有相当一部分是从东北地区迁入的，与形成北京话关系密切。用人口学的行话来说，就是要研究北京与东北地区人口的内聚迁徙与离散迁徙。但由于历史文献资料搜集梳理上的困难，有些数据也还是历史人口地理学家的推算，甚至有争议。但从中也可以看出一些道理。

2.2 北京的历史地位。从历史上看，北京自辽、金、元、明、清以来，一直是政治中心。辽北京称作南京，金称作中都，元称作大都，明、清称作北京［明永乐元年（1403 年）改北平为北京］。辽北京是为陪都，金、元、明（明成祖（燕王）永乐 1421 年自应天（南京）迁都北京），清四朝北京均为首都。

2.3 辽、金、元、明、清五代北京及城属地区的人口。据人口学家

① 东北宫话与北京话不一致的地方，主要是东北官话古清入字今虽分归四声与北京话同，但入声清音声母字今读上声的比北京话多。例如：插削割｜福革节｜百铁脚｜腹触刻，北京 分归四声，东北官话哈尔滨、拜泉、齐齐哈尔、长春、沈阳等地均读上声。此外，东北官话大部分地区没有［ʐ］，有些地区虽然有［ʐ］，但字数要少。

的统计，辽、金、元、明、清五代北京及城属地区人口情况如下表4。（韩光辉1996第137页）

表4　辽、金、元、明、清五代建国初北京人口（不含州县）：

	城市人口		城属地区人口		
	户数：万户	人数：万人	户数：万户	人数：万人	人数总计
辽·南京会同元年938年	5000	22000	25000	100000	122000
金·中都天会三年1125年	17000	82000	70000	340000	422000
元·大都成古思汗十一年1216年	26000	91000	84000	285000	376000
明·北京洪武二年1369年	369000	95000	42400	113000	208000
清·北京顺治元年1644年	35000	144000	117000	554000	698000

以下着重讨论辽金清三代北京的人口构成。

2.4　辽代（907—1125）人口。

据《辽史·地理志》《辽史·营卫志》《契丹·官仪》《辽史·本纪》《全辽文》等的推算，在契丹人获得燕蓟十六州并在南京地区稳定自己的统治后，契丹贵族开始向燕京地区移民。自辽初至中期先后迁入这一地区的户口大约2万余户，其中宫卫户约1.2万，其他军民产0.8万户，人口约计10万人。

按照唐末、五代至辽初幽蓟地区流徙和俘迁情况推断南京（北京）地区实际存在约2.5万户，10万人。其中南京城市约0.5万户，2.2万人。（韩光辉1992，59页）至辽天庆三年（1113年）南京地区共计约10.5万户，58.3万人。（韩光辉1992，58—59页），参看下表5。（转引自 韩文辉58页）

2.5　金朝（1115—1234）的人口

表 5　辽天庆三年（1113 年）南京（北京）地区与南京（北京）城市户口（单位：万）

	赋役户口		宫卫军户		僧尼人口	合计	
	户	口	户	口	口	户	口
南京①（北京）地区	9.3	46.5	1.2	7.8	4，0	10.5	58.3
其中南京（北京）城市	1.6	8.0	0.9	6.3	1.5	2.5	15.8

金朝统治者在中原建立政权后将大批女真人（包括北方其他少数民族）向中原迁徙。女真人南迁出现三次大的高潮是“中国历史上继魏晋南北朝之后的第二次人口大迁移”（阎守诚 1997，233 页）“第一次是在天会 11 年（1133）秋，“悉起女真土人，散居汗地，惟有金主及将相亲属卫兵之家得留”（《建炎以来系年要录》卷 68）“令下之日，比屋连村，屯结而起”（大金国志卷 8 太宗记）第二次是在南宋把淮水以北割让给金以后。第三次是在金完颜亮迁都燕京（贞元元年 1151 年）扩展城市以后。内迁中原的女真人，据《大金国志・屯田》有 130 余猛安。“‘猛安’为女真语‘千夫长’‘谋克’为‘百户长’，最初是女真人的一种军事编制，以后发展成为金代地方行政组织的一个组成部分。公元 1116 年金太祖命以 300 户为一谋克，十谋克为猛安。到了公元 1175 年（大定 15 年）又规定，每一谋克，户数不过 300，七谋克十谋克为一猛安。”（熊映梧 1989，44 页）谋克、猛安每户平均为 10 人，130 余猛安就有 39 万余人。（阎守诚，233 页）

金泰和七年（1207 年）（金全境统一极盛时期）中都城市总人口约计 40 万人（韩光辉，67 页）

金泰和七年（金全境统一极盛时期）中都城市总人口约计 40 万人（韩光辉，67 页）

① “辽南京实乃唐代幽州城，……辽升幽州为南京，……会宗开泰元年（2012 年）改幽都府为析津府，……幽都县为宛平县。（韩光辉 55 页）

金人迁都中都。迁入中都地区的人口累计 4 万户，30 万人，计有军士、官吏及四方民众约 30 万人。（韩光辉，242 页）

2.6 清代的人口

明末北京的人口。据《多尔衮摄政日记》记载，“顺治二年（1629 年）闰六月二十一年王上问京师居民若干，对曰：崇祯二年曾查过内外两城：共七百万。’七百万显系 70 万之误。”[①] 到明王朝覆灭前，明末北京城市和区域残余之 11.7 万户的 1.7 倍和 55.4 万人的 1.6 倍[②]。就是说，满清入关前，北京城及近郊的总人口只有 55.4 万人，满清入关，人口增加 1.6 倍，88.64 万人。（韩光辉，149 页）

东北满人大批迁入北京。清军入关，东北的满人几乎倾巢入关，许多蒙古人及降清的汉人也随之入关。东北八旗入关，旗下奴仆及编户随之内迁。清初仅安置于京畿大兴、宛平、通州、房山、良乡、昌平、顺义、密云、平谷、怀柔、延庆 11 州县即达 34 万余人，连同八旗户口在内，根据《八旗通志》《大清会典事例》有关京师八旗佐领编设过程统计，入关之八旗兵丁共计 17.2 万丁，约 58 万人，其中居于北京者达 40 万人。清王朝定都北京之初内聚迁移北京地区的东北人口在 90 万人以上（韩光辉，272 页）。

2.7 东北地区迁入的汉族人口

2.7.1 汉人大批进入东北是在辽金以后的事。东北的北端黑龙江地区汉人迁入的还要晚。无论是汉之扶余与鲜卑还是随唐的肃慎一末葛，户籍资料，于古无征。（熊映梧 38 页）至迟在公元 11 世纪末已有相当数量的汉族人移居到东北的北部边疆黑龙江地区。证据是今黑龙江泰来县发现辽大安七年（公元 1091 年）的刻石上面刻有 47 个汉族人的姓名。（石力 271 页）

2.7.2 由于辽代二百多年，牧区农区均无人口统计，所以大辽人口，只能估量，不能计算。估算的结果是：唐末、五代至辽初，燕蓟地区被俘

① 韩光辉 110 页。

② 韩光辉 149 页。

虏和迫于战乱流徙北去的人口大约可达到2万户，10余万人，占唐代极盛时期这一地区户口的四分之一左右。接近唐末这一地区户口的半数。（韩光辉231页）

2.7.3 金代。据《余史·食货志》天辅六年（1122年）“既定山西诸州，以上京为内地，尽移其民以实之”“翌年二月，占领燕京路后“尽徙六州氏族富强工技之民于内地。”“金太宗吴乞买在侵宋中俘掠的汉人“男女，驱而北者，无虑十余万。”据《余史·食货志》天辅六年（1121年）“既定山西诸州，以上京为内地，尽移其民以实之。”

金天辅6年（1122年）克辽之南京大量驱掠燕京地区人口迁往金源内地上京。概括女贞贵族驱掠燕京地区人口北迁共有三次第一次天辅七年（1123年），女真贵族自松亭关掠走燕京地区富户达3万户上下。第二次金太祖迁声色歌妓二三千人，北归其国。女贞贵族“盘旋燕京城几近半年”，燕京一带士民四向流离，造成人口大规模的离散迁移。

2.7.4 清代。清军入关前满族为壮大自己的实力多次出兵内地掳掠大批汉人出关，前后达百余万人。据《东华录》《清实录》有关记载统计，满族贵族入关前以“惟多得人为可喜”为目的于明崇祯二年（1629）、崇祯七年（1634）、崇祯九年（1636）、崇祯十一（1638）、崇祯十五年（1642）先后五次长驱入关，直抵京畿及山东、山西等地俘掠人口达百余万。（韩光辉，215页）

据《清史稿·太宗本纪》仅只明崇祯九年，后金崇德元年（1636）清军从畿辅掠走18万人。（《中国人口迁移史稿》347页）①

2.8 总括上述资料，可以得出以下两点：

2.8.1 辽、金、清三代从东北迁入北京人口约有120万。辽代迁入人口与北京原有人口相当，均为10万人，金代迁入人口约低于原有人口；清代迁入北京人口超过原有人口1.6倍。详见下表。

---

① 明末当权者的苛剥与榨取，“嗷嗷之众，四方流离”（万历《顺天府志·食货志》卷3）。加上满足贵族四次入关俘掠和李自成攻陷北京。顺天府所在京畿地区“一望极目，田地荒凉，四顾郊原，社灶烟冷”（卫周胤《痛陈民苦疏》见《皇清奏议》卷1）“百姓流亡十之六七”（《清世祖实录》卷12）。

表 6 **辽、金、清三代迁入北京人口**

	迁入北京人口	北京原有人口	说明
辽	2 万户 约 10 万人	2 万户 约 10 万人	迁入人口与原有人口数量相当
金（贞元迁都前后）	4.5 万户约 25 万人（原人数的 74%）	约 33 万	迁入人口 低于原有人口
清	20 余万户约 88 万人（原有人口 1.6 倍）	约 55.4 万人	迁入人口 超过原有人口

2.8.2 辽、金、清三代从北京迁入东北的总人口。辽代约有 10 余万[①]、金代约 10 余万人、清代约百余万人。迁入东北的总人口有百余万人还是可相信的。与迁入北京的人数大致相当，或略多一些。

2.9 辽金清等少数民族入主中原前后，都有一种“相向式”的移民活动，仅辽金清三朝被迫参与这种“相向式”的移民活动的人数即达百余万人。要迁徙百余万的汉人到北方少数民族的居住地——东北；要迁徙百余万的契丹人、女真人、满族人及其它的少数民族入居北京。对于统治者来说其目的是加强对汉人的统治力量，充实本民族的发祥地，但却引起不同语言的频繁接触，其结果是被统治者使用的汉语，幽燕人讲的北京话不断得到发展，这是形成北京－东北官话区的重要历史原因。

三 现代北京城区话的形成

3.1 问题的回顾。关于北京话的形成，前贤多有论及。俞敏先生认为：“要说现代北京人是元朝大都人的后代，还不如说他们是明朝跟着燕

① 把近代迁徙汉族人口入居契丹故地的数字推算为百万人将不是一个夸大的数字。（石力 1990，221 页）本文不采取这种看法。

王‘扫北’来的人的后代合适。这些人是古北京话的主人。”“满人进关，这些人有说汉话的，俗话儿叫‘汉军旗人’。民族是满族，血缘、语言是汉族。到后来，好些满人也光会说汉话了。这批清朝的功臣一进山海关从正北偏东望西南走随走随占地，俗话儿叫‘跑马占圈’这是老北京话的主人。”（俞敏 1984）林焘先生认为：“自辽至清，北京地区主要是在东北少数民族管辖之下，一千年来，民族长期杂居和人口不断大量迁徙是北京话和东北方言日趋接近的主要原因。清初八旗兵进驻北京后内外城人口结构的变化促进了现代北京城区话的形成和发展。”（林焘 1987）

3.2　满清入关北京城区人口结构的变化。林焘先生已有材料，下面还可以补充清顺治 4 年（1647 年，即入关第 3 年）京师户口的文献资料。参看表 7

表 7　　**清代京师内城及城属户口统计推算表**①

区域	户籍	顺治四年
内城	旗人	315000
	汉人	80000
	合计	395000
城属（郊区）	旗人	85000
	汉人	35000
	合计	120000
总　　计		515000

从上表可以清楚看出，内城及城属多居旗人。

3.3　满族转用汉语与满语消亡的时间。讨论北京城区话的形成之前，有必要看看满族转用汉语的过程与满语的消亡。据光绪 27 年刊本《八旗文经》“综满洲、蒙古、汉军皆通国语。……百年以后，已不能人人皆

① 此处统计数字未包括外城及州县。

通”。[1] 满族转用汉语的过程如下：

清初（太祖努尔哈赤 1616—1626、太宗皇太极 1627—1643、世祖顺治 1644—1661）满族的大多数人只通晓满语。

清中期（康熙 1662—1722、雍正 1723—1735、乾隆 1736—1795）满族的大多数人兼通满汉双语。

清后期（嘉庆初年 1796—清王朝覆灭 1911）汉语单语阶段。（白立元 1992）

下列事实证实上列满族转用汉语的过程是可信的。

3.3.1　在努尔哈赤时期满族人通晓汉语文的极少，“当时女真人中无一通文墨者，唯被掠之汉人龚正陆粗识文字，被努尔哈赤视为上宾，让他掌管文书，参与机密，教诸贝勒读书。初期一些外交文书皆出自龚自陆之手。”[2] 到了皇太极时期，通晓汉语、汉文的满族多了起来，但绝大多数满族人仍不通晓汉语。面对“满大臣不解汉语”，皇太极不得不每部置启心郎（翻译官员）一员，以解决满汉人语言不通的问题。[3] 皇太极在每部置“启心郎”事，至到康熙 10 年下令，“悉罢在京各部院及在各将军衙门之译员。”[4]

3.3.2　从翻泽情况看。清初的翻译是汉译满，即将汉文译成满文。到了嘉庆朝以后，情况却恰好相反，主流是满译汉或采取满汉合壁的形式再版满文原书。如顺治皇上的《劝善要言》最初是以满文刊行，到了光绪 17 年（1891 年）为了满族官员能看懂不得不译成汉文。

3.3.3　从满族官员的题本、奏折情况看。现存满文档案明显反映从清初到嘉庆初年，满族官员的题本、奏折都用满文。到了嘉庆初，满官在奏折中满汉合壁的明显增多。（戴庆夏 1992）

3.3.4　清初北京满人的满语式汉语

所谓满语式汉语是指用满语语法和句式硬套汉语，颇似元代白话碑上

---

① 转引自载庆夏 1998 年，第 259 页。

② 赵志辉：《满族的勃兴与民族的融和》，《满族研究》1989 年第 4 期。

③ （清）昭连：《啸亨余录》，中华书局 1980 年版。转引自戴庆夏 1992，第 257 页。

④ 《清圣祖实录》卷 35，第 5—6 页。

所写的元代蒙古人的汉语。满式汉语的存在于满人入关之初至康熙中后期。满人入关仍如以前在关外故土操满语。到北京自然要学习汉语，满语式汉语就不可避免地产生了。大批汉语借词在清太祖主持创制满文和八旗制时出现在满语中，特别是在行政区划、新的生产技术与政治、军事等方面。(赵杰 1993)

操满式汉语的是跟随顺治皇帝进关后居住于北京内城的的满八旗，据《钦定八旗通志》八旗满族人是：

1 镶黄旗满洲 31 佐领　　5 镶白旗满洲 37 佐领
2 正黄旗满洲 28 佐领　　6 镶红旗满洲 33 佐领
3 正白旗满洲 39 佐领　　7 正蓝旗满洲 36 佐领
4 正红旗满洲 30 佐领　　8 镶蓝旗满洲 34 佐领

顺治皇帝在位 18 年，到康熙年间，进关的满八旗有了“滋生人丁”(满八旗的后人)编成如下八旗：

1 镶黄旗满洲 55 佐领　　5 镶白旗满洲 47 佐领
2 正黄旗满洲 65 佐领　　6 镶红旗满洲 54 佐领
3 正白旗满洲 47 佐领　　7 正蓝旗满洲 48 佐领
4 正红旗满洲 44 佐领　　8 镶蓝旗满洲 55 佐领 (常瀛生 1993)

“滋生人丁”的人数，不仅人数多，而且兼通满汉双语。“滋生人丁”组成新一代满八旗表明满式汉语时期的大致结束，现代北京城区话开始形成。

以下举出满式汉语例，例句摘自《清文汇书》①

generengge aku 去的没有(没有去的)

ebubumbi 凡从高处使人诸物往下下(把物品卸下来)

anggaianaku 有可讥笑短处人无数言讲(反覆用话掩盖自己的短处)

hanjaha 人久不得好物吃之际(馋)

3.4　上述材料证实满族社会进入满汉双语社会是在清朝的中期。提

① 《清文汇书》李延基据康熙《御制清文鉴》编，清雍正 2 年(1724 年)出版，参看常瀛升(1993)。

出“在满族形成阶段（指公元1616年努尔哈赤统一女真各部，称汗建国）汉语在满族中就已经成为通行语言”的看法（林焘1987）值得再考虑。

此外，就满族转用汉语的社会历史原因来看，汉语在满族作为通用语也不可能是在清初。满族转用汉语的社会历史原因有以下四点：

1　满汉联合的国策　　　3　经济形态的变革

2　倡导汉文化　　　　　4　人口因素（戴庆夏1992）

在满族形成阶段努尔哈赤统一女真各部称汗建国，上列四条社会历史原因可说都还不具备。从林焘先生文中所引用的努尔哈赤初建八旗时的民族组成来看，满人占77%，蒙古人占19%，汉人只占4%。汉人从人数到经济实力都无法占据社会优势。在当时汉语还不可能在满族社会成为通行语言。

3.5　入关八旗兵丁的语言状况。根据《八旗通志》与《大清会典事例》等有关京师八旗佐领编设过程统计，八旗入关时共有佐领660.5，其中满族佐领307.5个，蒙古佐领118.5个，汉军佐领162 .5，包衣[①]佐管（领）72个，八旗兵丁共计58万人。其中，满族佐领307.5个，加上蒙古佐领118.5，就有426个佐领，占佐领总数660.5的64.5%。占58万人的37.5万，根据3.2的分析，在八旗入关（1644）的时候满族的绝大多数只通晓满语，蒙古族会说汉语也无法证实。可以认为这些满蒙兵丁绝大多数是不会说汉语。

3.6　明末清初的北京的人口。上文谈到，崇祯二年内外两城共70万。到明王朝覆灭前，北京还有55.4万住民。入关的八旗中汉军佐领162.5个、包衣佐领72个（这批人大概会说汉语），两项总共234.5个。占佐领总数的35.5%。也就是说58万八旗兵丁中约有20.5万人会说汉语。是不是可以认为明末的55.4万原住民加上20.5万的说汉语的八旗兵丁，这总数为75.9万人是老北京话的主人。

3.7　北京内外城的人口结构。内城住的多是旗人，自顺治四年（1647年）清廷圈占内城，归满、蒙、汉军八旗兵丁户口，拱卫皇城，驱

① 满语“包衣阿哈”的简称。为满族贵族所占有的奴隶。

赶远居内城的汉官、汉民、商人等于外城居住。即所谓“八旗所居，不杂厕也”。《清史稿·地理志》。外城即明代五城中的南城为汉人（汉民、官吏、商人）、回民居住。[①] 其中多数为满清入关前的原住民，加上随满清入关的汉人。可以设想，北京城区的这种人口结构，表现在语言上是，住于内城的人大多数说满语，住于外城及城属的人的人说北京—东北官话。这个时候北京话还不能说已经形成。只是在居住于内城的占人口多数的满人，也会说北京话，北京城区话才算真正形成。这需要一个语言的融合过程。从满清入关算起不到20年，大致是近一代人的成长时间，直到清朝中期的康熙、雍正、乾隆三朝，满族的大多数人从单语——满语，进入了满汉双语。满族的通用语发生了重大变化，[②] 北京城区话方才形成。

结语：满清入主中原，北京的原住民所说的北京话以及随同满人进关的汉人所说的北京—东北官话是形成现代北京城区话的基础。清朝中叶，约从康熙朝开始，满族社会进入满汉双语时期，居住于北京内城的旗人已经通行满汉双语，换句话说，北京话已经通行于北京内城的满族社会，这标志现代北京城区话的形成。

参考文献

白立元 1992《满族转用汉语》，载《汉语与少数民族语言关系概论》，中央民族学院出版社。又，参看戴庆厦 1998《二十世纪的中国少数民族语言研究》427页。

常瀛升 1993《北京土话中的满语》，北京燕山出版社。

陈章太 1996《普通话基础方言基本词汇》，语文出版社。

---

① 为了解决近百万人的生存问题，从清顺治元年（1644）清政府定都北京之初即于近京州县大量圈占土地房产。在近畿五百里内进行大规模圈地共有三次。持续了二十余年。因此，清初以降，旗庄密布京儿，屯居的旗下户口散布于近畿州县，旗民杂处。但因参居杂处，引起劫杀抢夺，故至顺治五年8月谕令：圈占北京内城，汉官商人平民等除投八旗者及在衙属内居住之胥吏、寺庙中居住之僧道外，尽迁城南（按指南城）居住，凡应徙之人限以来年终搬尽。《清世祖实录40》（韩光辉1996）

② 满族的通用语发生了重大变化。始于驻防在江南以及中原地区的满族，其次是京畿地区再次为东北地区（辽沈→吉林→黑龙江）。参看白立元（1992）。

戴庆夏主编 1992《汉语少数民族语言关系概论》，中央民族学院出版社。
戴庆夏 1998《二十世纪的中国少数民族语言研究》，书海出版社。
韩光辉 1996《北京历史人口地理》，北京大学出版社。
侯精一 2007《北京话连词“和”读“汉”的微观分布及台湾国语“和”读“汉”音溯源》，《语文研究》2010 年第 1 期。
林焘 1987《北京活溯源》，载《中国语文》第 3 期。
石方 1990《中国人口迁移史稿》，黑龙江人民出版社。
孙维张 1986《吉林方言分区略说》，载《方言》第 1 期。
阎守诚 1997《中国人口史》，台北文津出版社。
熊映梧 1989《中国人口·黑龙江分册》，中国财政经济出版社。
俞敏 1984《北京音系的成长和它受的周围影响》，载《中国语文》第 4 期。
赵杰 1993《现代满语与汉语》，辽宁民族出版社。

（原载 2001《中国語学》第 248 号，日本东京。2010 修改本，载《汉语历史的语言接触问题研究》（遇笑容　曹广顺　祖生利主编）语文出版社 2010 年版，北京）

图 1、图 2 见下页。

图 1

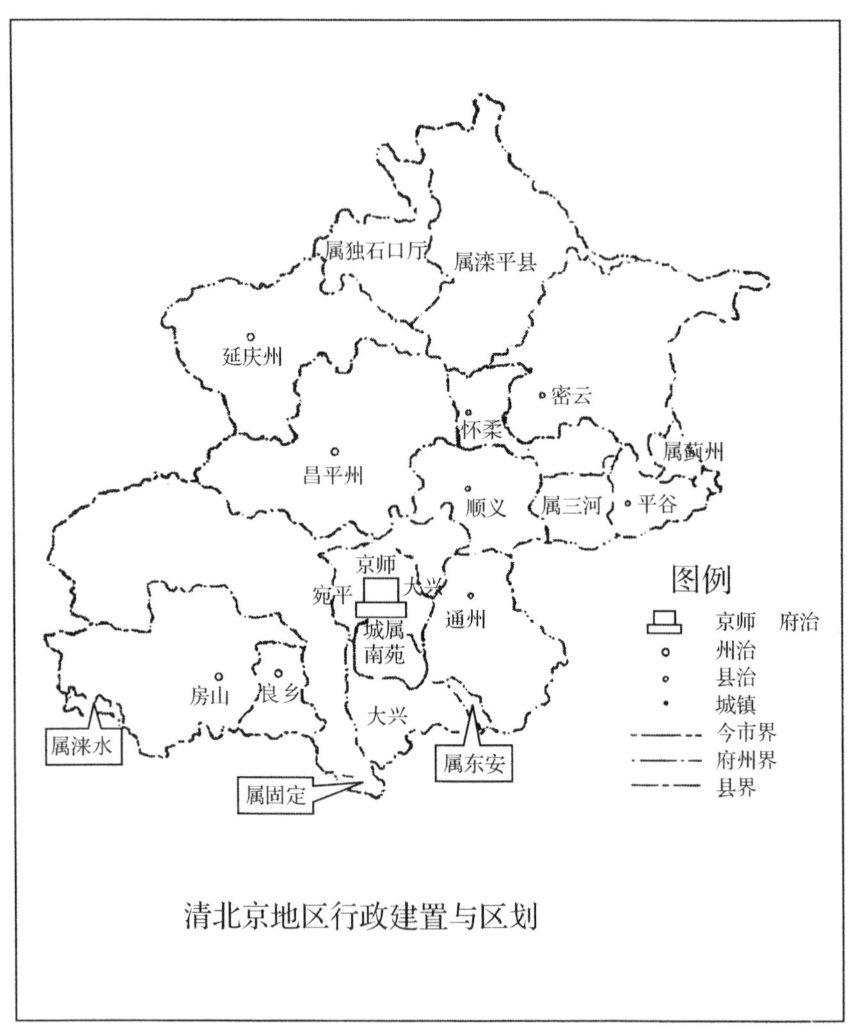

（引自韩光辉《北京历史人口地理》43 页）

图 2

北京型字调分布图
○北京型字调
●非北京型字调
内
蒙
古
黑
龙
江
吉
林
辽
宁
河
北
渤海
满洲里
海拉尔
黑河
齐齐哈尔
乌兰浩特
佳木斯
哈尔滨
白城
长春
安图
延吉
二连浩特
赤峰
昌图
四平
北票
阜新
辽源
辉南
朝阳
西丰
梅河口
靖宇
抚松
东丰
柳河
长白
白山
通化县
集宁
黑山
铁岭
围场
沈阳
抚顺
通化市
锦州
桓仁
集安
隆化
丰宁
承德
营口
丹东
庄河
青龙
新金
秦皇岛
北京
昌黎
大连
天津

北京话连词“和”读“汉”的微观分布兼及台湾“和”读“汉”溯源*

一　北京话连词“和”读“汉”的现状调查

2007年笔者开始在北京市内就“和”读“汉”的问题进行摸底调查。调查对象完全是随意的、自然的。包括：天坛公园晨练居民、出租车司机、售货员、退休职工，约有40—50人。然后编制正式调查问卷，进行问卷调查。问卷调查的对象主要集中在北京劲松农光里地区（北京东南三环外）以及北京广安门外地区（北京西南二环外），大方向都在北京城南。集中问卷调查总共抽取了20人：农光里地区10人，北京广安门外地区10人，都是请街道办事处找来的。

1.1　关于调查问卷

调查问卷有两类。问卷1：“和”字读音问卷；问卷2：相关问题问卷。

问卷1：“和”字读音问卷

a类

(1) 咱俩谁和谁呀，甭说那个?

---

* 本文系语言微观分布国际研讨会（台北中研院语言学研究所2007年9月）上的发言，后在琉球大学大学院（2008）、中国语言学会第14届学术年会（温州，2008）上宣读部分内容。对郑锦全、江蓝生、张惠英、花登正宏等先生的意见，谨表谢意。

（2）这是哪儿和哪儿啊！八竿子打不着（的亲戚）！

（3）去去去！什么和什么呀，一边儿去！

b类

（4）他和这事儿没关系。

（5）我和你一块儿去。

（6）弟弟和我一边儿高。

c类

（7）小燕了长得和桌子一边儿高。

（8）他和哪儿住？

（9）车就和门口搁着呢。

问卷2：相关问题问卷

（1）"豆腐乳""乳腺癌"的"乳"读"鲁"（lǔ）。

（2）"豆腐乳""乳腺癌"的"乳"读"汝"（rǔ）。

设置问卷的考虑。

"和"字读音问卷分为三类。a类是一种固定组合形式，连词"和"前后是相同的词。b类不是固定组合形式，连词"和"前后不是相同的词。c类与a类b类不同，"和"做介词，相当于"像……""在……"。a类c类都是北京土话，特别是a类，那是老北京出口就说的，就这么几句。b类不属北京土话。台湾国语"和"读"汉"，仅限于b类，a类c类在台湾国语里是不说的。问卷反映了两岸读音使用范围上的差异。

设置相关问题问卷的起因是我们在早期的调查中发现"和"读作"汉"的人，"豆腐乳""乳腺癌"的"乳"读"鲁"（lǔ）的人数占绝对多数。也就是说"和"读作"汉"的现象与"乳"读"鲁"的现象具有相当的一致性。

1.2　问卷调查的对象与调查结果

1.2.1　调查对象

被调查人都是土生土长的北京人，会说地道的北京方言土语，一般年龄在50岁以上。详见附录。

1.2.2　调查结果

1.2.2.1　"和"字读音问卷

农光里地区：被调查者有 10 人。

a 类问卷有 4 人“和”读作“（hàn）汉”：姚大×、王连×、韩金×、王世×（均采取一条例句肯定制，下同），6 人用“跟”或不会说这类句子；

b 类问卷有 2 人“和”读作“（hàn）汉”：姚大×、韩金×，8 人用“和”；

c 类问卷有 3 人“和”读作“（hàn）汉”：王连×（问句（8）兼读“害”）、王世×（问句（8）读“害”）、姚大×（问句（9）读“在”），7 人用“像……”“在……”。

广安门外地区：被调查者有 10 人。

a 类问卷“和”读作“（hàn）汉”有 8 人：杨佩×、胡志×、萧德×、李跃×、邵雁×、张中×、张雅×、李红×；

b 类问卷“和”读作“（hàn）汉”有 3 人：杨佩×、萧德×、李红×；

c 类问卷“和”读作“（hàn）汉”有 1 人：萧德×。

两处合计，“和”读作“（hàn）汉”的，a 类问卷共有（4＋8＝）12 人，占调查总人数的 60％；b 类问卷有（2＋3＝）5 人，占调查总人数的 25％；c 类问卷共有（3＋1＝）4 人，占调查人数的 20％。

1.2.2.2 相关问题问卷

农光里地区相关问题问卷的被调查者总共有 10 人，“乳”读“鲁”的有 4 人：韩金×、王万×、王立×、冯树×。

广安门外地区相关问题问卷的被调查者总共有 10 人，其中 9 人“乳”读作“鲁”，只有 1 人“乳”读作“汝”（李秀×）。

两处合计，相关问题问卷“乳”读“鲁”的共有（4＋9＝）13 人，占调查人数的 65％，略高于 a 类问卷。这与笔者的摸底调查所得大致相符。

二 “和”读“汉”音的微观分布——以王(汉)、金(满旗)、张(汉)、道(蒙旗)4户为例

2.1 王姓家庭。汉族，被调查人王敏×，女，现年56岁（指2007年调查时年龄，下同），中等文化，工人，曾在内蒙古插队多年，幼居南城，a、b两类问卷会说，c类听人说过，本人不说。王敏×的大哥，69岁，大学毕业后到河北唐山工作至今，一般情况下不说，只是在家中情绪激动时不自主地会冒出a类问卷的活（什么和什么!）。大姐，64岁，22岁离家嫁到太原，三类问卷都不说。二姐，58岁，一直在北京，小时候听说过，现在都不说。小弟，53岁，工人，会说a、b两类问卷。第三代的情况是大哥之子、大姐之女、二姐之女，均不会说。出人意料的是王敏×小弟的女儿王森，现年23岁，职高毕业，北京市内工作a、b两类问卷都会说，不会说c类问卷，据称是在家里听父亲、姑姑说，在学校听几个要好的同学说学会的。被调查人王敏×的父母均为老北京人，一直住在宣武门外，已故去多年。据王敏×说，听父母说过。二姐一家都是北京人，都不说，中专学历的女儿也都不会说。值得关注的是：现年23岁的王森会说。

2.2 金姓家庭。满族旗人，被调查人余×鑫，男，现年45岁，工人，旧居南城（宣武区畅春圆），a、b两类问卷会说，c类不说但听说过。其母千犀×，现年74岁，a、b、c三类问卷均会说。金×鑫的大哥金×昌，56岁，a、b类问卷会说。第三代中只有金×鑫17岁的女儿金×薇会说a类问卷，不会说b、c两类问卷，据称是她父亲刻意教的，她父亲金×鑫喜欢北京的传统文化。17岁的金×薇（其母是河北人，不会说）、23岁的王森（其母是天津人，不会说）会说a类问卷，说明如今20岁左右的年轻人只要有一定的环境还是可能保留老北京方言的某些特点的。

2.3 张姓家庭。汉族，被调查人张忠×，男，现年57岁，机关干部，幼居南城广外白菜湾，a、b两类问卷会说，c类不说但听说过。其父张铎×，82岁，其母李×珍，均汉族，a、b、c二类问卷均会说。张忠×

的妻子山西人，不会说。张忠×的大妹张红×，54岁，知道有“（hàn）汉”（a类）的说法，自己不说。张忠×的小妹张凤×（a类小时听说过）及小弟张立×，45岁，都不说（没有听说过）。第三代情况不详。

2．4　道姓家庭。蒙族旗人。道淑×，女，现年54岁，工人，幼居东城金鱼胡同，a类问卷会说，b类听人说，c类也只是小时听说过，自己不说。其女李×，26岁，硕士生，激动时与母亲谈话时会说a类。道淑×的丈夫李×，北京人，原籍河北，不会说。道淑×的大哥（63岁）、大姐（60岁）都会说a、b问卷，c类问卷小时候听说过，其子女（37岁、35岁）a类问卷还会说。道淑×的二姐（多年在宁夏工作）不说，其女也不会说。道淑×的小妹53岁，a类问卷会说，其女（24岁）不说。

2．5　影响微观分布的初步分析。

①旗人与汉人。被调查的4户人家，有两户旗人，两户汉人。第一代（老年）a、b、c三类问卷都会说“汉”。第二代（中年）会说“汉”的，汉人多于旗人。第三代（青年）旗汉的分别看不出来。

②年龄问题。“和”读“汉”音的年龄一般都在40—50岁以上，也就是中老年人。青年人会说的，已然比较少了，而且多限于a类。像2．1提到的23岁的王淼，2．2提到的17岁的金×薇，都是年轻人。余×薇是我们调查到的“和”读“汉”音的最小年龄的人，算是特例。年轻人会说的理由，都说是家长特意灌输的结果。23岁的王淼自己找原因说，是家族（特别是姑姑）和要好同学的影响。

三　历史考察

3．1本文考察以下8部辞典或专著，时间段从1932年到2003年，跨度70多年。

（1）《国音常用字彙》（1932）

《国音常用字彙》是国民政府教育部国语统一筹备委员会在民国21年（1932）5月7日公布的，其前身为1920年的《国音字典》，经几次修改，于1928年再次修订。至1929年由钱玄同主稿，1930年又经过教育部第三次修订，方由教育部正式公布。作为连词的“和”见于《国音常用字彙》

120 页，ㄏㄢ音下收"和"字，并小字注出"(连词，语音)"(据该书的说明 12，有一义而读书之音与口语之音有别者，则两音兼列，读书之音注"读音"，口语之音注"语音"。显然，"ㄏㄢ"是作为口语读音处理的(该书 116 页，ㄏㄜ阳平，收"和"，无小注。117 页，ㄏㄜ去声收"和"，注"(唱合)")。

(2)《现代汉语词典》(1978)

《现代汉语词典》(第 1 版)(中国社会科学院语言研究所)当连词、介词用的"和"音 hé。只此一读。

(3)《语言问题》(1997)

《语言问题》是赵元任 1959 年在台湾大学演讲的记录。该节 126 页说："'和'还有当'与、及、同、跟'那一些意思讲的，又平常语言里头有两种说法：ㄏㄢˋ、ㄏㄞˋ。……近年来又产生一个新的用法，……就是念白话文的时候说ㄏㄜˊ。这成了一种新式的习非成是了。不过要明白，连词'和'读ㄏㄜˊ，是白话文的一种读音，不是'语音'了。在北京话里头，没有说ㄏㄜˊ当'跟、同、与、及讲的'。"(赵元任，1997)

(4)《北京话单音词词彙》(1956)

陆志韦的《北京话单音词词彙》："和"读 hàn、hé 两个音。读 hàn 的例句是：我和你一块儿去。读 hé 的例句是：算盘和笔(书)都有。陆书"和"没有记录读 hài 的音，这与《国音常用字彙》一致，与赵元任(1959)不太一致。

(5)《岩波中国语辞典》(1963)

《岩波中国语辞典》中"和"音"汉"。举的例子是：我～你都是他的朋友｜我～你一块儿去。据该辞典的参编者平山久雄先生 2008 年 7 月初告知，《岩波中国语辞典》很多地方参考了《北京话单音词词彙》。又据该辞典的另一位参编者舆水优先生告知笔者："《岩波中国语辞典》的核心部分是中国著名学者陆志韦的《北京话单音词词彙》……加上老舍作品中的词汇而编写的。但是无论是陆志韦还是老舍，收集的词汇是以北京话为主，因此在注音上偏离普通话的读音不少。"(舆水优，2005)可以说，"和"读"(hàn)汉"就是一个很好的偏离普通话读音的例子。

(6)《北京方言词典》(1985)

hàn（1）和，跟。现在已不大活用，适用范围只限于［什么～什么］［哪儿～哪儿］［谁～谁］等词组中。（2）在（不用在动词和名词之间）。｜他～家干什么呢？（陈刚，1985）

（7）《北京土语辞典》（1990）

“和”hàn，与、跟，做为连词，hé 变读。如：“咱们是谁～谁呀！”“我～你爷爷是至交。”（徐世荣，1990）

（8）《两岸现代汉语常用词典》（2003）

和[2]héㄏㄜˊ/hànㄏㄢˋ两读。①连词。他～她都是中学毕业后开始工作的。②介词。你～他说一下，省得他起疑心/弟弟已经～我一样高（“/”前是大陆音，之后是台湾音）。

3．2　“和”读“汉”音在大陆退出规范语音

3．2．1　民国 21 年由教育部公布，教育部国语统一筹备委员会编的《国音常用字彙》（初版）确立了连词“和”读ㄏㄢˋ（hàn）在国音中的地位。《国音常用字彙》以北平地方音为国音之标准，所谓标准乃取其现代之音系，而非字字必遵其土音……（教育部国语统一筹备委员会，1932）可见当时“和”读 hàn（汉）音，并非土音，而是标准音。到上个世纪 50 年代赵先生在《语言问题》一书中还指出“和”读 hé 音是“习非成是”现象，说明“和”读 hàn（汉）音的国音地位受到挑战。1978 年 12 月，大陆以汉语规范为目的的《现代汉语词典》第 1 版正式出版，作为连词的“和”只有 hé—种读音，结束了“和”读 hàn 音在大陆国音中的地位。上个世纪 80－90 年代陈刚的《北京方言词典》、徐世荣的《北京土语辞典》都是方言词典，自然只收录“和”读 hà（汉）音，没有收录 hé（和）音。在 70 多年的时间跨度里“和”字读音的地位起了根本的变化，就变化路径来说，海峡两岸是不同的。

3．2．2　比陈、徐两位的书早出 30 年，比《国音常用字彙》晚问世 20 多年的陆志韦的《北京话单音词词彙》采取的是两种读音兼收。hàn（汉）音排在前，hé（和）音排在后，这可能是两种读音在当时社会使用地位的如实写真，多少可以看出“和”读 hàn（汉）音是在逐步淡出国音。

3．2．3　“和”读ㄏㄢˋ（hàn）音以外还有ㄏㄞˋ（hài）一读。赵元任在《语言问题》一书所指出的这一点的确存在。我们在 2007 年的调查就

证实了此点。àn 韵变读 ài 韵在北京话里还有别的例子。如，“还”有 huán/hái 两读，也可以证实这一点。（陆志韦，1956）

四 “和”读“汉”音的地区不限于北京方言

4．1 承日本松山大学孟子敏教授相告，山东省南部沂蒙山区的平邑县方言（属中原官话）“和”有①［xã53］；②［xε53］；③［xəi53］（53 调为阳平）三种读音。例：俺～俺娘赶集去。平邑的读音①②分别相当北京的［han53］［hai53］，平邑的读音③相当于北京的［hə35］。

4．2 承兰州大学王森教授告知，甘肃民乐县“和”有 hɑn（去声）一读。例：我～她都是甘肃人。甘肃省张掖市民乐县地处甘肃河西走廊中段、张掖市东南部，海拔 1589 米—5027 米。

4．3 承山西大学冯良珍教授告知，山西霍州东区，连词“和”老年人有读 han55（阴去），中年人有读 hào55（阴去）的情况。例：我～她是同乡。霍州分阴阳去。阴去 55 调、阳去 53 调。霍州市位于山西中南部，地处临汾盆地、晋中盆地交界处。

对上列几处例子略作分析不难看出，这些例子都属于 b 类问卷（非北京土话）。可能还会有一些地区有类似的例子。“和”读 hàn（汉）音的地理分布是一个值得关注的问题。有的学者认为“谁 hàn 谁”的“hàn”未必是“和”，可能另有其字。更多地了解“hàn”的地理分布无疑是很有必要的。

五 台湾国语连词“和”读“汉”溯源

探讨此问题之前，首先要厘清大陆“和”读“汉”音是怎样进入国音的。“和”读 hàn（汉）音是北京口语，这点在上文考察《国音常用字彙》注音时已然谈及。国音的审定者为何把北京方言读音收入国音？这到底是谁的主张？徐世荣认为，这是白涤洲的主张。原话如下：“1932 年由当时的国语统一筹备委员会重修《国音字典》，改编为《国音常用字彙》‘和’字有 hàn 的一读，……我所知是白涤洲先生的主张，白为北京土著满族。”

（徐世荣，1990）笔者认为徐说可信。据查，白涤洲（1900－1934），北京人，先世出蒙古白济特氏，清代隶镶蓝旗。我国早期国语运动的积极参与者，为国语运动作了大量的工作。1923年，年仅23岁的白涤洲同赵元任、钱玄同等同为《国音字典》增修委员会委员。1926年国语统一筹备会着手增修的《国音字典》以及随后1932年教育部公布的《国音常用字彙》的初稿均出自白涤洲之手。（中国语言学会《中国语言学家传略》，2006）最早把连词“和”读作hàn（汉）的音选进国音的当是白涤洲。

台湾的国语，源自老国音，“和”读hàn（汉）音就不足为怪了。“和”读hàn（汉）音至今还相当普遍。例如，在中央电视台海峡两岸节目，我们经常听到特邀嘉宾台北市时事评论员尹乃菁女士把连词“和”说成“汉”。如，2008年12月25日节目有：卸任领导人和（汉）现领导人｜在他从前和（汉）这些长官的关系。“和”读hàn（汉）音源自台湾光复后的国语推行运动。1947年台湾省国语推行委员会编印的《国音标准汇编》（台湾开明书店）是台湾推行国语的重要依据和准则。《国音标准汇编》第四部分即主要部分是上文论及的民国21年（1932）由教育部公布，教育部国语统一筹备委员会编的《国音常用字彙》。（鲁国尧，2004）由此确立了“和”读hàn（汉）音在台湾的国音地位。

《燕园远去的笛声——林焘先生纪念文集》中有郑锦全教授写的《燕南园先路》，文中提及他曾问过林焘先生，连词“和”台湾国语推行委员会审音为“汉”，北京有人这么说吗？林焘先生说北京东郊通县有人那么发音，台湾国语推行委员会委员齐铁恨先生在北京时，家里就说“汉”。（郑锦全，2007）

承蒙南京大学鲁国尧教授费心找到老舍先生的公子舒乙写的《乡音灌耳》（1994）惠我。这篇文章证实了这一点。舒乙说：“我发现台湾所有的人在所有的场合把‘和’字都念成‘hàn’（汗），而北京人只有在说‘咱们谁和谁呀！’时才念‘汗’，一般还是念‘河’音。何欣说：这是齐铁恨先生在电台上教的，他的话就是法律，怎么教就都怎么念了。”（舒乙，1994）（何欣，台湾省国语推行委员会1946年成立时任副主任委员的何容先生之长子—引者注）

齐铁恨（1892—1977）出生于北京西郊香山，1946年台湾省国语推行委员会正式成立，齐任委员。（赵金铭，2005）在台湾广播电台播讲国语发音和国语课本，是当时台湾"家喻户晓的大师级人物"。（舒乙，1994）

1992年魏建功先生哲嗣魏至将其父的《独后来堂十年诗存》手迹装裱成册，遍请魏先生生前友好及学生题咏，魏建功先生的学生俞敏先生写了一段话，证实此点。这则史料颇不易见，兹将其中涉及在台湾推行国语的部分抄录如下（承鲁国尧教授告知）。其中一段话与本文讨论的问题很有关系：

> ……四五年胜利后，魏师受台湾长官公署聘任国语会主委。大计初拟，众说不无异同。师为之决：普赖广播，以齐铁恨先生语言为准，效果良佳。……

"以齐铁恨先生语言为准"是当时为台湾长官公署聘为国语会主委的魏建功为解决"大计初拟，众说不无异同"所作出的决定。作为教育部国语推行委员会的委员、一位出生北京的齐先生自然尊重1932年《国音常用字彙》的审音，更加习惯本人"和"读hàn（汉）的发音。经过这位"家喻户晓"的齐铁恨先生的传授，从此做连词的"和"读hàn（汉）延续到如今。舒乙先生说得好："有一批由大陆过去的语言学家，早在抗战胜利之后就到了台湾，抱成一团，……硬是用国语把台湾的语音……改造了。这群杰出语言学家的领袖一开始是魏建功和何容先生，稍后则是何容和齐铁恨先生。"（舒乙，1994）这些先生应该就是台湾国语"和"读hàn（汉）音的审定者、传播者。

附录：问卷调查对象

问卷调查对象都是土声土长的北京人，会说地道的北京方言土语，年龄均在50岁以上。

1. 北京东南朝阳区农光东里被调查10人的名单（居住地斜线前指幼时，斜线后指现居住地，下同）：

姚大×男，70 双，南城/朝阳；　　王连×男，58，满，朝阳/东城；
韩金×男，55，满，内城/崇义；　　王世×男，54，满，内城/丰台；
王万×男，52，汉，南城/宣武；　　安树×男，54，满，外城/朝阳；
曹德×男，54，满，南城/朝阳；　　黄志×男，62，汉，房山/通县；
王立×男，56，汉，内城/朝阳；　　冯树×男，53，汉，内城/朝阳。

2. 北京（西南）广安门外（广外）相关问题问卷被调查 10 人名单：

萧德×男，67，汉，广外/广外；　　杨佩×男，73，汉，广外/广外；
孙　×男，62，汉，崇文/宣武；　　李跃×女，56，汉，广外/广外；
胡志×男，76，汉，广外；　　　　　邵雁×女，53，汉，昌平/广外；
张中×男，56，汉，广外/广外；　　张雅×女，56，汉，西城/广外；
李红×男，75，汉，西城/广外；　　李秀×女，62，汉，内城/朝阳。

参考文献

北京语言大学、中华语文研习所（台北）：《两岸现代汉语常用词典》，北京语言大学出版社 2003 年版。

仓石武四郎：《岩波中国语辞典》，商务印书馆 1963 年版。

陈刚：《北京方言词典》，商务印书书馆 1985 年版。

侯精一：《试论现代北京城区话的形成》，中国语学 2001 年版。

教育部国语统一筹备委员会：《国音常用字彙》，商务印书馆 1932 年版。

鲁国尧：《台湾光复后的国语推行运动》和《国音标准汇编》，语文研究 2004（4）。

陆志韦：《北京话单音词词彙》，科学出版社 1956 年版。

舒乙：《乡音灌耳》，人民日报：海外版，1994—2—18。

魏建功：《日本人传讹了我们的国音》，《魏建功文集》，江苏教育出版社 2001 年版。

徐世荣：《北京土语辞典》，北京出版社 1990 年版。

——《北京土语辞典出版后话》，语文建设 1990（5）。

舆水优：《五十年来日本汉语辞书编辑的发展》邓守信等，《二十一世纪华语机构营运策略与教学国际研讨会论文集》，台湾师范大学出版社 2005 年版。

赵金铭：《魏建功先生在朝鲜教汉语和在台湾推广国语的贡献》《汉语与对外汉语研究文录》，外语教学与研究出版社 2005 年版。

赵元任：《语言问题》，商务印书馆 1997 年版。

郑锦全：《燕南园先路》林焘先生纪念文集编委会，《燕园远去的笛声》，商务印书馆 2007 年版。

中国社会科学院语言研究所词典编辑室：《现代汉语词典》，商务印书馆 1978 年版。
中国语言学会：《现代中国语言学家传略》，河北教育出版社 2006 年版。

（原载《语文研究》2010.1）

关于儿化词使用情况的考察

普通话的教学如何看待儿化词，是一个值得探讨的问题。对儿化词的使用情况作些考察于问题的讨论有帮助，本文多处引用《现代汉语频率词典》（北京语言学院语言教学研究所编 1986）的统计资料，由于这部词典所统计的语料书面语多而口语语料相对要少，因此，本文的考察实际上偏重于书面语儿化词的使用情况。

《现代汉语频率词典》对 180 万字的语料作了统计，其中儿化词所占的比例是很低的。统计的语料分四类，报刊政论类的语料有 440，749 字，占全部语料的 24.39％。科普书刊类 284，308 字，占全部语料的 15.73％。生活口语类 201，892 字，占全部语料的 11.17％。文学作品类 880.399 字，占全部语料的 48.7 工％。这四类语料的不同词条总数为 31，159 条，其中儿化词条只有 111 条。儿化词条占总条数的 0.4％不到。

《现代汉语频率词典》从 31159 条中排列出使用度[①]最高的前 8，000 条，其中儿化条目只有 46 条，约占统计条数的 0.6％。

四类语料的前 4，000 个高频词表中，儿化词的比例也很低。具体如下：

报刊政论类无儿化词；

科普书刊类有儿化词 8 条；

生活口语类有儿化词 43 条；

文学作品类有儿化词 17 条。

---

① 据《现代汉语频率词典》，使用度是指“综合词次、类（指语料的分类——引者）、篇（指该项语料见于的语类篇目——引者）三方面因素，按一定公式计算得出的压缩了的词次，从这个数值可以看出该词在语料中的使用程度和散布情况。）”

以上四类语料，生活口语类的儿化词条目最多，居首位。但在前4000个高频词表中也只有43条，约占统计条目的1%。这类语料的内容包括“反映日常生活各个侧面的剧本名作，相声、评书……专题采录和随机采录的部分口语语料”①。各类语料中的儿化条目重复的不少。重复的不计，实际上列入各类语料高频词表中的儿化条目也就是50余条。

2 《现代汉语频率词典》收录的儿化词条

2.1《现代汉语频率词典》收录的儿化词111条

挨个儿	巴儿狗	把儿	白乾儿	伴儿
倍儿棒	鼻梁儿	不一会儿	碴儿	差点儿
打盹儿	大伙儿	大家伙儿	大婶儿	当间儿
调门儿	冻儿	兜儿	独个儿	朵儿
赶明儿	赶趟儿	哥儿们	嗝儿	骨朵儿
光棍儿	蝈蝈儿	好好儿	好玩儿	好样儿的
话茬儿	会儿	儿儿	价码儿	今儿个
今儿	酒窝儿	卷儿	坎儿	坑头儿
空儿	快门儿	老伴儿	老姐儿	老头儿
脸蛋儿	聊天儿	零儿	没好气儿	煤核儿
门槛儿	面条儿	明儿	末儿	沫儿
哪儿	那会儿	那儿	纳闷儿	男孩儿
妮儿	年头儿	娘儿	纽扣儿	女孩儿
片儿	蛐蛐儿	三轮儿	嗓门儿	死心眼儿
铜子儿	头头儿	土腥味儿	玩儿完	玩意儿
蔓儿	下晚儿	下巴颏儿	呜儿呜儿	象样儿
小辫儿	小不点儿	小道儿	小孩儿	小人儿书
心窝儿	心眼儿	压根儿	烟卷儿	沿儿

① 《现代汉语频率词典》编纂说明。

燕儿	一丁点儿	一个劲儿	一股劲儿	一股脑儿
一忽儿	一会儿	一会儿	一块儿	一顺儿
萤火虫儿	有（一）点儿	杂院儿	早早儿	着儿［招儿］
这会儿	这儿	准儿	桌面儿上	自个儿
昨个儿				

2.2《现代汉语频率词典》使用度最高的前8000词中的儿化词46条（按使用度递降顺序排列）

有（一）点儿	一会儿	这儿	那儿	哪儿
小孩儿	一块儿	好好儿	大伙儿	老头儿
玩意儿	差点儿	女孩儿	片儿	明儿
零儿	年头儿	这会儿	会儿	大婶儿
个儿	兜儿	一个劲儿	烟卷儿	心眼儿
自个儿	今儿个	嗓门儿	萤火虫儿	老伴儿
着儿［招］	好样儿的	一会儿	门槛儿	沿儿
末儿	纳闷儿	男孩儿	象样儿	当儿
今儿	纽扣儿	好玩儿	娘儿	光棍儿
聊天儿				

2.3《现代汉语频率词典》四类语料前4000个高频词中的儿化词（按使用频率递降顺序排列，下同）

生活口语类43**条**

这儿	一会儿	哪儿	一块儿	有（一）点儿
那儿	好好儿	小孩儿	大伙儿	大婶儿
玩意儿	烟卷儿	老头儿	今儿个	差点儿
明儿	今儿	自个儿	心眼儿	会儿
兜儿	三轮儿	个儿	大家伙儿	这会儿
一个劲儿	好玩儿	年头儿	末儿	倍儿棒
零儿	儿儿	压根儿	玩儿完	昨儿个
着儿［招儿］	小人儿书	小辫儿	面条儿	象样儿
纳闷儿	好样儿的	门槛儿		

文学作品类17**条**

这儿　有（一）点儿　哪儿　那儿　老头儿
好好儿　大伙儿　一会儿　小孩儿　一块儿
哪儿　女孩儿　差点儿　一会儿　这会儿
会儿　老伴儿

科普政论类 8 **条**

哪儿　片儿　一会儿　小孩儿　有点儿
土腥味儿　零儿　那儿

3.《现代汉语频率词典》统计了同样一个意思有儿化和不儿化两种不同说法的词条，统计数字表明，不儿化的说法使用的频率往往高于儿化的说法。我们从中找出了十一对有儿化和不儿化两种说法的条目。其中，只有“小孩儿”的说法，使用度高于“小孩子”（44/18）。其他条目绝大多数都是不儿化说法的使用度高于儿化的说法。下表比较这十一对条目。

儿化词与非儿化词使用频率比较表

类别 词次（篇次） 条目	报刊政论	科普语体	生活口语	文学作品	词次总计
大伙儿	—	—	22（8）	82（28）	105
大家伙儿	—	—	7（3）	1（1）	8
大家	101（24）	46（12）	8103（17）	520（77）	770
今儿	—	—	14（47）	4（4）	12
今儿个	—	—	9（2）	3（2）	18
今日	1（1）	1（1）	—	20（10）	27
今天	44（14）	44（14）	147（10）	350（78）	701
明儿	1（1）	2（1）	9（5）	14（8）	26
明日	—	—	—	4（4）	4
明天	1（1）	8（3）	47（10）	149（56）	205
哪儿	3（2）	53（7）	87（8）	138（44）	281
哪里	12（9）	17（9）	25（6）	218（57	272
哪	18（13）	32（11）	169（16）	236（61）	455

续表

类别 词次（篇次） 条目	报刊政论	科普语体	生活口语	文学作品	词次 总计
小孩儿	1（1）	18（6）	23（9）	76（27）	118
小孩子	—	1（1）	3（2）	40（15）	44
那儿	—	7（5）	62（14）	113（39）	184
那（代）	230（27）	167（21）	810（18）	2837（105）	4040
香烟	—	1（1）	4（2）	16（11）	21
纸烟	—	—	1（1）	5（5）	6
烟卷儿	—	—	18（5）	3（2）	21
燕儿	—	2（2）	—	3（3）	5
燕子	—	12（2）	—	31（8）	43
这儿	3（3）	4（4）	241（16）	182（49）	430
这里	111（27）	48（17）	39（9）	460（79）	658
这（代）	1274（34）	1584（21）	2109（18）	5408（106）	10375
自个儿	—	—125（19）	8（4）	10（5）	10
自己	556（32）		273（18）	1615（105）	2570
昨儿个	—	—	3（2）	—	3
昨天	8（6）	1（1）	60（14）	103（52）	174

4.《现代汉语词典》“是以记录普通话语汇为主的中型词典”“是为推广普通话、促进汉语规范化服务的”，这部词典收录的儿化词的情况也值得我们参考。这部词典收词条目约 56，000 条，比《现代汉语频率词典》的 31，159 条要多 24，841 条。《现代汉语词典》儿化条目不到 500 条（标明＜方＞的一百多条未计算进去）。儿化条目约占该词典总收词条目的 1%不到。上文第一节说到《现代汉语频率词典》统计的生活口语类语料的儿化词约占该类前 4，000 个高频词表的 1%。这个百分比和《现代汉语词典》儿化条目在该词典中所占的百分比差不多。这个数字也说明儿化词在普通话语汇中所占的比例是非常之低的。

就《现代汉语词典》所收的不到500条的儿化词来看，绝大多数条目的儿化和不儿化没有区别意义的作用。例如：《现代汉语词典》末字是“门”的词有94条，77条“门”不儿化。有17条的末字“门”儿化，其中的16条不构成对立。只有“入门儿”（得到门径；初步学会）一条与“入门”（指初级读物）的意思不同。像这类儿化与不儿化有区别意义作用的条目在《现代汉语词典》里头是很少的。①

5.《红楼梦》（十八世纪中叶）、《儿女英雄传》（十九世纪中叶）是两部用北京话写的文学名著。两部书里头都用了大量的儿化词。例如两部书都使用了“性格儿”这个儿化说法。请看例句：

你再要娶这么一个媳妇儿，这么个模样儿，这么个性格儿，只怕“打着灯笼儿也没处找去”呢！（《红》119页）

你那个性格儿，可是一句半句话省的了事的人吗？（《儿》326页）

《现代汉语词典》收录的是不儿化的说法“性格”。我们从两书中随意各抽了二十条儿化词，与《现代汉语词典》比较如下：（例词后头的数码是页数）

《红楼梦》②

效验儿 80	东西儿 170	尽力儿 215
田地儿 352	故意儿 352	冤家儿 355
孽儿 374	神情儿 388	差不多儿 388
强嘴儿 752	记性儿 785	道理儿 958
句儿 1084	心胸儿 1092	缘份儿 1138
灵机儿 1271	分寸儿 1271	错儿 514
趣儿 127	本家儿 1397	

① 典型的例子是白面（小麦磨成的粉）≠白面儿（指作为毒品的海洛因）。由于自然语言的羡余度很高，对于“白面儿”这类使用度很低的条目，即使不儿化，借助上下文和说书的情景一般是不会产生误会的

② 《红楼梦》，曹雪芹、高鹗著，人民文学出版社1972年版。

《儿女英雄传》[①]

金莲儿 60	风味儿 90	俊儿 245
一连儿 250	性格儿 326	褡裢儿 560
肩儿 614	骨血儿 627	主意儿 650
哑谜儿 653	礼儿 693	冷跟儿 793
着落儿 866	宗儿 856	月份儿 878
转文儿 1519	活脱儿 243	乐儿 320
开春儿 413	影儿 551	

《红楼梦》的二十条儿化词，《现代汉语词典》收不儿化说法有“性格、缘份、记性”等十七条。收录儿化说法的只有“本家儿、错儿、趣儿”三条。(儿女英雄传) 的二十条儿化词，《现代汉语词典》收不儿化说法的有“性格、月份、骨血”等十六条。收录儿化说法的只有“活脱儿、开春儿、影儿、乐儿”四条。如果这种抽样调查的结果还有些参考作用的话，我们据此可以认为，即使典范的文学作品中使用过的儿化词语有很多也不能进人普通话词汇。

6. 根据以上的考察，可以看出儿化词在普通话词汇之中所占的地位是微乎其微的。对于一般的普通话学习者来说，似乎没有教学的必要。如果对少数学习者要教儿化词，最好也只教学极少量使用度高的（如：这儿、那儿）儿化词为宜。

（原载《第二届国际汉语讨论会论文选》1987 年）

① 《儿女英雄传》，清・文康著，人民文学出版社 1983 年 11 月北京第 1 版。

《现代汉语方言音库 CD》简介*

《现代汉语方言音库 CD》包括以下两个库：

一　现代汉语方言概况库

重点介绍官、晋、吴、徽、湘、赣、客、粤、闽等九大方言区的地域分布、历史形成、方言特点、方言分区以及对前人研究的评述等内容。概况库反映当前方言学界的最新研究成果。（概况库另有文字本：《现代汉语方言概论》，上海教育出版社 2002 年）

二　现代汉语方言 40 种代表点的资料库

有五部分内容：

1. 40 种汉语方言代表点的语音系统
2. 字音（常用字 764×40 点　特字 147×40 点）
3. 词汇（180 条 × 40 点）
4. 语法例句（55 条×40 点）
5. 长篇语料

字音库列出每一个字音的中古音韵地位及 40 种现代汉语方言的读音。对文读、白读、又读、变读、俗读、训读等都作了记录。特别是特字库的

* 《现代汉语方言音库 CD》（“十五”国家重点电子出版物、“九五”国家社科基金重点项目）侯精一主编，上海教育出版社 2004 年版。本文是《现代汉语方言音库 CD》封面的说明文字。

建立，对于认识语音的演变、研究列外字音的规律，都是很有用的。

《现代汉语方言音库CD》具有实用性。无论是字音库、还是词汇库、语法例句库及长篇语料库，所收语料均具有可比性。语言条目以事实为纲，排列40点语料。这种可比性语料对于汉语诸方言进行比较研究，无论是现状的还是历史的比较研究，均可以提供诸多便利。此外，相当数量的语料是有声的，这将为后人留下一份极为珍贵的语音资料。

《现代汉语方言概论》总说*

《现代汉语方言概论》(以下简作《概论》)对现代汉语方言的分区在很大程度上参考《中国语言地图集》(以下简作《地图集》(中国社会科学院、澳大利亚人文科学院 1987/1989)。如，晋语与徽语独立成区，《概论》与《地图集》是一致的。《概论》与《地图集》也有不一致的地方。如，《地图集》平话独立成区，我们考虑到对平话的研究还不够充分，平话的主要共同点——古全浊声母今读塞音、塞擦音时一般不送气的现象在粤语的一些地区也存在。(李荣 1989)所以，《概论》没有列出平话区。《概论》只讨论了以下九个方言区：官话、晋语、吴语、徽语、湘语、赣语、客家话、粤语、闽语。当然，这样安排并不表示参与《概论》编写的各位先生对汉语方言分区所持的看法。

晋语与徽语的地位，研究者的看法不很一致。晋语是否应从官话中分出来，独立成区？(丁邦新 1996，王福堂 1998)徽语的主要共同点是哪些？徽州方言和严州方言是否可以合起来讨论？(平田昌司 1998)意见也不太一致。究其原因，恐怕还是对新鲜的语言材料掌握得不够充分。近年来《现代汉语方言大词典》的 41 种分卷词典(李荣主编)、《现代汉语方言音库》的 40 种汉语方言音档(侯精一主编)以及《严州方言研究》(曹志耘 1996)和《徽州方言研究》(平田昌司主编 1998)以及其他一些论著的陆续出版，对于从总体上认识现代汉语方言，深入了解晋语、徽语具有参考价值。相信随着调查研究的不断深入，更多的专著问世，对一些有争议问题的认识就容易找到共同点。

---

* 《现代汉语方言概论》，侯精一主编，上海教育出版社 2002 年版。

《概论》大致有以下内容：各大方言区的分布、形成、特点、分片、比较（与相关方言）与对前人研究的评述。

分布、特点、分片三项是《概论》不可或缺的，加上形成、比较、评述方面的内容，《概论》的内容就比较充实。

分布自然是指地域而言的。比如官话方言分布在长江以北；长江以南包括西南的云、贵、川三省，鄂西北，镇江至九江沿长江部分地区；河西走廊及新疆。官话方言覆盖 26 个省市的 1500 多个县市。各大方言区下再按其内部差异分为若干"片"。比如湘语在湖南境内可以分为三片：长益片（长沙、益阳）、娄邵片（娄底、邵阳）、辰溆片（辰溪、溆浦）。官话方言由于分布地域最广，所以在官话下先分为八区，区下再分片。各区的特点集中讨论，各片特点分而论之。

形成问题与该地区历史人口结构的变动、历史行政区划的变化、自然地理环境、地区经济与文化的发展都有密切的关系。（侯精一 2001　李如龙　2001　游汝杰　1992）这方面的成果目前还不够多。《概论》有意安排这一部分，像晋语区的形成，执笔者从封闭的地理环境，稳定增长的经济与人口，丰厚久远的三晋文化，历史人口的迁徙，晋商的影响等诸多方面进行论证。湘语区的形成则从湘语的源头——古代湘语出发，考察历代行政区划以及历史上大量的移民对于湘方言区形成的重要作用。粤语区的形成和发展在粤语这一章作了比较详细的讨论，指出粤方言产生的源头可以追述到秦汉以前。（李新魁 1 9 9 5）其源头为楚语南来，并非秦汉以后中原移民。关于徽语区的形成、分布，执笔者引证了丰富的史志资料，并提供了一些较新的数字资料。不难看出，各个方言区的形成除去共性的一面还有个性的一面。希望由此引起对这些问题的更多注意，推动这些方面的研究。

《概论》比较注意讨论与相关方言的比较问题。由此研究方言之间的接触关系。如，官话部分讨论了与官话方言南部边界紧邻的吴方言、徽方言、湘方言、赣方言演变为官话的情况。闽语部分讨论了闽语与吴语的关系、闽北方言与赣语的关系。吴语部分讨论了江淮官话对北部吴语的影响、闽语对南部吴语的影响，赣语、徽语对吴语的影响和吴语对周边非吴语方言的影响等。赣语部分讨论了赣语和客家话的关系。徽语部分举出若干徽语的语音、词汇与周围的吴语、江淮官话做了比较研究，并对徽语的独立成区，补充了新的根据。这些问题都是值得深入探讨的。

评述部分是对前人的研究做历史的回顾与介绍。闽语部分分别从早期的闽语研究及现代闽语的研究两部分评述闽语的历史研究。对早期的地方韵书和教会罗马字辞典、20世纪30年代以来国内外学者的重要论著，均作了评介。客家话部分回顾客家话研究的历程是从评述最早的系统介绍客家方言文献——1880年问世的黄钊的《石窟一征》开始。对其后国内外出版的多种重要的论著也都有涉及。晋语部分对晋语的历史研究的评介追溯到1939年刘文炳的《徐沟语言志》，对高本汉1941年出版的《中国音韵学研究》中的“方言字汇，收录的晋语几个点的字音以及英国学者R. Forrest关于晋语的论述也都作了客观的评论。这部分提供的论著书目、篇目对于后来的研究者是颇为有用的信息。

表格的大量使用，并且还专门设置了表目录可以说是本书的一个特点。列表增加编排难度但容易突出问题，一目了然。像官话方言总共有64个表。从表目录上，我们就容易找到想要了解的问题。如，要考查入声在官话方言中的表现，利用表目录可以找到“古入声字在北京官话中的归类表”、“古入声字今胶辽官话归类表”、“古清声母入声字在冀鲁官话中的归类表”、“古入声字在中原官话中的归类表”、“古入声字在兰银官话中的归类表”、“古入声字在西南官话中的归类表”、“江淮官话入声分不分阴阳对照表”。

主要参考文献

曹志耘　1996　《严州方言研究》，《开篇》（单刊），日本好文出版社。

丁邦新　1996　《书评·中国语言地图集》，《国际中国语言学评论》第1期，香港。

侯精一　2001　《试论现代北京城区话的形成》，日本《中国语学》第248号。

李荣　1989　《汉语方言的分区》，《方言》第4期。

李如龙　2001　《汉语方言学》，高等教育出版社。

李新魁　黄家教等　1995　《广州方言研究》，广东人民出版社。

平田昌司 1998 《徽州方言研究》，日本好文出版社。

王福堂 1998 《二十世纪的汉语方言学》，《二十世纪的中国语言学》，北京大学出版社。

游汝杰 1992《汉语方言学导论》，上海教育出版社。

中国社会科学院、澳大利亚人文科学院 1987/1989 《中国语言地图集》，香港朗文出版有限公司。

回民话、汉民话、东干语比较研究刍议

一 关于回民话的调查研究

从上个世纪 80 年代以来，汉语方言的调查研究可说是大进步、大繁荣。对西北方言，特别是回民话以至东干语的研究也是成绩斐然（刘俐李 1989，1993、海峰 2003、张安生 2006、林涛 2007）。作西北地区汉语方言研究，刻意关注回民话及相关回民文化的调查对于语言接触关系的深入研究无疑具有重要意义。回民话、汉民话的不同，略举几例于下：

1 北京回民话、汉民话的不同表现在一些语词的使用上。最近读《老北京人的口述历史》，《京北回族第一村》村民关于本村历史的口述。其中就有汉民不说的回民语词：“‘爷爷’”指的是‘爸爸’”，“我爷爷一直没有回来，1960 年还是 1961 年“无常”（死——引者注，下同）在那儿了”，“要是‘无常’，人有好多风俗习惯都得去做”，“他把雇的人的饭给了‘要乜帖的’（要饭的）吃了”。“无常”、“乜帖”、“爷爷”都是回民话。（定宜庄 2009：856－859、864）

2 山西长治市（在山西省东南部，史称“上党”）有一条街叫铜牛街，回民多集中居住于此，犹如北京的牛街。长治市区回民话比汉民（老派）多一个［ʐ］声母。汉民（老派）“人润”读零声母［in］［yŋ]，回民话读［ʐ］声母。普通话［tʂ]］组声母拼合口韵母，回民带明显的半浊唇齿擦音［v]。鼻音韵尾汉民一律为［ŋ］韵尾，回民为［n］韵尾。长治回汉民词语差别约有 50 多条。如，汉民话“买”回民话说“朝发”。（汉民只有理发、牙行说“朝发”）。汉民话“新娘”，回民话说“新婶子”。回民话还有一些阿拉伯语、波斯语借词。举例“｜”前为回民话，后为汉民话。下同。

老达/达｜爸爸/父亲　老先人/祖先｜老祖先　无常啦｜死啦

漫水儿｜油　朝发～些豆腐｜买　制饭｜做饭

埋体［mɑuɯɔtɑ］尸体｜赫尔瓦尼［hajawan］不正派的人　主麻星期五出身者的教名（侯精一 1985）

3　宁夏回族自治区的同心县是宁夏面积最大、人口最多的回民自治县。汉民话与回民在语音上差异不大。仅只是音值上的少许不同。例如，“深升新星魂红运用”等字的韵母，汉民读［－ŋ］韵尾，回民读前鼻尾［－n］韵尾（与长治话同）。同心话里有相当数量的回族特殊用语，包括汉语词和借词。例如：

新姐姐｜新媳妇　死｜无常　黑子/亥/哼哼｜猪

着子“着”“主腰”的合音｜袄子、裹肚子主腰

口到｜请吃请客吃饭时说客气话

同心回民在宗教生活中使用的经堂语：

羞体身体不可裸露的部分　隔做补做（礼拜）　功课宗教功修

同心回民话有相当数量的借词。常用借词就有 200 来个。例如：

他的病大了，苏热提脸色、相貌不好得很

我也走西安哩，我俩个搭个亚勒伙伴（引例均见张安生 2006）

4　新疆乌鲁木齐回民话与汉民话的差别明显大于宁夏。乌鲁木齐回民话与汉民话在语音上的不同突出表现在单字调类演变路径的不同。乌回话阴平、阳平合流为一个平声。乌汉话阴平自成一类，保持不变。阳平与上声合流成一个新调类——阳平上调（原书称作“阳平”）（刘俐李 1989：8、18）。日常生活词语，回民话与汉民话均有一些差异。乌回话“子尾”用得很多，像名词重叠加子尾的形式很常用，有表“细小”、“轻微”的意思。如，盆盆子小盆、手手子小手、颗颗子皮肤上长的小颗粒。经堂词语、阿拉伯语借词、波斯语借词数量也都较多。（刘俐李：2012：139－141、184－185）

二 人口迁徙、历史人口结构变化与回民话、东干语的形成

1. 京北回族第一村 。《老北京人的口述历史》（黄炳成、李守勋口述）中的《京北回族第一村》有如下记载：京北回族第一村，名叫“西贯市村，位于昌平县阳坊镇与海淀区接壤地段。“是个很有名气的地方。八国联军攻入京师，西太后携光绪帝出德胜门西逃，当晚即落脚于此。”据李姓村民口述本村历史：“大概在明朝，常遇春他们的军队在这儿住着呢，可能就留下来了这伊斯兰教，这回民，这村也就留下来了。”另一黄姓口述人说：“我们家可能都是随军过来，就是明朝。那阵儿不是燕王扫北嘛，随着燕王过来的。那就是从南京（来的）。”当页编者注：乾隆二年（1737）本村《重修礼拜寺碑记》称，西贯市清真寺建于明朝弘治七年（1494）。明朝推翻元朝过程中，回族将领中当首推常遇春。（定宜庄 2009：848—849）

2. 宁夏同心话 。同心地区自古是多民族杂居地区。回回先民留居本地始自元代，来源有二：一是蒙元时期成吉思汗西征，从中亚、西亚签发来的兵士、工匠；一是皈信了伊斯兰教的蒙古军人。明初回族大批迁入。清代中晚期又有甘、宁、青回族大批迁入。（张安生 2006：2）

3. 新疆焉耆话 。焉耆地处南疆，清同治元年（1862）年陕西回民起义失败，清光绪 22 年青海回民抗清失败，大批流亡者先后被清廷安置在焉耆、永宁。据光绪 34 年完稿的《焉耆府乡土志》记载，当时焉耆的维吾尔人 13200，蒙古 8600，回族 3800，汉族 90 人。……焉耆县的这种汉回人口比例格局，一直维持到 50 年代。（刘俐李 1993：6）

4. 东干族与东干语。东干族是 19 世纪下半叶，中国西北地区回民起义失败后被迫迁徙到中亚地区的部分回族人后裔。现在主要居住在中亚的哈萨克斯坦、吉尔吉斯坦和乌兹别克斯坦，人口近 11 万。东干语是东干族使用的语言。东干语内部分为甘肃方言和陕西方言。现代东干书面语言是以甘肃方言的语音为标准音。（海峰 2003：1—2）东干人今仍自称为“回回”“老回回”“中原人”。东干语是研究西北方言的绝好参照，为西北方言研究提供有价值的语言历史资料。（海峰 2003：208）

三　东干语的主要区别性特征及与回民话、汉民话的比较

1. 东干语的主要区别性特征（东甘语的陕西方言，本文暂不讨论）——单字调平声不分阴阳，只有一个平声，读升调型。

东干语的三个声调：平声24，上声51，去声44。（海峰2003：36，林涛2007：39）。连读时“平声调类的字在其他音节之前仍有阴平、阳平的区别，阴平调值是个低升调，调值为12，而阳平仍是原调，调值为24。”（海峰2003：36）

2. 单字调平声不分阴阳的地域分布。

据曹志耘，汉语方言不分阴阳平的地区主要分布在甘肃的武威、永登、临夏、定西、秦安。青海的乐都、同仁。新疆的吐鲁番。山西省的太原、平遥。内蒙古的呼和浩特、太仆寺等。（曹志耘2008：语音卷002）可补充的有：据卢兰花，还有与甘肃临夏毗邻的青海民和、化隆、循化以及大通的部分地区（卢兰花2011：130）。宁夏的西隆（张安生1997：49）。南疆的焉耆等。就目前所见资料，单字调平声不分阴阳的地区除个别地点以外，多在西北地区的甘肃、青海、新疆、宁夏以及山西太原盆地及相邻的内蒙古中西部和境外的中亚地区。

3. 单字调平声不分阴阳方言的归属。从现代汉语方言分区来看，单字调平声不分阴阳的方言分别属于中原官话区的陇中片、秦陇片、南疆片。兰银官话区的金城片（永登）。（钱曾怡2010：38）晋语区的并州片、呼和浩特—张家口片。

四　西北地区汉语方言平声为升调型的相对一致性

下表说明西北地区平声为升调型（［13］或［24］）具有相对一致性：从新疆、青海、甘肃、宁夏的部分地区，到内蒙古。往南延伸到山西中部的太原盆地的部分地区。（上声为降调型的一致性也很明显）西北地区，单字调平声读升调型的方言多为三个声调方言。例见下表。

平声为升调型表

		平	上	去	
乌鲁木齐	回	24	52	44	新疆①
焉耆	回汉	升 24	51	44	新疆
化隆（甘都）	回	44	53	13	青海②
敦煌	回	13	53	44	甘肃③
临夏	回汉	243	43	42	甘肃④
西隆	回汉	13	53	41	宁夏⑤
东干语	回	24	53	41	吉尔吉斯坦
平遥	汉回	13	53	35	山西
孝义		13	312	53	
介休		13	523	45	

①乌鲁木齐回民话 1981 年的调查分阴阳平（阴平 21、阳平 24），1988 年调查阴阳平合流 。“1988 年复核时阴平单字调多读 24，读 21 已经所剩无几。”（刘俐李 1989：18）本表从 1988 年。

②卢兰花 2011：130。

③敦煌 1985 年的调查单字调分阴平［213］、阳平［14］（张盛裕 1985）。10 多年之后的调查，单字调平声不分阴阳平（陈章太、李行健 1996；钱曾怡 2010：38）。

④临夏话有三个声调，原作定名为“第一声、第二声、第三声”，为便于与其他方言的比较，本文改作：“平声、上声、去声”)。“平声 243 在语流中降的趋势不明显”——原作注。（兰州大学 1996：3）

⑤见张安生 1997：49。

五　西北地区平声为升调型的成因及探源

1. 甘肃省平声为升调型是早年陇中地区老户的遗存。西北地区平声读升调型的地区主要集中在从甘肃省的中部，武威及其西南的永登、定西、临夏、天水等地。计有 26 个县市，调值为低升。（张盛裕 1986：96）此外，还有敦煌（见上文，平声为升调型表，参见上表注 3)。考虑到地理分布、历史人文等诸多因素，平声读升调型特征应该是老户传留下来的。这一特征之所以得到传承，很可能与陇中地区一百年多来爆发多次回民反清斗争有关。连年的反清斗争带来陇中地区成千上万人的大流动。从而导致这一现象的传播、推广。下面转引周谷城书中的几段文字，从中看出，反清回民大致路径。

“顺治五年（公元一六四八年）河西回米剌印、丁国栋，奉明故延长王朱识穿起义，克甘州、凉州更渡河而东……人数之众，号称十万。”（见魏源《圣武记·国朝甘肃再征叛回记》）

“乾隆四十六年（公元一七八一年）……新回教的首领马明心（系循化回民——引者）……所攻占之处为凉州、河州等地……贼二千余陷河州城。”（出处同上）周谷城（1999：下册 332—333）

2. 青海省平声为升调型是受近邻——强势方言甘肃临夏话的影响。青海循化、民和、乐都、同仁、大通等地，临近甘肃，同属中原官话陇中片，平声为升调。循化等地平声为升调型显然是受近邻临夏话的影响。临夏是古代西北著名的商品集散地，内地通往青藏高原的必经要道。

3. 新疆南疆的焉耆话平声读升调型，其演变路径与甘肃、青海也有所不同。是受周边地区方言大环境的影响。今焉耆土著话的源头是陕西关中的回民话。关中话平声分阴阳，焉耆土著话起先平声也分阴阳。但由于语言环境的改变。这批陕西回族经过“1862 起义至 1877 年定居焉耆，15 年间所经各地……今三声调的居多”，此外“与焉耆话同源的乌鲁木齐话，……同源且距离较近的库车话平声合一”以及“在焉耆话形成之初，新疆官府正盛行三个声调的河州话（今临夏），当地最高官府的影响力不可忽视”。这些因素决定，“焉耆话阴阳平合二而一，读作平声，单字调为 24。”（刘俐李 1993：8—10）

4. 平声为升调型的源头——疑为晋商带来的晋语。据卢兰花：“明末至清代前期，民和、乐都一带山、陕贩运茶叶、百货的行商最多。明崇祯十五年（公元 1642），最早由山西商人王九畴倡议在碾伯（今乐都）城太和门内修建了火神庙……组织了具有封建帮会色彩的同乡会——同录会……碾伯的大商号全成泰，就是由山西商人经营的。光绪十四年（公元 1888）山、陕商人在河湟地区建立了多家山陕会馆……山陕商客在河湟地区落户不少。仅民和县，截至解放前就有名声较大的商号山西籍十二处，陕西籍二处。……晋语是随着晋商从山西、内蒙、宁夏沿黄河西行扩散到民和、乐都、平安、互助等地。”（卢兰花 2010：129—130）以上引文提及的民和县马营汉民话、唐尔横回民话，乐都县马场等地，平声均不分阴阳。平声调型均为升调。也有少数例外，如，民和县川口回民话，平声为降调型。

明清晋商在西北地区的影响还可以从晋商在清代，所走的“商路”，以及晋商在西北地区所设“票号”的布点得到印证。据“清朝山西商人之商路示意图”，清朝山西商人往西北地区之主要商路之一是，从山西→西安→兰州→凉州→肃州→敦煌→于阗往西出国境。这是南线。还有北线最终从吐鲁番、喀什葛尔出境。又据“清季山西票号分布示意图”，票号在西北地区的布点：山西→ 归化→ 包头→ 宁夏→ 凉州→ 甘州 → 肃州 →迪化（张正明 薛慧林 1989）。“商路图”与“票号布点图”中的地点，多为上文提及的平声不分阴阳平的地区。

类似的例子还有，属晋语区的内蒙古中西部及河北张家口一带的开发也是源自山西商人。（寺田龙信：1986：229）又据邢向东：“16 世纪中叶以后，蒙古土默特部俺答汗已经在土默特地区安置了不少汉人。……到 16 世纪末，仅土默特万户领地内就已经流入汉族农民十余万之多。其中绝大多数是山西籍农民。……沿黄河西移。”（邢向东 1998：55）包头方言民谚“先有复盛公，后有包头城。”（路成文等 1987）复盛公，包头大商号名，财东是山西祁县有名的乔家大院。

明清以来，晋商向西北经营发展，大批操晋语的商人、农民、手工业者进入内蒙古、宁夏、甘肃、青海以至新疆。晋商、晋语的不断西进，带去了平声不分阴阳和一个读作升调型的平声调。或许这就是西北方言及东干语平声为升调型的最早历史源头。

参考文献

曹志耘主编 2008《汉语方言地图集》，商务印书馆。

陈章太、李行健主编 1996《普通话基础方言基本词汇集》语音卷下：敦煌音系（曹志耘），语文出版社。
定宜庄著 2009《老北京人的口述历史·下》，中国社会科学出版社。
海峰 2003《中亚东干语言研究》，新疆大学出版社。
侯精一 1985《长治方言志》，语文出版社。
——主编 高葆泰 张安生编写 1997《银川话音档》，上海教育出版社。
——主编 邢向东编写 1998《呼和浩特话音档》，上海教育出版社。
——1999/2008《现代晋语的研究》，商务印书馆。
兰州大学中文系临夏方言调查研究组、甘肃省宁夏州文联（文中简作“兰州大学”）1996《临夏方言》，兰州大学出版社。
林　涛 2007《东干语论稿》，宁夏人民教育出版社。
路成文等 1997《山西风俗民情》山西地方史志资料丛书之十 山西省地方志编纂委员会。
李树俨 李倩 2001《宁夏方言研究论集》，当代中国出版社。
刘俐李 2012《语思录——语言学求索集》，世界图书出版社。
——1989《回民乌鲁木齐语言志》，新疆大学出版社。
—— 1993《焉耆汉语方言研究》，新疆大学出版社。
卢兰花 2011《湟水流域方言语音研究》，陕西师范大学博士论文。
钱曾怡主编 2010《汉语官话方言研究》，齐鲁书社。
寺田龙信著 张正明等译 1986《山西商人研究》，山西人民出版社。
张安生 2006《同心方言研究》，中华书局。
——1997《银川话音档》，上海教育出版社。
张盛裕 1985《敦煌音系》《方言》第 2 期。
——1986《陕甘宁青四省区汉语方言的分区（稿）》，《方言》第 2 期。
张正明 薛慧林主编 1989《明清晋商资料选编》，山西人民出版社。
周谷城 1957/1999《中国通史》上下册，上海人民出版社。

（原载《澳门语言学刊》2013 年第 1 期）

纪念专文

吕叔湘先生与《中国语文》

——庆祝吕叔湘先生九十华诞（1994）

1978年《中国语文》复刊，当时任中国社会科学院语言研究所所长的吕叔湘先生兼任了这本杂志的主编。《中国语文》创刊于1952年，1966年“文化大革命”初期停刊，一停就是十一、二年。《中国语文》是当时最早复刊的四个刊物中的一个，办好这份刊物是一件不太容易的事，吕先生就是在这样一种情形下管起了《中国语文》。从刊物的大政方针到编辑部的规章条例，从组稿审稿到版式体例，吕先生无不倾注了大量的心血。这从他给编辑部写来的大批工作信件，审稿意见可以清楚地看出来。下面从办刊宗旨、培养作者和编辑部自身建设三方面来谈。

一 务实与创新相结合的办刊宗旨

务实与创新相结合是《中国语文》的办刊宗旨，这是吕叔湘先生一贯倡导的。这种思想比较充分地反映在1980年他在中国语言学会成立大会上的讲话当中。这篇讲话全面而透彻地说明了搞好语言研究与语言教学必须处理好的四种关系：中和外的关系，虚和实（“理论”与“事例”）的关系，动和静（应用科学与纯粹科学）的关系，通和专的关系。在这次讲话中，吕先生特别指出要避免两种偏向。一种偏向是谨守中国语言学的旧传统，另一种偏向是空讲语言学，不结合中国实际。吕先生说：“很多国家里边有很多学者在那里研究中国的语言，中国的历史，中国的艺术。他们在方法上，有时候甚至在材料上，有胜过我们的地方。他们的研究成果有很大的参考价值，我们不一定全都接受，但是至少我们不可以不知道。”

（参看《把我国语言科学推向前进》，《中国语文》1981 年第 1 期）吕先生这里批评的两种倾向，前一种倾向是不能创新，后一种倾向是不能务实。这一讲话的精神在于倡导务实与创新相结合的研究方向。吕先生的这些从自身多年的研究实践中总结出来的极为重要的见解，对于编好《中国语文》无疑具有重要的指导作用。下面举两个例子来谈。大约在 80 年代中期，我们收到了一篇分析孟子语言的文章，当时编辑部已准备刊用。当我们去吕先生处谈工作时，他问我们，这个问题查过国外学者杜百胜（W. A. C. H. Dobson）的书没有，我们说还没有。他要我们暂缓发稿，先查一下，我们设法借到了杜百胜 60 年代出版的书，发现文章的基本观点与用例都与该书大致相同，于是把这篇文章撤了下来。当然，在不同时间，不同地点得出相近结论的事也是有的，但作为《中国语文》这一学术刊物的编辑，总要尽可能全面地了解各方面的研究情况。正像吕先生说的，对于国外的研究成果我们不能不知道，否则如何谈“创新”，如何保持刊物注重务实与创新相结合的特点，下面再举一例。

复刊不久，1978 年 8 月 21 日吕先生在审一篇讲借词的来稿时写道：

> 这篇文章，从题材论，可用可不用。不用很简单，这是中西交通史方面的题目，就语言说，题材较冷，多数读者不太需要。要用就比较麻烦。首先要摸一下作者的底，或者请作者交底。因为有种种迹象可以看出，作者是用了第二手材料的，但是他没有说明。表面上看，作者都是用的第一手资料，在一定程度上这是一种假象。当然，通过第二手材料找到第一手材料进行自己的研究，这在研究上是正常的现象。怕就怕除了从第二手资料中取来的东西外没有做出自己的贡献。这就难免被专家揭破，不但作者面子上不好看，编者也要负“失察”之责。

过了六天，8 月 27 日吕先生在给我们的信中又专门谈了这个问题：

> 今天偶然翻阅《中国伊朗编》（B. Laufer 所著，商务印书馆出版），见××文中所举的六条……都有论述。但似非××文的蓝本。

××文当另有所本，但无论如何，单以六条××而论，××文简陋，远不及 Laufer 所论详尽。即此一端，足以评××文的价值，似可退稿，不必纠缠。

提倡“务实”的学风是《中国语言》的特点。我们对于那些行文故作“高深”，貌似理论性很强的空讲语言学的文章是不欢迎的。

吕先生的《未晚斋语文漫谈》在《中国语文》前后登了三年，最末的一篇《有感》，写于 1992 年 1 月 6 日。这是两首七言诗，其中也谈到这个问题，很值得一读。节录如下：

文章写就供人读，何事苦营八阵图。
洗尽铅华呈本色，梳装莫问入时无。

早在 1980 年 3 月 16 日吕先生给我们来信分析某篇稿子的问题时，也谈到类似的话。他特别告诫我们“不要被貌似艰深的行文唬住”。诚如吕先生所说，写文章是为了“供人读”，即使内容真的很艰深的文章，也要考虑“供人读”这一个最基本的问题。

二　培养作者队伍

办好《中国语文》，需要有一支基本作者队伍。刊物培养作者的重要途径就是针对作者的来稿进行讨论，编者如能就作者的来稿提出充分的修改意见。对作者有所帮助，彼此间建立一种良好的关系，基本作者的队伍也就自然而然形成了。在这方面吕先生做了大量的工作。现在保存的二三十件吕先生写的审稿意见，或代拟的详细修改提纲，充分说明吕先生在培养《中国语文》作者队伍方面花费了大量心血。

吕先生写的退改意见或修改提纲少的也有七八百字，一般都是千数字或更多。下面酌选几份审稿或退稿意见，由此看出吕先生对后学是如何关心培养的。

(1) 1980 年 1 月 30 日他对一篇讲补语的来稿的审稿意见：

1. 本文有见解，但组织得不很好，主要论点不突出，因而显得条理不太清楚。如重新组织，并补充必要的材料，能成为一篇很好的论文。就这样发表，未免可惜。……

(整个审稿意见近二千字，以下讨论的都是具体问题，这里只酌引几句) 来稿区别“能”的意义为六种，就本篇的需要说，可以把 (1) (2) (3) 合并为 (甲) (有能力，有条件，估计有可能)，把 (4) (5) 合并为 (乙) (准许，允许)，(6) 与本题无关。可以画个简单的图。……最后，重复一句，这篇稿子如果就这样发表 (或小修小改) 很可惜。稍微费点事可以把它修改成一篇很好的论文。

(2) 1979 年 11 月 6 日对一篇来稿的审稿意见：

这篇稿子有两个毛病，一是乱，二是浮。“乱”是说它没有说明从什么出发，达到什么目的。以什么为纲，以什么为目，简单说就是没有章法，有点想到哪儿说到哪儿的味道。“浮”是说它基本上是“印象派”的写法，先有一个印象，然后“求证”，不是先订下一个搜集材料的计划，在材料中归纳出结论。

处理的办法：(1) 将就原稿的内容，选取其中比较可信、比较中肯的部分，重新排比，使更有条理，作为一篇“漫谈”发表。字数以四五千字为宜。(2) 彻底重做，从搜集材料入手。

书面材料如何选择，口头材料如何调整，都要有计划，要注意消除片面性。然后在充分分析材料的基础上重新起草，写成一篇正式论文。

吕先生在培养作者上花费了许多精力，吕先生的心血没有白白花费。有多位经吕先生指点过的作者，借助《中国语文》这块园地，成熟了，并有了一定的知名度。他们辛辛苦苦写的论文又回过头来充实了这本刊物，为刊物增光、添色。

这里特别要提一提吕先生对初学写作者的指导和帮助。一位年青人写来一篇谈宾语和数量补语并见于动词后的相关位置的文章，吕先生读后写了很详细的意见。为了帮助这位外地的年轻作者，吕先生同意用自己的名义把这些意见告诉他。现摘录吕先生的意见如下：

> 作者很花了一些工夫，应当予以鼓励。但是，这篇稿子可没写好，在现有的基础上也难于修改。他列出四个问题，这四个问题互相牵连。读完了给人的印象是“多么复杂的问题啊！”实际上是不是这么复杂还可以研究。如果换一种作法，比如：（以下分三项列出论证步骤，这里从略）

有感于这位青年作者来稿所犯的毛病带有普遍性，吕先生在审稿意见的基础上专门写了一篇文章，题为《给一位青年同志的信》，指导青年进行专题研究。文章从进行研究之前要了解前人对这个问题的研究有哪些成果说起，然后讲到如何收集材料，分析材料，以至形成论点，最后写成文章。吕先生在文章末了还谈到在写作时应注意避免的几种毛病。这篇文章发表在我们编辑的《中国语文通讯》1979 年第 6 期，后收入《吕叔湘语文论集》（商务印书馆，1983 年）。吕先生的这篇文章对培养青年同志更好地进行研究，撰写文章是很有帮助的。

三　重视编辑部的自身建设

编辑部自身的建设对于办好一个刊物是很重要的。在这个问题上，吕先生抓得很紧。首先，吕先生抓制定编辑条例及编辑部工作细则，这在复刊之初是很必要的。

1978 年 7 月 20 日吕先生在给我们的信中明确指出：

> 建议在第三期发稿之后组织两个小组。一个小组搞“《中国语文》版式”（可发给作者），以后除非文稿性质特别或作者待别要求，一律照此版式。另一个小组搞一个“编辑部工作细则”。

不久，这两个材料都搞出油印稿来了。《中国语文》编辑部工作条例有九项内容：一、收发工作。二、稿件处理。三、审稿要求。四、轮值与辑稿。五、加工校对注意事项。六、报刊图书管理。七、资料工作。八、轮值业务组职责。九、其他。其中五、六两项的行文吕先生都作了改写。照录如下：

第五项原稿：长文章如果审了一部分就能决定不用的，可不用全读。

修改稿：长文章应先通观大意，特别注意问题的提法和结论，借以决定是否从头仔细审读。

第六项原稿：审稿时不得在原稿上批改。

修改稿：审稿时不得在原稿上批注，如有意见可供退作者修改或编辑部加工时参考，应另纸写出。

关于本刊体例的油印稿，吕先生随文改动的更多，最后在文末吕先生特意用红笔批上：

搞一实例，让上述各条（除 8，10）都有机会表现一下。

其次，抓从严要求。

这里举一个例子，说明吕先生是如何从严治理编辑部的。

1978 年 6 月 30 日吕先生来信：

《通讯》（指《中国语文通讯》）第一期的稿子都看了。编辑工作相当粗疏，超出我的估计。是不是有轻敌思想，——“《通讯》这种小玩意了，不在话下！”我看，杀鸡也要用牛刀。

现在按目录次序把我认为有问题的地方提出来，请大家研究研究。(1)《说‘之所以’》是个小题目，不宜放在第一篇。不能因为是叶老（叶圣陶——笔者注）的文章就得放在前头。稿件的取舍以及编排的先后，都要“对事不对人”。对事不对人，日子长了，所有的人都会谅解，对人不对事早晚要闹出不愉快。……

（以下吕先生分七项用千数字指出有问题的地方，末了吕先生说）

看了× ×来信《中国语文》二期要印 50 多万，真是一则以喜，一则以惧。编辑部的同志都要想到怎样满足这么多读者的期望，要不要对自己提出更严格的要求。以现在的人数应付现在的工作还不算太忙，要抓紧时间学习。还有，有些事情谈不上“学问”或“知识”，只是头脑灵不灵的问题（上面指出的问题多数是这一类）。学问、知识要日积月累；头脑灵，眼睛紧，这是肯不肯对自己提出严格要求的问题。请召集编辑部的同志，开个小会，念念这封信，谈谈感想。

第三，倡导认真细心的工作

多年来，吕先生在编辑部以身作则，倡导认真的工作态度，细心的工作作风。以上所举的吕先生多封来信、审稿意见都充分说明了这一点。这里再补充两个例子。

1979 年 1 月 3 日吕先生来信：

引文必须核对，偶检一处即误。（来稿）十六页引左传定公十八年，按定公只有十五年，此“十八”乃“八”之误。……

1984 年 1 月 14 日吕先生的审稿意见：

……

此稿初审与二审意见正相反，但有一共同点，就是没有根据（书评）所列节次把所评的书翻开来查看查看，只是根据（书评作者）本身说话，这是不能解决问题的。……

凡审稿，该查考的必须查考，切不可图省事。

吕先生的极其认真的工作态度也表现在他对每期英文要目的翻译总要反复斟酌，仔细修改，并经常告诉我们为什么要这样改动。1986 年第五期上将刊发《受事成分句类型比较》一文，吕先生修改英文要目后还是感到不满意，又立即同编辑部联系，询问题目中的“受事”是指主语还是泛指，因为所指不同译法也就不同。他说，英文题目更加要求清楚明白，不象中文题目，有时含混一点也就过去了。经我们说明题意后，他又再次作了修改。

第四，抓基础资料建设项目

要了解语言学界的大致行情，必须有语言学论著篇目索引的工具书。为此，吕先生1979年10月30日来信说：

> 认真考虑《语言学索引》的增订工作，收到1980年。现在就着手，明年六月搞完，明年下半年的在81年初补进去，81年一季度即可发稿。如等80年完了再搞，一季度就发不了稿。

语言学索引指《中国语言学论文篇目索引》乙编。这项工作原由语言研究所图书馆负责，鉴于当时图书馆人手不足，吕先生让我们去做，以满足各方的需要。为了做好这项工作，吕先生亲自动手修订乙编的分类及说明。修订意见及说明修订理由的文字写了好几页纸。在吕先生的倡导、关心之下我们完成了增订《中国语言学论文篇目索引乙编》，并编了个副产品《语文教学篇目索引》。对于编辑者来说，通过紧张的工作全面摸了摸与语言学有关的各种期刊的大致情况，并且熟悉了大型资料工具书的编写，得到一次很好的锻炼。增订本出来后给我们以至语言学界带来很大的方便。

吕先生在《中国语文》这本刊物上倾注的心血确实太多了，特别是在兼任主编的七八年当中，所内所外的事情很多。作为人大常委、人大法制委员会委员，会议很多，复刊之初又赶上《现代汉语八百词》定稿，当时已七十四岁高龄的吕先生实在是太忙了。但还是挤时间，一丝不苟地指导《中国语文》的工作。1979年6月6日晚，吕先生托人给我们带来一封短信，就生动说明了这个问题。

> 送来五篇稿子，意思是钻个空子趁人大还未开会。不知已无空可钻。6.7—6.12人大常委开会，6.15人大报到。赵元任《中国话的文法》译稿的三校样堆在我桌子上，正在发愁，不知如何打发。此外，还有些零碎活以及若干必须复的信。除了×××的一篇外，别的我都

只翻了翻，写的意见不足为凭，你们再审定吧！

在我们庆祝吕叔湘先生九十华诞的喜庆日子里，回顾吕先生十几年来对编辑部工作的指导，大家深深感到，只有像吕先生那样热诚、认真、细心地对待《中国语文》的编辑工作，心甘情愿地为他人去做嫁衣裳，我们的刊物才能够越办越好。

（与徐枢合著，原载《中国语文》1994 年第 1 期）

附记：文中所引吕叔湘先生的信札，参看《吕叔湘全集》第十九卷“书信选编，致陈章太、侯精一（25 封），辽宁教育出版社 2002 年版。

记忆深处的丁声树先生

——纪念丁声树先生百年诞辰

今年是丁声树先生诞辰100周年。丁先生的道德文章，高山仰止，景行行止。丁先生留给后人的是永远不能忘却的记忆！

一　初见丁先生

1954年我从北京大学毕业，分配到到中国科学院语言研究所，见到了丁先生。丁先生问我："你的名字是谁给你取的?"我说："是我爷爷。"丁先生又问："你知道你的名字是什么意思吗?"我说："不知道"。丁先生告诉我，《尚书·大禹谟》有"人心惟危，道心惟微，惟精惟一，允执厥中"，你回去查查看。这之后我方知道"精一"两个字的来历。第一次见面，丁先生就给我留下了非常深刻的印象。

我们到所的头两年是集中读书学习，不分配工作。北大同班同学一块儿分来的有十几个人，所里为我们开设了一个读书班，在丁先生的指导下读音韵、训诂、文字方面的名篇、名著，我则被指定为先生与学生之间的联系人。这之间发生了一件至今难忘的事。

那是在1955年的五一劳动节之前，中国科学院要举行全院的文艺汇演。我们班出一个名为"打盅盘"的黎族舞蹈节目，有七、八个同学参加。因为赶着排练节目，原说好星期五要交给丁先生的作业就没有做。下班的时候我跟丁先生说，同学们都到中关村排练节目去了，作业收不上来。丁先生很生气地说不管多晚都要把作业收齐交给他。先生态度之严厉，可以说是前所未有（以后我也没有再见过）。当时我不敢说话。那时语言所在靠近美术馆的翠花胡同里头，可那些同学都在中关村排练，回来很晚，作业看来是交不出来了。我找大师哥陈治文求救。晚饭后，大师哥带我到史家胡同丁先生家，为我们讲了一些好话，但丁先生始终板着脸。后来对我说：告诉他们，不管多晚回来，都要把作业写好，交给你，明天上午交给我。丁先生还说，以后有事到办公室说，不要到家里来。口气非常严厉。语言研究所 1952 年建所，我们到所时，所里的人很少，年轻人更少。先生的严格要求是对年轻后学的期待。

那时北京东四的隆福寺有好几家旧书店，丁先生要我们经常去看看。并告诉我们该买些什么书。如《广韵》有好几个版本，要我们知道几个版本不同处在哪里。我的古逸丛书本《广韵》，还有《集韵》等书，就是在隆福寺旧书店买的。我们是在学习过后才分配到不同研究组室，开始正式工作的。我有幸分在丁先生当组长的方言组（当时所里习惯叫作“二组”）。从此，开始了我汉语方言调查研究的路——一条至今还都没有走完的路！

二　山西方言研究的启蒙之路

我调查研究山西方言也是得益于丁先生的指导。1959 年《昌黎方言志》的调查编写结束，方言组全组集中搞项目的阶段也随之结束了。我们需要确定自己今后的研究方向。

1959 年上半年，组里让我去广东省中山县了解方言注音扫盲的问题，住了一个月。粤语的复杂加上广东的美食，这对于一个刚出校门的年轻人来说还是很有吸引力的，我因此产生了调查研究粤语的想法，并且跟丁先生说了。丁先生说，粤语很复杂，你现在还搞不了，但可以先调查研究你自己的家乡话——山西平遥话。他告诉我，调查研究山西话的入声问题对于厘清古入声字在北京话的演变很有帮助。于是我就安下心来，走上了组里给我安排的调查研究山西话的漫长之路。

我 1959 年下半年开始平遥话的调查。第一次去平遥时已是新年前，天气已经冷了。我背着行李，带上重 40 斤的钢丝录音机，独自一人去山西平遥调查方言。丁先生要求调查时间是三个月，没有特殊情况不能回北京。就这样，连续几年我都去平遥调查，每次三个月，总共有四、五次吧。

文革之后，丁先生让我对“纠”字在山西的读音、字形作些调查，意在为辽金史上有争议的“纠军”的“纠”的音形义提供一些佐证。他还说民族所的王静如先生也有类似的想法。在丁先生的指导下，我完成了《释“纠首”》一文（侯精一 1982）。文章调查了山西方言“纠首”一词的音义及山西多处庙宇碑刻“纠首”的字形。文章不长，五、六千字，却断断续续用了几年时间。我跑了不少庙宇，把有“纠首”的碑文都拓下来。丁先生 1979 年 4 月 10 日在一次会上讲到北京话的特殊字音，其中举出一些原本不是阴平的字，北京现在读做阴平了，其中就提及“纠”字，并举“纠（上声）合诸侯”为例，说明原本读上声的“纠”现今在北京读阴平。《广韵》“纠纠合”居黝切，上声，黝韵。山西许多地方“纠首”的“纠”字仍读上声。

没有丁先生出题，我不会想到去研究“纠首”这个题目，更没有机会去接触石刻文献，还学会了拓片。

三　丁先生教我读书作文

在文革中，有所谓的“评法批儒”运动。当时的批判者说，“孔老二”极端仇视和反对文字的进步发展，是反对汉字革新的祖师爷，是汉字繁难化的罪魁祸首。批判者的主要依据有两条：

（1）《论语·卫灵公》：“吾犹及史之阙文也，有马者借人乘之，今亡夫矣。”批判者把孔子的这段话解作：人们写字只能用已有的古字，如果古字里没有宁可空着不写。

（2）《论语·八佾》：“子曰：周监於二代，郁郁乎文哉，吾从周。”批判者把这段话解做：要文字也合乎周时的样子。

我觉得这样的解释有点强词夺理。我告诉丁先生，想写篇文章谈谈这个问题。丁先生要我写出来以后给他看看。他说，这些人引用孔子的话是断章取义，问题不少。

在丁先生指导下，我写了《孔子“反对汉字革新说”辨析》（侯精一

1978)，先投给《光明日报·文字改革》双周刊，没有刊用，后发表在《天津师范学院学报》。三千多字的短文，写了好几稿。几次修改的文稿丁先生都看过并亲手用红铅笔改动多处。

为写好此文，丁先生让我读何晏的《论语集解》，皇侃的《论语义疏》，刘台拱的《论语骈枝》以及《汉书·艺文志》、《说文解字·叙》等书。前贤的论述说明，除去“宁可空着不写”外，批判者对《论语·卫灵公》所作的“解释”完全是根据他们的政治需要演绎出来的。记得文中有几段话是丁先生用粗的红铅笔改过的。

丁先生说，类似“吾犹及史之阙文也”的意思，孔子还讲过：“君子於其所不知，盖阙如也。”(《论语·子路》) 许慎在《说文解字·叙》也说了这样的话：“其於所不知，盖阙如也”，并且把“阙如”作为《说文解字》的体例之一。段玉裁在该句下注“许全书中多著阙字，有形音义全阙者，有三者中阙其二、阙其一者，分别观之。”《说文解字》的“阙如”体例是对孔子“阙文说”的很好的注解。

批判者对《论语·八佾》一段话的引用完全是断章取义，批判者掐掉“周监於二代”五个字不引。何晏《论语集解》引伪孔注：“监，视也，言周文章备於二代，当从周也。”班固在《汉书·礼乐志》里也用了孔子这番话并加以发挥：“周监於二代，礼文尤具，事为之制，曲为之防，故称礼经三百，威仪三千。於是教化浃洽，民用和睦，灾害不生，祸乱不作，囹圄空虚，四十馀年。孔子美之曰：郁郁乎文哉！吾从周。”颜师古注：“监，观也。二代，夏、殷也。言周观夏、殷之礼而增损之也”，“郁郁，文章貌”。“郁郁乎文哉”是孔子对周代制度的赞美，“文”指礼乐制度，并非文字。批判者所说的“要文字也合乎周时的样子”真可谓文不对题。孔子的“阙文”和“雅言”(《论语·述而》)，一关乎文字，一关乎语言，是一种进步的语言文字观。丁先生说，孔子的语言观在刘台拱的《论语骈枝》中有很好的阐发。

在写《孔子“反对汉字革新说”辨析》的时候，丁先生跟我说，《孔丘教育思想批判》(人民出版社 1975 年出版) 引用文献错漏之处较多，查对后可写一意见寄给出版社。这本小册子，在当时我们几乎都是人手一册的学习材料。当时丁先生曾举例，该书引《三字经》“若梁灏，八十二”，有误。据宋人洪迈《容斋随笔》，梁颢（非“灏”）只活到四十二岁，根本没有活到八十二。《中国人名大辞典》已说及，可参看。（查《中国人名大辞典》：梁颢，公元963—1004，大宋雍熙二年中状元，时年23岁。世传颢八十二岁及第，说本陈正敏《遯斋闲览》。）丁先生还说：《三字经》的说法虽误，却很流行。世间流传的“皓首穷经，少伏生八岁；青云得路，长太公两年”就是说梁颢的。（伏生九十岁传《尚书》，姜太公八十岁为相。）丁先生还说：伏生，济南人，故为秦博士，秦时焚书，伏生壁藏之。可以看《史记·儒林传》。又说，《论语·卫灵公》：“卫灵公问陈於孔子。孔子对曰：俎豆之事，则尝闻之矣。军旅之事，未之学也。”该书65页注，末句讹为“未尝学也”。《论语译注》、《论语批注》均误作“尝”。《论语骈枝》（刘台拱）、《论语正义》（刘宝楠）及《马氏文通》不误，均作“未之学也”。“学”是动词，“之”是宾语，前置。否定句宾语为代词，宾语常前置。可以比较：“俎豆之事，则尝闻之”与“军旅之事，未之学也”。根据我的日记，1976年4月4日上午，丁先生说：《论语·阳货》“子曰：色厉而内荏，譬诸小人，其犹穿窬之盗也与。”“穿窬”《孔丘教育思想批判》、《论语译注》、《论语批注》皆作“挖洞”解，不对。“穿窬”是并列结构，不是动宾结构。“窬”即“瑜”，“翻墙头”的意思。“穿窬”是“穿洞、翻墙头”。丁先生说《说文》段注“窬”条讲得很清楚，可看。（《说文》段注：“若《论语》本作‘穿牏’，释为‘穿壁、牏墙’。”）之后，我集《孔丘教育思想批判》引用文献失误若干条，整理成文，寄人民出版社，惜未见回音。

1978年8月12日晚，丁先生来到我家。这是丁先生第二次到我家来。那时正是“文化大革命”结束不久，百废待兴的时候。这次丁先生来家说起我写的那篇文章的第二稿的一些问题。事后我在日记上做了简单的追记，笔记本在几次搬家中奇迹般地被保存下来。丁先生的意见共有7条：

1. 殿本不错，不要用标点本。之前丁先生也说过标点本错的地方，如“砍”字是后起字，不可能有。“砍”以前作“斫”。再有，标点本把“雎”写作“睢”。

2.《大汉和》错误很多。不知为什么《大汉和》要在每一个词条前加阿拉伯数字。

3. 广播电台读错音的像。“兴奋”的“兴”读成去声了（应该是阴平）。“张劲夫”的“劲”读成一ŋ尾，错了。

4.《说文解字·叙》：“其於所不知，盖阙如也。”段注：“书凡言阙者，十有四。”先生说，段说不确，不止“四”，疑是“七”。段氏在书的正文已改正过来了，书的正文与“叙”不一致。

5.《朝代名人手鑑》有王念孙与刘瑞临等人的书札往来，很好，有时间看看。

6.“上”“下”《广韵》都有两读，一动一名。

7. 致＝至于。不要写“致于”，写“至于”就好。

丁先生让我背《尚书》的篇名，让我记住哪些篇是伪篇，并让我读王先谦的《尚书孔传参正》、阎若璩的《尚书古文疏证》，也好知道一些伪篇的来路。我至今还保留丁先生亲笔给我写的书名卡片。当时我就边看边抄录《尚书孔传参正》。这是 1977 年 4 月的事，丁先生看过我抄录的文字，用粗红的铅笔划出重要的地方。在我抄的以下几处文字都有丁先生划的粗红铅笔道儿，让我注意：侮慢自贤反道败德。**……程云“道德”二字“德”字最古，唐虞即有之。……“道”字后起，……惟周礼中始有以道得民以为道本语。至道德并称尤属后起。**丁先生还改正我断句失误处及抄写错误的字。

1976 年 7 月我整理书经篇目两页笔记。先生看后，在每一篇名后逐一亲笔注出“古”“今古”，并注出伪造的时代。如《泰誓》，系东晋时伪造”。在我的笔记本上还有丁先生写的“伪古文尚书篇名”。每个篇名之前先生都用红笔编上①②③……，一共 25 篇。并用铅笔在当页注出《尚书孔传参正》的文字，以资注意：“舜典”先谦案：尧典割分舜典，后姚方兴因之加二十八字以贯其首。”“下半篇宾四门以下之事也文典合为一。”这些都是先生信手写来，只有个别处涂改。

有人告我，《说文》段注丁先生能背出许多。从丁先生在我的笔记本上随手写出《尚书孔传参正）中的文字来看，他确能熟诵古书。丁先生对古典之稔熟，还有一证：1976 年 3 月 10 日下午，先生在我的笔记本上信手写下（昭明文选）文体 37 类。转录如下：

1赋，2诗，3骚，4七，5诏，6册，7令，8教，9文，10表，11上书，12启，13弹事，14牋，15奏记，16书，17檄，18对问，19设论，20辞，21序，22颂，23赞，24符命，25史论；26史述赞，27论，28连珠，29箴，30铭，31诔，32哀，33碑文，34墓志，35行状，36吊文，37祭文。

1976年4月18日，丁先生告我：可以读康有为《新学伪经考》。“新”是指“新莽”。该书对王莽的国师刘歆予以尖锐的批评，指刘歆一派（古文经派），抱残守缺，“托古改制”。《说文·叙》对此也讲到。丁先生赞许阎若璩对伪古文尚书的考证。今古文之争，很激烈，犹如文革中的两派（指对立情绪而言）。今古分歧，从内容到分合都不同。今文家以《诗经》起头，讲三家诗，不讲毛诗。古文家以《易经》起头（指十三经排序）。古文派认为《左传》比《公羊传》《毂梁传》好，毛诗比三家诗好。《周礼》也是好的，说《周礼》是周公所制定。今文派专门攻击古文派这一点，说周的三百六十官与《周礼》相合的很少。今文派还指古文派推尚的毛诗是假的。古文派斥今文派“微言大义”。《史记》的太史公从文字上看是今文，双方皆争为己派。在清代，今古文之争与政治连在一起。章太炎是古文派，为有名的《革命书》作序，驳康有为的改良主张。章太炎名炳麟，因佩服顾炎武反清思想，更名为“绛”，号“太炎”。康有为自比孔丘，孔丘为素王。“有为”即对比而言。（康有为在《孔子改制考》说过。“古谓有明天下之德而不居天下之位的人为素王”。）丁先生说：过去认为，今文学派是革新的，古文学派是保守的。现在看来，古文学派是革新的，今文学派是守旧的。要从《诗经》读起，国风要背，难的可暂搁。读《诗经》时把《经义述闻》中关于《诗》的条目看一下。走捷径——搞清楚小学家人名、事迹及主要图书目录，读江氏的《音学十书·序》。

丁先生对古代语言文字及其所包孕的古代文化非常之熟悉。1976年3月24日《人民日报》载，中国代表团王炳南团长在东京送锦旗给日本朋友，锦旗上的对联是“廿年不负精禽石，万事常辉棠棣花”。有一次在等公共汽车时，丁先生把写有这两句题词的卡片给我，解释说，“棠棣”常用来表示“兄弟”。来自《诗经·小雅·鹿鸣之什》《常棣》：“常棣之华，鄂不韡韡，凡今之人，莫如兄弟。”所以旧时“老弟”还可以写作“老棣”。（“常棣”后来作“棠棣”。）丁先生说“精禽石”的故事出自《山海经》，精卫（鸟名）衔西山之木石填东海。

丁先生还给我讲过一些古人精巧的拆字对联：“**香草**千頭萬頭，**凍蕩**兩點三點”，“**凍**雨**灑**窗，東兩點西三點；切瓜分片，上七刀下八刀”，“**張**長弓**騎**奇馬，**單戈**合戰；**種**禾重**犁**利牛，**四口**爲田”等。

四　丁先生教我做学问

丁先生说：学习要由浅及深，由近及远。可以读《章氏丛书·菿汉微言》“古音娘日二纽归泥说”。读《章氏丛书》重点放在段氏、王氏父子一派。《章氏丛书·检论》中的《訄书》有清儒一篇要看。还有章太炎给刘师培的信，给黄侃的信以及为他的老师孙诒让、俞樾做的传都要看。章书文字难懂，但能启发人的思想。《章氏丛书·检论》中的《方言》有《正明杂议》，这是一篇正式讲语言理论的，可惜以前提及的人很少。章太炎《国故论衡》文辞之部的《论式》，论及持论礼仪，尊魏晋之笔的问题，很应该看。《转注假借说》固胜于段氏等，而张政烺的六书说更有道理。张文见于《史语集刊》第十卷（指张正烺《六书古义》）。

丁先生说，做学问不能凭臆测。章太炎博学多才，但有的说法实际是臆测，经不起推敲。王氏父子的结论是根据上下文分析得到的，所以不容易被驳倒。

丁先生说，段氏《诗经小学》要看。《说文》可先不看名物制度，先看一般词义的词。《说文》段注中的“享、響、窕”等几个字要看。“水”部要仔细看。看看段氏自述家世及做《说文》注的情况。龚定庵（自珍）关于段氏做注的总则也都要看。许慎对民间俗字、别字都予以收录，如《说文》“澐”字，注用四川南谿（溪）县的古文碑“杨澐灘”，正好解释“江水大波谓之澐”。这说明许慎的文字观是进步的。1978 年 3 月 24 日在北京虎坊桥召开的北京地区语言学科规划会议上，丁先生也说过这个意思：《说文》对文字的演变，对简体字、俗体字、别字的态度是正确的。段氏《经韵楼集》与人的来往书信必须看看。卷九与外孙龚自珍札，有两句话很好：“勿读无益之书，勿做无用之文。”

丁先生说，顾炎武写《日知录》很不容易，不是空想出来的，是从实际材料中分析出来的，他的每一条解释都是融会贯通的。惠栋吴派经学对古人毫无批判，徽派对古人有批判。《三国志・晋书》应该看，此所谓魏晋之笔，议论逻辑性强，启发人的思想。俞樾《群经评议》《诸子评议》两部书，《群经评议》仿《经义述闻》，《诸子评议》仿《读书杂志》，成就当然不及王氏父子，但也有自己的见解。孙诒让的《札迻》要看，《札迻》是把书上的札记移录而成。从俞樾、孙诒让再到章太炎，一条线索，比较清楚。

丁先生说，24 史加上《新元史》为 25 史，加《清史稿》为 26 史。《书目答问》说“此类各书（指《四库全书总目提要》二百卷及《四库未收书目提要》）为读一切经史子集之途径”。《列子》是伪书，但故事皆有所本。讲《春秋》不能以 25 篇古文《尚书》为依据，顾炎武的《日知录》尚不明此点（指古文《尚书》是伪书），阎若璩时才知道，那是时代的关系。又说，读《书目答问》先读经学、小学两类。又说宋初邵氏的（姓解）是从日本传进来的。

丁先生说：上古无匣母，都是群母。吴语“环”读［g］就是遗迹。“群”与“匣”，犹如“帮”与“非”。高本汉分析方言的部分可以看看。记字音的历史音韵地位，一直是方言工作者的基本功，丁先生讲过许多方法。丁先生的那篇登在《中国语文》创刊号上的《谈谈语音构造和语音演变的规律》对学好普通话、熟悉中古音韵非常有用，使很多人受益。

丁先生告诉我们，分辨章组的“船禅”两母的一个办法是看是否一字多音：平声为塞擦音，仄声为擦音的，或者平声为塞擦音，轻声为擦音的就是禅母。如：禅、盛、垂/睡、裳、匙。知庄组浊音不分平仄，都是塞擦音。

丁先生说：提高现代语文修养，可多看《现代汉语词典》，特别是虚词部分。要注意《昌黎方言志》的调类分析法。注意《现代汉语语法讲话》中的主宾语及副词部分。

伍　一代学者“丁圣人”

“文化大革命”结束后，旅美知名学者杨联陞先生和语言研究所联系，希望拜访“丁圣人”。大家一开始都不知道“丁圣人”是谁，后来经解释才知道“丁圣人”就是丁声树先生。这是我第一次听说丁先生有这样一个“雅号”。

丁先生似乎还有一个雅号。他曾被赵元任先生誉为新鲜的脑子。赵元任先生在 1936 年 9 月 1 日写的《中国音韵学研究》译者序中有这样一段话：“最后由赵君把全稿从文字的可读化，体例的一致化，跟内容的确当化三方面，跟原书对校了一遍，自己看‘腻’了过后，又找了一个‘新鲜的脑子的丁君声树也从这三方面把全书反复细校，并且把所有查得着的引证都核了，遇必要时或加以改正，然后才算放手。”“新鲜的脑子”大概是指丁先生博闻强记且常有独到见解。

从年轻时，丁先生就有极好的脑力。手不释卷，勤于学习，又巧于学习，再加上这副强大的“新鲜的脑子”，成就了一代学术大师。

李荣先生在 1989 年写文章悼念丁先生，其中引用丁先生的关于乘坐公共汽车的文字游戏：车上的人多不上，上车的人多不上。李先生说，上车的“上”古音上声，车上的“上”古音去声。（李荣 1989）这就是前面说的一动一名两读。这件事我可以补充一些细节。那时我们在中关村地院上班，我和丁先生家住西城三里河，每天挤公共汽车上班。由于丁先生是“车上的人多不上，上车的人多不上”，我们经常是长时间等车。不论车早到晚到，丁先生一点都不急，神态始终是那样的自然、平和。

杨联陞先生和丁先生是同辈的人，我不知道他们何以把丁先生称为丁圣人。撇开学问不说，就是在诸如乘车、出行等日常生活小事中，我也能时时感受到丁先生那种超越凡人的境界。

凡认识丁先生的人都知道，他生活俭朴，淡泊名利，学识渊博，谦和友善。这也许就是他被同龄人誉为“圣人”的缘由吧！

六　远去的笑声

丁先生是河南省南阳地区邓县人。

2007 年 3 月底，我来到南阳，主要的目的就是想看看丁先生的故乡，听听南阳人的乡音。曾听丁先生说过，河南南阳邓县一带把牵牛的绳子叫做“［tsən^{ʔ}］子”，音如“阵子”。这个字本作“紖”。《说文解字》“紖，牛系也”。（丁声树、李荣 1956）

我在南阳问了几个当地人，切实感受了这个词的读音。那感觉甚为亲切。

在南阳我看到了汉代艺术宝库——南阳汉画馆，这是我国建馆最早的石刻艺术馆。其展品之多，之珍，令人叹为观止。南阳出了好多名人，其中有《伤寒论》的著者医圣张仲景，浑天仪的发明者张衡。现代著名古文字学家董作宾也是南阳人。

南阳之行让人深深地感悟到，一个地方的地域文化对人有多么深刻的影响。丁先生曾经就读的南阳第五中学至今仍然是南阳地区最好的中学之一。

丁先生的笑声非常爽朗，语言所的老人都知道。记得在河北昌黎调查方言时，一次全组的讨论例会上，忘了为什么事儿了，丁先生竟大笑不止。那是在冷天，丁先生戴一顶两边有护耳的大棉帽子，他开心地仰头大笑，把帽子都笑得掉到地上了，还笑个不停。

难忘啊，那远去的笑声！

附记

文中提及丁先生讲的一些话，系根据当时或事后本人随手写的笔记，成文时未能全部查对，有失误处，皆为笔者不慎所致。

参考文献

丁声树、吕叔湘、李　荣等 1961　《现代汉语语法讲话》，商务印书馆。

丁声树、李　荣 1956　《汉语方言调查》，《现代汉语规范问题学术会议文件汇编》，科学出版社。

李　荣 1989　《丁声树》方言第 4 期。

侯精一 1978　《孔子“反对汉字革新”说辨析》，《天津师范学院学报》第 4 期。

——　1982　《释“纠首”》，《中国语文》第 3 期。

（原载《方言》2009 年第 1 期）

朱德熙先生在现代汉语方言研究上的贡献*

朱德熙先生汉语方言研究的重要论文有以下5篇：《北京话、广州话、文水话和福州话的“的”字》（《方言》1980年3期。下文或称《“的”字》)，《潮阳话和北京话重叠式象声词的构造》(《方言》1982年3期。下文或称《象声词构造》)，《汉语方言里的两种反复问句》《中国语文》1985年1期。下文或称《两种反复问句》)，《在中国语言和方言学术讨论会上的发言》(《中国语文》1986年4期。下文或称《发言》)，《“V－neg－VO”与“VO－neg－V”两种反复问句在汉语方言里的分布》(《中国语文》1991年5期。下文或称《分布》)。这些论文集中发表在上个世纪80年代初至90年代初。《“的”字》《象声词构造》《两种反复问句》《分布》4篇是通过语音变化或语言类型探求汉语方言的语法规律。《发言》是对方言研究的热点理论问题（如分区标准、如何确定连读变调的基调、古声调构拟）的看法。朱先生的文章，重结构分析、重比较研究，事实充分、论证周密、观点新颖、学风严谨。

朱先生的同窗好友李荣先生是这样评价朱先生的文章的：德熙五十年代起研究语法，在这方面有非凡的成就。他的语法讲义内容完备，条理清楚，定义确切，例证周到，推论谨严，滴水不漏。德熙八十年代起研究方言。他站得高、看得远，一出马就有精辟的见解。比方他在某个讨论会上发言，叙事说理，心平气和，层次分明，辨才无碍，最后引人入胜。(李荣　1992）朱师母说：德熙做学问真是一丝不苟，全力以赴。一个问题一

---

* 本文曾在北京大学中文系、北京大学汉语语言学研究中心主办的走向当代前沿科学的现代汉语语法研讨会（2010年8月，北京）上宣读，刊出前作了修改。感谢《语文研究》编辑部的审读意见。

定要弄个水落石出才算罢休，写文章字字推敲，每一句都要求做到恰如其分。他写论文；从来不是一挥而就，简直像一刀一刀地刻出来的。朱师母还引李荣的话说，德熙的文章是用血写出来的。（何孔敬　2007）二、三十年过去了，今天再读朱先生的汉语方言论著，深感朱先生的文章仍然给人以智慧和启迪。

朱先生在汉语方言研究上的贡献集中表现在他对汉语方言语法的研究方面。朱先生的《北京话、广州话、文水话和福州话的“的”字》《汉语方言里的两种反复问句》和《“V－neg－VO”与“VO－neg－V”两种反复问句在汉语方言里的分布》等文章开拓了汉语方言语法研究的新层面。朱先生作为现代汉语方言语法研究的引路人，他的论著堪称现代汉语方言语法研究的典范之作。上个世纪 80 年代朱先生的汉语方言两种反复问句的文章所引发的讨论至今还在继续。朱先生的研究理念、研究方法和他的学术观点影响着一代又一代的研究者。

朱德熙先生在汉语方言研究上的主要贡献体现在如下方面。

1　突出语言构造规律的研究

突出语言构造规律的研究是朱先生的重要学术理念。朱先生的《潮阳话和北京话重叠式象声词的构造》是为第 15 届国际汉藏语言学会议而作的。文章通过两种方言的比较来探求象声词的构造规律。这是一篇具有理论创意与方法创新的力作。如文题所示，文章的宗旨就是探求重叠式象声词的构造规律。文章提要说“本文根据作者提出的约束性变形重叠的观念对潮阳话‘C_1V_1—C_1V_2—C_2V_2—叫’，和北京话‘C_1V_1—C_2V_1—C_1V_2—C_2V_2’两类重叠式象声词作了分析和比较，指出这两类象声词形式相似而构造不同”。文中还使用了以下术语并且对其作出了严谨的界定。如“变形重叠”“不变形重叠”“约束性变形重叠”“无约束性变形重叠”“顺向重叠”“逆向重叠”等。朱先生用 CV 的变化（声母“1”“2”和韵母“1”“2”）交替，清楚说明两地象声词的深层次的不同构造。

该文的关键词是“约束性变形重叠”与“无约束性变形重叠”。朱先生的“无约束性变形重叠”的特点是“重叠部分有可能跟基本形式同音。形式上跟不变形重叠没有什么区别”。例如，北京话单音节形容词的重叠式“A_1A_2 儿的”，重叠部分 A_2 保留基本形式 A_1 的声母和韵母，声调则限制为高平调（阴平）。A_2 与 A_1 同音。“另一类变形重叠的基本形式被排斥在重叠形式所受的限制范围之外。”“这类变形重叠可以叫约束性变形重叠。约束性变形重叠的基本形式和重叠部分在语音上因变形造成互补，不可能同音。”约束性变形重叠与基本形式不同音，也就是说约束性音变是一种受条件限制的变形重叠。

运用“约束性变形重叠”的理论，朱先生解析出潮州与北京两地重叠式构造类型的不同。潮州是一种前变韵后变声的重叠式，北京则应该看成是一个复杂的变韵重叠式：

(CH2)（A） y—A—（A） s

(BJ2) （A—（A） s） y—A—（A） s

朱先生从约束性变形重叠的理论得出潮阳、北京两地象声词的构造规律：在潮阳话和北京话的几种重叠式象声词里，变声重叠都是顺向的，变韵重叠都是逆向的。（“基本形式在前重叠部分在后”的重叠方式叫顺向重叠，“重叠部分在前基本形式在后”的重叠方式叫逆向重叠）这是潮阳、北京象声词语音构造相似的一个重要原因。虽然朱先生在文末说：这是不是所有汉语方言的共性，还有待于事实的验证。象声词的研究是一个有待关注的领域，汉语方言象声词的构造差异很大，平遥象声词的构造规律与潮阳、北京就很不一样。（侯精一 1995）但朱先生研究汉语方言象声词的理论与方法确为汉语方言象声词的研究开辟出了一条新的路径。

2 重视现状与历史的比较

现状的比较有助于看清语言的构造规律，历史的比较则有助于看清语言的演变规律。以朱先生的《北京话、广州话、文水话和福州话的“的”字》一文中的表四为例，（见下页）此表清晰透视现代北京话“的”字（“的$_1$、的$_2$、的$_3$”）的多元语法属性。

唐宋时期	北京	广州	文水	福州
地$_1$ 副词性成分标记	的$_1$	咁	tɿ	ki
地$_2$ 形容词性成分标记	的$_2$	哋	tɿ	liɛ
底 名词性成分标记	的$_3$	嘅	tiəʔ	ki

朱先生说：“的$_1$、的$_2$、的$_3$”三分的局面以广州话表现得最为清楚。广州的咁［kɐm ˦˥］、哋［tei ˦˥］、嘅［kɛ˧］读音不同，语法功能也不同，显然是三个不同语素。北京话的三个“的”同音，分析起来要困难得多。我们当然不能根据广州话三分来证明北京话的“的”也应该区分为三个不同语素。北京话该怎么分析只

能根据北京话自己的语法构造来确定。注意下面朱先生的一段话：不过广州话、文水话和福州话里“的$_1$、的$_2$、的$_3$”三分的局面以及历史上“地$_1$、地$_2$、底”的区分都支持我们对北京话的“的”所做的分析，尽管这四种方言里相对应的“的$_1$、的$_2$、的$_3$”的来历不一定相同。（朱德熙　1980）朱先生通过方言的比较来分析北京话状态形容词后头的“的”的性质。朱先生说在广州话和文水话里，状态形容词修饰名词的格式都是：

R形容词重叠式＋的$_2$＋的$_3$＋N——组合关系

这就是说，在这两种方言里，状态词必须加上“的$_3$”名词化以后才能修饰名词。例如：

广州：我要揾的$_2$ 的$_3$（哋［tei］嘅［kɛ］）演员。

文水：白格洞洞的$_2$ 的$_3$（［tʅ］［tiəʔ］）一碗面可惜洒了——组合关系。

而福州话不同，状态形容词可以直接修饰名词，也可以转化成名词以后再修饰名词，因此有两种格式：

R形容词重叠式＋的$_2$＋N——置换关系

R形容词重叠式＋的$_3$＋N——置换关系

朱先生得出的广州话和文水话与福州话有区别的结论，实际上反映了这两派方言里状态形容词名词化的方式不同。在广州话和文水话里，状态形容词转化成名词的办法是在“的$_2$”后头加“的$_3$”，“的$_2$”和“的$_3$”之间是组合关系。而在福州话里，则是把“的$_2$”换成“的$_3$”，二者之间是置换关系。正是借助比较研究，对于北京话“的”的三分，朱先生得出的结论是：过去我们一直认为北京话里状态形容词后头的“的”都是“的$_2$”。现在看了广州话、文水话和福州话的情形，就不能不对这一点产生怀疑。我们过去把问题看得过于简单了。实际上北京话的状态形容词也能名词化。（朱德熙　1980）朱先生指出的山西文水方言状态形容词必须加上“的$_3$”名词化以后才能修饰名词的规律在晋语区是非常普遍的。平遥方言状态形容词重叠作定语必须是“重叠式＋底＋的＋N”。（侯精一　1992）有意思的是山西南部属中原官话的万荣方言，状态形容词重叠修饰名词。无需加助词“的$_2$”或“的$_3$”，可以直接修饰名词，如，万荣方言无论单音节形容词重叠为AA后是形容词还是名词，它都可直接与中心词组合，修饰语与中心词之间一般不加结构助词“的”或“呐”。例如：长长西瓜不好吃｜一跟（现在）早没人穿绵绵裤啦！（吴云霞 2009）山西南部河津方言结构助词与普通话相比并不发达，甚至呈萎缩趋势。在述补关系与状中关系的结构助词趋于退化状态。（史秀菊 2004）山西南部方言属官话，山西中部方言属晋语，万荣型与文水型语法类型特征的不同有助于区分晋语与官话。这是朱先生文章带给我们的启示。

关于历史的比较研究。朱先生《汉语方言里的两种反复问句》《"V－neg－VO"与"VO－neg－V"两种反复问句在汉语方言里的分布》两篇文章可以说是历史比较研究的代表作。朱先生比较研究了大量历代的文献语料。有秦代或战国末期的云梦睡虎地秦简、唐诗、变文、禅宗语录、《金瓶梅》、《西游记》、《儒林外史》、《红楼梦》、《儿女英雄传》等。根据大量的历史比较材料，朱先生提出一些新的重要的见解，其中不乏对前人某些说法的修正。在《分布》一文中，朱先生指出："梅祖麟（1978）认为这种句式（指 VP－neg－VP——引者）是从南北朝时代的'（为）VP_1（为）VP_2'演变出来的。现在看来这个论断需要修改。因为在时代可以确定为秦代或战国末期的云梦睡虎地秦简里已经多次出现这种句式。特别值得注意的是在动词带宾语的时候，简文总是采用'VO－neg－V'的句式。例如：迁者妻当包不当?"（朱德熙 1991）

通过历史的比较研究，朱先生还提出一些新的意见。如指出了现代"VP也不"一类反复问句的来源。朱先生说南北朝时期的选择问句"为VP不"到了唐末演变成"还VP不""还VP也无"。如，"行者还曾到五台山也无?"（《祖堂集》）这就是现代"VP也不"一类反复问句的来源。（朱德熙 1985）

朱先生"VP也不"一类反复问句是指陕西清涧话一类方言的情况。朱先生的例子是：你去也不？——去也。｜你明儿来也不？——我明儿来也。朱先生说：清涧话"'也'（[ɛ] 或 [iɛ]）是句尾语气词，可见'VP也不'是句子平面上的构造。其中的'VP也'和'不'分别代表两个小句（更确切地说，是两个谓语）。'VP不VP'则是由动词构成的词组，跟'VP也不'不在同一个平面上。不过像清涧话这样的方言比较少见"。（朱德熙 1985）朱先生1991年的文章进一步讨论"VP也不"，朱先生举了大量"VP也不"的例子，说明像清涧话这样的方言并不少见。下面的例句都是朱先生 1991 年文章所举的“VP 也不”一类反复问句例句。主要是山西、陕西（晋语区）和西北方言的例子。

山西：你吃烟呀不（吃）?（忻州）

你看戏唵不?（寿阳）

还有饭啊没有?（运城）

你喝酒呢不?（大同）

还有饭［lə］没［nʌʔ］（武乡）

陕西：你想家也不（想）?（清涧）

你是那哥哥的（他哥哥）也不是?（清涧）

你北京去过也没?（清涧）

青海：你吃饭了没?（西宁）

你地种的会哩不?（西宁）

例句的中嵌语气词有“呀、唵、啊、呢、［lə］、也、了、哩”等多种语音形式，本字是“也”“哩”。（刘勋宁　1998）

朱先生说在某些方言里紧缩方式的不同是从语法上区分方言类型的根据。（朱德熙　1981）这种观点的价值就在于它开拓了研究者的视野，它提示研究者去探求从语法上区分方言类型的根据。从中得到启示：带有中嵌语气词“也”“哩”的“VP 也不”一类反复问句似乎可以看作是区分晋语与官话类型特征的理据之一。上文朱先生指出的文水话状态形容词必须加上“的$_3$”名词化以后才能修饰名词的规律同样是区分晋语与官话类型特征的理据。这有助于从语法上把晋语与官话分开来。

值得注意的是朱先生比较研究的非同一般的视角——跨学科比较。例如，关于汉语方言分区问题的研究，朱先生说：我觉得把汉语方言分区跟汉语词类划分两种表面上看起来完全不相干的工作比较一下是很有趣的。方言分区跟词类划分有许多相像之处。划分词类时我们希望用尽可能简单的标准划分出语法共同点最多的类，给方言分区时，原则也是这样，最好能只用一条同言线来规定方言区之间的界限，罗杰瑞根据古浊塞音现代是否分成对立的两套这样一条简单的标准来给闽语下定义就是一个典型的例子。（朱德熙　1986）用一条简单的标准区分方言，我们还可以举出李荣先生用“山西省及其毗连地区有入声的方言”作为标准把晋语从北方官话区分出来的例子。（李荣　1985）朱先生说，如果用多项语言特征作为分区的依据，必须确定这些标准之间是逻辑上的合取关系（conjunction）还是析取关系（disjunction）。关于合取关系，朱先生举例说，我们可以根据（a）无浊塞音和浊塞擦音、（b）有入声两项特征的合取关系来确定江淮方言。关于析取关系，朱先生举昌黎方言为例。《昌黎方言志》提出7项语言特征作为区分昌黎方言南北两区的依据，朱先生析取为两项特征：有无ŋ声母、有无卷舌韵母。通过合取关系或析取关系使划分出来的方言区有比较明确的范围。朱先生对方言分区的多角度阐述至今仍然具有理论指导意义。

有意思的是朱先生还举动物亲缘关系分类的两派对立观点，来说明做好方言分区需要注意的问题，朱先生说：传统的动物进化理论根据对化石资料的研究，认为鸟类和哺乳动物的关系远不如鸟类和爬行动物的关系密切，鸟类和哺乳动物没有直接的共同祖先。1982年英国 Brian Gardiner 根据动物的形态结构和生理特征的比较提出一种新学说：认为哺乳动物和鸟类有22项重要的共同特征，这两类动物一定有共同的祖先。朱先生说，从语言学的观点看，这两种学说的区别在于观察问题的角度不同，前者是历时的，后者是共时的。朱先生还说："方言分区跟上边举的动物学的例子十分相似，我们划分出来的方言区是不是真正能反映方言之间的亲疏关系，关键也在于划分标准的性质。"（朱德熙　1986）如今交叉学科的研究获得空前的发展，20多年前朱先生提倡跨学科比较研究的观点，对于深化当今方言研究无疑是非常重要的。

3　科学的态度和求实的学风

朱先生的文章中经常都会把自己研究中的一些想法或疑虑提出来，这体现了朱先生论著的科学态度和求实的学风。后学会从中得到启示，有利于学术的持续发展。例如：

①现代北京话的反复问句是"VP不VP"型的，为什么在用北京话写的《红楼梦》和《儿女英雄传》会出现那么多"可VP"式问句?"（朱

德熙 1985)

② 为什么《红楼梦》里的“可 VP”式问句比《儿女英雄传》多?为什么《红楼梦》前八十回(假定作为抽样的四十回能够代表前八十回)里的“可 VP”式句又比后四十回多?(朱德熙 1985)

③《金瓶梅》里“VO－neg－V”句式占绝对优势,而这部小说公认是用一种山东方言写的,这和今天大多数山东方言“V－neg－VO”占优势的情形不一致。这个问题我们现在还不知道该如何解释。(朱德熙 1991)

④ 云梦秦简是目前知道的最早的使用“VP－neg－VP”及其特殊形式“V(O)－neg－V”的文献。奇怪的是秦简以后这种句式突然在文献中消失,在长达千年的时间里,连一点痕迹也看不到。(朱德熙 1991)

⑤ 如果我们把“基本形式在前重叠部分在后”的重叠方式叫顺向重叠,把“重叠部分在前基本形式在后”的重叠方式叫“逆向重叠”,那么在潮阳话和北京话的几种重叠式象声词里,变声重叠都是顺向的,变韵重叠都是逆向的。这是(CH_2)和(BJ_2)语音构造相似的一个重要原因。变声重叠顺向,变韵重叠逆向,是不是所有汉语方言的共性?这还有待于事实的验证。(朱德熙 1982)

对这些问题朱先生大都做了合理的解释,例如对问题④,朱先生的解释是“这个现象恐怕只能这样解释:云梦秦简反映的是当时的一种西北方言。由于传世文献大都是用标准语写成的。方言,特别是方言句法,很少有机会得到反映”。(朱德熙 1991)朱先生之所以提出问题来,是希望再研究的人关注,或许会有新的发现,以期如实解决问题。这就是朱先生的科学态度、求实学风。它是随同朱先生的论著一道传给后学的宝贵财富。

参考文献

何孔敬《长相思》,中华书局,2007。

侯精一《山西平遥方言的状态形容词》,《语文研究》1992(2),又见本书。

——《平遥方言民俗语汇》,语文出版社,1995。

李荣《官话方言的分区》,《方言》1985(1)。

——《朱德熙》，《方言》1992（4）。
刘勋宁《秦晋方言的反复问句》，见《现代汉语研究》，北京语言大学出版社，1998。
史秀菊《河津方言研究》，山西人民出版社，2004。
吴云霞《万荣方言语法研究》，语文出版社，2009。
朱德熙《北京话、广州话、文水话和福州话的“的”字》，《方言》1980（3）。
——《潮阳话和北京话重叠式象声词的构造》，《方言》1982（3）。
——《汉语方言里的两种反复问句》，《中国语文》1985（1）。
——《在中国语言和方言学术讨论会上的发言》，《中国语文》1986（4）。
——《“V－neg－VO”与“VO－neg－V”两种反复问句在汉语方言里的分布》，《中国语文》1991（5）。

（原载《语文研究》2011年第2期）

所风与学风

——纪念建所60周年

我作为所里的一名老同志，有幸参加今天的盛会，感到非常的高兴！我想，在座的所有老同志也都和我是一样的心情。60年的历史，让我们会自然想到语言所的创建，想到语言所的发展，想到语言所的未来，也自然会想到我们自己生命中的很多经历，这里有着我们太多难忘的回忆。

我大学毕业后分配到语言所，一直工作到退休，甚至到现在也还没有停止自己毕生从事的研究工作。回想自己刚进所时，语言所还在东城翠花胡同，与考古所、近代史所在一个大院里，当时叫做科学院东南区。后来语言所先后搬到中关村、端王府（官园）、地院，最后落脚在建国门内。60年间五次迁所。60年来，伴随中国科学文化事业的蓬勃发展，语言所也在不断发展、进步！

语言所是一个老所，有多位至今被学界誉为大师级的学者——罗常培先生、吕叔湘先生、丁声树先生。他们的学术造诣、学术品质影响一代又一代语言所人，以致整个语言学界。由于前辈学者的言传身教、薪火相传，语言所几代学人不断积累、沉淀了厚实的学术底蕴和和良好的所风、学风。作为老同志，我们希望语言所这种优良的学术传统永远保持下去，并且发扬光大。

谨严、务实、厚积、薄发是前辈大师的要求。谨严、务实就是要尊重语言事实。1984年在北京语言大学《语言教学与研究》杂志创刊五周年时，吕叔湘先生为该刊的题辞就是“务实”两个大字。吕叔湘先生说过：不管做那种学问，总不外乎“摆事实，讲道理”六个字。事实是客观存在的，但是你要观察它，才能认识它……如果你不用心观察，就只感有那么一大堆乱七八糟的东西，如果你用心观察，就会发现语音的组合有一定的模式，词语的组合有一定的规律。把这些模式和规律系统化，就构成理论。吕先生说的是做学问的真谛。谨严、务实、厚积、薄发就是语言所的所风。

理论与事实并重。吕叔湘先生1981年在中国语言学会做了题为《把我国语言科学推向前进》的讲演，其中就有，语言学界几乎是尽人皆知的用铜钱和钱串子关系比喻当今语言研究中的理论和事实哪个重要的问题。在这次讲演，吕先生还说有人到了写文章的时候要举例，就随便造两句，照着既定的格式往里填，很生硬，不像实际语言的东西。吕先生特别举例说明，应该如何举例。他说："丹麦语言学家叶斯丕森的有名的《近代英语语法》七大本，正文三千四百多页，每页例句算它二十个吧，就有将近七万个，都是经过挑选的。假定两个例句里边选用一个，就得抄下十四万个例句。做任何学问都要有这种锲而不舍的精神。"理论与事实并重是语言所的学术传统，是语言所的所风。

语言所的学风。吕叔湘先生在《丁声树同志的学风》一文中，解析什么是好的学风，讲得很好。吕先生借用《史通》作者刘知几的话：史有三长："才、学、识"。他还指出，这三个字，是适用于一切研究工作。能够发现问题是识，能够占有材料是学，能够驾驭材料是才。吕先生据此来说明，声树同志确实是一个才学识兼备的研究工作者。

学术研究占有材料是非常重要的。怎样才算是充分占有材料？吕先生举丁声树先生的《说匼字音》为例，吕先生说，丁先生的文章，三千多字，却引用了字书、韵书、训诂十二种，诗文十二家，诗文注音五家，其他书两种，可说是充分占有材料了。由此，我联想到，东坡教人读《礼记·檀弓》的记载。有"《檀弓》诚文章之模范"的说法。推崇《檀弓》或数句书一事，或三句书一事，至有两句而书一事者。语极简，而味长，成自然之文。以《檀弓》为范本，提倡"语简"。丁先生的文章，兼备"才、学、识"，行文又"语极简而味长"。丁声树先生的学风，展现了语言所的所风。

语言所建所于1950年。建所之初语言所就是国家的重要研究单位，承担国家任务。1955年10月中国科学院哲学社会科学部（中国社会科学院的前身）召开中央交办的现代汉语规范问题学术会议，为此，《人民日报》还刊发社论。语言所的第一任所长罗常培先生和吕叔湘先生在现代汉语规范问题学术会议所作的主题报告中明确指出"词典是进行规范化的最重要工具"。编辑出版《现代汉语词典》就是这次会议决定的。国务院1956年指示明确要求中国科学院语言所在1958年编好以确定词汇规范为目的的中型现代汉语词典。从那个时候开始，之后的历届所领导都不遗余力的把编写好、修订好、维护好《现代汉语词典》作为所里的重要任务。

这部在国内外深具影响的《现代汉语词典》，倾注了吕叔湘、丁声树两位大师的心血。我作为现代汉语规范问题学术会议的一名工作人员，亲身感受到语言所在国家语言文字工作中的重要地位，并在之后的岁月里我又目睹前辈学者及广大研究人员的艰辛工作。《现汉语词典》作为语言所诸多优秀成果的代表作得到社会的好评与认可是对语言所良好的所风、学风的回报。

在建所60年的今天，继承、发扬语言所良好的所风、学风。守正拓新，与时共进，以学术为社会的文明与进步服务。60年来，语言所全体同人，以此为信念走到今天。相信优良的学术传统将给我们带来更加创新发展的明天！

（2010年6月）

参考文献

吕叔湘　1987　《谈谈编辑工作》，《吕叔湘全集》第12卷，辽宁教育出版社。

吕叔湘　1981　《把我国的语言科学推向前进》，《中国语文》第1期。

吕叔湘　1989　《丁声树同志的学风》，《中国语文》第4期，又见《吕叔湘全集》第13卷。

丁声树　1962　《说匼字音》，《中国语文》第4期。

序　　文

《中国方言民俗图典系列》总序*

现代方言民俗文化是中华民族文化的延续、依托。它作为传统文化渗透、蔓延在当今社会生活的多个层面。现代方言民俗文化又是重要的非物质遗产资源。随着社会的快速发展，不少方言民俗已经或面临消失。因此，调查和挖掘这些非物质文化遗产资源，意义重大，时不我待。

《中国方言民俗图典系列》（第一辑）是2010年度国家出版基金资助项目，2011年列入“十二五”国家重点图书出版规划。第一辑共计十卷，涉及官话、晋语、吴语、徽语、粤语、平话、闽语、客家话等八个方言区。各卷内容主要包括房屋建筑、日常用具、服饰穿戴、饮食起居、农工百艺、婚育丧葬、岁时节令、游戏娱乐、宗教信仰等。

“百里不同风，千里不同俗，户异政，人殊服。”（《汉书·王吉传》）方言民俗是地域文化的重要内容，具有明显的地方性。以民居文化为例，各地多有不同。如北京的四合院，平遥的窑儿、四合头院、二（三）进院，汤溪的屋、老屋，梅州的围龙屋、碉楼，揭阳的四点金、下山虎。《中国方言民俗图典系列》融合现代方言与各地民俗文化，采用方言词语加注国际音标并配以图片的方法，反映和保存现代方言与其所承载的地方民风与民俗，是方言研究与民俗文化研究相结合的有益尝试。

城镇化的发展势必带来传统村落的消亡，以及与此伴随民俗文化的消亡。《中国方言民俗图典系列》（第一辑）的出版，正是对濒临消失的“一种传统”、“一种民族符号”以至“一种语音”的有效保存，无疑具有重要的历史意义与人文价值。以下略举数例：

---

* 《中国方言民俗图典系列》国家“十二五”重点图书出版规划项目。主编 侯精一、李守业、曹志耘。语文出版社 2014。此文系合作完成。

在《平遥方言民俗图典》收有“墙围子”、“炕围子”两个条目及相关的文字说明和图片。

> 墙围子 tɕʰyə13 uei31 tsʌʔ13 房间内墙壁上用油漆制作的装饰性彩色围墙。制作方法是，先以麻纸贴墙，绘画打底，再刷以油漆。其位置是在第十八层砖墙之上，高约50厘米之上。（当地称作“18层缠腰”）边框多以回纹组成，寓意“富贵不断头”。所绘内容多为山川景致、花卉人物及神话传说，如二十四孝图等。内涵丰富、寓意深厚。
>
> 炕围子 kʰuə35 uei53 tsʌʔ31 沿炕用油漆制作的彩色围墙图画，既美观且实用，极具装饰性。制作方法与所绘内容与“墙围子”同。

“墙围子”、“炕围子”又称作“民间墙围画”。墙围画始于宋代，发展于明清之交，至今流传于山西、陕西、内蒙古等地区。晋北原平县的墙围画素负盛名。中国美术馆曾予以收藏、展出。

从《平遥方言民俗图典系列》收录的条目与图片中还可以看到平遥保存以“卐”或“卍”为标识的吉祥文化。如正月初八祭星蜡烛摆成的卐字、出殡时曾孙包头巾上的“卐”字等。“卐”音 wàn，梵文，意为吉祥万德之所集。（见《辞源》、《辞海》）。“卐”崇拜现象作为传统地域文化的缩影在今平遥随处可见。（冯良珍、陈晨：〈平遥民俗中的卐崇拜现象探析〉载《中原文化研究》2014－2）。

《汤溪方言民俗图典》有“五道太婆”的记载：“在笔者的家族中，也流传着一个五道太婆”[ŋ11 də11 tʰɑ24 bɤ] 的传说，相传她是蛇精所化的神，擅搬运之术。”山西平遥方言有“五道爷” [uʌʔ53 tɔ35 iɛ13]、“五道娘” [uʌʔ53 tɔ35 ȵia13]（传说中的神灵）。北京有五道庙，在西城区铁树斜街与樱桃斜街之间的路口处。“五道神”早在汉魏典籍中就有记载。唐宋以后对该神的信仰已深入民间，到明清时更为普遍。（薛文理、郭永平：《晋北部落村的五道神：民间信仰的“冷热”反思》《民族文学研究》2011—3）。各地方言民俗有关五道神的不同说法，是宗教文化的历史积淀在不同地域文化中的显现。

《中国方言民俗图典系列》（第一辑）各卷编著者对当地方言素有研

究，为做好本项目，于紧张的教学之中，多次下去进行调查、拍摄图片，几易其稿，备尝辛苦。限于篇幅，每卷只能选用一定数量的条目及相应的照片，其余只好在无奈中割爱。我们期待这套书的出版，能引发社会对保存方言及方言民俗文化的关注，尽可能为后人多留下一些珍贵的历史文化资料。

《现代汉语方言音库》总序*

建立现代汉语方言音库的想法酝酿已久。近年来汉语方言的调查研究工作有所进展，特别是 1987 年《中国语言地图集》的出版以及其后一批汉语方言专著的问世，为现代汉语方言音库的研制提供了一个良好的基础。现代汉语方言音库作为中国社会科学院的重点项目，在 1992 年着手进行。

现代汉语方言音库是用有声的形式保存现代汉语方言。由于社会的急剧变化，各地汉语方言变化越来越快，在一些大城市，这种变化尤为突出。因此，建立音库以保存现代汉语的主要方言就是一件刻不容缓的事情。

建立现代汉语方言音库是中国语言学的重要基础工程。不仅对于语言教学、语言研究、语言应用有实用价值，对于汉语方言文化的研究也具有重要的参考价值。从长远来看，音库的建立将为后人留下一份极为珍贵的现代汉语方言的有声资料。

现代汉语方言音库计划收录 40 种汉语方言音档。其中：

吴语区　上海　苏州　杭州　温州

粤语区　广州　南宁　香港

闽语区　厦门　福州　建瓯　汕头　海口　台北

客家区　梅县　桃园

赣语区　南昌

湘语区　长沙　湘潭

---

* 《现代汉语方言音库》侯精一主编，上海教育出版社 1991—1999 出版。2002 年获第四届吴玉章人文社会科学优秀奖。

徽语区 歙县 屯溪
晋语区 太原 平遥 呼和浩特
官话区 北京 天津 济南 青岛 南京 合肥 郑州 武汉
成都 贵阳 昆明 哈尔滨 西安 银川 兰州 西宁
乌鲁木齐

每一个地点方言的音档都有一盒录音带，包括五项内容：1. 语音系统。2. 常用词汇。3. 构词法举例。4. 语法例句。5. 长篇语料。语音系统注意用比字和发音练习的方法重点突出所录制方言的语音特点。常用词汇和语法例句两部分收录语词近 200 条，例句近 60 条。长篇语料选用赵元任先生用过的北风跟太阳的故事。这五项内容大致可以反映所录制方言的语音、词汇和语法的主要特点。常用词汇、语法例句、长篇语料三项尽可能安排一些共同的调查条目和语料内容，为的是便于方言之间的比较研究。各点所补充的一些调查条目采用“增补”的形式另类列出。

每一种音档除去上述五项内容外，另有附论置于书后。附论部分不录音，大致有两项内容：1. 某一方言区记略。2. 所录制的方言概述。概述扼要描写该点方言语音、词汇、语法的特点，并列有同音字表。概述的内容注意语言事实的准确与反映当前的研究水平。

各地音档的编写者都会说地道的本地话，均从事语言教学与研究工作多年，对所录制的方言素有研究。各地的发音标准通常是以当地政府所在地老派的发音为准。

谨向上海教育出版社表示诚挚的谢意，他们的远见卓识，为发展我国的语言事业再一次做出贡献。我们还要向关心指导这个项目的各位师友表示由衷的谢意。

建立现代汉语方言音库是一项新的工作，限于我们的水平，疏漏失误之处当不在少，殷切期待大家批评指正。

《晋方言语音史》序

2000年全生出版《晋方言语法研究》，我曾写有一小序，如今，全生新著《晋方言语音史研究》书稿已置于我的案头，我开始写这篇小序。此刻的心情颇好。原因是书稿带给我的感觉：作者的勤奋、开拓、进步及由此折射出的晋语研究乃至当代汉语方言研究的进步。

鲁国尧先生曾说过："方言史是方言学和音韵学两个姐妹学科的交叉部分，结合部分，遗憾的是，它正是一个薄弱环节。"他在为他的学生林亦博士最近出版的《百年来的东南方音史研究》一书写的序言里头，借用鲁迅先生的话——"林间的响箭"，称赞林书是射向这个薄弱环节的"第一只响箭"，并且期待第二支响箭的射出。全生的这本《晋方言语音史研究》的出版可以说就是射向这个薄弱环节的"第二支响箭"。

作"史"的研究，当代资料及历史文献的把握可以说是成败的关健。《晋方言语音史研究》是全生的博士论文，数年寒窗，磨得一剑，立论的基础——无论是在资料的准备还是撰写依循的原则均很到位。资料丰富，古今中外都有。历史资料，像志书、山西文人诗词用韵杂记、地方戏曲、西夏/汉两种文字注音资料几乎穷尽，前人、今人，国人、洋人之说，也均有所评述。例如，对《西儒耳目资》的代表方言的评述，对高本汉《中国音韵学研究》记录晋方音的评述均颇有见地。作者撰写遵循的原则是：只要晋方言有的语音特征尽可能溯源，对于现今晋方言目前没有发现而在本地历史文献有所记载的语音特点也要有所记载，以利今后。这就为本书的写作奠定了良好的基础。

《晋方言语音史研究》不乏创见，如考察晋方言古今语音演变，提出晋方言是唐五代西北方言的直系后裔，晋方言与官话方言非同步发展的观点，为晋语从官话方言中区分出来提供新的依据。关于晋语从官话方言分立的讨论，从上个世纪的80年代提出这个问题以来，至今一直没有停止过，随着对晋语研究的深入，晋的研究者为“分立”不断提出一些新的依据。全生的晋方言与官话方言非同步发展的观点，以今溯古，以古论今，今古兼之，古今贯通。用新的视点，为晋语的“分立”提供支持，从而使学界更多地了解晋语。这是就对晋语的研究而言。晋方言与官话方言非同步发展的观点对于官话方言的研究同样具有重要理论意义。由于晋语所处的比较封闭的自然地理环境，与官话方言相比，晋语的演变明显滞后，官话方言，特别是兰银官话已经消亡的某些特点，在晋语里头还保存着。研究者可以借助晋语“激活”西北方言的某些特点。无怪乎兰银官话的研究者会有现代晋语就是兰银官话的活化石的想法。

现代晋语的研究从上个世纪50年代末60年代初山西大学进行山西方言普查时算起，近50个年头过去了，这期间研究晋语的专著、论文出版了多种，但对晋语史研究的专门性著作几近空白。究其原因，对一个方言的研究，总得由近及远，由现代到历史。方言史的研究只能是在对方言现状充分研究的基础上才得以进行，因此，历史的研究总不免相对滞后。《晋方言语音史研究》的出版极大丰富晋语研究园地，同时表明我们的晋语的研究已然迈上一个新的台阶。

是为序。

2007岁末于北京

《秦晋两省沿河方言比较研究》序

去年八月向东和我同在北大开会，他告诉我，与临惠、维佳、小平合著的《秦晋两省沿河方言比较研究》即将由商务印书馆出版，想邀我写个序。我与向东相识多年，记得上个世纪90年代我做《现代汉语方言音库》课题，请向东编写《呼和浩特话音档》。之后，他的博士论文《神木方言研究》出版，那是2002年，他送了我一本。篇幅之大，用力之勤，真还不多见。2006年又收到他的《陕北晋语语法比较研究》。其间还读过他发表的几篇论文，有两三篇都是讨论秦晋两省沿黄河地区汉语方言的力作。2010年出版的《合阳方言调查研究》对于比较研究秦晋沿河两岸汉语方言更是一本有用之书，再加上这本厚厚的《秦晋两省沿河方言比较研究》，对于向东的勤奋、敬业不用再说什么了！

对秦晋两省沿河方言进行比较研究，是个很有意思的创新课题。说“很有意思”，在于作者是以地理语言学的理念对秦晋沿河两岸28个市县的汉语方言作比较研究。说“创新”，是前人没有做过。作者深入探讨沿河地区汉语方言的语音、词汇和语法特点进而延及沿河地区方言的类型与地理分布。材料丰富、内容厚重、研究深入、突出重点、突出比较。书后附有沿河方言字音对照表（1159个字）和沿河方言词汇对照表（1266条）以备检验，更便于同行的再研究。作者严谨、科学的治学态度可见一斑。

《秦晋两省沿河方言比较研究》是一部有学术含量的填补空白之作。它的意义在于这是第一部全面记录、描写、比较研究秦晋沿黄河汉语方言的专门著作。它的出版将拓展汉语方言的研究领域，对于方言地理、方言文化乃至秦晋地区黄河文化的研究均有参考价值。全书不乏新见，以下略举几条：

其一，说“秦晋两省沿河方言，南北差异大于两岸差异”。2009年向东的《秦晋两省黄河沿岸方言的关系及其形成原因》一文还说过“不少特点体现出黄河两岸同步并行的态势”。最近我在作山西、陕西沿黄河地区第三人称代词类型特征的地理分布与历史层次的调查研究，第三人称代词的特征同样说明两省沿河东西两岸方言的类型特征具有明显的一致性，两省的黄河南段与中段、北段方言的类型特征具有明显的差异性。可以说，第三人称代词的不同特征也证明沿河方言“横向贯通、纵向阻隔”。值得注意的是临惠在2003年《汾河流域方言的语音特点及其流变》一书提出汾河流域汉语方言是“纵向贯通，横向阻隔”。黄河的“横向贯通、纵向阻隔”、汾河的“纵向贯通、横向阻隔”现象并存于山西省境内，这无疑是地理语言学研究的一个好题目。秦晋黄河两岸“横向贯通”的原因是什么？我想其中一条重要理由是沿黄河两岸有大量的渡口，方便两岸住民来往。《秦晋两省沿河方言比较研究》一书详细举出长期以来黄河两岸很多渡口的名称、方位及其在漫长的历史中所起的沟通作用。像山西临猗与陕西合阳之间的夏阳渡连接起古老的秦晋之好。单是三千多人的吴王村就有一百多个媳妇是从对岸陕西合阳娶过来的。黄河沿岸众多渡口带来语言高流通度，形成横向贯通。

其二，有无入声是区别晋语区与官话区的标准。秦晋两省黄河沿岸的北部、中部地区有入声，入声的稳定度怎样？两岸入声的演变是否同步？入声舒化的路径又是怎样的？据《秦晋两省沿河方言比较研究》，北部、中部有入声的晋语地区入声地位比较稳定。两岸入声的演变大致同步，小有差异。黄河西岸舒化的程度略高于东岸。以陕西神木与山西临县相比，神木古全清入字今读入声的占87.40%，临县占93.88%。古全浊入字神木占83.14%，临县占88.05%。次浊入字神木占72.95%，临县占84.30%。从这些百分数可以看出，古清入地位较为稳定，古全浊入次之，古次浊入字稳定性略差。

沿河南部无入声的中原官话地区，两岸入声舒化的路径差异比较明显。仅以全浊入为例，西岸的韩城古全浊入今有96.83%归阳平、3.17%归去声，归阴平、上声的均为0%。东岸万荣古全浊入只有66.91%今归阳平，归去声的11.77%，归阴平的有12.5%，归上声的有8.82%。秦晋沿河方言南部中原官话区东西两岸入声舒化路径明显不同。

其三，沿河汉语方言古全浊声母读送气/不送气现象是构成秦晋沿河地区南北方言类型差异的重要标识。《秦晋两省沿河方言比较研究》指出，从语言地理的角度看，沿黄河从南往北，中原官话汾河片……古全浊声母字今读送气的最多。沿黄河上溯到清涧、永和一带，逐渐减少。再往北，古全浊声母字读送气音的就只剩阳入字了。再往北到神木、保德一线，仄声送气这个特点基本消失。沿黄河从北往南，古全浊声母字平声送气仄声不送气的势力逐渐由强转弱。陕西一侧黄河沿岸，仄声送气现象比山西要多一些。

作者在讨论中古全浊声母演变的历史层次与过程中指出，从吴方言得到启示，沿河方言“崇（锄）、船（唇）、禅（盛）”三个古声母白读擦音的过程就是清化过程的观点具有较普遍的意义。“锄、唇、盛”三个字白读清擦音化不仅限于沿黄河地区，在山西中部不少地区也多有这种现象。

其四，关于沿河汉语方言阳声韵的演变，也有很好的见解。《秦晋两省沿河方言比较研究》指出中古阳声韵的合流基本上与声母、声调无关，而是与主要元音和鼻音韵尾的性质有关，提出以主要元音相同或以鼻韵尾相同是其合流条件，并且提出了阳声韵尾脱落的路径——秦晋沿河地区低元音后的鼻音韵尾较高元音后的鼻音韵尾容易消变，前鼻音［-n］尾较后鼻音［-ŋ］尾容易消变的观点。上个世纪80年代前贤对此已有发明，近30年的时间证实这一条规律至今仍然有生命力。阳声韵的演变在汉语方言中呈多元态势，秦晋沿河汉语方言所显示的路径具有一定的代表性。

其五，沿河汉语方言词汇的比较研究把纷繁的问题给以集中、条理。有启发、更有新见。作者用三章篇幅集中讨论沿河方言词汇的异同、构词的差异及词汇的语音变异，可谓浓墨重笔。比较沿河方言词汇的异同，例证充分，并且有统计数据的支持。例词分天文、地理、时令方位、农业等24类，每一类都举出两岸相同条目及其在所调查的条目中占的百分数。从中看出作者力求相对充分、客观地描写两岸词汇的异同。关于沿河方言词汇语音变异的论述，显然是作者多年调查研究及总结前贤的心得。如，“柜子”条指出：从表面上看“柜”有［kuei、k^huei、$tɕ^h$y、tɕy］多种读音。从表层次看是显示现时方言的不同，但它所反映的是不同历史层次的读音。作者指出可从时间层次来分析哪些读音存古性最强，哪些读音次之，哪些读音则与共同语处在同一层面。

词汇的研究与语音的研究不同，有它的难处。正如作者的感受：每一个词都有自己的历史，某个方言的词汇综合起来，讲述的却是整个方言的历史。对某个特定地区词汇的比较研究我们的经验还不够丰富，《秦晋两省沿河方言比较研究》的研究方法与思路很可以借鉴。作者指出，两岸词汇的差异东西小于南北，南北差异显示出官话区和晋语区之间的确是两大方言区的关系，构词方式的不同是南部官话区和北部晋语区词汇存在差异的重要原因，词语的语音变异是构成南北词汇差异的又一重要原因。这些观点均很有见地。

秦晋两省沿河词汇的比较研究支持了沿河方言“横向贯通、纵向阻隔”的观点。作者指出，黄河两岸方言的词汇存在差异，是我们的预期之一。不过，排比语料后却发现，东西两岸方言之间词汇的差异并不大，小于南北方言之间的差异。这倒是出乎我们的预料。所举例词具有说服力，如说隔河相望的山西吉县（东岸）与陕西宜川（西岸），同把“辫子”叫“角角子”，“梳辫子”叫“梳角角”。作者引《诗・卫风・氓》“总角之宴，言笑晏晏”，一条例词再次浮现沿黄河地区汉语方言所蕴藏的厚重中华文化。

秦晋地理相接，语言相近。秦晋文化相通，民风相从。秦晋方言丰富，资源相连。流经秦晋的黄河为两岸方言的比较研究带来非同一般的价值。《秦晋两省沿河方言比较研究》的出版，是秦晋学者合力研究的标志性成果。期待秦晋之花再放异彩！古老的秦晋地区黄河文化的魅力将更多地展现于中华大地。

是为序。

（原载《语文研究》2012年第2期）

后　记

本书收录的文稿起于1980止于2014，总计40篇，其中26篇是关于晋语的，其他14篇是官话方言及其他内容，讨论晋语的居多。

上个世纪80年代，中国社会科学院与澳大利亚人文科学院合编《中国语言地图集》（香港朗文出版1987/1989），作为地图集的中方总主编，李荣先生在语言地图集出版之前发表的〈官话方言的分区〉（1985）一文指出：现在我们还要把“晋语”从“北方官话”分出来。“晋语”这个名目好像平常用作“山西方言”的意思。作为学术名词，“晋语”跟“山西方言”应该有区别。“山西方言”着眼于地理，指山西省境内的方言。我们用“晋语”着重在语言，指山西省及其毗连地区有入声的方言。根据这个定义，山西省东北角的广灵县没有入声……山西省西南部27个县市没有入声不属于晋语。

李荣先生关于汉语方言分区的新见引起学界的争议也引发对晋语调查研究的热情。作《中国语言地图集》晋语图是我在1985年以前的主要工作，由此我与晋语研究结下了不解之缘。

依据李荣先生区分晋语的标准，与山西省周边毗连的陕北、豫北、冀西南、内蒙古黄河以东中西部地区均有入声，划入晋语区。百年前瑞典著名汉学家高本汉的《中国音韵学研究》第四卷“方言字彙”记录22点的汉语方言字音，今属晋语区的有8个地点：山西的大同、太原、兴县、太谷、文水、凤台（今晋城）以及豫北的怀庆（今沁阳）、内蒙古的归化（今呼和浩特）。高本汉指出：文水、兴县、太谷等地方言是很奇怪、很重要的。这也是不少晋语研究者的感觉。

从1985年晋语从官话分出来至今，出版了很多有关晋语的调查研究成果。就专著而论，上个世纪80—90年代先后出版《山西方言志》35种

（温端政主编，国家语言学科1981—1985重点研究项目）、《山西方言调查研究报告》（温端政 田希诚和我主编，1985—1990国家重点研究项目）、《获嘉方言研究》（贺巍，1989）、《方言志（陕北部分）》（刘育林，1990）、《太原方言词典》（沈明1994）、《平遥方言民俗语汇》（拙著，1995）。《山西方言志》、《山西方言调查研究报告》对绘制晋语图帮助很大。此外，还出版了由我主编的三种晋语音档：《呼和浩特话音档》（邢向东编写1998）、《平遥话音档》（乔全生 陈丽编写1999）、《太原话音档》（温端政 沈明编写1999）。

本世纪以来，晋语研究可说是繁花似锦，新人新著不断涌现。如，《山西方言重点研究丛书》40种（乔全生主编）及他的《晋方言语音史研究》（2008国家社科基金项目）、《晋方言语法研究》（2000年）、《神木方言研究》（邢向东2002）、《陕北晋语语法比较研究》（刑向东2006）、《吴堡方言调查研究》（邢向东、王兆富2014）、《汾河流域方言的语音特点及其流变》（王临惠2003）、《秦晋两省沿河方言比较研究》（邢向东、王临惠、张维佳、李小平2012，2002国家社科基金项目）、《定襄方言语法研究》（范慧琴2007）、《山西岚县方言》（沈明2014）、《平遥方言民俗图典》（冯良珍、白静茹、侯立睿著2014，"十二五"国家重点出版图书）。

提出晋语分立至今，三十年过去了。正如临惠所说"晋语应该独立为哪一个层次的方言到目前为止仍未达成共识，但晋语的研究却在这场争论中得到空前的发展"。回顾过去，人们总要想起提出晋语"分立"的李荣先生。

我对晋语的调查始于上个世纪50年代末。1958年《昌黎方言志》完稿，转年冬天，大约是1959年12月丁声树先生、李荣先生让我去山西平遥做几年深入调查，每次去三个月，大概去了四次。我生于平遥，襁褓时离开。父母在家里说平遥城里话，自己也会说一些。几次去平遥，我的平遥话很有长进。三篇讲平遥方言连读变调的文章，是在平遥写的。近于封闭的方言语境，安下心来作文，慢慢找到了对平遥话连读变调的感觉，那高低松紧、轻重抑扬。多次让我到平遥作深入调查，是前辈有远见的安排，那个年代生活虽然相当清苦，自己却受益终生。

写平遥方言连读变调一组文章最为吃力、困惑甚至"痛苦"。印象最深的是文章在发表前，李荣先生都要把我叫去他家里讨论、修改文稿。两字组连读变调一文，用了约六个小时。三字组连读变调一文同样用了约六个小时。这已是多年前的事了，依稀还在记忆之中。

《释“纠首”》一文是丁声树先生出的题目。自从钱大昕在《十驾斋养新录》提出“乣（军）”字问题以来，国内外学者对“纠”的形音众说纷纭。此文意在通过调查山西方言及当地碑刻了解“纠”的字形、读音和意义，以期找到一点新的研究资料。记得，当时曾遍访太原、平遥及山西多地的寺庙，寻查碑刻上“纠”的不同写法，并自己动手制作拓片。此文指出辽金时代的“纠首”一词，在今山西一些方言还在说，“纠”的不同写法，还见于当地的一些碑刻，为史学界的讨论提供一点现代山西方言资料。

对官话方言研究的起步是1958年随丁声树先生、李荣先生去河北省昌黎县做方言调查，前后有10个月光景，我们和老师吃住在一起。生活很艰苦，但那紧张、愉快、有活力、有收获的田野调查很值得回忆。印象最深的几次讨论是：对昌黎方言词汇调查表的逐条讨论、对昌黎方言调类的确定和有关昌黎方言语法特点分析。

对官话方言的较多了解是在上个世纪九十年代，我主编《现代汉语方言音库》。音库总共收40种汉语方言音档，其中官话方言有17种：北京、天津、济南、青岛、南京、合肥、郑州、武汉、成都、贵阳、昆明、哈尔滨、西安、银川、兰州、西宁、乌鲁木齐。从1992年出版《上海话音档》到1999年出版《北京话音档》，前后用了将近10年时间。《现代汉语方言音库》对官话区方言作了初步的描写及有声保存。2001—2005我开始制作《现代汉语方言音库CD》，这是对《现代汉语方言音库》的切割、补充并数字化 。从早期的胶带录音转为数字，“切音”问题，当时着实费了一些力气 ，这里要特别感谢上海教育出版社文科第二编辑室的各位编辑及录音师，特别是唐发挠、张荣两位主任。《现代汉语方言音库CD》还收入由我主编的，上海教育出版社出版的《汉语方言概论》的电子本。

晋语与官话方言相邻地带的比较研究是一个很值得关注的研究。收入本书的《山西、陕西沿黄河地区汉语方言第三人称代词的类型特征的地理分布与历史层次》一文，是在退休以后才有时间做的尝试。

对北京话现状与历史做一些调查研究是兴趣所在，收入本书的有〈关于儿化词使用情况的考查〉（1987）、〈试论现代北京城区话的形成〉（2001初刊／2010修订本）、〈北京话“和”读“汉”的微观分布兼及台湾“和”读“汉”溯源〉（2010）三篇文章。〈北京话“和”读“汉”的微观分布〉一文，最初的摸底调查是在北京天坛公园，几乎每天一早都要去作“田野调查”，收获或有或无，那是一段开心、自在的日子。

纪念几位老师的一组文章，是积年的感悟，翻开那远去的一页，仍然找到昔日的感觉。

内子桂明数十年相伴同行，倾力相助，谨书一笔以志！

本书文稿均在国内外的杂志、会议以及拙著《晋语研究》（东京1989）、《现代晋语的研究》（商务1999/2008）、《汉语方言民俗语汇》（北京1995）上发表，此次成书略有改动。

疏漏失误难免，恳请赐正是幸。

侯精一

初稿写于2013年端午节前后